Biblioteca CCNA®

Guía de Preparación para el Examen de Certificación CCNA R&S 200-125

Versión 6.3
Volumen 2 de 2

Oscar Antonio Gerometta

EDUBOOKS
www.edubooks.com.ar

Al adquirir este libro usted ha reconocido el esfuerzo y trabajo del autor y el equipo de correctores, editores, ilustradores y demás personas que han trabajado en esta obra. Con esto hace posible que la tarea de desarrollo de nuevos materiales de estudio continúe.

Cuando un libro se copia o se distribuye de modo no autorizado, quien lo hace se apropia indebidamente del trabajo de otros y limita los recursos que se podrán destinar a continuar la tarea.

Cisco y el logo de Cisco son marcas registradas de Cisco y/o alguno de sus afiliados en los Estados Unidos de Norteamérica y otros países. Un lista completa de las marcas de Cisco puede consultarse en www.cisco.com/web/siteassets/legal/trademark.html. Las marcass comerciales de tercero mencionadas son de propiedad de sus respectivos dueños.

Introducción

Hace ya varios años que elaboro materiales que ayudan y acompañan la preparación de técnicos que desean presentar exámenes de certificación Cisco. Fruto de esta experiencia es la serie de manuales que publica en la actualidad EduBooks: Los Apuntes Rápidos, las Guías de Laboratorio, CCNA R&S en 30 días y por supuesto esta Guía de Preparación para el Examen de Certificación.

Una de las formas más habituales de preparación de los exámenes es el auto estudio. Esto requiere de un esfuerzo personal notable para mantenerse enfocado, constancia y concentración en el estudio, capacidad de autoevaluación y materiales de estudio adecuados que acompañen el proceso. Pensando en quienes están en este proceso de autoestudio es que he desarrollado esta Guía.

A mi juicio una buena Guía de Preparación para un examen de certificación debe abordar la integridad del temario del examen, pero debe hacerlo con las herramientas didácticas adecuadas para desarrollar las habilidades prácticas requeridas, para fijar los conocimientos que se van adquiriendo y realizar un repaso y autoevaluación. Esto es lo que explica la estructura de este manual.

En primer lugar y como todos mis manuales para el CCNA Routing & Switching 200-125 divido el desarrollo del temario en 7 ejes temáticos:

- Principios de redes TCP/IP.

- Direccionamiento IP (IPv4/IPv6).

- Operación de dispositivos Cisco IOS.

- Conmutación LAN.

- Enrutamiento IP.

- Servicios IP.

- Tecnologías WAN.

A su vez, cada uno de estos ejes temáticos se desarrolla utilizando varias herramientas didácticas. Esas herramientas son:

- Un mapa conceptual que permite tener una visión holística de cada eje.

- Notas previas que describen el impacto de cada eje en el desarrollo del examen brindan algunas sugerencias prácticas para abordar el tema.

- El desarrollo temático propiamente dicho incluyendo tablas y gráficos para facilitar la comprensión.

- Prácticas de laboratorios para adquirir y ejercitar las habilidades prácticas requeridas y fijar los conocimientos teóricos llevándolos a la operación.

- Una síntesis que sirve de base para revisar el tema luego de estudiarlo.

- Y el cuestionario de repaso que pone a prueba la comprensión alcanzada de cada tema.

Estoy convencido de que, con el esfuerzo y concentración necesarios esta Guía es una herramienta adecuada para que prepares tu examen de certificación. ¿Qué más necesitás? En primer lugar esfuerzo y dedicación, por supuesto. Pero además un buen simulador o una maqueta de equipos que te permita realizar los laboratorios propuestos. Por lo demás, en lo que se refiere a contenidos de estudio y requerimientos de práctica, todo está cubierto en este manual.

Deseo sinceramente que este nuevo manual sea una ayuda eficaz en tu preparación para el examen de certificación. Cualquier sugerencia, comentario o aporte que quieras hacer será bienvenido y de gran importancia para evaluar el camino que tomaré en futuras versiones.

Como siempre aclaro en todas mis publicaciones, el ámbito del networking y el de las certificaciones en particular es una realidad cambiante, en permanente actualización. Es por esto que desde el blog "Mis Libros de Networking" me ocupo de brindar permanentemente información sobre cualquier novedad que surja sobre estos temas. Te invito a que visites el blog o las redes sociales asociadas (Facebook y Google+) y me hagas llegar cualquier comentario o sugerencia que consideres conveniente.

Blog "Mis Libros de Networking" http://librosnetworking.blogspot.com

Correo electrónico: libros.networking@gmail.com

Tenga presente que este volumen 2 es la segunda parte de una obra más extensa y que se completa con el volumen 1 que ha sido lanzado simultáneamente.

Contenidos

4. Conmutación LAN

E. Síntesis

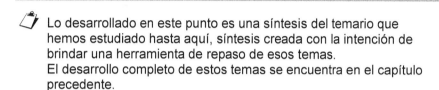

Lo desarrollado en este punto es una síntesis del temario que hemos estudiado hasta aquí, síntesis creada con la intención de brindar una herramienta de repaso de esos temas.
El desarrollo completo de estos temas se encuentra en el capítulo precedente.

El mejor resumen es siempre el que elabora uno mismo; lo que le presento a continuación es simplemente una sugerencia o guía orientativa.

Conmutación LAN

Dominios de colisión y dominios de broadcast

- Dominios de Colisión.
  Segmento de red que comparte el ancho de banda disponible entre múltiples dispositivos terminales.
  En este sentido es deseable reducir el tamaño de los dominios de colisión, para lo cual se deben utilizar dispositivos que operan en la capa 2.

- Dominios de Broadcast.
  Porción de red en la que, a pesar de que pudo haber sido segmentada en capa 2 es aún una unidad a nivel de capa 3 por lo que un paquete de broadcast es transmitido a todos los puertos conectados.
  Para dividir dominios de broadcast es necesario implementar VLANs o dispositivos que operan en la capa 3.

Características básicas de un switch

- Alta densidad de puertos.

- Gran disponibilidad de buffers de memoria para las tramas.

- Alta velocidad de los puertos.

- Conmutación interna más rápida.

Los switches permiten:

- Conectar segmentos de LAN aislando las colisiones.

- Establecer comunicaciones dedicadas entre dispositivos.

- Sostener múltiples conversaciones simultáneas.

- Adaptar la velocidad de transmisión a cada equipo terminal.

Operaciones básicas de un switch

- Conmutación de tramas

- Mantenimiento de operaciones

  - Aprendizaje de direcciones MAC

  - Resolución de bucles de capa 2.

Procesamiento de las tramas Ethernet:

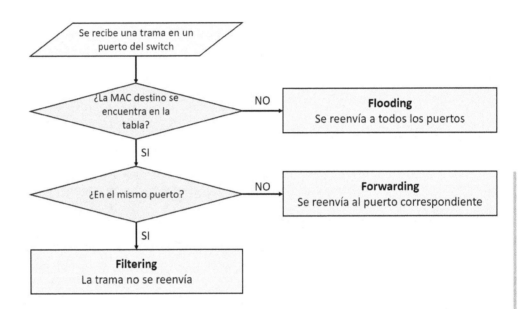

Instalación del switch

- Verificar los requerimientos de alimentación eléctrica y circulación de aire.

- Posibilidades diferentes de montaje físico:

  - Montado en un rack.

  - Montado directamente en una pared.

  - Montado en una mesa o estante.

- Verificar el cableado de red.

- Conectar el cable de energía eléctrica para que el dispositivo inicie.

- LED de sistema.
  Muestra el estado general del dispositivo.

- LED de fuente redundante.
  Manifiesta el estado de una fuente de alimentación externa.

- Port Stat.
  Indica que los LEDs de puerto permiten verificar el estado de cada puerto.

- LED indicador de dúplex.
  Indica que los LEDs de puerto manifiestan el modo en que está operando cada puerto.

- LED indicador de la velocidad.
  Cuando está encendido indica que los LEDs de puerto indican velocidad en la que opera el mismo.

- LED indicador de PoE.
  En aquellos switches con soporte PoE manifiesta que los LEDs de puerto indican el suministro o no de energía.

- Botón de modo.
  Permite alternar cíclicamente el significado de los LEDs de puerto colocando alternativamente en verde los LEDs de estado, dúplex, velocidad y PoE.

Stack de switches

- Se pueden consolidar hasta 9 switches.

- El stack se gestiona como una unidad. Esto facilita la gestión de la red.

- Los switches están conectados entre sí utilizando cables de conexión y puertos especiales.

- Comparten el archivo de configuración y la información de enrutamiento.

- Operan como una unidad.

- Una única IP de gestión, y se gestiona como una unidad.

- Se elige un máster switch que controla el stack.

- Múltiples switches en stack son considerados como una unidad para la implementación de EtherChannel y Spanning Tree.

Configuración básica del switch Catalyst 2960

Configuración de acceso de gestión y claves de acceso.

```
Switch>enable
Switch#configure terminal
Enter configuration commands, one per line.  End with CNTL/Z.
Switch(config)#username xxxxx password 0 xxxxx
Switch(config)#ip domain-name mydomain.com
Switch(config)#crypto key generate rsa
Switch(config)#ip ssh version 2
Switch(config)#line vty 0 15
Switch(config-line)#login local
Switch(config-line)#transport input ssh
Switch(config-line)#exit
Switch(config)#line con 0
Switch(config-line)#login
% Login disabled on line 0, until 'password' is set
Switch(config-line)#password [clave]
Switch(config-line)#exit
Switch(config)#enable secret [clave]
Switch(config)#service password-encryption
Switch(config)#ip http server
```

Configuración del nombre del dispositivo.

```
Switch(config)#hostname Swtich_2960
```

Configuración de una dirección IP.

```
Switch_2960(config)#interface vlan1
Switch_2960(config-if)#ip address 172.16.5.2 255.255.255.0
Switch_2960(config-if)#no shutdown
Switch_2960(config-if)#exit
Switch_2960(config)#ip default-gateway 172.16.5.1
```

Configuración de interfaces.

```
Switch_2960(config)#interface FastEthernet 0/1
Switch_2960(config-if)#duplex full
Switch_2960(config-if)#speed 100
Switch_2960(config-if)#description puerto servidor 2
```

Comandos de monitoreo

```
Switch_2960#show ip interface brief
Switch_2960#show mac-address-table
Switch_2960#clear mac-address-table
Switch_2960#show interface status
Switch_2960#show running-config
Switch_2960#show version
Switch_2960#show flash
```

Borrar la configuración del switch

```
Switch_2960#erase startup-config
Switch_2960#delete flash:config.text
Switch_2960#delete flash:vlan.dat
```

Optimización de performance de la red conmutada

Conexiones dúplex

Half Dúplex

- Utiliza un único circuito compartido para mantener comunicaciones bidireccionales.

- La comunicación es alternadamente en un sentido u otro.

- Performance baja debido a que cada extremo para transmitir debe aguardar su turno.

- Requiere la implementación de CSMA/CD.

Full Dúplex

- Utiliza 2 circuitos para conectar a transmisor y receptor: uno se utiliza para enviar información, el otro para recibir.

- Cada dispositivo terminal puede enviar y recibir simultáneamente.

- Mejora la performance de la comunicación.

- CSMA/CD se encuentra desactivado.

- Sólo permite conexiones punto a punto y requiere que se soporte el modo full dúplex tanto en el transmisor como en el receptor.

Configuración de condiciones de dúplex y velocidad:

```
SwitchCore(config)#interface FastEthernet 0/1
SwitchCore(config-if)#duplex full
SwitchCore(config-if)#speed 100
SwitchCore(config-if)#description puerto servidor 2
```

Comandos de verificación:

```
SwitchCore#show interfaces FastEthernet 0/1
```

- Interfaces 100Base-FX   100 Mbps / Full dúplex
  No puede auto negociar

- Interfaces Fast y GigabitEthernet   Auto negociar
  Si opera a 1 Gbps sólo full dúplex

Diseño de la red corporativa

- El modelo jerárquico de tres capas es una propuesta conceptual de alto nivel.

- En redes complejas o de campus usualmente se encuentran las tres capas del modelo.

- En redes más pequeñas o acotadas a un solo edificio lo usual es contar con solamente 2 capas: distribución y acceso.

Capa de Acceso.

- Función primordial: brindar servicios de red a los equipos terminales.

- Los equipos terminales están directamente conectados a los puertos de los switches capa 2.

- Se realiza la asignación o división de VLANs.

- Debe proporcionar:

  o Conectividad a los dispositivos de usuario final.

  o Estabilidad y seguridad.

  o Soporte para el despliegue de tecnologías avanzadas como voz y video.

Capa de Distribución.

- Responsable de brindar conectividad basada en políticas.

- Es un punto de redistribución entre dominios de enrutamiento.

- Terminan las VLANs y a partir de aquí son enrutadas.

- Se implementan políticas de tráfico, tales como selección de rutas, filtrado de tráfico, QoS etc.

- Proporciona:

    o Enrutamiento y manipulación de los paquetes.

    o Escalabilidad.

Capa Core o Núcleo.

- Responsable de reenviar tráfico a alta velocidad entre diferentes áreas de la red.

- Aquí se interconectan los dispositivos de capa de distribución.

- Exige alta velocidad de conmutación, densidad de puertos y resistencia a fallos.

- No se implementan políticas.

Una red diseñada deficientemente tiene múltiples consecuencias:

- Dominios de broadcast grandes y extendidos.

- Es más complejo de administrar y de brindar soporte.

- Es probable que no se haya atendido suficientemente los requerimientos de seguridad.

- Al no definir claramente fronteras de capa 2 y capa 3 los dominios de fallos son más complejos de definir.

Consideraciones de diseño

- Cada switch tiene una capacidad limitada para soportar VLANs.

- La VLAN 1 es la VLAN Ethernet por defecto.

- Cambiar la VLAN nativa de los troncales a una VLAN que no esté en uso.

- Asegurarse que ambos extremos de los enlaces troncales utilicen la misma VLAN nativa.

Prácticas recomendadas

- Contar con una VLAN dedicada exclusivamente a la gestión de los dispositivos.

- Mantener el tráfico de gestión en una VLAN separada.

- Desactivar la negociación de DTP.

Segmentación de la red implementando VLANs

Beneficios de la implementación de VLANs

- Reducen los costos de administración.

- Controlan el broadcast.

- Mejoran la seguridad y la performance de la red.

- Permiten agrupar de manera lógica a los usuarios de la red.

Creación de VLANs

```
Switch#configure terminal
Switch(config)#vlan [#]
Switch(config-vlan)#name [nombre]
Switch(config-vlan)#exit
Switch(config)#_
```

Asignación de puertos a las VLANs

```
Switch#configure terminal
Switch(config)#interface FastEthernet 0/6
Switch(config-if)#switchport mode access
Switch(config-if)#switchport access vlan [#]
Switch(config-if)#no switchport access vlan [#]
```

Verificación de la configuración de VLANs

```
Switch#show vlan
Switch#show vlan brief
Switch#show vlan name CCNA
Switch#show interface FastEthernet0/6 switchport
```

Tips

- Los switches Catalyst tienen varias VLANs configuradas de fábrica: VLAN 1, VLANs 1002 a 1005. Estas VLANs no pueden ser modificadas o eliminadas.

- Por defecto todos los puertos están asignados a la VLAN 1.

- La VLAN 1 es la VLAN de gestión o management por defecto.

- Sólo se puede acceder vía telnet o SSH al dispositivo a través de la VLAN de management.

- La dirección IP asignada al switch debe pertenecer al segmento de la VLAN de management.

Tipos de puertos o enlaces

- Puertos de acceso.

- Puerto troncal.

Enlace Troncal

- Enlace punto a punto entre switches Ethernet que transporta múltiples VLANs.

- Se establece activando la funcionalidad de puerto troncal en los puertos ubicados en cada extremo del enlace.

- Enlaces de 100Mbps o superiores.

- Por defecto transporta todas las VLANs configuradas en el switch.

IEEE 802.1Q

- Estándar para el etiquetado de tramas sobre enlaces troncales.

- Inserta una etiqueta de 4 bytes en el encabezado Ethernet.

- Debe recalcular el campo FCS.

- Implementa el concepto de VLAN nativa.

Estructura de la etiqueta 802.1Q

- Tipo - 16 bits.

- Prioridad - 4 bits.

- VLAN ID - 12 bits.

El ID de VLAN

- VLAN 1   VLAN Ethernet por defecto.

- VLAN 2 a 1001   Rango "normal".

- VLAN 1002 a 1005   IDs reservados para VLANs Token Ring y FDDI.

- VLAN 1006 a 4094   Rango "extendido".

VLAN Nativa

- 802.1Q establece que todas las VLANs transportadas sobre un enlace troncal se transportan con la correspondiente identificación (VID) salvo la VLAN Nativa que no se identifica (untagged VLAN).

- Todo el tráfico no marcado que se recibe en un puerto troncal se envía a la VLAN nativa.

Configuración de enlaces troncales

```
Switch(config)#interface GigabitEthernet 0/1
Switch(config-if)#switchport mode trunk
Switch(config-if)#switchport trunk encapsulation dot1q
Switch(config-if)#switchport trunk native vlan 199
Switch(config-if)#switchport trunk allowed vlan 10, 110
```

Monitoreo de puertos troncales

```
Switch#show interface GigabitEthernet 0/1 switchport
Switch#show interfaces trunk
```

Dynamic Trunk Protocol

- Protocolo propietario de Cisco que negocia automáticamente enlaces troncales.

- Se encuentra activo por defecto.

- Admite diferentes estados para los puertos del switch.

	Acceso	Dynamic Auto	Dyn. Desirable	Troncal
Acceso	Acceso	Acceso	Acceso	n/a
Dynamic Auto	Acceso	Acceso	Troncal	Troncal
Dyn. Desirable	Acceso	Troncal	Troncal	Troncal
Troncal	n/a	Troncal	Troncal	Troncal

```
Switch(config)#interface GigabitEthernet 0/1
Switch(config-if)#switchport mode [access/dynamic/trunk]
Switch(config-if)#switchport nonegatiate
```

Voice VLAN

Permite superponer una topología para una red de voz con la red de datos de manera tal que la red de voz y la de datos actúen en estructuras lógicas separadas sobre una misma topología física compartida.

```
Switch(config)#vlan 10
Switch(config-vlan)#name CCNA
Switch(config-vlan)#vlan 110
Switch(config-vlan)#name TELEFONIA
Switch(config-vlan)#exit
Switch(config)#interface FastEthernet 0/6
Switch(config-if)#switchport mode access
Switch(config-if)#switchport access vlan 10
Switch(config-if)#switchport voice vlan 110
```

VLAN Trunk Protocol

Protocolo de capa 2 propietario de Cisco utilizado para compartir la información de las VLANs (base de datos de VLANs) entre switches que pertenecen a una misma administración (es decir, pertenecen a un dominio administrativo único) y que se comunican a través de enlaces troncales.

Por defecto:

- Todos los switches Catalyst son servidores VTP.

- No tienen configurado ningún dominio VTP.

- La implementación de VTP pruning es variable de acuerdo al modelo.

El dominio VTP

- Un switch puede pertenecer a un único dominio VTP.

- Las publicaciones de VTP se propagan a través de todo el dominio VTP cada 5 minutos.

Versiones

- La opción por defecto en los switches Catalyst es la versión 1.

- Las diferentes versiones no son compatibles entre sí.

Modos VTP

Tarea	Servidor VTP	Cliente VTP	VTP Transp.
Genera mensajes VTP	Si	Si	No
Reenvía mensajes VTP	Si	Si	Si
Escucha mensajes VTP	Si	Si	No
Permite crear VLANs	Si	No	Si, localmente
Permite borrar VLANs	Si	No	Si, localmente

Configuración de VTP

```
Switch#configure terminal
Switch(config)#vtp mode [client|server|transparent]
Switch(config)#vtp domain [nombre]
Switch(config)#vtp password [clave]
Switch(config)#vtp pruning
Switch(config)#exit
```

Verificación de VTP

```
Swtich#show vtp status
```

Spanning Tree Protocol

- Protocolo de capa 2 para administración de enlaces redundantes.

- Permite solamente una única ruta activa entre dos estaciones.

- Coloca algunos puertos en estado "bloqueado" de modo que no reciben, reenvían o inundan tramas.

- Si surgiera un problema de conectividad se restablece la conexión activando el puerto que antes estaba inactivo.

Características básicas

- Estándar definido por la IEEE como 802.1D.

- Utiliza BPDUs para el intercambio de información entre switches.

- Bloquea algunos puertos (en los enlaces redundantes).

- En caso de problemas de conectividad reestablece la conectividad automáticamente activando alguno de los puertos que se encuentra bloqueado.

Versiones del protocolo

	Estándar/Propietario	Recursos	Convergencia
STP	802.1D	Pocos	Lenta
PVST+	Cisco	Muchos	Lenta
RSTP	802.1w	Medios	Rápida
RPVST+	Cisco	Muy altos	Rápida
MSTP	802.1s	Medios	Rápida

Opciones por defecto

- PVST+.

- Activado en todos los puertos.

Operación de STP

1- Se elige un switch raíz.

- Todos los switches se asumen a sí mismos como switch raíz y publica BPDUs.

- Cada switch compara los BIDs y si el más bajo comienza publicarse como root-bridge.

- Sólo hay un switch raíz en cada dominio de broadcast.

- Todos los puertos del switch raíz son "puertos designados". Los puertos designados están en estado de forwarding.

2- Cada uno de los demás switches selecciona un puerto raíz. El switch raíz no tiene puerto raíz.

- Cuando un switch se reconoce como no-raíz asume el puerto a través del cual ha recibido los BPDUs del switch raíz como puerto raíz.

- Cada switch no-raíz tiene un solo puerto raíz.

- Selecciona como puerto raíz al puerto de menor costo hacia el switch raíz.

3- En cada segmento se selecciona un puerto designado.

- Se elige como puerto designado el que pertenece al switch con una ruta con menor costo hacia el switch raíz. El puerto designado está en estado de forwarding.

- Cada segmento de red tiene un puerto designado.

- Los puertos no-designados quedan en estado de blocking.

Roles de los puertos

- Puerto Raíz.

- Puerto Designado.

- Puerto No Designado.

- Puerto inhabilitado.

Selección del switch raíz

- El BID es un número de 8 bytes de extensión compuesto por 2 secciones:

Prioridad	MAC Address del switch
2 Bytes 0 a 65535	6 Bytes

- El valor por defecto de la prioridad es de 32768 (0x8000).

- Se selecciona como switch raíz al switch con menor BID.

Costos y prioridades

- Por defecto cada puerto está asociado a un costo que se encuentra definido por el protocolo en función de la velocidad del enlace.

- El costo de una ruta se calcula sumando los costos de todos los enlaces que la componen.

Velocidad del puerto	Costo 1998	Costo 2004
10 Gbps.	2	2.000
1 Gbps.	4	20.000
100 Mbps.	19	200.000
10 Mbps.	100	2.000.000

- Puede ser modificado por configuración.

- Cuando 2 rutas tienen igual costo, se selecciona utilizando el valor de prioridad.

Per VLAN Spanning Tree +

PVST+ define una instancia STP independiente por VLAN.

- Permite distribuir el tráfico.

- Optimiza el aprovechamiento de los enlaces redundantes.

- Puede generar una sobrecarga excesiva de procesamiento.

- Utiliza un ID Bridge extendido.

BID extendido

Prioridad	VLAN ID	MAC Address del switch
4 bits	12 bits	6 Bytes

- Mantiene compatibilidad de prioridad con STP IEEE 802.1D.

- Utiliza el campo prioridad original para transportar el VLAN ID.

- El valor de prioridad incrementa en saltos de 4096 unidades.

Configuración de Spanning Tree

```
Switch(config)#spanning-tree vlan [ID] priority [#]
Switch(config)#spanning-tree vlan [ID] primary
Switch(config)#spanning-tree vlan [ID] secondary
Switch(config)#exit
Switch#show spanning-tree vlan [ID]
Switch#debug spanning-tree pvst+
```

Optimización de redes STP

Estados de los puertos STP

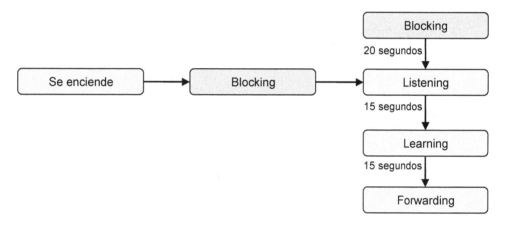

Cuando un puerto opera con STP se estabiliza en 2 estados posibles: blocking o forwarding.

Port Fast

- El puerto transiciona directamente de blocking a forwarding.

- Se aplica únicamente en puertos de acceso.

- Cuando el puerto port fast recibe un BPDU pasa a bloquear tráfico y utilizará el mecanismo de transición estándar.

BPDU Guard

- Permite preservar la topología de la red evitando que dispositivos intrusos conectados a la red puedan impactar en la misma.

- Cuando el puerto del switch configurado con port fast recibe un BPDU inmediatamente se bloquea pasando a estado de error.

Configuración por interfaz

```
Switch#configure terminal
Switch(config)#interface GigabitEthernet0/1
Switch(config-if)#spanning-tree portfast
Switch(config-if)#spanning-tree bpduguard enable
```

Modificación de opciones por defecto

```
Switch#configure terminal
Switch(config)#spanning-tree portfast default
Switch(config)#spanning-tree portfast bpduguard default
```
Verificación

```
Switch#show running-config interface GigabitEthernet0/1
Switch#show spanning-tree summary
Switch#show spanning-tree interface GigabitEthernet0/1 portfast
```

Operación de STP por defecto

Los switches Cisco Catalyst soportan:

- PVST+.

- PVRST+.

- MSTP.

Opciones por defecto de STP:

- PVST+

- Está habilitado en todos los puertos, que también se encuentran en la VLAN1.

EtherChannel

- Permite crear enlaces lógicos que agrupan entre 2 y 8 enlaces físicos.

- Mejora la escalabilidad de la red.

- Las tareas de configuración se pueden realizar sobre la interfaz lógica.

- Mientras uno solo de los enlaces físicos permanezca disponible el canal se mantiene activo.

- Para STP los enlaces físicos agrupados se comportan como un único enlace lógico.

- Es posible balancear tráfico entre los múltiples enlaces físicos.

Implementación de EtherChannel

- Todos los puertos físicos deben ser del mismo tipo.

- Es posible configurar múltiples EtherChannels entre dos dispositivos.

- Cualquier configuración que se aplica a la interfaz port channel asociada afecta a la operación de todo el canal. Cualquier modificación de configuración que se realiza sobre un puerto físico afecta exclusivamente a ese puerto físico.

- Todas las interfaces físicas deben estar configuradas para operar a la misma velocidad y en el mismo modo dúplex.

- Todas las interfaces físicas deben estar asignadas a la misma VLAN o estar configuradas como troncales.

- Las interfaces físicas que conforman un canal pueden tener asignado diferente costo de STP.

PAgP

- Propietario de Cisco para negociar la creación de EtherChannel entre 2 dispositivos.

- La operación de los puertos que operan con PAgP puede ser en 3 modos diferentes:

	On	Desirable	Auto
On	EtherChannel		
Desirable		EtherChannel	EtherChannel
Auto		EtherChannel	

LACP

- Protocolo estándar de la IEEE.

- Los puertos también pueden encontrarse en 3 modos diferentes:

	On	Active	Passive
On	Link Aggregation		
Active		Link Aggregation	Link Aggregation
Passive		Link Aggregation	

Configuración

- Todas las interfaces deben soportar la prestación.

- Todas las interfaces deben encontrarse operando a la misma velocidad y modo dúplex.

- Todas las interfaces deben ser parte de la misma VLAN o ser troncales.

- Si se trata de interfaces troncales, todas deben tener las mismas VLANs permitidas.

```
Switch(config)#interface range FastEthernet0/1 - 2
Switch(config-if-range)#channel-group 1 mode on
Switch(config-if-range)#exit
Switch(config)#interface port-channel 1
Switch(config-if)#switchport mode trunk
Switch(config-if)#switchport trunk allowed vlan 10, 20
```

Verificación

```
Switch#show interfaces port-channel 1
Switch#show etherchannel summary
Switch#show etherchannel port-channel
```

Enrutamiento entre VLANs

Requerimientos:

- Que cada VLAN está mapeada a una subred diferente.

- Que un dispositivo de capa 3 enrute entre ambas subredes.

3 mecanismos básicos:

- Enrutar en un router utilizando interfaces diferentes para cada VLAN.

- Enrutar en un router utilizando subinterfaces para cada VLAN es una única interfaz física (router on-stick).

- Enrutar en un switch capa 3.

Enrutamiento utilizando una interfaz de router por cada VLAN

- Cada VLAN a enrutar requiere una interfaz física tanto en el router.

- El router tiene todas las subredes (VLANs) como directamente conectadas y puede enrutar entre ellas sin información adicional.

- Es poco escalable.

Configuración de un "router on stick"

- Utiliza un enlace troncal para transportar el tráfico de las VLANs hasta el router.

- Se implementan subinterfaces en el router.

- Resuelve el enrutamiento de todas las VLANs utilizando un solo puerto del switch y un solo puerto del router.

- El router tiene todas las subredes (VLANs) como directamente conectadas y puede enrutar entre ellas sin ninguna información adicional.

- Cada subinterfaz es una interfaz virtual independiente, con su propia configuración IP y asignación de VLAN.

```
Router#configure terminal
Router(config)#interface GigabitEthernet 0/0
Router(config-if)#no shutdown
Router(config-if)#interface GigabitEthernet 0/0.10
Router(config-subif)#encapsulation dot1q 10
Router(config-subif)#ip address 172.18.10.1 255.255.255.0
Router(config-subif)#encapsulation dot1q 20
Router(config-subif)#ip address 172.18.20.1 255.255.255.0
Router(config-subif)#_
```

Enrutamiento con un switch capa 3

- Reemplaza la necesidad de dedicar un router a este propósito y mejora la performance.

- Cuando origen y destino son parte de la misma VLAN, entonces el switch reenvía las tramas a nivel de capa 2.

- Cuando origen y destino están alojados en VLANs diferentes, reenvía los paquetes a nivel de capa 3 actuando como un router.

Para que un switch con capacidades de enrutamiento pueda enrutar entre VLANs se requiere:

- Habilitar la funcionalidad de enrutamiento IP.

- Crear una interfaz VLAN (SVI) para cada VLAN que se desea enrutar.

- Asignar una dirección IP de la subred correspondiente a cada VLAN a las interfaces VLAN.

En términos generales el enrutamiento entre VLANs es más escalable implementado en switches capa 3.

```
Switch#configure terminal
Switch(config)#ip routing
Switch(config)#interface vlan10
```

```
Switch(config-if)#ip address 172.18.10.1 255.255.255.0
Switch(config-if)#no shutdown
Switch(config-if)#interface vlan20
Switch(config-if)# 172.18.20.1 255.255.255.0
Switch(config-if)#no shutdown
Switch(config-if)#end
Switch#
```

Redundancia en el primer salto (FHRP)

- Los routers de borde comparten una dirección IP virtual.

- Las terminales utilizan la dirección IP virtual como default-gateway.

- Los routers intercambian mensajes del protocolo FHRP para coordinar cuál es el router operativo.

- Cuando el router operativo falla, FHRP define cuál es el dispositivo que lo reemplaza.

Hay 3 protocolos que desempeñan esta tarea:

Protocolo	Tipo	Redundancia	Balanceo
HSRP	Cisco / IETF RFC 2281	Activo/Standby	No
VRRP	IETF RFC 5798	Activo/Standby	No
GLBP	Cisco	Activo/Activo	Si

Hot Standby Router Protocol (HSRP)

- La IP virtual es definida en la configuración, debe pertenecer a la red o subred que la IP de las interfaces, pero debe ser única.

- La MAC virtual es derivada automáticamente a partir de la configuración. El formato de esta dirección es 0000.0c07.acxx.

- Todos los routers asociados al proceso de HSRP conocen esta dirección virtual pero solamente el dispositivo activo utiliza esta dirección.

- Las terminales de la red utilizan la IP virtual como dirección del default gateway.

- Hay dos versiones disponibles (1 y 2). La versión por defecto es la 1.

- Los mensajes hello se envían a la IP 224.0.0.2 utilizando UDP puerto 1985 en la versión 1.

- La versión 2 utiliza la IP 224.0.0.102 y el mismo puerto UDP.

- Los dispositivos que brindan redundancia participan de un mismo grupo de HSRP e intercambian mensajes entre sí.

- No permite hacer balaceo de tráfico.

El router activo:

- Responde las solicitudes ARP dirigidas a la IP virtual con la MAC virtual.

- Se ocupa de reenviar los paquetes enviados al router virtual.

- Envía mensajes hello HSRP.

El router standby:

- Envía mensajes hello HSRP.

- Espera mensajes periódicos del router activo.

- Asume el rol de activo si no recibe hellos del router activo.

Configuración de HSRP

HSRP requiere que todos los dispositivos que van a actuar en redundancia estén configurados con:

- El mismo número de grupo.

- La misma IP virtual.

```
RouterA(config)#interface GigabitEthernet 0/0
RouterA(config-if)#ip address 10.1.1.2 255.255.255.0
RouterA(config-if)#standby 100 ip 10.1.1.1
RouterA(config-if)#standby 100 priority 110
RouterA(config-if)#standby 100 preempt

RouterB(config)#interface GigabitEthernet 0/0
RouterB(config-if)#ip address 10.1.1.3 255.255.255.0
RouterB(config-if)#standby 100 ip 10.1.1.1
```

Un ejemplo en un switch capa 3:

```
SwitchA(config)#interfaz vlan 10
SwitchA(config-if)#ip address 10.1.10.2 255.255.255.0
SwitchA(config-if)#standby 10 ip 10.1.10.1
SwitchA(config-if)#standby 10 priority 110
SwitchA(config-if)#standby 10 preempt
SwitchA(config-if)#no shutdown

SwitchB(config)#interface vlan 10
SwitchB(config-if)#ip address 10.1.10.3 255.255.255.0
SwitchB(config-if)#standby 10 ip 10.1.10.1
SwitchB(config-if)#no shutdown
```

Verificación

```
Router#show standby
Router#show standby brief
```

Port Security

- Permite restringir el acceso a la red sobre la base de la dirección MAC de origen de las tramas.

- Acepta solamente tramas originadas en direcciones MAC consideradas "seguras".

- Limita la cantidad y cuáles son las direcciones MAC que pueden conectarse efectivamente a la red a través de un puerto específico.

Las direcciones MAC que se aceptan pueden definirse de diferentes formas:

- Estáticamente.

- Dinámicamente.

- Una combinación de direcciones aprendidas estática y dinámicamente.

- "Sticky".

Cuando una trama llega a un puerto del switch configurado con port security su dirección MAC de origen es verificada en la bala de direcciones "seguras".

- Si la dirección MAC coincide con una de las seguras, la trama es procesada.

- Si la dirección MAC NO coincide con una segura la trama no es procesada y se la considera violación de la política. Cuando ocurre una violación hay 3 acciones posibles:

  o Protect

  o Restrict

  o Shutdown

Configuración de port-security

```
Switch(config)#interface FastEthernet 0/1
Switch(config-if)#switchport mode access
Switch(config-if)#switchport port-security
Switch(config-if)#switchport port-security maximum 2
Switch(config-if)#switchport port-security mac-address 0000.0ab1.23cd
Switch(config-if)#switchport port-security mac-address sticky
Switch(config-if)#switchport port-security violation shutdown
```

Comandos de verificación:

```
Swtich#show port-security status
Switch#show port-security
Switch#show port-security interface FastEthernet 0/1
Switch#show port-security address
```

Recuperación de puertos en error

- Acceder manualmente a la configuración de la interfaz, desactivarla (shutdown) para eliminar el estado de error, y luego activarla nuevamente (no shutdown).

- Rehabilitar automáticamente los puertos una vez que la situación que provocó el estado de error termina.

```
Switch(config)#errdisable recovery cause psecure-violation
Switch(config)#errdisable recovery interval 60
Switch(config)#exit
Switch#show errdisable recovery
```

F. Cuestionario de repaso

Estos cuestionarios han sido diseñados teniendo en cuenta dos objetivos: permitir un repaso del tema desarrollado en el capítulo a la vez que introducir al estudiante en la metodología de las preguntas del examen de certificación.

Por este motivo los cuestionarios tienen una metodología propia. Además de estar agrupados según ejes temáticos los he graduado según su dificultad de acuerdo a tres categorías básicas de preguntas:

- Preguntas de respuesta directa.

- Preguntas de tipo reflexivo.

- Preguntas basadas en la resolución de situaciones problemáticas.

Estas preguntas son una herramienta de repaso, no se trata de preguntas del examen de certificación sino de una herramienta para revisar los conocimientos adquiridos. No lo aborde hasta haber estudiado el contenido del capítulo.

Por favor, tenga en cuenta que:

 Los cuestionarios son una excelente herramienta para realizar un repaso, autoevaluarse y verificar los conocimientos adquiridos.

 Los cuestionarios NO son una herramienta de estudio. No es aconsejable utilizar estos cuestionarios si aún no ha estudiado y comprendido el contenido del capítulo; no han sido elaborados con ese objetivo.

 Las respuestas a este cuestionario las encuentra en la sección siguiente: Respuestas al cuestionario de repaso.

Conceptos generales

1. ¿Qué hace un switch con una trama multicast recibida en una interfaz?

    A. Envía la trama al primer puerto disponible.

    B. Descarta la trama.

    C. Inunda la red con la trama buscando el dispositivo.

    D. Devuelve un mensaje a la estación origen pidiendo una resolución de nombre.

2. Su Gerente le pregunta sobre las características básicas de switches y hubs para brindar conectividad de red. ¿Qué le podría decir Ud.?

    A. Los switches requieren menos tiempo que los hubs para procesar la trama.

    B. Los switches no reenvían paquetes de broadcast.

    C. Los hubs pueden filtrar tramas.

    D. El uso de hubs puede incrementar la cantidad de ancho de banda disponible para cada nodo.

    E. Los switches incrementan el número de dominios de colisión en la red.

3. Los switches de la red están conectados entre sí como muestra el esquema, creando un bucle.

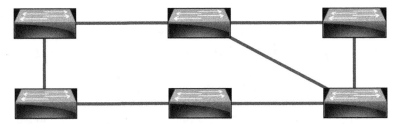

    ¿Qué tipo de bucle es el que causa esta configuración, y cuál es el nombre del protocolo que previene que esto se convierta en un problema?

    A. Bucle en enrutamiento / temporizadores de espera.

    B. Bucle de conmutación / horizonte dividido.

    C. Bucle de enrutamiento / horizonte dividido.

    D. Bucle de conmutación / VTP.

    E. Bucle de enrutamiento / STP.

    F. Bucle de conmutación / STP.

4. Considere la topología que se muestra a continuación:

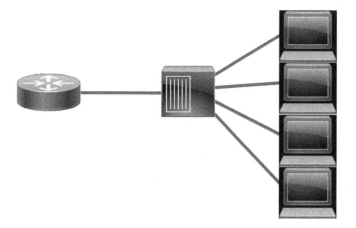

¿Cuáles de las siguientes serán 2 consecuencias del reemplaza del hub por un switch que esté configurado con una única VLAN Ethernet?
(elija 2)

> A. El número de dominios de colisión permanecerá el mismo.
>
> B. El número de dominios de colisión será menor.
>
> C. El número de dominios de colisión aumentará.
>
> D. El número de dominios de broadcast permanecerá el mismo.
>
> E. El número de dominios de broadcast será menor.
>
> F. El número de dominios de colisión aumentará.

5. Un nuevo switch Catalyst ha sido conectado a un switch que ya estaba operando en la red utilizando un cable cruzado. Como resultado de esto, ¿Qué debería mostrar el LED indicador de estado del enlace del puerto del switch después de algunos segundos?

> A. El LED indicador de estado del enlace estará apagado en ambos switches indicando que los puertos no están conectados.
>
> B. El LED indicador de estado del enlace estará apagado en uno de los switches indicando que STP ha deshabilitado el puerto.
>
> C. El LED indicador de estado del enlace parpadeará en color ámbar indicando un error.
>
> D. El LED indicador de estado del enlace se encenderá verde, indicando operación normal.

6. Tomando como referencia el diagrama de red que se muestra más abajo, el Switch1 acaba de ser encendido, ha pasado la ejecución del POST y se encuentra operativo. El Host A envía una trama de inicio de sesión al Host D, ¿Cuál será la primera acción del Switch con respecto a la tabla de direcciones MAC?

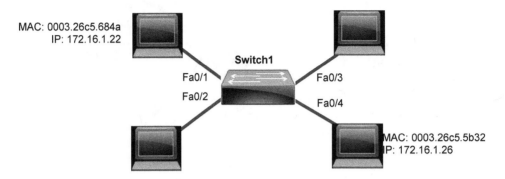

MAC: 0003.26c5.684a
IP: 172.16.1.22

Switch1

Fa0/1
Fa0/2
Fa0/3
Fa0/4

MAC: 0003.26c5.5b32
IP: 172.16.1.26

A. El Switch1 añadirá la dirección 172.16.1.22 a la tabla de direcciones MAC.

B. El Switch1 añadirá la dirección 172.16.1.26 a la tabla de direcciones MAC.

C. El Switch1 añadirá la dirección 0003.26c5.684a a la tabla de direcciones MAC.

D. El Switch1 añadirá la dirección 0003.26c5.5b32 a la tabla de direcciones MAC.

7. ¿Cómo actuará un Switch al recibir una trama unicast con una dirección MAC destino que ya se encuentra en su tabla de direcciones MAC?

A. El Switch reenviara la trama por todos los puertos excepto por el puerto por el que se recibió.

B. El Switch devolverá una copia de la trama por el puerto de origen.

C. El Switch no reenviará la trama.

D. El Switch reenviará la trama a través de un puerto específico.

E. El Switch descartará la dirección MAC de destino existente en la tabla.

8. ¿Por qué un switch nunca aprenderá una dirección de broadcast?

A. El broadcast utiliza solamente direccionamiento de capa de red.

B. Una trama de broadcast nunca es reenviada por un switch.

C. Una dirección de broadcast nunca será la dirección origen de una trama.

D. Las direcciones de broadcast utilizan un formato que no es adecuado para las tablas de los switches.

E. Las tramas de broadcast nunca se envían a los switches.

9. Teniendo en cuenta el gráfico que se muestra a continuación:

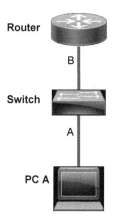

Router

B

Switch

A

PC A

Los 2 puertos conectados del switch no están encendiendo sus LEDs ni en naranja ni verde. ¿Cuál puede ser la manera más efectiva de diagnosticas este problema de capa física? (Elija 3)

A. Asegúrese que la encapsulación Ethernet es la misma en el router y el puerto del switch conectado a él.

B. Asegúrese que los cables A y B son cables derechos.

C. Asegúrese que el cable A está conectado a un puerto troncal.

D. Asegúrese que el switch tiene alimentación eléctrica.

E. reinicie todos los dispositivos.

F. Cambie todos los cables.

10. Considere la siguiente información:

```
Switch1#show mac address-table
Dynamic Addresses Count                   3
Secure Addresses (User-defined) Count:    0
Static Addresses (User-defined) Count:    0
System Self Addresses Count:              41
Total Mac Addresses:                      50

Non-static Address Table:
Destination Address    Address Type   VLAN  Destination Port
-------------------    ------------   ----  ----------------
0010.0de0.e289         Dynamic        1     FastEthernet0/1
0010.7b00.1540         Dynamic        1     FastEthernet0/3
0010.7b00.1545         Dynamic        1     FastEthernet0/2
```

El Switch1 necesita enviar datos a una terminal con la MAC address 00b0.d056.efa4. ¿Qué es lo que hará el Switch1 con esos datos?

A. El Switch1 descartará los datos porque no tiene una entrada coincidente para esa dirección MAC.

B. El Switch1 inundará los datos a través de todos sus puertos excepto el puerto a través del cual se recibieron los datos.

C. El Switch1 enviará una solicitud ARP a través de todos los puertos excepto el puerto a través del cual se recibieron los datos.

D. El Switch1 reenviará los datos a su default gateway.

11. Considere la siguiente información:

```
Switch1#show mac address-table
Dynamic Addresses Count                         19
Secure Addresses (User-defined) Count:          0
Static Addresses (User-defined) Count:          0
System Self Addresses Count:                    41
Total Mac Addresses:                            50

Non-static Address Table:
Destination Address    Address Type   VLAN   Destination Port
-------------------    ------------   ----   ----------------
0010.0de0.e289         Dynamic        1      FastEthernet0/1
0010.7b00.1540         Dynamic        2      FastEthernet0/5
0010.7b00.1545         Dynamic        2      FastEthernet0/5
0060.5cf4.0076         Dynamic        1      FastEthernet0/1
0060.5cf4.0077         Dynamic        3      FastEthernet0/1
0060.5cf4.1315         Dynamic        1      FastEthernet0/1
0060.70cb.f301         Dynamic        2      FastEthernet0/1
0060.70cb.3f01         Dynamic        5      FastEthernet0/2
00e0.1e42.9978         Dynamic        4      FastEthernet0/1
00e0.1e42.3900         Dynamic        3      FastEthernet0/1
0060.70cb.33f1         Dynamic        6      FastEthernet0/3
0060.70cb.103f         Dynamic        6      FastEthernet0/4
<output omitted>

Switch1#show cdp neighbors
Capability Codes: R- Router, T- Trans Bridge, B- Source Route Bridge
                  S- Switch, H- Host, I- IGMP, r- Repeater

Device ID    Local Interface   Holdtime   Capability   Platform   PortID
Switch2      Fast 0/1          157        S            2960-12    Fast 0/1
Switch3      Fast 0/2          143        S            2960-12    Fast 0/5
```

¿Cuáles de las siguientes afirmaciones son verdaderas respecto de las interfaces del Switch1?
(Elija 2)

A. Hay múltiples dispositivos conectados directamente al puerto Fa0/1.

B. Un hub está conectado directamente al puerto Fa0/5.

C. El puerto Fa0/1 está conectado a una terminal con múltiples interfaces de red.

D. Al puerto Fa0/5 se le ha asignado estáticamente una dirección MAC.

E. El puerto Fa0/1 está configurado como enlace troncal.

F. La interfaz Fa0/2 ha sido deshabilitada.

12. ¿Cuáles de las siguientes afirmaciones son verdaderas respecto del método de conmutación de almacenamiento y envío?
(Elija 2)

A. La latencia permanece constante, independientemente del tamaño de la trama.

B. La latencia al atravesar el switch varía de acuerdo a la longitud de la trama.

C. El switch recibe la trama completa antes de comenzar a reenviarla.

D. El switch verifica la dirección de destino tan pronto como recibe el encabezado de la trama, y comienza a reenviarla inmediatamente.

Configuración del switch

13. ¿Qué comando se utiliza en un switch para asignarle una dirección IP para poder realizar administración in-band a la dirección 10.1.1.1, máscara de subred 255.255.255.0?

A. `Switch(config-if)#ip address 10.1.1.1 255.255.255.0`

B. `Switch(config-vlan)#ip address 10.1.1.1 mask 255.255.255.0`

C. `Switch(config-if)#address 10.1.1.1 255.255.255.0`

D. `Switch(config-if)#set ip address 10.1.1.1 255.255.255.0`

E. `Switch(config-vlan)#set ip address 10.1.1.1 mask 255.255.255.0`

14 ¿Cuál es el propósito de asignarle una dirección IP a un switch?

    A. Suministrar a los nodos locales una dirección de default-gateway.

    B. Permitir la administración remota del switch.

    C. Permitir al switch responder solicitudes ARP entre dos nodos.

    D. Asegurar que los nodos de la misma LAN pueden comunicarse entre sí.

15. Se le ha requerido que configure el default gateway en un switch Cisco con la dirección IP 192.168.1.115.
¿Qué comando IOS deberá utilizar?

    A. `Switch(config)#ip route-default 192.168.1.115`

    B. `Switch(config)#ip default-gateway 192.168.1.115`

    C. `Switch(config)#ip route 192.168.1.115 0.0.0.0`

    D. `Switch(config)#ip default-network 192.168.1.115`

    E. `Switch(config-if)#ip route-default 192.168.1.115`

    F. `Switch(config-if)#ip default-gateway 192.168.1.115`

16. Un switch Catalyst 2960 tiene una PC conectada a la interfaz FastEthernet 0/1 y un router a la interfaz FastEthernet 0/2. La PC necesita utilizar TCP/IP para comunicarse a través del router con nodos en otras redes TCP/IP.
¿En qué modo de configuración podrá usted ingresar la dirección IP asignada al switch?

    A. Modo usuario.

    B. Modo privilegiado.

    C. Modo inicial.

    D. Modo configuración global.

    E. Modo configuración de la interfaz para cada una de las interfaces mencionadas.

    F. Ninguna de las anteriores.

17. Teniendo en cuenta la información que se muestra a continuación:

```
00:00:39:%LINEPROTO-5-UPDOWN: Line protocol on interface Vlan1, change state
to down
00:00:40:%SPANTREE-5-EXTENDED_SYSID: Extended Sysid enabled for type vlan
00:00:42:%SYS-5-CONFIG_I: Configured from memory by console
00:00:42:%SYS-5-RESTART: System restarted --
Cisco IOS Software, C2960 Software (C2960-LANBASEK9-M), Version 12.2(25)SEE2,
RELEASE SOFTWARE (fc1)
Copyright(c) 1986-2006 by Cisco Systems, Inc.
00:00:44:%LINK-5-CHANGED: Interface Vlan1, change state to administratively
down
00:00:44:%LINK-3-UPDOWN: Interface FastEthernet0/1, changed state to up
00:00:44:%LINK-3-UPDOWN: Interface FastEthernet0/2, changed state to up
00:00:44:%LINK-3-UPDOWN: Interface FastEthernet0/11, changed state to up
00:00:45:%LINEPROTO-5-UPDOWN: Line prot on interface FastEthernet0/1, change
state to up
00:00:45:%LINEPROTO-5-UPDOWN: Line prot on interface FastEthernet0/2, change
state to up
00:00:45:%LINEPROTO-5-UPDOWN: Line prot on interface FastEthernet0/11, change
state to up
00:00:48:%LINK-3-UPDOWN: Interface FastEthernet0/12, changed state to up
00:00:49:%LINEPROTO-5-UPDOWN: Line prot on interface FastEthernet0/12, change
state to up
```

¿Cuál de las siguientes afirmaciones describe correctamente el estado del switch una vez que el proceso de arranque se ha completado?

A. Como el puerto FastEthernet 0/12 será el último en levantar, estará bloqueado por STP.

B. No será posible acceder remotamente a la administración del switch sin realizar cambios en la configuración.

C. Es necesario crear más VLANs en este switch.

D. El switch necesitará un código de IOS diferente en orden a soportar VLANs y STP.

18. Tome en consideración el siguiente esquema de la red:

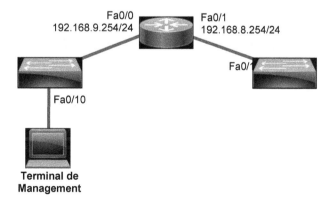

Un técnico ha instalado el SwitchB y necesita configurarlo para accederlo remotamente desde una terminal de management que está conectada al SwitchA. ¿Cuál es el conjunto de comandos que se requiere para cumplir con esta tarea?

A. `SwitchB(config)#interface FastEthernet0/1`
`SwitchB(config-if)#ip address 192.168.8.252 255.255.255.0`
`SwitchB(config-if)#no shutdown`

B. `SwitchB(config)#interface vlan 1`
`SwitchB(config-if)#ip address 192.168.8.252 255.255.255.0`
`SwitchB(config-if)#ip default-gateway 192.168.8.254`
`255.255.255.0`
`SwitchB(config-if)#no shutdown`

C. `SwitchB(config)#ip default-gateway 192.168.8.254`
`SwitchB(config)#interface vlan 1`
`SwitchB(config-if)#ip address 192.168.8.252 255.255.255.0`
`SwitchB(config-if)#no shutdown`

D. `SwitchB(config)#ip default-network 192.168.8.254`
`SwitchB(config)#interface vlan 1`
`SwitchB(config-if)#ip address 192.168.8.252 255.255.255.0`
`SwitchB(config-if)#no shutdown`

E. `SwitchB(config)#ip route 192.168.8.254 255.255.255.0`
`SwitchB(config)#interface FastEthernet0/1`
`SwitchB(config-if)#ip address 192.168.8.252 255.255.255.0`
`SwitchB(config-if)#no shutdown`

Monitoreo del switch

19. ¿Qué comando muestra información acerca de la versión de software en un switch?

   A. `display version`

   B. `show version`

   C. `show ios`

   D. `show software version`

20. ¿Cuál es el comando que muestra la tabla de direcciones MAC de un switch Cisco Catalyst?

   A. `show address-table`

   B. `show mac-address-table`

   C. `show table mac address`

   D. `show ip route mac table`

21. ¿Cuáles son los dos comandos que puede utilizar para verificar la configuración que será utilizada cuando se reinicie un switch Catalyst 2960?
(Elija 2)

    A. `show configuration`

    B. `show startup-config`

    C. `show running-config`

    D. `show version`

22. Teniendo en cuenta la información de más abajo, el Switch1 debe reenviar tramas de datos que tiene como dirección de destino la MAC 00b0.d056.efa4. ¿Qué hará el Switch1 con los datos?

```
Dynamic Addresses Count:                    3
Secure Addresses (User-defined) Count: 0
Static Addresses (User-defined) Count: 0
System Self Addresses Count:               41
Total Mac Addresses:               50
Non-static Address Table:

Destination Address   Address Type   VLAN   Destination Port
-------------------   ------------   -----   ------------------
0010.0de0.e289        Dynamic        1      FastEthernet0/1
0010.7b00.1540        Dynamic        2      FastEthernet0/3
0010.7b00.1545        Dynamic        2      FastEthernet0/2
```

    A. El Switch1 descartará los datos porque no tiene ninguna entrada para la dirección MAC.

    B. El Switch1 inundará con los datos todos sus puertos excepto aquel por el que se han recibido.

    C. El Switch1 enviara una petición por todos sus puertos excepto por el que se recibieron los datos.

    D. El Switch1 reenviara los datos por su puerta de enlace.

Conceptos de VLANs

23. ¿Qué hace una VLAN?

    A. Divide dominios de colisión.

    B. Divide dominios de enrutamiento.

    C. Divide dominios de broadcast.

    D. Proporciona segmentación de la fragmentación.

24. ¿Cuál de las siguientes afirmaciones corresponde a características típicas de la implementación de VLANs?
(Elija 3)

A. Las VLANs dividen lógicamente un switch de modo que operativamente, a nivel de capa 2, se obtienen múltiples switches virtuales independientes entre sí.

B. Una VLAN puede extenderse a través de múltiples switches.

C. Las VLANs típicamente disminuyen el número de dominios de broadcast.

D. Un enlace troncal puede transportar tráfico de múltiples VLANs.

E. La implementación de VLANs incrementa significativamente el tráfico en una red porque la información del troncal debe ser agregada en cada paquete.

F. Las VLANs extienden los dominios de colisión para incluir múltiples switches.

25. ¿Cuáles de los siguientes son dos beneficios productos de la creación de VLANs?
(Elija 2).

A. Incorporan seguridad.

B. Asignan ancho de banda dedicado.

C. Proveen segmentación.

D. Habilitan el tráfico desde los switches a subinterfaces de los routers.

E. Contienen colisiones.

26. ¿Qué afirmación respecto de la operación de las VLANs en switches Cisco Catalyst es verdadera?

A. Cuando se recibe un paquete a través de un troncal 802.1Q, el VLAN ID puede ser determinado a partir de la dirección MAC de origen y la tabla de direcciones MAC.

B. Las tramas unicast con destino desconocido son retransmitidas solamente a los puertos que pertenecen a la misma VLAN.

C. Las tramas de broadcast y multicast son retransmitidas a los puertos que están configurados en diferentes VLANs.

D. Los puertos entre switches deben ser configurados en modo acceso para que las VLANs pueden extenderse a través de los puertos.

27. ¿Cuál de las siguientes afirmaciones es verdadera respecto a un puerto de acceso? (Elija 2).

A. Pueden transportar simultáneamente múltiples VLANs.

B. Los switches borran cualquier información de la VLAN contenida en el encabezado de la trama antes de que ésta sea enviada a una terminal a través de un puerto de acceso.

C. Los dispositivos conectados a puertos de acceso no pueden comunicarse con dispositivos fuera de su VLAN a menos que el paquete se enrute a través de un dispositivo de capa de red.

D. Los puertos de acceso se utilizan para transportar las VLANs entre dispositivos y pueden configurarse para transportar a todas las VLANs o sólo a algunas.

28. Asumiendo la configuración por defecto de un switch Catalyst 2960, ¿Cuál es el rango de VLANs que pueden ser agregadas, modificadas o removidas en ese switch?

A. 1 a 1001

B. 2 a 1001

C. 1 a 1002

D. 2 a 1005

29. ¿Cuál de las siguientes afirmaciones es verdadera respecto del uso de VLANs para segmentar una red? (Elija 3)

A. Se incrementa el tamaño de los dominios de colisión.

B. Permiten el agrupamiento lógico de usuarios por funciones.

C. Pueden mejorar la seguridad de la red.

D. Incrementan el tamaño de los dominios de broadcast al mismo tiempo que disminuyen el número de dominios de colisión.

E. Incrementan el número de dominios de broadcast al mismo tiempo que disminuyen el tamaño de esos dominios.

F. Simplifican la administración de los switches.

30. Todos los nodos de la red que se muestra, están conectados entre sí a través de un único switch Catalyst.

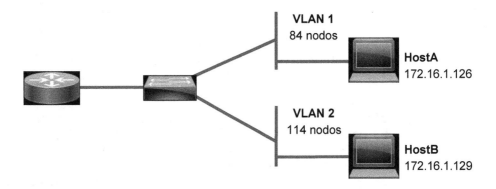

¿Cuál de las siguientes afirmaciones describe correctamente el esquema de direccionamiento de esta red?
(Elija 3)

A. Utiliza la máscara de subred 255.255.255.192

B. Utiliza la máscara de subred 255.255.255.128

C. La dirección IP 172.16.1.25 puede ser asignada a cualquier nodo de la VLAN1.

D. La dirección IP 172.16.1.205 puede ser asignada a cualquier nodo en la VLAN1.

E. La interfaz LAN del router está configurada con una dirección IP.

F. La interfaz LAN del router está configurada con múltiples direcciones IP.

31. Tomando en consideración el diagrama de red que se presenta, asuma que los puertos 1 a 3 están asignados a la VLAN 1 y los puertos 4 a 6 están asignados a la VLAN 2 en ambos switches.

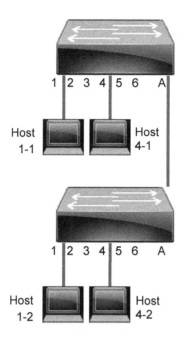

Los switches están conectados entre sí a través de un enlace troncal. ¿Cuál de las siguientes condiciones verificará la propiedad de las VLAN y la operación del troncal?
(Elija 3)

A. El nodo 1-1 puede hacer ping al nodo 1-2.

B. El nodo 1-1 puede hacer ping al nodo 4-2.

C. El nodo 1-1 no puede hacer ping al nodo 1-2.

D. El nodo 4-1 no puede hacer ping al nodo 1-2.

E. El nodo 4-1 puede hacer ping al nodo 4-2.

32. Su compañía utiliza un switch para brindar acceso a la red de su Departamento de Capacitación. Ud. Necesita habilitar el modo de realizar cambios en ese switch de modo remoto, de manera tal que pueda habilitar a diferentes aulas a tener acceso a Internet según sea necesario.
¿Qué deberá configurar en este switch para que pueda hacer estos cambios remotamente?
(Elija 2).

A. El nombre del switch deberá coincidir con el nombre del grupo de trabajo de la red local.

B. Se deberá configurar una dirección IP a la VLAN de management y un default gateway en el switch.

C. La estación de trabajo remota desde la que se desea trabajar deberá acceder a través de la VLAN de administración del switch.

D. CDP debe estar habilitado en el switch de modo tal que otros dispositivos presentes en la red puedan localizarlo.

33. Se le ha requerido que detecte la posible causa de los problemas de conectividad que presenta la red que se grafica a continuación.

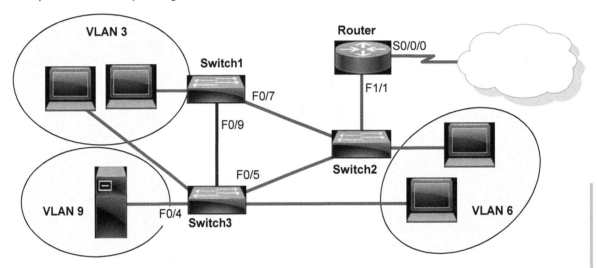

Los síntomas observados son los siguientes:
    - Todos los usuarios pueden acceder a Internet
    - Ninguno de los usuarios puede acceder al servidor en la VLAN 9.
    - Todos los usuarios pueden hacer ping entre sí.
¿Cuál puede ser la causa del problema?

A. La interfaz S0/0 del Router está caída.

B. La interfaz F1/1 del Router está caída.

C. La interfaz F0/5 del Swtich3 está caída.

D. La interfaz F0/4 del Switch3 está caída.

E. El Switch2 no está encendido.

F. No se habilitó el enlace entre Switch1 y Switch3.

34. La red que se muestra en el diagrama implementa STP para gestionar la redundancia. Se ha detectado un problema de conectividad y se sospecha que el cable conectado al puerto Fa0/9 en el Switch1 está desconectado. ¿Cómo afectaría a la red la desconexión de dicho cable?

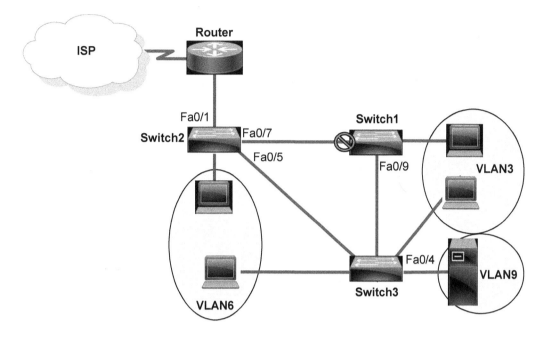

A. No habría comunicación entre la VLAN3 y cualquiera de las otras VLANs.

B. El HostB no sería capaz de acceder al servidor que está en la VLAN9 mientras el cable esté desconectado.

C. Durante menos de un minuto, el HostB no sería capaz de acceder al servidor en la VLAN9. Luego volvería a funcionar normalmente.

D. La transferencia de los archivos desde el HostB al servidor en la VLAN9 sería bastante lenta.

35. Considere el siguiente diagrama de red:

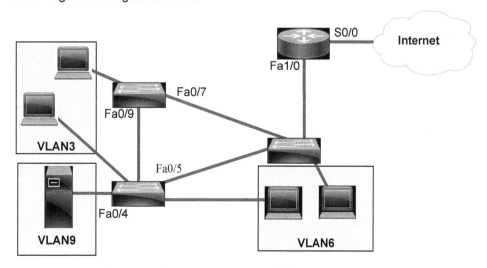

Se ha observado un problema de conectividad en la red. Se sospecha que el cable que se conecta al puerto Fa0/9 del Switch1 está desconectado. ¿Cuál debiera ser el efecto de que este cable se desconectara?

    A. La terminal B no podrá acceder el servidor en la VLAN 9 hasta que el cable sea reconectado.

    B. La comunicación entre la VLAN 3 y las otras VLANs se perderá.

    C. La transferencia de archivos de la terminal B al servidor en la VLAN 9 será significativamente más lenta.

    D. Por menos de un minuto, la terminal B no podrá acceder al servidor en la VLAN 9. Luego la red retomará su operación normal.

Enlaces troncales

36. ¿Qué es un puerto troncal?

    A. Un puerto que es parte de sólo una VLAN y a la que se denomina VLAN nativa del puerto.

    B. Un puerto que puede transportar múltiples VLANs.

    C. Un puerto de switch conectado a Internet.

    D. Capacidad para datos y voz en la misma interfaz.

37. ¿Qué tipo de cable deberá utilizar para establecer un enlace troncal entre dos switches Catalyst 2960?

    A. Cable derecho.

    B. Cable serial EIA/TIA 232.

    C. Cable auxiliar.

    D. Cable para módem.

    E. Cable cruzado.

38. ¿Cuál de los protocolos estándar IEEE que se mencionan a continuación se inicia como resultado de completar la negociación de DTP en un switch sobre un enlace FastEthernet?

    A. 802.3ad.

    B. 802.1w.

    C. 802.1D.

    D. 802.1Q.

39 ¿Cuál de las siguientes son 2 características del protocolo 802.1Q?
(Elija 2)

A. Se utiliza exclusivamente para marcar tramas de VLANs y controlar la convergencia de la red luego de que haya cambios en la topología.

B. Modifica el encabezado de las tramas 802.3, lo que requiere que se recalcule el FCS de la trama.

C. Es un protocolo de mensajería de capa 2 que mantiene la configuración de VLANs a lo largo de la red.

D. Incluye un capto de 8 bits que indica la prioridad de la trama.

E. Es un protocolo de trunking capaz de transportar tramas sin etiquetar.

40. ¿Cuáles de los siguientes son modos válidos para el puerto de un switch que ha de ser utilizado como parte de un enlace troncal?
(Elija 3)

A. Transparent.

B. Auto.

C. On.

D. Desirable.

E. Blocking.

F. Forwarding.

41. ¿Cuál son dos comandos que pueden ser utilizados para verificar el estado de la configuración de un enlace troncal en una interfaz dada de un router Cisco?

A. `show interface trunk`

B. `show interface interface`

C. `show ip interface brief`

D. `show interface vlan`

E. `show interface switchport`

42. ¿Cuál es la función del comando `switchport trunk native vlan 999` en un switch Cisco Catalyst?

      A. Crea la interfaz VLAN 999.

      B. Designa a la VLAN 999 para tráfico sin etiquetar.

      C. Bloquea el tráfico de la VLAN 999 para que no pase por el troncal.

      D. Designa la VLAN 999 como la VLAN por defecto para todo el tráfico marcado y desconocido.

43. Considere la siguiente información:

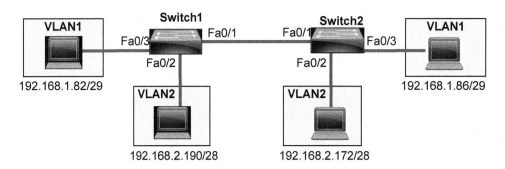

```
Switch1#show interface trunk
Port    Mode   Encapsulation  Status      Native vlan
F0/1    on     802.1q         trunking    1

Port    Vlans allowed on trunk
F0/1    1-1005

Port    Vlans allowed and active in management domain
F0/1    1,2

Switch2#show interface trunk
Port    Mode   Encapsulation  Status      Native vlan
F0/1    on     802.1q         trunking    2

Port    Vlans allowed on trunk
F0/1    1-1005

Port    Vlans allowed and active in management domain
F0/1    1,2
```

Se envía una trama desde la VLAN1 del Switch1 hacia el Switch2 donde la trama es recibida en la VLAN2.
¿Cuál es la causa de este comportamiento?

A. Un error en el modo del troncal.

B. Se está permitiendo solamente la VLAN2 en los destinos.

C. Un error en la VLAN nativa.

D. Las VLANs no corresponden a una única subred IP.

44. Los switches Cisco Catalyst CAT1 y CAT2 están conectados entre sí a través de los puertos Fa0/13. Se ha configurado un troncal 802.1Q entre ambos switches. En CAT1 se ha definido la VLAN 10 como VLAN nativa, pero en la configuración de CAT2 no se ha especificado nada al respecto.
¿Qué ocurrirá en este escenario?

A. Las tramas gigantes de 802.1Q pueden saturar el enlace.

B. Se enviarán tramas sin etiquetar por la VLAN10 en CAT1 y CAT2.

C. Un mensaje CDP de mismatch error en la VLAN nativa aparecerá en la consola.

D. Se enviarán tramas etiquetadas para la VLAN 10 en CAT1 y para la VLAN 1 en CAT 2.

45. Usted administra la red que se muestra a continuación.

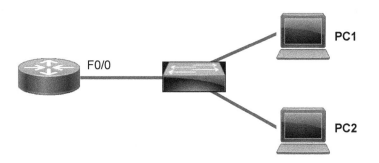

```
Router(config)#interface FastEthernet 0/0.1
Router(config-if)#encapsulation dot1q 1
Router(config-if)#ip address 192.1.1.129  255.255.255.240
Router(config-if)#interface FastEthernet 0/0.2
Router(config-if)#encapsulation dot1q 2
Router(config-if)#ip address 192.1.1.65 255.255.255.192
```

El router de acceso, ha sido configurado del modo que se muestra.
Ahora debe ser configurada la PC 1 que se encuentra conectada a un puerto del switch asignado a la VLAN 1.
¿Cuáles son los dos elementos requeridos en la PC 1 de modo que luego pueda establecer una conexión con la PC 2 que está conectada a la VLAN 2?
(Elija 2)

A. Dirección IP 192.1.1.66 255.255.255.240.

B. Dirección IP 192.1.1.130 255.255.255.192.

C. Dirección IP 192.1.1.142 255.255.255.240.

D. Default Gateway 192.1.1.129.

E. Default Gateway 192.1.1.65.

F. Default Gateway 192.1.1.1.

46. Considere la información que se muestra a continuación:

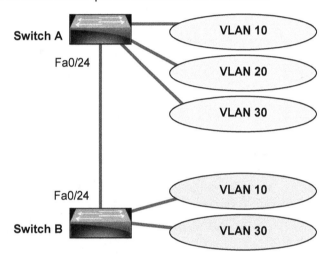

```
SwitchA#show running-config
Building configuration…
Current configuration: 100 bytes
<output omitted>
!
interface FastEthernet0/24
 switchport mode access
 no ip address
!
<output omitted>

SwitchB#show running-config
Building configuration…
Current configuration: 100 bytes
<output omitted>
!
interface FastEthernet0/24
 switchport mode access
 no ip address
<output omitted>
```

Todos los puertos de los switches están asignados a la VLAN correcta; sin embargo ninguna

de las terminales conectadas al Switch A puede comunicarse con terminales en la misma VLAN conectadas al Switch B. Basándose en la información que se muestra, ¿Cuál es probablemente el problema?

A. El enlace de acceso necesita ser configurado en múltiples VLANs.

B. El enlace entre los switches está configurado en una VLAN equivocada.

C. El enlace entre los switches debe ser configurado como un troncal.

D. No se ha configurado VTP para transportar la información de VLANs ente los switches.

E. Las direcciones IP de los switches deben ser configuradas en orden a que el tráfico se reenvíe entre los switches.

47. Se ha configurado un enlace troncal 802.1Q entre el router de acceso de su red y el switch, tal como se muestra en el gráfico:

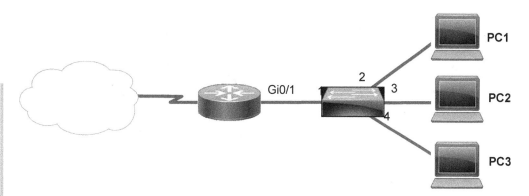

Configuración del Switch:
   Puerto 1:   Troncal 802.1Q
   Puerto 2, 3: Acceso VLAN 1
   Puerto 4:   Acceso VLAN 8

Configuración del Router:
```
interface FastEthernet 0/1.1
  encapsulation dot1q 1
  ip address 192.1.1.65 255.255.255.192
interface FastEthernet 0/1.8
  encapsulation dot1q 8
  ip address 192.1.1.129 255.255.255.224
```

¿Cuáles de las siguientes son configuraciones IP válidas para las terminales conectadas según el gráfico?
(Elija 3)

A. PC 1 – Dirección IP 192.1.1.65

B. PC 1 – Máscara de subred 255.255.255.224

C. PC 2 – Dirección IP 192.1.1.125

D. PC 2 – Default Gateway 192.1.1.65

E. PC 3 – Dirección IP 192.1.1.166

F. PC 3 – Máscara de subred 255.255.255.224

48. Un Administrador necesita configurar los Switches y Routers mostrados en la imagen de manera que los Hosts que están en las VLAN3 y VLAN4 puedan comunicarse con un servidor que instalado en la VLAN2. ¿Qué dos segmentos Ethernet de la red que se muestra deben ser configurados como enlaces troncales?
(Elija 2)

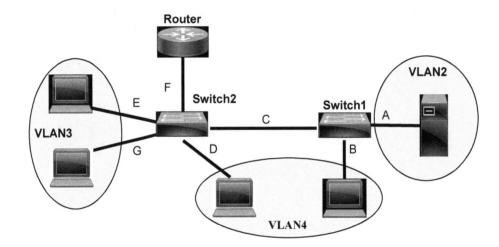

A. A

B. B

C. C

D. D

E. E

F. F

49. Teniendo en cuenta el siguiente esquema:

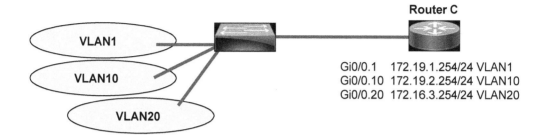

Router C

Gi0/0.1   172.19.1.254/24 VLAN1
Gi0/0.10   172.19.2.254/24 VLAN10
Gi0/0.20   172.16.3.254/24 VLAN20

El Router C es utilizado como "router-on-a-stick" para enrutar entre las VLANs. Todas las interfaces han sido adecuadamente configuradas y el enrutamiento IP se encuentra activado. Las terminales en las VLANs han sido configuradas con el default gateway adecuado. ¿Qué es verdadero respecto de esta configuración?

A. Es necesario agregar los siguientes comandos a la configuración:
```
RouterC(config)#router eigrp 123
RouterC(config-router)#network 172.19.0.0
```

B. Es necesario agregar los siguientes comandos a la configuración:
```
RouterC(config)#router ospf 1
RouterC(config-router)#network 172.19.0.0 0.0.3.255 area
0
```

C. Es necesario agregar los siguientes comandos a la configuración:
```
RouterC(config)#router rip
RouterC(config-router)#network 172.19.0.0
```

D. No se requiere ninguna configuración adicional.

50. Teniendo en cuenta el siguiente esquema:

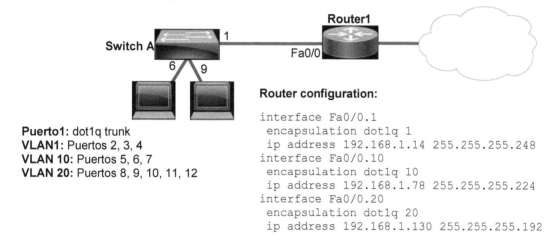

Router1

Fa0/0

Switch A

Puerto1: dot1q trunk
VLAN1: Puertos 2, 3, 4
VLAN 10: Puertos 5, 6, 7
VLAN 20: Puertos 8, 9, 10, 11, 12

Router configuration:
```
interface Fa0/0.1
 encapsulation dot1q 1
 ip address 192.168.1.14 255.255.255.248
interface Fa0/0.10
 encapsulation dot1q 10
 ip address 192.168.1.78 255.255.255.224
interface Fa0/0.20
 encapsulation dot1q 20
 ip address 192.168.1.130 255.255.255.192
```

El Administrador de la red está agregando 2 nuevas terminales al Switch A en los puertos 6 y 9. ¿Cuáles de los siguientes son valores que pueden ser utilizados para la configuración de esas terminales?
(Elija 3)

A. Terminal A – Dirección IP 192.168.1.79

B. Terminal A – Dirección IP 192.168.1.64

C. Terminal A – Default gateway 192.168.1.78

D. Terminal B – Dirección IP 192.168.1.128

E. Terminal B – Default gateway 192.168.1.129

F. Terminal B – Dirección IP 192.168.1.190

51. Teniendo en cuenta la siguiente información:

```
Switch#show running-config
<output omitted>
interface FastEthernet0/24
 no ip address
<output omitted>

Switch#show interfaces FastEthernet0/24 switchport
  Name: Fa0/24
  Switchport: Enable
  Administrative Mode: static access
  Operation Mode: static access
  Administrative Trunking Encapsulation: dot1q
  Operation Trunking Encapsulation: native
  Negotiation of Trunking: Off
  Access Mode VLAN: 1 (default)
  Trunking Native Mode VLAN: 1 (default)
  Voice VLAN: none
  Administrative private-vlan host-association: none
  Administrative private-vlan mapping: none
  Operation private-vlan: none
  Trunking VLANs Enabled: ALL
  Pruning VLANs Enabled: 2-1001
  Capture Mode Disabled
  Capture VLANs Allowed: ALL
  Protected: false
  Voice VLAN: none (Inactive)
  Appliance trust: none
```

El puerto FastEthernet 0/24 del switch será utilizado para crear un troncal IEEE 802.1Q que conectará con otro switch. Basándose en la información que se muestra arriba, ¿Cuál es la razón por la cual el enlace troncal no se forma, aun cuando se ha utilizado el cableado adecuado para esta tarea?

A. Las VLANs no han sido creadas aún.

B. Se debe configurar una dirección IP en el puerto.

C. El puerto está actualmente configurado en modo acceso.

D. No se ha configurado el tipo de encapsulación correcto.

E. No se ha ingresado el comando "no shutdown" en el puerto.

52. Teniendo en cuenta la siguiente información:

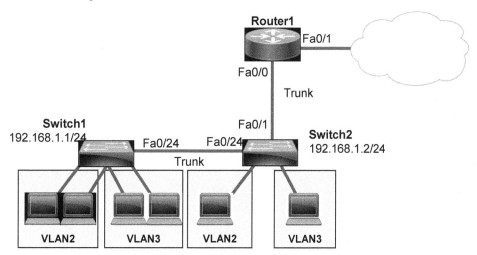

¿Cuáles de las siguientes afirmaciones son verdaderas respecto del enrutamiento entre VLANs en la topología que se muestra arriba?

A. La terminal E y la terminal F utilizan la misma dirección IP de gateway.

B. El Router 1 y el Switch 2 deben conectarse a través de un cable cruzado.

C. El Router 1 no tendrá participación en la comunicación entre las terminales A y D.

D. La interfaz FastEthernet0/0 del Router 1 debe ser configurada con subinterfaces.

E. El Router 1 necesita más interfaces LAN para asignar las VLANs que se muestran en el gráfico.

F. La interfaz FastEthernet0/0 del Router 1 y la interfaz FastEthernet0/1 del Switch 2 deben ser configuradas utilizando el mismo tipo de encapsulación.

53. Considere la información que se muestra a continuación:

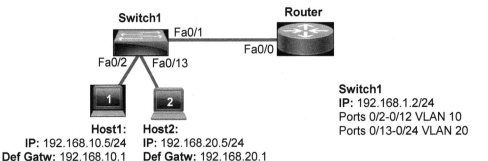

Switch1
IP: 192.168.1.2/24
Ports 0/2-0/12 VLAN 10
Ports 0/13-0/24 VLAN 20

Host1: **Host2:**
IP: 192.168.10.5/24 **IP:** 192.168.20.5/24
Def Gatw: 192.168.10.1 **Def Gatw:** 192.168.20.1

¿Qué comandos deben ser configurados en el switch Catalyst 2960 y en el router para permitir la comunicación entre ambas terminales?
(Elija 2)

A. Router(config)#interface fastethernet0/0
   Router(config-if)#ip address 192.168.1.1 255.255.255.0
   Router(config-if)#no shutdown

B. Router(config)#interface fastethernet0/0
   Router(config-if)#no shutdown
   Router(config-if)#interface FastEthernet 0/0.1
   Router(config-subif)#encapsulation dot1q 10
   Router(config-subif)#ip address 192.168.10.1
   255.255.255.0
   Router(config-subif)#interface FastEthernet 0/0.2
   Router(config-subif)#encapsulation dot1q 20
   Router(config-subif)#ip address 192.168.20.1
   255.255.255.0

C. Router(config)#router eigrp 100
   Router(config-router)#network 192.168.10.0
   Router(config-router)#network 192.168.20.0

D. Switch1(config)#vlan database
   Switch1(config-vlan)#vtp domain XYZ
   Switch1(config-vlan)#vtp server

E. Switch1(config)#interface fastethernet0/1
   Switch1(config-if)#switchport mode trunk

F. Switch1(config)#interface vlan 2
   Switch1(config-if)#ip default-gateway 192.168.1.1

VLAN Trunking Protocol (VTP)

54. ¿Qué se logra al configurar en un switch el modo VTP transparente?

   A. El switch en modo transparente sólo reenviará mensajes y publicaciones VTP sin agregarlos a su propia base de datos.

   B. El switch en modo transparente enviará mensajes y publicaciones VTP y además los agregará a su propia base de datos.

   C. El switch en modo transparente no enviará mensajes y publicaciones VTP.

   D. El modo transparente hace a un switch dinámicamente seguro.

55. ¿Cuándo actualizará un switch su base de datos VTP?

   A. Cada 60 segundos.

   B. Cuando un switch recibe una publicación que tiene un número de revisión más alto, el switch sobrescribirá la base de datos que guarda en la NVRAM con la nueva base de datos que acaba de recibir.

   C. Cuando un switch hace broadcast de una publicación que tenga un número de revisión más bajo, el switch sobrescribirá la base de datos que guarda en la NVRAM con la nueva base de datos que está siendo publicada.

   D. Cuando un switch recibe una publicación que tiene el mismo número de revisión, el switch sobrescribirá la base de datos que guarda en la NVRAM con la nueva base de datos que está siendo publicada.

56. ¿Cuál de los siguientes enunciados representa algunos de los beneficios que proporciona VTP a una red conmutada?
   (Elija 3).

   A. Dominios de broadcast múltiples en VLAN 1.

   B. Administración de la configuración de VLANs de todos los switches de un dominio.

   C. Consistencia de la configuración de VLANs a través de todos los switches de la red.

   D. Asignación dinámica de los puertos a sus VLANs en cada switch.

   E. Homogenización de la asignación de VLANs a puertos en todos los switches de la red.

   F. Actualización dinámica de la configuración de VLANs en todos los switches.

   G. Actualización dinámica de la porción del archivo de configuración en la porción referida a VLANs.

   H. Configuración automática de VLANs.

57. ¿Cuál de las siguientes afirmaciones es verdadera respecto a VTP?

    A. Todos los switches Catalyst son servidores VTP por defecto.

    B. Todos los switches son VTP transparente por defecto.

    C. VTP está activo por defecto con un nombre de dominio "cisco" en todos los switches Cisco.

    D. Todos los switches son clientes VTP por defecto.

58. Tras ejecutar el comando "show vtp status" en un Switch de la red se obtiene el resultado mostrado a continuación. ¿Qué afirmación de las siguientes describen la operación de dicho Switch?

```
Switch#show vtp status
VTP version                     : 2
Configuration revision          : 1
Maximum VLANs supported locally : 250
Number of existing VLANs        : 8
VTP Operating Mode              : Client
VTP Domain Name                 : XYZ
VTP Pruning Mode                : Disabled
VTP V2 Mode                     : Disabled
VTP Traps Generation            : Disabled
```

    A. VTP está desactivado en este Switch.

    B. Este Switch puede crear, modificar y borrar VLANs.

    C. Este Switch aprende información de las VLANS pero no la guarda en la NVRAM.

    D. Este Switch puede crear VLANs localmente pero no puede reenviar la información a otros Switches.

    E. Este Switch aprende información de las VLANs y actualiza la base de datos local de VLANs que está en la NVRAM.

59. ¿Cuál es la función del comando "vtp password Cisco01"?

    A. Se utiliza para tener acceso al servidor VTP y realizar cambios.

    B. Se utiliza para que al agregar un nuevo Switch a la red, este no mande información incorrecta de VLANs a los otros switches del dominio.

    C. Se utiliza para validar las actualizaciones VTP que se reciben.

    D. Se utiliza para pasar del modo cliente VTP al modo servidor VTP.

    E. Permite que dos servidores VTP coexistan en el mismo dominio, cada uno configurado con su propia password.

60. Se va a instalar un nuevo switch en la red y se le ha asignado la tarea de conectarlo con un switch ya existente. Para hacer esto, usted debe configurar el protocolo VTP de modo tal que la información de las VLANs circule entre los switches. ¿Cuáles de los siguientes son pasos que deberá completar en orden a realizar esta tarea?
(Elija 2)

 A. Deberá configurar cada extremo del enlace troncal con la encapsulación IEEE 802.1e.

 B. Deberá configurar el mismo dominio de administración de VTP en ambos switches.

 C. Deberá configurar todos los puertos de los switches como puertos de acceso.

 D. Deberá configurar uno de los switches como servidor VTP y el otro como cliente.

61. El Administrador de la red se encuentra configurando un switch Catalyst con información de VLANs que debe ser automáticamente distribuida a otros switches Catalyst en la misma red. ¿Qué condiciones deben reunirse para que las VLANs configuradas en este switch sean automáticamente propagadas a los otros switches?
(Elija 3)

 A. El switch que compartirá esta configuración de VLANs debe estar en modo servidor VTP.

 B. Los switches deben estar todos configurados en el mismo dominio VTP.

 C. Los switches deben estar conectados entre sí utilizando enlaces troncales.

 D. Los switches deben estar configurados para implementar la misma versión de STP.

 E. Los switches deben tener activada la función de recorte VTP.

Configuración y monitoreo de VLANs

62. La VLAN3 no ha sido configurado aún en un switch Catalyst 2960. ¿Qué ocurre si usted ingresa el comando switchport access vlan 3 en el modo de configuración de una interfaz?

 A. Se recibe un mensaje de comando desconocido.

 B. El LED de estado del puerto se pone color ámbar.

 C. El comando es aceptado y se agrega la VLAN correspondiente al vlan.dat.

 D. El comando es aceptado y usted debe configurar la VLAN manualmente.

63. El comando show interfaces vlan 1 muestra....

    A. La versión de software de la VLAN 1.

    B. La configuración de la dirección IP asignada a la VLAN 1.

    C. Los puertos del switch actualmente miembros de la VLAN 1.

    D. Las opciones de seguridad de la VLAN.

64.

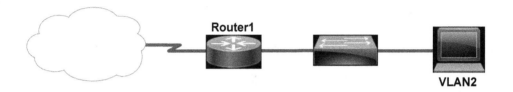

```
Router_1(config-if)#interface gigabittethernet0/0.1
Router_1(config_subif)#encapsulation dot1q 1
Router_1(config_subif)#ip address 192.168.1.1 255.255.255.0
Router_1(config_subif)#interface gigabitethernet0/0.2
Router_1(config_subif)#encapsulation dot1q 2
Router_1(config_subif)#ip address 192.168.2.1 255.255.255.0
Router_1(config_subif)#interface gigabitethernet0/0.3
Router_1(config_subif)#encapsulation dot1q 3
Router_1(config_subif)#ip address 192.168.3.1 255.255.255.0
```

El router del gráfico de más arriba se ha configurado según se muestra.
El switch está conectado al router utilizando un enlace troncal. En el switch se han configurado
3 VLANs: VLAN 1, VLAN 2 y VLAN 3. La dirección IP del switch es 192.168.1.2.
Se acaba de agregar una terminal al switch en la VLAN 2.
¿Cuál es el default gateway correcto para asignar a la nueva terminal?

    A. 192.168.1.1

    B. 192.168.1.2

    C. 192.168.2.1

    D. 192.168.2.2

    E. 192.168.3.1

    F. 192.168.3.2

65. Un técnico a su cargo acaba de informarle que no ha podido configurar la VLAN 50 en un switch Catalyst que está instalado en la red.
Usted ingresa el comando show vtp status y obtiene la siguiente respuesta:

```
Switch#show vtp status
VTP versión:                       2
Configuration Revision:            7
Maximum VLANs supported locally: 64
Number of existing VLANs:          8
VTP Operating Mode:                Client
VTP Domain Name:                   Corporate
VTP Pruning Mode:                  Disabled
VTP V2 Mode:                       Disabled
VTP Traps Generation               Disabled
MD5 digest:                        0x22 0xF3 0x1A
```

¿Qué comando deberá ser utilizado en este switch para agregar la VLAN 50 a la base de datos?
(Elija 2)

    A. `Switch(config-if)#switchport access vlan 50`

    B. `Switch(config)#vtp mode server`

    C. `Switch(config-vlan)#vlan 50 name new`

    D. `Switch(config)#vlan 50`

    E. `Switch(vlan)#switchport trunk vlan 50`

Configuración y monitoreo de enlaces troncales

66. ¿Cuál de los siguientes comandos se requiere para crear un enlace troncal que utilice 802.1Q en un switch Catalyst basado en IOS con soporte para ambos protocolos de etiquetado de tramas, cuando se desea establecer un enlace troncal entre 2 switches?
(Elija 2)

    A. `Switch(vlan)#mode trunk`

    B. `Switch(config)#switchport access mode trunk`

    C. `Switch(config-if)#switchport mode trunk`

    D. `Switch(config-if)#switchport trunk encapsulation dot1q`

    E. `Switch(config)#switchport access mode 1`

    F. `Switch(vlan)#trunk encapsulation dot1q`

67. Se ha asignado a su cargo a un técnico júnior que necesita saber cuál de los siguientes son modos válidos cuando un puerto del switch se utiliza como un troncal de VLANs. ¿Qué podría decirle?
(Elija 3)

     A. Blocking.

     B. Dynamic auto.

     C. Dynamic desirable.

     D. Trunk.

     E. Transparent.

     F. Learning.

68. Cuando se configura un nuevo enlace troncal en un switch que implementa Cisco IOS, ¿Qué VLANs están habilitadas sobre ese enlace?

     A. Por defecto todas las VLANs creadas en el switch están permitidas sobre el troncal.

     B. Cada VLAN individualmente o rango de VLANs debe ser especificado con el comando switchport mode.

     C. Cada VLAN individualmente o rango de VLANs debe ser especificado con el comando vtp domain.

     D. Cada VLAN individualmente o rango de VLANs debe ser especificado con el comando vlan database.

69. ¿Qué comando deberá ingresar en la interfaz de un switch Catalyst 2960 si su objetivo es permitir el paso del tráfico de todas las VLANs hacia otro switch directamente conectado?

     A. `Switch(config-if)#vlan all`

     B. `Switch(config-if)#switchport trunk encapsulation dot1q`

     C. `Switch(config-if)#switchport mode trunk`

     D. `Switch(config-if)#switchport access vlan 303`

70. Considere la información que se muestra a continuación:

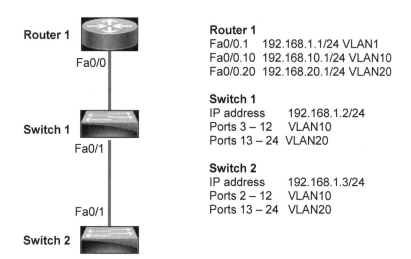

Router 1
Fa0/0.1   192.168.1.1/24 VLAN1
Fa0/0.10 192.168.10.1/24 VLAN10
Fa0/0.20 192.168.20.1/24 VLAN20

Switch 1
IP address   192.168.1.2/24
Ports 3 – 12   VLAN10
Ports 13 – 24 VLAN20

Switch 2
IP address   192.168.1.3/24
Ports 2 – 12   VLAN10
Ports 13 – 24 VLAN20

¿Cómo debería configurar los puertos FastEthernet 0/1 de ambos switches 2960 que se muestran en el gráfico, para permitir conectividad entre todos los dispositivos alojados en la red?

A. Los puertos solamente necesitan ser conectados por un cable cruzado.

B.
```
SwitchX(config)#interface FastEthernet 0/1
SwitchX(config)#switchport mode trunk
```

C.
```
SwitchX(config)#interface FastEthernet 0/1
SwitchX(config)#switchport mode access
SwitchX(config)#switchport access vlan1
```

D.
```
SwitchX(config)#interface FastEthernet 0/1
SwitchX(config)#switchport mode trunk
SwitchX(config)#switchport trunk vlan 1
SwitchX(config)#switchport trunk vlan 10
SwitchX(config)#switchport trunk vlan 20
```

71.

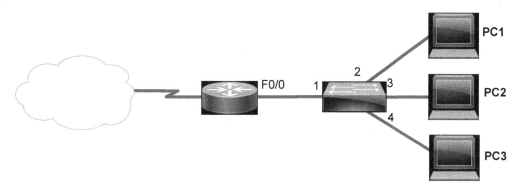

Configuración del Router:

```
interface gigabitethernet 0/0.1
   encapsulation dot1q 1
   ip address 192.1.1.65 255.255.255.192
interface gigabitethernet 0/0.10
   encapsulation dot1q 10
   ip address 192.1.1.129 255.255.255.224
```

Configuración del switch:

Fa0/1: dot1q trunk
Fa 0/2: VLAN 1
Fa 0/3: VLAN 1
Fa 0/4: VLAN 10

¿Que comandos de IOS deberá ingresar en el switch si desea conectar el Router con el Switch a través del puerto F0/1 del Switch utilizando IEEE 802.1Q como protocolo de etiquetado de tramas?
(Elija 3)

A. `Switch(config)#interface FastEthernet 0/1`

B. `Switch(config-if)#switchport mode access`

C. `Switch(config-if)#switchport mode trunk`

D. `Switch(config-if)#switchport access vlan 1`

E. `Switch(config-if)#switchport trunk encapsulation isl`

F. `Switch(config-if)#switchport trunk encapsulation dot1q`

72. La red corporativa está compuesta de un router, un switch y un hub de acuerdo a lo que muestra el diagrama.

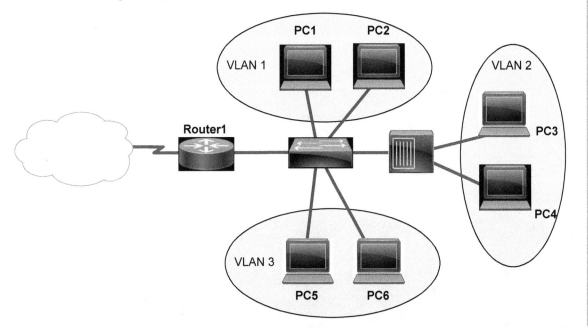

Teniendo en cuenta esta información, ¿Cuál de las afirmaciones que están más abajo, describe correctamente la configuración de los puertos del switch y del router? (Elija 3)

A. El puerto WAN de Router1 se configura como puerto troncal.

B. El puerto de Router1 conectado al switch se configura utilizando subinterfaces.

C. El puerto de Router1 conectado al switch se configura a 10 Mbps.

D. El puerto del switch conectado al Router1 se configura como puerto troncal.

E. El puerto del switch conectado a la PC2 se configura como un puerto de acceso.

F. El puerto del switch conectado al hub se configura como full dúplex.

73.
```
Sw_1#show vtp status
VTP version:                     1
Configuration Revision:          2
Maximum VLANs supported locally: 64
Number of existing VLANs:        9
VTP Operating Mode:              Server
VTP Domain Name:                 school
VTP Pruning Mode:                Disabled
VTP V2 Mode:                     Disabled
VTP Traps Generation             Disabled

Sw_2#show vtp status
VTP version:                     1
Configuration Revision:          3
Maximum VLANs supported locally: 64
Number of existing VLANs:        9
VTP Operating Mode:              Client
VTP Domain Name:                 admin
VTP Pruning Mode:                Disabled
VTP V2 Mode:                     Disabled
VTP Traps Generation             Disabled
```

El Administrador de la red ha configurado los switches en la red de la escuela para utilizar VTP. Los switches no están compartiendo la información de las VLANs. ¿Qué secuencia de comandos deberá utilizar para corregir este problema?

A. `Sw_2(config)#vtp mode client`
   `Sw_1(config)#vtp mode client`

B. `Sw_2(config)#vtp domain school`
   `Sw_1(config)#vtp domain school`

C. `Sw_2(config)#vtp pruning`
   `Sw_1(config)#vtp pruning`

D. `Sw_2(config)#vtp version 2`
   `Sw_1(config)#vtp version 2`

74. Tal y como se muestra en la imagen, se han añadido dos nuevos Hosts (A y B) al Switch1. ¿Qué tres valores se deberían usar para configurar dichas terminales teniendo en cuenta la información que se muestra?
(Elija 3)

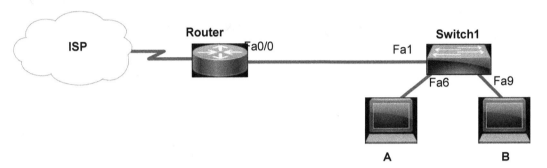

Configuración del Switch: Fa1:   dot1q trunk
                             VLAN1: Fa2, Fa3, Fa4
                             VLAN10: Fa5, Fa6, Fa7
                             VLAN20: Fa8, Fa9, Fa10, Fa11, Fa12

Config. del Router:
```
interface Gi0/0.1
 encapsulation dot1q 1
 ip address 192.168.1.14 255.255.255.248
interface Gi0/0.10
 encapsulation dot1q 10
 ip address 192.168.1.78 255.255.255.224
interface Gi0/0.20
 encapsulation dot1q 20
 ip address 192.168.1.130 255.255.255.192
```

A. Dirección IP de la puerta de enlace del HostB: 192.168.1.129

B. Dirección IP del HostB: 192.168.1.190

C. Dirección IP del HostA: 192.168.1.64

D. Dirección IP del gateway del HostA: 192.168.1.78

E. Dirección IP del HostA: 192.168.1.79

F. Dirección IP del HostB: 192.168.1.128

75. Tomando como referencia el diagrama que se muestra abajo, el Administrador de la red ha creado una nueva VLAN 3 en el Switch1 y ha añadido un Host C y un Host D a esa VLAN.

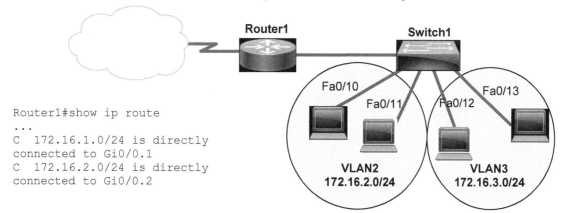

```
Router1#show ip route
...
C  172.16.1.0/24 is directly
connected to Gi0/0.1
C  172.16.2.0/24 is directly
connected to Gi0/0.2
```

Se han configurado los puertos Fa0/10 y Fa0/11 en el switch para ser miembros de la VLAN 2. Una vez que se ha terminado de configurar los equipos, el Host A puede comunicarse con el Host B pero el Host A no puede comunicarse ni con el Host C ni con el Host D. ¿Qué comandos habría que ejecutar para solucionar el problema?

A. Router1(config)#router rip
   Router1(config-router)#network 172.16.1.0
   Router1(config-router)#network 172.16.2.0
   Router1(config-router)#network 172.16.3.0

B. Router1(config)#interface FastEthernet 0/0.3
   Router1(config-if)#encapsulation dot1q 3
   Router1(config-if)#ip address 172.16.3.1 255.255.255.0

C. Switch1(config)#interface FastEthernet 0/0
   Switch1(config-if)#switchport mode trunk
   Switch1(config-if)#switchport trunk encapsulation isl

D. Switch1#vlan database
   Switch1(vlan)#vtp v2-mode
   Switch1(vlan)#vtp domain cisco
   Switch1(vlan)#vtp server

Spanning Tree Protocol (STP)

76. ¿En qué circunstancias es probable que múltiples copias de la misma trama de unicast sean reenviadas por un switch LAN?

   A. Durante períodos de alto tráfico.

   B. Después de restablecer un enlace que se ha roto.

   C. Cuando los protocolos de capa superior requieren alta disponibilidad.

   D. En una topología redundante inadecuadamente implementada.

   E. Cuando se utiliza una topología redundante en anillo.

77. ¿Qué elemento se utiliza para determinar el switch raíz en una red que corre el Protocolo de Árbol de Expansión? (Elija 2).

A. Prioridad.

B. Costo de los enlaces conectados al switch.

C. Dirección MAC.

D. Dirección IP.

78. ¿Cómo se comunica el BID de un switch LAN a los switches vecinos?

A. Utilizando paquetes hello de enrutamiento IP.

B. Utilizando paquetes hello de STP.

C. Durante la transición entre estados STP de un switch.

D. Utilizando tramas Unidades de Datos de Protocolo del Puente (BPDU).

E. Enviando tramas de broadcast durante el período de convergencia.

79. ¿Cuál es la prioridad por defecto utilizada para generar el bridge ID en los switches Cisco Catalyst que corre STP?

A. 32.768

B. 3.276

C. 100

D. 10

E. 1

80. ¿Qué es verdadero respecto del estado bloqueado de un puerto que está operando con STP? (Elija 2).

A. No se transmiten o reciben tramas en un puerto bloqueado.

B. Se envían y reciben BPDUs en un puerto bloqueado.

C. Aún se reciben BPDUs en un puerto bloqueado.

D. Se envían o reciben tramas en un puerto bloqueado.

81. Un compañero de trabajo se encuentra estudiando el algoritmo de STP y le acaba de preguntar cómo se determina por defecto el costo de cada ruta posible dentro de la red. ¿Cuál de las siguientes sería la respuesta adecuada?

    A. Cuenta el número total de saltos.

    B. Suma de los costos basados en el ancho de banda.

    C. Se determina dinámicamente en función de la carga.

    D. El costo de cada enlace individual se basa en la latencia.

82. Una cada estado de los puertos de una red STP en la columna de la izquierda con su definición en la columna de la derecha.
No todos los "estados" tienen una definición:

Inicial	Completa la tabla de direcciones MAC pero no envía tramas de datos.
Aprendiendo	
Escuchando	Envía y recibe tramas de datos.
Enviando	Prepara para enviar tramas de datos, sin aprender direcciones MAC.
Activo	
Bloqueado	Previene el uso de rutas con bucles.

83. Si un switch determina que un puerto bloqueado debe analizar la posibilidad de ser ahora el puerto designado, ¿a qué estado pasará inmediatamente ese puerto?

    A. Desbloqueado.

    B. Enviando.

    C. Escuchando.

    D. Escuchado.

    E. Aprendiendo.

    F. Aprendido.

84. A continuación se presenta una serie de BID de diferentes switches LAN ¿Cuál de los siguientes switches será seleccionado como root bridge en el proceso de selección de STP? (se consignan los BID)

    A. 32768:1122.3344.5566

    B. 32768:2233.4455.6677

    C. 35769:1122.3344.5565

    D. 32769:2233.4455.6678

85 ¿Cuál de los siguientes es un estado de puerto introducido por Rapid-PVST?

    A. Learning.

    B. Listening.

    C. Discarding.

    D. Forwarding.

86. ¿Cuál de los siguientes términos describe una red Spanning Tree en la cual todos los puertos de todos los switches se encuentran en estado bloqueado o reenviando?

    A. Ha convergido.

    B. Redundante.

    C. Provisionada.

    D. Extendida.

87. ¿Cuáles son los dos estados de puerto posibles en una red RSTP que ha convergido?

    A. Discarding.

    B. Listening.

    C. Learning.

    D. Forwarding.

    E. Disabled.

88. ¿Cuáles de las siguientes afirmaciones respecto de RSTP son verdaderas?
(Elija 2)

        A. RSTP no puede operar con PVST+.

        B. RSTP define nuevos roles de puerto.

        C. RSTP no define nuevos estados de puerto.

        D. RSTP es una implementación propietaria de IEEE 802.1D.

        E. RSTP es compatible con el protocolo original IEEE 802.1D.

89. ¿Qué tres afirmaciones respecto de RSTP son verdaderas?
(Elija 3)

        A. RSTP reduce significativamente los tiempos de reconvergencia de la topología luego del fallo de un enlace.

        B. RSP expande los roles de los puertos agregando los roles de alternativo y backup.

        C. Los estados de puertos RSTP son blocking, discarding, learning y forwarding.

        D. RSTP provee una transición más rápida al estado de forwarding en enlaces point-to-point que STP.

        E. RSTP también utiliza la secuencia propuesta- aceptación de STP.

        F. RSTP utiliza el mismo proceso basado en timers que STP en enlaces point-to-point.

90. Considerando la siguiente información:

```
Switch#show spanning-tree interface fastethernet0/10

VLAN         Role   Sts  Cost  Prio.Nbr  Type
----------   ------ ---- ----  --------- ----------
VLAN0001     Root   FWD  19    128.1     P2p
VLAN0002     Altn   BLK  19    128.1     P2p
VLAN0003     Root   FWD  19    128.1     P2p
```

Se trata del puerto Fa0/10 de un switch Catalyst 2950, ¿Cuál es la razón por la cual la interfaz FastEthernet 0/10 no es el puerto raíz para la VLAN2?

A. Este switch tiene más de una interfaz conectada al segmento raíz de la red en la VLAN 2.

B. Este switch está corriendo RSTP mientras que el switch que ha sido elegido como designado utiliza 802.1D STP.

C. Esta interfaz del switch conecta a una ruta de mayor costo hacia el root bridge que otra interfaz de la topología.

D. Este switch tiene un Bridge ID más bajo para la VLAN 2 que el que ha sido elegido como switch designado.

91. Cuando la PC1 envía solicitudes ARP para obtener la dirección MAC de la PC2, la performance de la red cae dramáticamente y los switches detectan un número inusualmente alto de tramas de broadcast.

PC1   PC2

¿Cuál es la causa más probable de este problema?

A. No se ha activado la función portfast en todos los puertos del switch.

B. Las terminales están en 2 VLANs diferentes.

C. Spanning Tree no está activo en los switches.

D. La PC2 está apagada y no puede responder a la solicitud.

E. La versión de VTP que corre en los 2 switches no es la misma.

92. En el gráfico se muestra el esquema de la red LAN de una oficina de la empresa en la que usted es Administrador de la red.

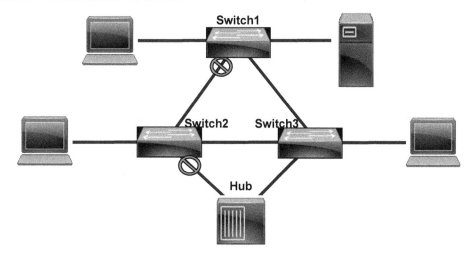

Asumiendo que la red no ha sido dividida en VLANs, ¿Cuál es el switch que actúa como bridge raíz?

    A. Switch1.

    B. Switch2.

    C. Switch3.

    D. No se requiere un bridge raíz en esta red.

93. Teniendo en cuenta la imagen que se muestra a continuación:

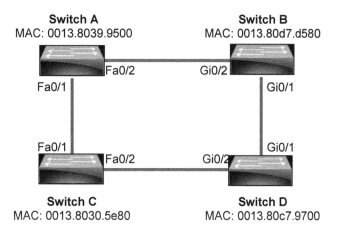

Cada uno de estos cuatro switches ha sido configurado con un hostname y están corriendo RSTP. No se ha realizado ningún otro cambio de configuración.
¿Cuáles de las siguientes afirmaciones son verdaderas respecto de los roles de puertos de los switches e interfaces indicados?
(Elija 3)

A. Switch A, Fa0/2, designado.

B. Switch A, Fa0/1, raíz.

C. Switch B, Gi0/2, raíz.

D. Switch B, Gi0/1, designado.

E. Switch C, Fa0/2, raíz.

F. Switch D, Gi0/2, raíz.

94. Teniendo en cuenta lo que se muestra a continuación:

```
SwitchA#show spanning-tree vlan 1
VLAN0001
  Spanning tree enabled protocol rstp
  Root ID    Priority    20481
             Address     0017.596d.2a00
             Cost        38
             Port        1 (FastEthernet0/1)
             Hello Time  2 sec Max Age 20 sec  Forward Delay 15 sec
  Bridge ID  Priority    32769 (priority 32768 sys-id-ext 1)
             Address     0017.596d.1580
             Hello Time  2 sec Max Age 20 sec  Forward Delay 15 sec
             Aging Time 300
Interface        Role  Sts  Cost      Prio.Nbr      Type
----------       ----- ---  --------  ------------  ----------
Fa0/1            Root  FWD  19        128.11        P2p
Fa0/4            Desg  FWD  38        128.11        P2p
Fa0/11           Altn  BLK  57        128.11        P2p
Fa0/13           Desg  FWD  38        128.11        P2p
```

¿Por qué este switch no ha sido elegido root bridge para la VLAN1?

A. Tiene más de una interfaz conectada al segmento de red raíz.

B. Está corriendo RSTP mientras que el switch elegido como raíz está corriendo STP 802.1D.

C. Tiene una dirección MAC mayor que la del que ha sido elegido como root bridge.

D. Tiene un bridge ID (BID) más alto que el del que ha sido elegido root bridge.

95. Tres switches están conectados entre sí utilizando puertos troncales. Asumiendo que los switches tienen su configuración por defecto, ¿Qué switch será elegido como root bridge para la instancia de la VLAN1 de Spanning Tree?

    A. El switch con la dirección MAC más alta.

    B. El switch con la dirección MAC más baja.

    C. El switch con la dirección IP más alta.

    D. El switch con la dirección IP más baja.

96. El siguiente comando show ha sido ejecutado en un switch:

```
Switch#show spanning-tree vlan 30
VLAN0020
  Spanning tree enabled protocol rstp
  Root ID  Priority   24606
           Address    00d0.047b.2800
           This bridge is the root
           Hello Time 2 sec Max Age 20 sec  Forward Delay 15 sec
  Bridge ID  Priority   24606 (priority 24576 sys-id-ext 30)
           Address    00d0.047b.2800
           Hello Time 2 sec Max Age 20 sec  Forward Delay 15 sec
           Aging Time 300
Interface      Role   Sts  Cost      Prio.Nbr      Type
----------     -----  ---  --------  -----------   ----------
Fa1/1          Desg   FWD  4         128.1         P2p
Fa1/2          Desg   FWD  4         128.2         P2p
Fa5/1          Desg   FWD  4         128.257       P2p
```

¿Cuáles de las siguientes afirmaciones son verdaderas?
(Elija 3)

    A. Todos los puertos se encontrarán en estado de discarding, learning o forwarding.

    B. Se han configurado 30 VLANs en este switch.

    C. La prioridad del switch es menor que el valor por defecto para STP.

    D. Todas las interfaces que se muestran están conectadas a un medio compartido.

    E. Todos los puertos designados están en estado de forwarding.

    F. Este switch debe ser el root bridge para todas las VLANs en este switch.

97. Considere la siguiente topología:

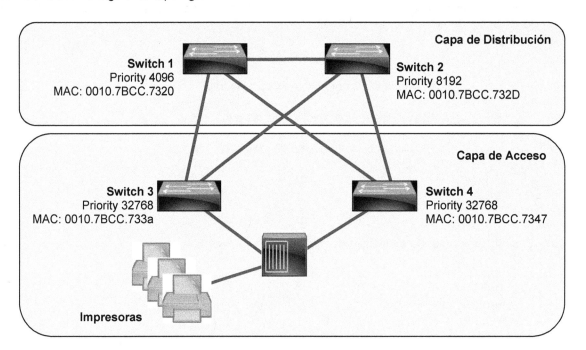

¿Cuál de los switches de capa de acceso provee el puerto designado para el segmento de red en el que se encuentran conectadas las impresoras?

    A. Switch 1.

    B. Switch 2.

    C. Switch 3.

    D. Switch 4.

98. Considere la siguiente topología:

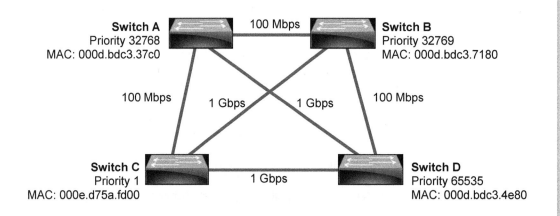

¿Cuál de los switches de la topología será elegido como root bridge y por qué?

    A. Switch A, porque tiene la menor dirección MAC.

    B. Switch A, porque es el switch con una ubicación más central.

    C. Switch B, porque tiene la dirección MAC más alta.

    D. Switch C, porque es el switch con una ubicación más central.

    E. Switch C, porque tiene la prioridad más baja.

    F. Switch D, porque tiene la prioridad más alta.

99. Considere la siguiente topología:

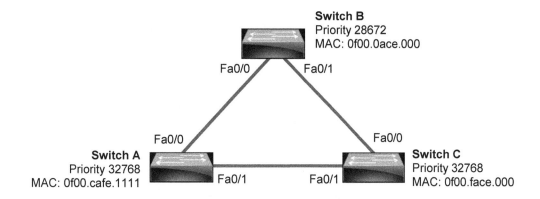

Switch B
Priority 28672
MAC: 0f00.0ace.000

Fa0/0   Fa0/1

Fa0/0   Fa0/0

Switch A   **Switch C**
Priority 32768   Priority 32768
MAC: 0f00.cafe.1111 Fa0/1   Fa0/1 MAC: 0f00.face.000

¿Qué puertos serán puertos STP designados (no raíz) si todos los enlaces operan con el mismo ancho de banda?
(Elija 3)

    A. Switch A – Fa0/0.

    B. Switch A – Fa0/1.

    C. Switch B – Fa0/0.

    D. Switch B – Fa0/1.

    E. Switch C – Fa0/0.

    F. Switch C – Fa0/1.

100. ¿Qué feature de los switches Cisco Catalyst desactiva automáticamente un puerto que está operando con PortFast luego de recibir una BPDU?

      A. BackboneFast.

      B. UplinkFast.

      C. UplinkFast.

      C. Root Guard.

      D. BPDU Guard.

      E. BPDU Filter.

EtherChannel

101. ¿Cuál de las siguientes afirmaciones referentes a EtherChannel en switches Cisco Catalyst es verdadera?

      A. Un switch puede soportar hasta 8 interfaces Ethernet configuradas de modo compatible en un EtherChannel. El EtherChannel provee hasta 800 Mbps full-dúplex solo para Fast EtherChannel u 8 Gbps solo para Gigabit EthernetChannel.

      B. Un switch puede soportar hasta 10 interfaces Ethernet configuradas de modo compatible en un EtherChannel. El EtherChannel provee hasta 1000 Mbps full dúplex solo para Fast EtherChannel u 8 Gbps solo para Gigabit EtherChannel.

      C. Un switch puede soportar hasta 8 interfaces Ethernet configuradas de modo compatible en un EtherChannel. El EtherChannel provee hasta 800 Mbps full-dúplex solo para Fast EtherChannel o 16 Gbps solo para Gigabit EthernetChannel.

      D. Un switch puede soportar hasta 10 interfaces Ethernet configuradas de modo compatible en un EtherChannel. El EtherChannel provee hasta 1000 Mbps full-dúplex solo para Fast EtherChannel o 10 Gbps solo para Gigabit EthernetChannel.

102. Se acaba de configurar entre 2 switches un EtherChannel capa 3.
¿En cuál de las interfaces del dispositivo debe configurarse la dirección IP?

      A. Interfaz port-channel 1.

      B. La interfaz con ID de interfaz más alto.

      C. En todas las interfaces miembros.

      D. La interfaz con ID de interfaz menor.

      E. En cada una de las interfaces miembros.

103. Se acaban de configurar 2 EtherChannels entre 2 switches, cada uno de esos EtherChannels incluye 4 enlaces físicos.
¿Cuál de las siguientes opciones describe cómo operará STP entre estos 2 switches?

    A. Se bloqueará un enlace físico de cada uno de los 2 EtherChannels.

    B. Se bloqueará un EtherChannel y el otro permanecerá operativo.

    C. Se bloquearán 2 enlaces físicos de cada uno de los 2 EtherChannels.

    D. En la implementación de EtherChannel no se bloquean puertos en cualquiera de los 2 canales.

Redundancia en el primer salto (FHRP)

104. Se ha implementado HSRP entre 2 routers.
Router1 tiene configurada su interfaz Gi0/0 con la IP 192.168.1.100/24 mientras que Router2 tiene asignada la IP 192.168.1.2/24. La IP virtual utilizada es la 192.168.1.1.
Luego de configurar los routers han sido reiniciados.
Se verifica que el Router2 es el router HSRP activo.
¿Cuáles de las siguientes son los motivos más probables de que no sea el Router1 el activo? (Elija 2)

    A. El Router1 ha terminado su booteo más tarde

    B. El ID de grupo standby no coincide.

    C. La dirección IP de Router1 está fuera del rango de la IP virtual.

    D. No se ha habilitado preemption.

    E. Hay un error en la configuración de los timers de HSRP.

    F. No se ha habilitado IP redirect.

105. ¿Cuáles de las siguientes afirmaciones respecto de la operación de HSRP son verdaderas? (Elija 3)

    A. La dirección IP virtual y la MAC virtual están activas en el router HSRP activo.

    B. El valor por defecto de los timers de HSRP es de 3 segundos para hello interval y 10 segundos para dead timer.

    C. HSRP soporta únicamente autenticación utilizando texto claro.

    D. La IP virtual de HSRP debe estar en una subred diferente a la de la interfaz de la LAN.

    E. La IP virtual debe ser la misma que la de la interfaz LAN de uno de los routers del grupo.

    F. HSRP soporta hasta 255 grupos por interfaz.

106. ¿Cuál es la prioridad de HSRP por defecto?

    A. 50

    B. 100

    C. 120

    D. 255

    E. 1024

Control de acceso a la red conmutada

107. Un administrador de red necesita configurar port-security en un switch. ¿Cuáles de las siguientes afirmaciones son verdaderas?
(Elija 2)

    A. El administrador de la red puede aplicar port-security a puertos de acceso en modo dinámico.

    B. El administrador de la red puede aplicar port-security a EtherChannels.

    C. Cuando se habilita una interfaz para que aprenda dinámicamente direcciones MAC, el switch podrá aprender nuevas direcciones hasta el máximo definido.

    D. La función de aprendizaje "sticky" permite agregar dinámicamente direcciones aprendidas a la configuración activa.

    E. El administrador de la red puede configurar direcciones MAC seguras estáticamente o de modo "sticky" en la voice VLAN.

108. ¿Cuál de los siguientes comandos de configuración de interfaz definirá de modo estático el número máximo de direcciones MAC que se aceptarán cómo legítimas en una interfaz de un switch Catalyst?

    A. `interface vlan 1 maximum [value]`

    B. `interface vlan1-maximum [value]`

    C. `switch port security maximum [value]`

    D. `switchport port-security maximum [value]`

    E. `switchport port security maximum [value]`

109. ¿Cuál será el resultado de ejecutar los siguientes comandos de configuración en un switch Cisco?

```
Switch(config-if)#switchport port-security
Switch(config-if)#switchport port-security mac-address sticky
```

   A. Una dirección MAC aprendida dinámicamente se guarda en el archivo de configuración de respaldo (startup-config).

   B. Una dirección MAC aprendida dinámicamente se guarda en el archivo de configuración activo (running-config).

   C. Una dirección MAC aprendida dinámicamente se guarda en la base de datos de VLANs.

   D. Una dirección MAC configurada estáticamente se guarda en el archivo de configuración de respaldo (startup-config) si se recibe una trama desde esa dirección.

   E. Una dirección MAC configurada estáticamente se guarda en el archivo de configuración activo (running-config) si se recibe una trama desde esa dirección.

110. ¿Cuál de los siguientes conjuntos de comandos le permitirá prevenir el uso de un hub en la capa de acceso de la red?

   A. `Switch(config-if)#switchport mode trunk`
      `Switch(config-if)#switchport port-security maximum 1`

   B. `Switch(config-if)#switchport mode trunk`
      `Switch(config-if)#switchport port-security mac-address 1`

   C. `Switch(config-if)#switchport mode access`
      `Switch(config-if)#switchport port-security maximum 1`

   D. `Switch(config-if)#switchport mode access`
      `Switch(config-if)#switchport port-security mac-address 1`

111. ¿Cuáles de los siguientes son comandos que le permiten verificar si port-security ha sido activado en el puerto FastEthernet0/12 de un switch Catalyst?
(Elija 2)

   A. `Switch1#show port-secure interface FastEthernet0/12`

   B. `Switch1#show switchport port-secure interface FastEthernet0/12`

   C. `Switch1#show running-config`

   D. `Switch1#show port-security interface FastEthernet0/12`

   E. `Switch1#show switchport port-security interface FastEthernet0/12`

112. Considere la topología que se muestra a continuación:

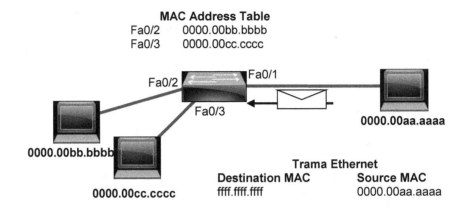

MAC Address Table
Fa0/2   0000.00bb.bbbb
Fa0/3   0000.00cc.cccc

Fa0/1

Fa0/2

Fa0/3

0000.00aa.aaaa

0000.00bb.bbbb

0000.00cc.cccc

Trama Ethernet

Destination MAC	Source MAC
ffff.ffff.ffff	0000.00aa.aaaa

Los siguientes comandos se ejecutan en la interfaz Fa0/1 del switch Catalyst 2960:

```
Switch(config-if)#switchport port-security
Switch(config-if)#switchport port-security mac-address sticky
Switch(config-if)#switchport port-security maximum 1
```

La trama Ethernet que se muestra en el gráfico llega a la interfaz Fa0/1.
¿Qué acciones de las que se mencionan a continuación se ejecutarán como consecuencia de que esta trama sea recibida en la interfaz del switch?
(Elija 2)

A. La tabla de direcciones MAC tendrá ahora una entrada adicional: Fa0/1 ffff.ffff.ffff.

B. Solamente el host A podrá enviar tramas a través del puerto Fa0/1.

C. La trama en cuestión será descartada cuando sea recibida por el switch.

D. Todas las tramas que lleguen al switch y tengan como destino a dirección MAC 0000.00aa.aaaa serán reenviadas a través de la interfaz Fa0/1.

E. Los hosts B y C pueden enviar tramas a través de la interfaz Fa0/1 pero las tramas que lleguen de otros switches no serán reenviadas a través de esa interfaz Fa0/1.

F. Solamente las tramas con MAC de origen 0000.00bb.bbbb, la primera MAC aprendida por el switch, serán reenviadas a través de la interfaz Fa0/1.

113. En su red hay un servidor que está directamente conectado al puerto F0/1 de un switch Cisco Catalyst y se desea bloquear la posibilidad de que en ese puerto se conecte cualquier otro dispositivo que pudiera utilizar una dirección MAC diferente.
¿Qué deberá hacer para cumplir con esta premisa?

    A. Configure el puerto F0/1 para que acepte solamente conexiones desde la dirección IP estática del servidor.

    B. Emplee un conector propietario en la interfaz F0/1 que sea incompatible con los conectores de otros nodos.

    C. Configure la dirección MAC del servidor como una entrada estática asociada con el puerto F0/1.

    D. Relacione la dirección IP del servidor con su dirección MAC en el switch para prevenir que otros nodos puedan utilizar esa dirección IP para hacer envíos.

    E. Configure port-security en el puerto F0/1 para rechazar todo tráfico con una dirección MAC diferente de la del servidor.

    F. Configure una lista de acceso estándar en el switch para que descarte tráfico del servidor que ingrese por otro puerto que no sea el F0/1.

114. Considere la siguiente información:

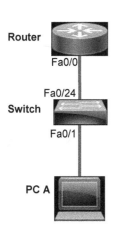

```
SwitchA#show port-security interface fa0/1
Port Security              : Disabled
Port Status                : Secure-down
Violation mode             : Restrict
Aging Time                 : 0 mins
Aging Type                 : Absolute
SecureStatic Address Aging : Disabled
Maximum MAC Addresses      : 2
Total MAC Addresses        : 0
Configured MAC Addresses   : 0
Sticky MAC Addresses       : 0
Last Source Address: Vlan  : 0000.0000.0000:0
Security Violation Count   : 0

SwitchA#show running-config interface fa0/1
Building configuration...
Current configuration: 209 bytes
!
interface FastEthernet0/1
 switchport access vlan 3
 switchport mode access
 switchport port-security maximum 2
 switchport port-security violation restrict
 switchport port-security mac-address sticky
end
```

A un técnico junior de la empresa se le ha asignado la tarea de configurar port-security en el Switch A para permitir que solamente la PC A acceda a la red a través del puerto Fa 0/1. Si se detecta algún otro dispositivo, el puerto debe descartar las tramas generadas por ese otro dispositivo.

El técnico configuró la interfaz y verificó el trabajo realizando exitosamente un ping desde la PC A al Router A, y utilizando los 2 comandos show que se muestran.

¿Qué dos cambios son necesarios para que el Switch A cumpla con el requerimiento? (Elija 2)

A. Se necesita habilitar globalmente port-security.

B. Se necesita habilitar port-security en la interfaz.

C. Port-security necesita ser configurado para que deshabilite (shutdown) la interfaz en el caso de una violación de la política.

D. Port-security necesita ser configurado para permitir que solamente aprenda una dirección MAC.

E. Los contadores de port-security de la interfaz necesitan ser vueltos a cero antes de utilizar el comando show.

115. ¿Qué comando muestra la información correspondiente a las opciones de seguridad configuradas en una interfaz?

A. `show port security [interface] [interface-id]`

B. `show port-security [interface] [interface-id]`

C. `show security port interface [interface-id]`

D. `show security-port interface [interface-id]`

⟋ Las respuestas a este cuestionario las encuentra en la sección siguiente: Respuestas al cuestionario de repaso.

G. Respuestas al cuestionario de repaso

Conceptos generales

Pregunta 1

C – El switch inundará todos los puertos menos el de origen con las tramas que tienen como dirección de destino una dirección MAC desconocida.
Una dirección multicast o una dirección de broadcast son direcciones desconocidas ya que no son incorporadas en la tabla CAM de los switches.

Pregunta 2

E – Cada puerto del switch constituye un dominio de colisión diferente, de allí que segmentan la red en múltiples dominios de colisión, aumentando entonces el número o cantidad de dominios de colisión que componen la red.

 Tenga en cuenta que al dividir dominios de colisión, la cantidad de dominios de colisión aumenta al mismo tiempo que se reduce el tamaño de cada uno de esos dominios de colisión.

Pregunta 3

F – Como se trata de dispositivos de capa 2, el bucle que se genera es un bucle en capa de enlace de datos o bucle de conmutación LAN.
El protocolo STP es el único protocolo que permite prevenir los bucles que se forman cuando hay caminos redundantes entre switches o bridges.

Pregunta 4

C y D – Los switches LAN dividen dominios de colisión pero son transparentes al tráfico de broadcast, de manera tal que el número de dominios de colisión aumenta al agregar un switch, mientras el de dominios de broadcast permanece inalterable.

Pregunta 5

D – La conexión realizada es la que corresponde (cable cruzado), por lo que el LED indicador debe encenderse inicialmente en color ámbar (estará bloqueado por STP), y pasados unos segundos cambiará a color verde para anunciar que todo funciona normalmente. Si hubiera algún inconveniente el LED titilaría en ámbar o permanecería apagado en caso de que no haya conexión física.

Pregunta 6

C – El switch acaba de ser encendido y en consecuencia su tabla de direcciones MAC está vacía (salvo que hubiera entradas estáticas).
Al recibir una trama a través de su puerto Fa0/1, va a copiar la dirección

MAC de origen (0003.26c5.684a) e incorporarla a la tabla CAM asociada al puerto a través del cual la recibió (Fa0/1).

Pregunta 7

D – Si la dirección MAC destino de la trama ya se encuentra en la tabla de direcciones MAC, entonces el switch reenviará la trama solamente al puerto asociado a esa dirección MAC en la tabla.

Pregunta 8

C – Los switches completan su tabla de direcciones MAC a partir de las direcciones de origen de las tramas que reciben los puertos. Un broadcast es un destino, no un origen; nunca es origen de tráfico. Por ese motivo no se incorporan direcciones de broadcast en la tabla del switch.

Pregunta 9

B, D y F – La falta de encendido de los LEDs de puerto indica un problema de capa física. Esto descarta inmediatamente un problema de encapsulación (A), o de configuración de puertos troncales (C). Adicionalmente, reiniciar los dispositivos no cambiará la situación.
Verificar el cableado y la alimentación eléctrica del switch son los pasos iniciales para hacer una revisión de capa física.

Pregunta 10

B – Es una regla básica: cuando un switch LAN recibe una trama que tiene un destino desconocido (no está en su tabla de direcciones MAC), lo inunda a través de todos los puertos, excepto el puerto de origen.

Pregunta 11

B y E – Tal como muestra el show cdp neighbors, el puerto Fa0/1 está configurado a otro switch (no a una terminal con múltiples NICs), por lo que es posible que esté configurado como puerto troncal.
Por su lado, el puerto Fa0/5 tiene asociadas dinámicamente 2 direcciones MAC, y no aparece en el show cdp neighbors, por lo que debe estar conectado a un hub o a un switch que no es Catalyst (y esta opción no está en la lista).
Respecto del puerto Fa0/2, está activa, tal como evidencia la entrada correspondiente en la tabla de direcciones MAC.

Pregunta 12

B y C –Cuando un switch opera utilizando el método de almacenamiento y envío recibe la trama completa y la copia a la memoria antes de que se verifique la dirección MAC de destino, luego se conmuta al puerto de salida y se comienza la transmisión del primer bit.
Por lo tanto, como la longitud de la trama es variable, la latencia en cada caso dependerá de la longitud de la trama recibida.

Configuración del switch

Pregunta 13

A – Administración in-band es la administración utilizando protocolos de aplicación como telnet, ssh, http o https que circulan junto con el tráfico del plano de datos..
Para poder establecer una sesión de cualquiera de estos protocolos, se requiere que el dispositivo destino pueda ser accedido a través de una sesión TCP/IP, y por lo tanto requiere una dirección IP.
En el caso del switch, que en sí mismo es un dispositivo de capa 2, se le puede asignar una dirección IP con propósitos de gestión. Esta dirección IP no está asociada a una interfaz física sino que se configura en la interfaz virtual que corresponde a la VLAN 1, que es la VLAN de administración por defecto.
El comando que se utiliza para asignar la dirección IP es el comando `ip address 10.1.1.1 255.255.255.0` en el modo de configuración de la interface VLAN1.

Pregunta 14

B – El switch LAN en sí mismo no requiere de una dirección IP para operar ya que se trata de un dispositivo de capa 2. La dirección IP se utiliza exclusivamente con propósitos administrativos tales como el acceso remoto por telnet, SSH o utilizando algún sistema de management de red.

Pregunta 15

B – El comando `ip default-gateway` permite configurar una puerta de enlace a utilizar para tráfico originado en el switch que tiene como destino una red remota.
Este comando se ejecuta en modo configuración global.

 Para tener muy en cuenta: la dirección IP de gestión se configura en el modo configuración de interfaz de la interfaz VLAN de gestión; pero el default-gateway se configura en modo configuración global.

Pregunta 16

F – En los switches de la familia 29xx, es preciso encontrarse en el modo configuración de la interfaz de la VLAN de gestión para asignar una dirección IP a la interfaz asociada a la VLAN de administración. No hay una dirección IP del dispositivo como tal.

Pregunta 17

B – Nada en la información que se muestra permite sustentar las afirmaciones A, C y D. De hecho, no tienen relación alguna con el proceso de arranque del switch.
En cambio, la primera línea indica que la interfaz VLAN1 no está operativa. Esto indica que al menos no se la ha habilitado administrativamente. La VLAN1 es la VLAN de management por defecto, por lo tanto será necesario

ingresar a la configuración para realizar modificaciones en esta interfaz si se desea acceder remotamente a la gestión del switch.

Pregunta 18

C – La VLAN de management por defecto es la VLAN1, y como nada se ha dicho al respecto, debemos suponer que sigue siendo esa. Por lo tanto, la dirección IP se configura en la interfaz VLAN1, pero el default-gateway se define en el modo de configuración global.

Monitoreo del switch

Pregunta 19

B – Como en todos los demás dispositivos que corren Cisco IOS, si se desea verificar la información de hardware y software disponibles corriendo en un switch, se debe utilizar el comando show version.

Pregunta 20

B – El comando `show mac-address-table` ejecutado en modo privilegiado es el que permite visualizar la tabla CAM o tabla de direcciones MAC en un switch Cisco Catalyst.

Pregunta 21

A y B – Como en los routers, el comando para verificar la configuración de respaldo es show startup-config. También está disponible un comando IOS correspondiente a la versión 10: show configuration, con el que se ve la misma información.

Pregunta 22

B – La dirección MAC de destino de la trama que debe reenviarse no es una dirección registrada en la tabla de direcciones MAC.
Consecuentemente, al procesar la trama el switch la reenviará a través de todos sus puertos activos excepto aquel a través del cual la recibió.

Conceptos de VLANs

Pregunta 23

C – Los switches LAN dividen dominios de colisión.
Las VLANs (implementadas sobre switches) dividen dominios de broadcast en redes conmutadas.

Pregunta 24

A, B y D – Inicialmente todos los puertos de un switch conforman un único dominio de broadcast. Al implementar VLANs el switch es dividido en múltiples dominios de broadcast independientes entre sí.
En la medida en que se implementan enlaces troncales, una VLAN puede atravesar múltiples switches diferentes.

La última afirmación podría ser una definición de enlace troncal: una conexión física que transporta tráfico de varias VLANs diferentes.

Pregunta 25

A y C – Al permitir segmentar el tráfico de la red, las VLANs pueden operar como una implementación que mejora la seguridad de la red. En el mismo sentido, la opción C es verdadera.

Pregunta 26

B – El principio es el mismo que se aplica al switch en general: una trama con una dirección destino desconocida (que no está en la tabla de direcciones MAC) se copia a todos los puertos del switch salvo el puerto de origen. Cuando se han implementado VLANs, la replicación de la trama se realiza a todos los puertos que son parte del mismo dominio de broadcast, es decir, la misma VLAN.

Pregunta 27

B, C – Cuando una trama atraviesa un enlace troncal es encapsulada utilizando un formato específico que incorpora información adicional. La información agregada para circular a través de los enlaces troncales entre switches se retira antes de que la trama sea reenviada a través de un puerto de acceso. La opción C describe la consecuencia operativa de dividir diferentes VLANs.

Pregunta 28

B – Los switches Catalyst 2960 tienen creadas por defecto 5 VLANs: 1 (VLAN de management y nativa por defecto) y 1002 a 1005. Ninguna de estas VLANs puede ser modificadas o removidas.

Pregunta 29

B, C y E – Las VLANs se utilizan para segmentar una LAN agrupando a usuarios o dispositivos en múltiples redes de menores dimensiones según el criterio del Administrador.
También son actualmente un recurso para mejorar la seguridad de la red, pudiendo establecer diferentes grupos de acceso a recursos que pueden ser filtrados en un dispositivo de capa superior.
La consecuencia más simple y directa de la implementación de VLANs es la división en diferentes dominios de broadcast, pudiéndose filtrar el tráfico entre dominios.

Pregunta 30

B, C y F – Basados en el diagrama, se están utilizando 2 subredes, una para cada VLAN, y para que las direcciones IP de los nodos A y B estén en subredes diferentes a la vez que se respeta la cantidad de nodos en cada VLAN, la máscara debe ser de 25 bits. Esta máscara nos da las 126 direcciones útiles que se necesitan para la VLAN 2.
Si la máscara de subred es de 25 bits, entonces la IP 172.16.1.25 está dentro del rango de direcciones útiles que corresponde a la VLAN 1.
Adicionalmente, para que ambas VLANS puedan comunicarse con nodos

fuera de la VLAN es necesario que el router tenga configuradas
subinterfaces en su interfaz LAN, con una dirección IP perteneciente a cada
una de las VLANs.

Pregunta 31

A, D y E – Al crear 2 VLANs se han creado 2 dominios de broadcast diferentes
sin relación entre sí, por lo que los nodos de la VLAN 1 no podrán hacer ping
a los nodos de la VLAN 2. Sin embargo, como hay un enlace troncal se
comparte el dominio de broadcast con la misma VLAN creada en otro switch,
de modo que los nodos de la VLAN 1 de un switch pueden comunicarse con
los nodos de la VLAN 1 del otro switch. Lo mismo vale para los nodos de la
VLAN 2.
En consecuencia: A y E son correctas porque ambos nodos están en la
misma VLAN.
D es correcta porque ambos nodos están en diferentes VLANs.
B no es correcta porque ambos nodos están en diferentes VLANs. C es
incorrecta porque ambos nodos están en la misma VLAN y en consecuencia
debieran poder comunicarse.

Pregunta 32

B, C – Para poder configurar el switch de modo remoto, es decir a través de una
conexión telnet, SSH o similar, se requiere que el switch tenga configurada
una dirección IP y que ésta pertenezca a la VLAN de administración (por
defecto la VLAN 1).
Por supuesto que también es necesario tener conectividad a través de la
VLAN de administración.

Pregunta 33

D – Dado que el acceso a Internet no significa un problema, hay que descartar
en principio que el problema esté en el router.
Teniendo en cuenta que todos los nodos pueden hacer ping entre sí,
también hay que descartar problemas en cualquiera de los switches a nivel
global, o en los enlaces troncales.
Esto reduce la posible área de inconvenientes a la VLAN 9 y en
consecuencia a la interfaz F0/4. Si la interfaz F0/4 del Switch_3 está caída
(como sugiere la alternativa D), el servidor se vuelve inaccesible.

Pregunta 34

C – El puerto F0/9 está operando como puerto raíz STP para el Switch1. En
consecuencia, al salir de operación ese puerto será necesario que se
reordene la topología activa de STP. Esto determinará que el host B que
está conectado a través del Switch1, pierda conectividad con el resto de la
red hasta que el puerto que se encuentra bloqueado pase al estado de
forwarding.

Pregunta 35

D – Esta en realidad es una pregunta más de STP que propiamente de VLANs.
Se trata de una red conmutada, con redundancia. No sabemos muy bien la
configuración de STP y cuál es la estructura de la topología activa; pero en

el peor de los casos el enlace con problemas es un enlace activo que permite el acceso al Router para la comunicación entre VLANs. Si fuera así, dado que hay una ruta alternativa, en el peor de los casos se debiera esperar 50 segundos para que la VLAN 9 y la terminal B puedan acceder nuevamente al Router.

Enlaces troncales

Pregunta 36

B – Los enlaces troncales son conexiones físicas punto a punto que comunican 2 switches y están habilitados para transportar múltiples VLANs utilizando el mismo enlace físico, manteniendo la identificación de cada VLAN.

Pregunta 37

E - Un enlace troncal requiere una conexión física entre puertos de 2 switches. Cuando se conectan dos dispositivos de igual función dentro de la red (en este caso, dos dispositivos de acceso), es necesario cruzar los circuitos físicos. Para esto se utiliza un cable cruzado.

Pregunta 38

D - DTP es un protocolo que negocia el establecimiento de enlaces troncales. Y hay un solo estándar IEEE para la identificación de VLANs en enlaces troncales: IEEE 802.1Q.
Por otra parte, los demás estándares que se mencionan no están relacionados directamente con la operación de los enlaces troncales y DTP.

Pregunta 39

B y E – IEEE 802.1Q es un protocolo de etiquetado de tramas sobre enlaces troncales que agrega en las tramas 802.3 una etiqueta de 4 bytes de longitud. Esta modificación de la trama hace necesario recalcular el valor de FCS de la trama.
Adicionalmente, incorpora el concepto de VLAN nativa, lo que le permite transportar tramas sin etiquetar.

Pregunta 40

B, C y D - En los switches Cisco Catalyst los puertos tienen activo el protocolo DTP para negociación dinámica del modo de los puertos. Transparent es un modo de VTP, por lo tanto no aplica; blocking y forwarding son estados de STP y tampoco aplican.

Pregunta 41

A y E - Los 2 comandos que permiten monitorear el estado de los puertos troncales en un switch Catalyst son `show interface trunk` y `show interface switchport`.

Pregunta 42

B - El comando cambia la VLAN nativa por defecto (VLAN 1) a la VLAN 999 solamente en la interfaz en la cual se aplica.

Pregunta 43

C – En troncales 802.1Q las tramas que se corresponden a la VLAN nativa no son etiquetadas. Por lo tanto, en este caso, una trama que pertenece a la VLAN1 no es etiquetada por el Switch1, cuando el Switch2 la recibe, como no está etiquetada, la reenvía a la VLAN 2.
De ahí que el comportamiento descripto corresponde a un error en la asignación de la VLAN nativa en ambos extremos del enlace troncal.

Pregunta 44

C – En los switches Catalyst, cuando hay una diferente configuración de VLAN nativa en ambos extremos de un enlace troncal, CDP genera un mensaje CDP en la consola indicando la falta de coincidencia en la configuración.

Pregunta 45

C y D – La VLAN 1 utiliza a nivel de capa de red la subred 192.1.1.128/28. De las configuraciones IP propuestas, solo la opción C corresponde a una dirección de nodo útil de esta subred con la máscara de subred correcta. Con respecto al default-gateway, la opción D corresponde al primer nodo útil de la subred 192.1.1.128/28, que es la dirección configurada en la subinterfaz Fa0/0.1 del Router, asociada a la VLAN 1.

Pregunta 46

C – El gráfico muestra que se han configurado múltiples VLANs, y la configuración indica que los puertos Fa0/24 están configurados como puertos de acceso. En consecuencia, la solución es configurar los puertos Fa0/24 como puertos troncales.

Pregunta 47

C, D y F – La PC 1 está conectada al puerto 2 que corresponde a la VLAN 1. La IP que se propone es la misma que la del router y su máscara de subred no coincide, por lo tanto las opciones A y B no son aceptables.
Con respecto a la PC 2 está conectada al puerto 3 que está asociado a la misma VLAN 1 por lo que su dirección IP y su gateway son los correctos (la VLAN 1 está asociada a la subinterfaz F0/1.1).
Finalmente, la PC 3 está conectada al puerto 4 que está asociado a la VLAN 8. La IP que se propone está fuera del rango de nodos útiles de la subred (192.1.1.129 a 192.1.1.158), pero su máscara de subred es correcta porque coincide con la de la subinterfaz F0/1.8 que es su default gateway.

Pregunta 48

F y C – El enlace que comunica ambos switches entre sí debe ser troncal para permitir que el tráfico de las VLANs 4 y 2 pueda circular hacia el router.
El enlace F también debe ser troncal, para permitir que todas las VLANs

accedan al router, y de este modo pueda establecer comunicación entre VLANs a través del router.

Pregunta 49

D – Si el enrutamiento IP se encuentra activo en el router, y las subinterfaces correspondientes a cada VLAN están activas (up/up), cada interfaz genera su ruta en la tabla de enrutamiento. Consecuentemente no es necesario utilizar rutas estáticas o dinámicas para que haya enrutamiento entre las VLANs.

Pregunta 50

A, C y F – La terminal A está conectada al puerto 6, que está asociado a la VLAN 10. Por lo tanto su default gateway es la subinterfaz Fa0/0.10 del Router (192.168.1.78), y debe recibir una IP de la misma subred: 192.168.1.79.
Por su parte, la terminal B está conectada al puerto 9, que está asociado a la VLAN 20, por lo que su default gateway es la subinterfaz Fa0/0.20 del router, y debe recibir una IP de esa subred: 192.168.1.190.

Pregunta 51

C – Al examinar la configuración y el show interfaces, verificamos que el puerto se encuentra en modo acceso definido de modo estático (no dinámico con DTP). Consecuentemente, la causa de que el enlace troncal no se forme es que el puerto está configurado en modo acceso.

Pregunta 52

D y F – En la red hay 2 VLANs además de la VLAN de Management.
Las terminales E y F están en diferente VLAN, por lo tanto deben utilizar diferente gateway.
Las terminales A y D están en diferente VLAN también, por lo que para comunicarse deben pasar por el Router 1.
Para establecer comunicación entre las VLANs, es necesario que el tráfico pase a través del Router 1 y para esos hace falta que el enlace con el Switch 2 opere como enlace troncal, y que la interfaz del Router 1 tenga una subinterfaz para cada VLAN.

Pregunta 53

B y E – Para permitir la comunicación ente ambas VLANs en esa topología debemos implementar router on the stick. Para esto, el enlace entre el switch y el router debe ser un enlace troncal, por lo tanto el puerto Fa0/1 del Switch1 debe operar como troncal (E).
Por su parte, en el puerto Fa0/0 se debe crear una subinterfaz para cada VLAN, y asignar en esas interfaces la dirección IP de default gateway que se definió.

VLAN Trunking Protocol (VTP)

Pregunta 54

A – Un switch en modo VTP transparente es un switch en cierto modo independiente dentro del dominio VTP.
No agrega información sobre VLANs a su base de datos de a partir de la información VTP que circula por los enlaces troncales, ni comparte la información sobre las VLANs configuradas en él.
Solamente reenviará la información de VLANs recibida por los puertos troncales hacia sus otros puertos troncales.

Pregunta 55

B – Los switches VTP revisan el número de revisión de las actualizaciones que reciben para verificar si la que reciben tiene un número de revisión mayor al que ya tienen.
Si esta condición se verifica actualizan la base de datos de VLANs con la nueva información contenida en la actualización, si no, descartan la actualización.

Pregunta 56

B, C y F – VTP se utiliza en redes que tienen múltiples switches conectados en los que además se requiere operar con múltiples VLANs.
VTP ayuda a tener una base de datos de VLANs estable y consistente en todos los dispositivos de la red.

Pregunta 57

A – Todos los switches Catalyst son servidores VTP por defecto. Ninguna otra información VTP se encuentra configurada por defecto en los switches Cat 2960.

Pregunta 58

C – De acuerdo a la información que muestra el comando, el switch tiene VTP configurado y operativo (tiene asignado un nombre de dominio), operando en modo cliente.
Esto significa que recibe información de VLANs generada en servidores VTP. En este switch no se podrán crear, modificar o borrar VLANs directamente.
La base de datos de VLANs no se guarda en la NVRAM, sino en la flash de los switches.

Pregunta 59

C – La clave VTP se utiliza para autenticar el origen de la información de VLANs que se intercambia entre servidores y clientes.

Pregunta 60

B y D – VTP es un protocolo que implementa el concepto de dominio, y por defecto no tiene definido un nombre de dominio.

Por lo tanto, es condición necesaria para que opere VTP que todos los switches que se desea que compartan la misma información de VLANs participen del mismo dominio VTP.

Además, si se desea aplicar el protocolo, uno de los switches debe ser configurado como servidor VTP y los demás como clientes.

Pregunta 61

A, B y C – Que el switch se encuentre en modo servidor es necesario para poder hacer los cambios en la configuración de VLANs y que los mismos que sean propagados a través de los enlaces troncales.

Por otra parte, para que los demás switches copien esas modificaciones es preciso que participen del mismo dominio VTP y estén configurados como clientes VTP.

Finalmente, los mensajes de VTP se envían a través de los enlaces troncales, por lo que es preciso que todos estén conectados entre sí utilizando troncales.

Configuración y monitoreo de VLANs

Pregunta 62

C – Las versiones actuales de IOS permiten que, si se intenta colocar un puerto como acceso en una VLAN que aún no ha sido creada, se cree esa VLAN automáticamente.

Pregunta 63

B – Por defecto la VLAN 1 es la VLAN de administración, y por lo tanto la VLAN en la que se configura la dirección IP que se utiliza para fines administrativos.

El comando `show interfaces vlan 1`, entre otras cosas, permite verificar la configuración de la dirección IP de management.

Pregunta 64

C – El default gateway es la dirección IP de la subinterfaz del router que es parte de la subred de la VLAN en la que está la terminal que se acaba de conectar.

En este caso, es una terminal conectada a la VLAN 2, a la que corresponde la subinterfaz 0/0.2 como default gateway.

Pregunta 65

B y D – La primera tarea a completar es colocar el switch en modo VTP Server para que luego nos permita crear la VLAN.

Ambas operaciones se hacen en el modo de configuración global.

Configuración y monitoreo de enlaces troncales

Pregunta 66

C y D – La configuración del enlace troncal requiere 2 acciones:
La primera es colocar al puerto elegido en modo troncal utilizando el comando switchport mode trunk.
Cuando el switch soporta múltiples encapsulaciones para los enlaces troncales, se debe definir además la encapsulación que utilizará el enlace para identificar las VLANS utilizando el comando switchport trunk encapsulation xxxxxx.

 Tenga presente que el segundo comando (encapsulation) no es requerido en switches Catalyst 2960 ya que soportan solamente encapsulación 802.1Q.

Pregunta 67

B, C y D –Los switches Cisco Catalyst implementan por defecto el protocolo DTP que brinda facilidades de autoconfiguración para los puertos troncales. Cuando se utiliza DTP el puerto puede ser configurado en 1 de estos 5 modos: trunk | access | dynamic desirable | dynamic auto | no negotiate. Los modos que permiten que un puerto pase automáticamente a comportarse como troncal son trunk, dynamic desirable y dynamic auto. La opción por defecto es dynamic auto.

Pregunta 68

A – Cuando se habilita un enlace troncal, por defecto todas las VLANs están habilitadas a transitar por él. El administrador luego puede excluir las que no desea que circulen por el enlace troncal.

Pregunta 69

C – Para que todas las VLANs circulen por un enlace troncal hacia otros switches conectados a los enlaces troncales solamente se requiere que se habilite el enlace troncal con el comando switchport mode trunk, ya que por defecto todas las VLANs son transportadas.

Pregunta 70

B – En la red se han configurado 2 VLANs además de la VLAN de management. Por lo tanto, para que haya conectividad entre todos los dispositivos de la red es necesario que todas las VLANs circulen en los enlaces que conectan los switches entre sí, y el Switch 1 con el Router 1. Para esto deben ser configurados como enlaces troncales.

Pregunta 71

A, C y F – Si el objetivo es conectar ambos dispositivos, debe configurarse como puerto troncal el puerto Fa0/1 del switch.
En primer lugar, es preciso ingresar al modo configuración de la interfaz para

después poder definirla como troncal.
Luego debo definir la interfaz elegida como troncal y finalmente, si el switch lo requiere, definir la encapsulación a utilizar.

Pregunta 72

B, D y E – Ante todo, si se llega con múltiples VLANs a un solo puerto del router, para que este pueda actuar de default gateway de todas, es preciso que se configuren subinterfaces a fin de que cada una sea gateway de una VLAN.
Para que todas las VLANs puedan llegar al router, se requiere que el enlace que comunica el switch con el router sea un enlace troncal.
Los demás puertos, que conectan a las estaciones de trabajo y al hub, son puertos de acceso.

Pregunta 73

B – Para que los switches puedan intercambiar información es preciso que ambos se encuentren en el mismo dominio VTP. Por lo tanto, es necesario ingresar y modificar el nombre de dominio para asegurarse que acepten la información que están intercambiando.

Pregunta 74

B, D y E – El hostB está asociado a la VLAN20, la que está mapeada a la subred 192.168.1.128/26. Por lo tanto, la dirección IP 192.168.1.190 es la última dirección IP utilizable y puede ser asignada al nuevo host.
Por otra parte, el default Gateway de la PCA, que está en la VLAN10, es la dirección IP de la subinterfaz Gi0/0.10 del router.
Es simple reconocer que la dirección IP 192.168.1.79 es una dirección de nodo útil de la subred 192.168.1.64/27 que es la que está asociada a la VLAN10.

 Como en otros casos, la resolución de esta cuestión combina conocimientos de VLANs, troncales y subnetting IPv4).

Pregunta 75

B – Considerando la salida de la tabla de enrutamiento del Router1, es necesario crear la subinterfaz que operará como gateway de la VLAN 3 en el router y asignarle una dirección IP de la misma subred que ha sido mapeada a la VLAN3.
No es necesario configurar el protocolo de enrutamiento ya que se trata de redes directamente conectadas al router y por lo tanto son reconocidas automáticamente por IOS.

Spanning Tree Protocol (STP)

Pregunta 76

D – La duplicación de tramas de unicast es una consecuencia directa de una topología redundante que no implementa Spanning Tree.

Pregunta 77

A, C – Los dispositivos de capa 2 que ejecutan STP utilizan un ID de bridge que está compuesto por la prioridad (2 bytes) y la dirección MAC (6 bytes). Este ID de bridge es el que STP utiliza para determinar cuál será el bridge raíz en un dominio de broadcast. El dispositivo con menor ID de bridge es el bridge raíz.

Pregunta 78

D – El ID de bridge se comunica a los demás dispositivos en el mismo dominio de broadcast utilizando una trama multicast denominada BPDU (Bridge Protocol Data Unit = Unidad de Datos de Protocolo de Puente).

Pregunta 79

A – El valor del parámetro prioridad, por defecto, en todos los switches Cisco Catalyst es 32.768.

Pregunta 80

A, C – Los estados de los puertos STP son blocking, listening, learning y forwarding. Cuando un puerto se encuentra bloqueado por STP aún recibe BPDUs, pero no envía BPDUs ni tampoco envía o recibe tramas.

Pregunta 81

B – El costo de una ruta STP se determina sumando el valor de costo de cada uno de los enlaces que participan de esa ruta. El costo es un valor que varía en función del ancho de banda de acuerdo a una table establecida por el estándar.

Pregunta 82

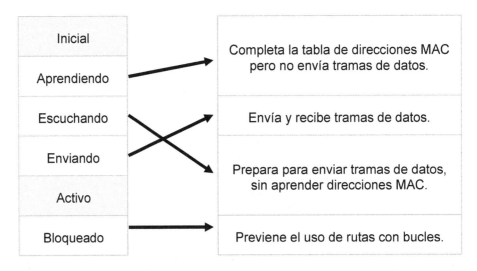

Los estados inicial y activo, no existen como estados de STP.
El estado de bloqueado previene el uso rutas con bucles.
En el estado de escuchando, el dispositivo se prepara para enviar datos

verificando que no existan bucles, pero aún no ha comenzado a aprender direcciones MAC.

En el estado de aprendiendo, comienza a ingresar información en las tablas de direcciones MAC, pero aún no envía tramas de datos.

Por último, en el estado de enviando, el puerto envía y recibe datos.

Pregunta 83

C - Un puerto bloqueado primero pasará al estado de escuchando para atender la información portada por los BPDUs para asegurarse que cuando pase al estado de enviando no se genere un bucle.

Pregunta 84

A – El criterio de selección es que se toma como root bridge al switch con menor BID. Consecuentemente, C y D no pueden serlo ya que tienen mayor prioridad; y A es el que tiene menor dirección MAC de los dos que tienen igual prioridad.

Pregunta 85

C – Discarding es el estado de puerto que en RSTP reemplaza al estado de blocking propio de STP. RPVST es una modificación de RSTP.

Pregunta 86

A – Si todos los puertos de una red STP se encuentran en bloqueado o reenviando, entonces se ha calculado íntegramente un árbol topológico libre de bucles. Es lo que llamamos una red que ha convergido.

Pregunta 87

A y D – Una vez que RSTP ha convergido en la red, los puertos pueden estar en uno de 2 estados posibles: discarding y forwarding.

Pregunta 88

B y E – Todas las variantes de STP son compatibles entre sí, aún las propietarias de Cisco.
Entre las novedades que introduce RSTP es la definición de nuevos roles de puertos: puerto alternativo y puerto de backup.

Pregunta 89

A, B y D – RSTP mejora sensiblemente los tiempos de convergencia merced a 3 elementos: la mejora de los timers respecto de STP, la introducción de nuevos roles para enlaces compartidos (no point-to-point) y el rediseño de los estados que pasan a ser discarding, learning y forwarding.

Pregunta 90

C – Si esta interfaz no ha sido elegida como puerto raíz para la VLAN 2 (como muestra el comando) se debe a que hay otra interfaz en el mismo switch que tiene una ruta de menor costo hacia el root bridge de esa VLAN..

Pregunta 91

C – Los switches tienen un enlace redundante. De acuerdo a la descripción del incidente, la caída de perfomance se debe a una tormenta de broadcast que está siendo causada por un bucle en capa 2. Esto ocurre solamente si STP no ha sido activado.

 Una vez más, es muy importante leer la consigna junto con las respuestas propuestas para responder rápidamente.

Pregunta 92

C – Una característica del bridge raíz es que todos sus puertos son puertos designados, es decir no tienen ningún puerto bloqueado. De acuerdo al diagrama, el único switch de la red que no tiene ningún puerto bloqueado es el Switch3.

Pregunta 93

A, B y F – Para analizar los roles de los puertos conviene comenzar por determinar cuál es el root bridge. Dado que todos los switches conservan su BID por defecto, sabemos que todos tienen igual prioridad y en consecuencia el de menor MAC será el root bridge. En este caso es el Switch C.
A partir de allí, el Fa0/1 del Switch A es puerto raíz (B) por ser el de menor costo hacia el Switch C.
El puerto Gi0/2 será el puerto raíz del Switch D por la misma razón (F).
Finalmente el puerto Gi0/1 del Switch B será el puerto raíz del Switch B (la suma de costos de los enlaces Gigabit es menor que la de los enlaces FastEthernet que pasan por el Switch A). Pero aún así en el enlace que va del Switch A al B debe haber un puerto designado. Y ese será el puerto Fa0/2 del Switch A (A), por ser este el switch de menor BID (menor MAC a igual prioridad).

Pregunta 94

D – Al analizar el resultado del comando show, se aprecia que el root bridge tiene un BID menor que el de este switch debido a que tiene configurada una prioridad más baja (20481).

Pregunta 95

B – Si se mantiene la configuración por defecto de los switches, todos tienen la misma prioridad, y dado que se elige el switch con BID más bajo, se elegirá el que tenga la dirección MAC más baja.

Pregunta 96

A, C y E – Según se puede apreciar, se está implementando RPVST+, en consecuencia, los estados de puerto posibles son los 3 que se mencionan en la opción A.
Respecto de la cantidad de VLANs creadas no se puede decir nada, ya que

no hay ninguna regla sobre la asignación de IDs de VLAN. Podría ser esta la única VLAN creada además de la VLAN 1.

La prioridad de este switch PARA LA vlan 30 es 24606 (menor que el valor por defecto), y de hecho el comando muestra que este switch es el root bridge.

Contrariamente a lo que afirma la sentencia D, todas las interfaces están conectadas en modo peer-to-peer.

Como se define en el estándar, por tratarse del root bridge, todos los puertos deben cumplir el rol de puertos designados.

La última afirmación es completamente falsa. Al implementar PVSTP, cada VLAN puede tener un root bridge diferente. Cada instancia de STP es independiente.

Pregunta 97

C – En esta topología, y suponiendo que todos los enlaces tienen el mismo ancho de banda, el Swtich 1 es un root bridge, y consecuentemente las rutas a través del Switch 3 y del Switch 4 tienen igual costo. Pero el enlace entre Switch 3 y Switch 4 estará bloqueado; consecuentemente un puerto estará blocking y otro como designado (forwarding). El BID del Switch 3 será menor (la MAC es menor), y consecuentemente el puerto del Switch 3 estará como designado para ese enlace.

Pregunta 98

E – El root bridge es el switch con menor BID, y el BID se define como Prioridad:MAC. Por lo tanto, cuando los switches tienen diferente prioridad se elige el que tenga prioridad más baja, en este caso, el Switch C.

Pregunta 99

B, C y D – Teniendo en cuenta los valores de prioridad de los 3 switches, el Switch B será el root bridge, y en consecuencia sus 2 puertos serán puertos designados.

El enlace entre Switch A y Switch C estará bloqueado, consecuentemente uno solo de sus puertos será designado. Dado que ambos switches tienen la prioridad por defecto, pero la dirección MAC del Switch A es menor, el puerto Fa0/1 de ese switch será puerto designado.

Pregunta 100

D – BPDU Guard es un feature de seguridad que complementa la operación de PortFast. Sin él, cuando un puerto configurado con PortFast al recibir una BPDU vuelve a la operación de STP estándar, es decir que pasa al estado de bloqueado, negocia el estado del puerto y luego define según la lógica del algoritmo de STP pudiendo pasar o no a forwarding.

Si se trata de un puerto de acceso, por lógica ese puerto no debiera recibir BPDUs por lo tanto BPDU Guard permite asegurar que si ocurre ese evento el puerto quede inhabilitado (en estado de error) y genere un alerta.

EtherChannel

Pregunta 101

A – La implementación de EtherChannel o Link Aggregation (la versión estándar) permite asociar en un único canal lógico hasta 8 enlaces físicos, sean FastEthernet o GigabitEthernet.

Pregunta 102

A - Las configuraciones correspondientes a capa 3 en los EtherChannel se realiza en el puerto lógico, no en los puertos físicos.
En este caso, la configuración de la dirección IP del enlace (un único enlace lógico) se realiza en la interfaz port-channel.

Pregunta 103

B – Cuando se implementa EtherChannel la operación de STP no considera los puertos individuales (puertos físicos), sino el port channel o EtherChannel (puerto virtual) para el cálculo de las topologías activas.
Por lo tanto, cuando hay redundancia de capa 2 entre 2 switches, basada en 2 EtherChannel como plantea la pregunta, STP considerará que hay 2 enlaces redundantes entre ambos switches y consecuentemente bloqueará uno de ellos para dejar solo uno activo (forwarding).

Redundancia en el primer salto (FHRP)

Pregunta 104

A y D – HSRP es un protocolo "no preemptivo". Es decir, los roles de activo y pasivo se negocian durante la activación del protocolo y a partir de allí solamente se hacen cambios en función de eventos en la red (es decir, si el activo deja de operar el standby lo reemplaza).
Pero cambios de configuración una vez negociado el protocolo no tienen impacto en su operación.
Por lo tanto, las direcciones IP de ambos routers hacen suponer que el Router1 debiera ser activo y Router2 standby. Pero si Router2 activa y negocia el protocolo en primer lugar (porque Router1 no terminó de bootear, es más lento u otra situación semejante), entonces será Router2 el activo y cuando Router1 se integre al grupo lo hará como standby y no cambiará esta situación a menos que se haya forzado por configuración la renegociación (preempt).

Pregunta 105

A, B y F – HSRP permite autenticar los miembros de un grupo utilizando MD5.
En otro FHRP (VRRP) es posible utilizar como IP virtual la de una interfaz física, pero ese no es el caso de HSRP. Además, en todos los casos la IP

virtual que utiliza el protocolo debe ser del mismo segmento IP al cual debe servir de gateway y pertenecen las interfaces físicas.

Pregunta 106

B – La prioridad por defecto de cada interfaz que participa de un grupo HSRP es 100. Esto es modificable por configuración.

Control de acceso a la red conmutada

Pregunta 107

C y D – Cuando se establece alguna forma de aprendizaje dinámico de las direcciones MAC, se aprenden tantas direcciones como permita la cantidad máxima de direcciones definida en la configuración.
Por otra parte, la modalidad de aprendizaje "sticky" permite incorporar en el archivo de configuración direcciones MAC estáticas que se aprenden a partir de la entrada en la tabla de direcciones MAC.

Pregunta 108

D – El comando `switchport port-security maximum` es el que establece la cantidad máxima de direcciones MAC que se permiten como asociadas a la interfaz en la que se está configurando, en la tabla de direcciones MAC. Se ingresa en modo configuración de la interfaz.

Pregunta 109

B – La keyword "`sticky`" habilita el feature de aprendizaje dinámico de las direcciones MAC de origen que ingresan a través de un puerto. Esas direcciones aprendidas dinámicamente se convierten automáticamente en un comando de asociación estática en el archivo de configuración activo (no en el archivo de configuración de respaldo).
Por este motivo, si el dispositivo es reiniciado el aprendizaje se inicia de nuevo, a menos que antes de reiniciarlo se haya guardado la configuración activa en la NVRAM (`copy running-config startup-config`).

Pregunta110

C – La introducción de un hub en la capa de acceso de la red permitiría que varias terminales puedan conectarse a la red a través de un único puerto del switch. Para evitar esta posibilidad un recurso posible es limitar la cantidad de direcciones MAC que pueden ser asociadas a un puerto.
En consecuencia, la solución es limitar la cantidad de direcciones MAC que pueden asociarse a un puerto a 1. Para esto, el puerto debe ser ante todo un puerto de acceso, y a continuación se utiliza port-security para limitar la cantidad de direcciones MAC que se asociarán.

Pregunta 111

C y D – En primer lugar, `show running-config` permite verificar cualquier cambio de configuración realizado, incluyendo el que se menciona en la premisa.
Además, `show port-security interface` es un comando más específico que le permite verificar las interfaces en las que se ha configurado el feature.

Pregunta 112

B y D – En función de la configuración que se muestra sabemos que esa interfaz admitirá solamente una dirección MAC de origen que en este caso será la del host A.
Como consecuencia de la operación regular del switch, esa dirección MAC de origen se incorporará en la tabla de direcciones MAC que es la que utiliza el switch para definir a través de qué puerto reenvía el tráfico que recibe según su dirección MAC de destino de las tramas.

Pregunta 113

E – Una de las opciones de port-security que soportan los switches Cisco Catalyst es vincular de modo estático una dirección MAC con un puerto de modo que únicamente esa dirección MAC puede enviar tráfico a través de ese puerto.

Pregunta 114

B y D – En primer lugar, para que la configuración sea efectiva es necesario que se active el feature en la interfaz.
Por otra parte, al revisar la configuración se observa que permite un máximo de 2 direcciones MAC, mientras que la consigna indica que solamente se debe permitir la PC A.

Pregunta 115

B – El servicio que define las prestaciones específicas de seguridad en los puertos de los switches Catalyst de Cisco es port-security.
De modo coherente con la denominación del servicio, el comando que permite visualizar específicamente la configuración de seguridad es `show port-security interface FastEthernet 0/1`.
La mayoría de estas opciones (las que no son valores por defecto) también son visibles con el archivo de configuración.

5. Enrutamiento IP

A. Mapa conceptual

Principios del enrutamiento IP.

- La tabla de enrutamiento.

    o Generación de la tabla de enrutamiento.

- Protocolos de enrutamiento.

    o Enrutamiento vector distancia / enrutamiento estado de enlace.

    o Protocolos classful / protocolos classles.

- La métrica.

- La distancia administrativa.

- Determinación de la mejor ruta.

Configuración de las interfaces del router

- Verificación de la configuración.

- Verificación del estado de las interfaces.

Enrutamiento estático.

- Procedimiento de configuración.

- Configuración.

Rutas por defecto.

- Configuración.

Enrutamiento dinámico.

- Protocolos de enrutamiento por vector distancia.

- Protocolos de enrutamiento por estado de enlace.

RIPv2.

- Características del protocolo.

- Configuración.

Enrutamiento IPv6.

- Características propias.

- Configuración de enrutamiento IPv6 estático.

Enhanced Interior Gateway Protocol (EIGRP).

- Selección de rutas EIGRP.

- Métrica EIGRP.

- Balanceo de carga.

    o Entre rutas de igual métrica.

    o Entre rutas de diferente métrica.

- Configuración de EIGRP en redes IPv4.

- Configuración de EIGRP en redes IPv6.

Open Shortest Path First (OSPF).

- OSPFv2.

    o Establecimiento de adyacencias.

    o Tipos de paquetes OSPF.

    o Algoritmo SPF.

    o Estructura jerárquica de la red OSPF.

    o Configuración de OSPF.

    o Comparación de EIGRP con OSPF.

- OSPFv3.

    o Configuración de OSPFv3.

Border Gateway Protocol (BGP).

- Modalidades de acceso corporativo a Internet.

- Características del protocolo.

- Configuración de eBGP en accesos single homed.

B. Notas previas

Junto con la configuración básica de dispositivos que implementan Cisco IOS el enrutamiento IP es parte substancial de los conocimientos que requiere el examen de certificación.

Si bien existen otras técnicas de enrutamiento, el examen CCNA 200-125 se centra en el enrutamiento IP, tanto IPv4 como IPv6.

En este tema es de importancia tener presente los siguientes puntos durante su estudio:

- El punto de partida necesario de este tema es la diferencia entre protocolos enrutados (IP) y protocolos de enrutamiento (RIP, EIGRP, OSPF, etc.).

- Debe quedar clara la diferencia entre protocolos de vector distancia y protocolos de estado de enlace: ventajas y desventajas de cada una de estas tecnologías.

- En cada protocolo de enrutamiento es preciso tener claros los elementos principales: tipo de protocolo, métrica, distancia administrativa, parámetros de tiempo (temporizadores) y configuración.

- En los protocolos de vector distancia se debe conocer y comprender las técnicas utilizadas para solucionar potenciales bucles de enrutamiento: horizonte dividido, ruta envenenada, etc.

- Los protocolos de enrutamiento considerados en detalle en el examen son EIGRP (vector distancia) y OSPF (estado de enlace).

- Se utiliza RIP como una introducción a los protocolos de enrutamiento.

- Hay una introducción muy breve de BGPv4.

- En lo que se refiere a los comandos de configuración y monitoreo de enrutamiento, ténganse en cuenta las mismas observaciones que ya hice para los comandos de configuración básica.

- Se requiere configuración y monitoreo de enrutamiento tanto en redes IPv4 como en redes IPv6.

Con estas consideraciones, vamos entonces al desarrollo del tema.

C. Desarrollo temático

 Las abreviaturas y siglas utilizadas en este manual se encuentran desarrolladas en el Glosario de Siglas y Términos de Networking que está disponible de modo gratuito en la Librería en Línea de EduBooks: https://es.scribd.com/document/292165924/Glosario-de-Siglas-y-Terminos-de-Networking-version-1-2

Un punto central en la preparación del examen de certificación CCNA es el concepto de enrutamiento IP, sus variantes, protocolos asociados e implementación.

 El protocolo IP no es el único protocolo enrutable. Sin embargo, el examen de certificación actual 200-125 contempla solamente todo lo referente al enrutamiento IP.

Principios del enrutamiento IP

Para establecer comunicación entre dispositivos alojados en redes diferentes es necesario acudir a un dispositivo de capa 3, típicamente un router. Cada interfaz del router pertenece a una red diferente y está en capacidad de conmutar tráfico entre redes sobre la base de la información contenida en la tabla de enrutamiento.

Los procesos de enrutamiento IP permiten descubrir la ruta que ha de utilizar un paquete IP para recorrer el camino entre origen y destino a través de la red y almacenar esa información en una base de datos que denominamos tabla de enrutamiento.

La tabla de enrutamiento contiene la información correspondiente a todos los destinos posibles conocidos, e incluye como mínimo:

- Identificador de la red de destino.

- Dispositivo vecino a partir del cual se puede acceder a la red destino.

- Forma en que se mantiene y verifica la información de enrutamiento.

- La mejor ruta a cada red remota.

El router aprende acerca de las redes remotas:

- Dinámicamente, de los demás dispositivos de capa 3 de la red.

- Estáticamente, a partir de la información ingresada por un Administrador

Con esta información el router construye las tablas de enrutamiento. Estas tablas de enrutamiento son bases de datos que contienen información de ruteo que pueden construirse a partir de dos procedimientos básicos:

- Dinámicamente.
  Utilizando protocolos de enrutamiento dinámico.
  El mantenimiento de la información de enrutamiento se realiza utilizando actualizaciones que se realizan de modo automático al generarse cambios en la red.

- Estáticamente.
  Las rutas estáticas son definidas por el Administrador.
  Las modificaciones necesarias al realizarse un cambio en la red son responsabilidad del Administrador.

El router cubre 2 funciones básicas:

- Determinación de las rutas.
  El router utiliza su tabla de enrutamiento para determinar dónde debe reenviar el tráfico que recibe.
  Cuando se recibe un paquete el dispositivo verifica la dirección IP de destino y busca la mejor coincidencia en la tabla de enrutamiento.

- Reenvío de paquetes.
  Utilizando la información de la tabla de enrutamiento y la dirección IP de destino del paquete, se determina hacia dónde se debe reenviar el tráfico.
  Si el dispositivo no tiene una entrada en la tabla de enrutamiento para el destino que se busca, el paquete es descartado.

El proceso de enrutamiento que se corre en el router debe estar en capacidad de evaluar la información de enrutamiento que recibe y seleccionar la ruta a utilizar en base a criterios específicos.

Hay 3 mecanismos de reenvío de paquetes en los routers Cisco:

- Process switching
  Es el mecanismo diseñado originalmente para el enrutamiento IP. Para cada paquete que llega a una de las interfaces del router se realiza una revisión completa de la tabla de enrutamiento (full lookup).
  Es un mecanismo lento y poco utilizado en las redes actuales.

- Fast switching
  Mecanismo que utiliza una porción de memoria (caché) para almacenar las decisiones de reenvío realizadas en función de los destinos más recientes. De esta manera el primer paquete a un destino es procesado con una revisión completa de la tabla de enrutamiento y los paquetes siguientes se reenvían en base a lo almacenado en la memoria.

- Cisco Express Forwarding
  Es el mecanismo más rápido, más reciente y el preferido en dispositivos Cisco.
  Cada vez que se registran cambios en la topología de la red, esos cambios generan una modificación en el caché de memoria para reflejar la modificación de las rutas.

La tabla de enrutamiento

Es un conjunto ordenado de información referida al mejor camino para alcanzar diferentes redes de destino (ruta).

La información puede ser obtenida estática o dinámicamente. Todas las redes directamente conectadas se agregan automáticamente a la tabla de enrutamiento en el momento en que la interfaz asociada a esa red alcanza estado operativo.

Cuando la red de destino no está directamente conectada al dispositivo, la tabla de enrutamiento indica a cuál de los dispositivos directamente conectados (próximo salto) se debe enviar el paquete para que alcance el destino final.

Si la tabla de enrutamiento no cuenta con una ruta a la red de destino, el paquete es descartado y se envía un mensaje ICMP al origen.

Generación de la tabla de enrutamiento

En Cisco IOS la información de enrutamiento se incorpora en la tabla por 3 procedimientos diferentes:

*   Redes directamente conectadas.
    El origen de la información es el segmento de red directamente conectado a las interfaces del dispositivo.
    Si la interfaz deja de ser operativa, la red es removida de la tabla de enrutamiento. Su distancia administrativa es 0 y son preferidas a cualquier otra ruta.
    En la tabla de enrutamiento estas redes están identificadas con la letra "C". Asociadas a estas redes, en la tabla de enrutamiento encontramos "rutas locales" que indican a las interfaces locales y se identifican con la letra "L".

*   Rutas estáticas.
    Son ingresadas manualmente por el Administrador de la red.
    Su distancia administrativa por defecto es 1.
    Son un método efectivo de adquisición de información de enrutamiento para redes pequeñas y simples que no experimentan cambios frecuentes.
    En la tabla de enrutamiento se identifican con la letra "S".

*   Rutas dinámicas.
    Son rutas aprendidas automáticamente a través de del intercambio de información con dispositivos vecinos generado por los protocolos de enrutamiento.
    Estas rutas se modifican automáticamente en respuesta a cambios en la red.
    En la tabla de enrutamiento se identifican con diferentes letras, según el protocolo de enrutamiento utilizado.

Una consideración aparte merece la denominada ruta por defecto. Se trata de una entrada opcional en la tabla de enrutamiento que se utiliza cuando no hay una ruta explícita hacia la red de destino. Se identifica en la tabla de enrutamiento con "(*)" y puede ser aprendida tanto estática como dinámicamente.

Código IOS	Significado
C	Redes directamente conectadas
L	Rutas locales: interfaces del dispositivo
S	Rutas estáticas
(*)	Identifica la ruta por defecto
R	Rutas aprendidas a través del protocolo RIP
O	Rutas aprendidas a través del protocolo OSPF
D	Rutas aprendidas a través del protocolo EIGRP
B	Rutas aprendidas a través del protocolo BGP

Protocolos de enrutamiento

Un protocolo de enrutamiento define el conjunto de reglas utilizadas por un dispositivo cuando éste se comunica con los dispositivos vecinos a fin de compartir información de enrutamiento. Esta información se utiliza para construir y mantener dinámicamente las tablas de enrutamiento.

Hay disponibles diferentes protocolos de enrutamiento dinámico para operar en redes IP. Estos protocolos pueden clasificarse, en primera instancia, en función de su diseño para operar mejor en el enrutamiento interno de un sistema autónomo (protocolos de enrutamiento interior) o entre sistemas autónomos (protocolos de enrutamiento exterior).

Un sistema autónomo o dominio de enrutamiento es un conjunto de dispositivos bajo una administración única.

Los protocolos utilizados para el intercambio de información de enrutamiento dentro de un sistema autónomo reciben la denominación de Protocolos de Enrutamiento Interior:

- RIP

- EIGRP

- OSPF

- IS-IS

En cambio, los protocolos que se utilizan para intercambiar rutas entre diferentes sistemas autónomos se denominan Protocolos de Enrutamiento Exterior:

- BGPv4

Todos los protocolos de enrutamiento cubren básicamente 3 propósitos:

- Descubrir la existencia de redes remotas.
  Para esto los diferentes protocolos deben generar tráfico que utiliza parte de la capacidad de transporte (ancho de banda) de la red.

- Mantener la información de enrutamiento actualizada.
  Esta operación demanda recursos de procesamiento y memoria adicionales.

- Seleccionar la mejor ruta hacia la red destino

Se denomina Sistema Autónomo al conjunto de redes o dispositivos de enrutamiento que operan bajo una administración común, y que por lo tanto comparten estrategias y políticas de tráfico. Hacia el exterior de la red ésta se presenta como un sistema unificado y no se publican políticas de enrutamiento.

Son la base de la arquitectura de Internet. Internet es un conjunto de sistemas autónomos interconectados entre sí. El enrutamiento entre sistemas autónomos diferentes requiere la implementación de un protocolo de enrutamiento exterior.

Los sistemas autónomos se diferencian por un ID de 16 o 32 bits que es asignado por el ARIN (www.arin.net).

Protocolos que implementan el ID de sistema autónomo (AS) como parámetro de configuración:

- EIGRP.

- IS-IS.

- BGPv4.

Comparación entre enrutamiento vector distancia y estado de enlace

Los protocolos de enrutamiento interior también se diferencian en función del algoritmo que utilizan para procesar la información de enrutamiento que intercambian y definir cuál es la mejor ruta a un destino posible.

Cada protocolo define un conjunto de reglas para el intercambio de información de enrutamiento entre dispositivos vecinos, lo que les permite mantener actualizadas sus tablas de enrutamiento. Esto permite a cada dispositivo obtener información sobre redes remotas y adaptarse a los cambios en la estructura de la red.

Hay 2 tipos de protocolos de enrutamiento interior:

- Protocolos de vector distancia.
  Determina básicamente la dirección y distancia a la que se encuentra la red de destino.
  Estos protocolos envían actualizaciones periódicamente, en las que incluyen toda la información contenida en la tabla de enrutamiento, esto puede ser una limitante en redes con una cantidad importante de rutas.

- Protocolos de estado de enlace.
  Cada router construye su propio mapa interno de la topología de la red.

Para esto utiliza el algoritmo SPF con el que se genera una visión completa de la topología de la red y se utiliza esta visión para elegir la mejor ruta a cada red de destino existente en el dominio de enrutamiento.

Ambos tipos se diferencian básicamente en el algoritmo que implementan para el descubrimiento de las rutas.

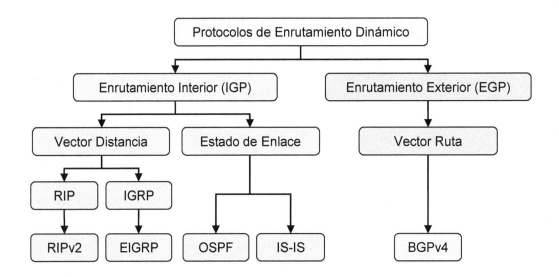

Los protocolos de vector distancia aprenden la mejor ruta a la red de destino basándose en la acumulación de las métricas en rutas aprendidas salto a salto a partir de la información recibida de cada vecino.

Por su parte los protocolos de estado de enlace aprenden la topología exacta de la red entera ya que reciben información de todos los dispositivos que comparten el mismo dominio de enrutamiento. Cada dispositivo mantiene una compleja información de la topología y a partir de esta información corren un algoritmo que les permite crear una imagen común de la topología de la red entera.

Estos diferentes algoritmos de descubrimiento de las redes son la base de un conjunto de importantes diferencias entre cada uno de estos sistemas de enrutamiento:

Protocolos por vector distancia	Protocolos por estado de enlace
Implementan el algoritmo Bellman-Ford.	Implementan el algoritmo de Dijkstra o algoritmo SPF.
Visualiza la red sólo desde la perspectiva de los vecinos.	Presenta una visión común de la topología de la red entera.
Realizan actualizaciones periódicas, por lo que son de convergencia lenta.	Los eventos activan la actualización lo que posibilita una convergencia más rápida.
Transmiten copias completas o parciales de la tabla de enrutamiento a los dispositivos vecinos.	Transmiten básicamente solo actualizaciones del estado de los enlaces a los otros dispositivos.

Protocolos por vector distancia	Protocolos por estado de enlace
Requieren menor procesamiento y cantidad de memoria RAM en el dispositivo; pero utilizan más ancho de banda para el intercambio.	Requieren mayor procesamiento y cantidad de memoria RAM en el dispositivo, pero utilizan menos ancho de banda para el intercambio.
Cada dispositivo sólo tiene una visión parcial de la red a través de los dispositivos adyacentes.	Cada dispositivo tiene una visión completa de la topología de la red, manteniendo una compleja base de datos de información de topología.
Requieren menor procesamiento y disponibilidad de memoria RAM en el dispositivo; pero utilizan más ancho de banda.	Requieren mayor procesamiento y cantidad de memoria RAM en el dispositivo, pero utilizan menor ancho de banda.
Son más simples para el diseño y configuración.	Son más complejos en cuanto a requerimientos de diseño y configuración.

Protocolos classful y classless

Hay otra visión diferente entre protocolos de enrutamiento según el modo en que se publican las redes de destino:

- Enrutamiento classful.
  Estos protocolos no incluyen la información de la máscara de enrutamiento correspondiente en las rutas publicadas.
  Cuando se utilizan estos protocolos todas las subredes pertenecientes a una misma red (clase A, B o C) deben utilizar la misma máscara de subred. En este caso los routers aplican sumarización automática de rutas cuando se publican rutas más allá de las fronteras de la red. Estos protocolos son considerados obsoletos hoy.

- Enrutamiento classless.
  Son considerados protocolos de enrutamiento de segunda generación ya que están diseñados para superar las limitaciones de los protocolos de enrutamiento classful iniciales.
  Estos protocolos incluyen la máscara de subred en las actualizaciones de las rutas publicadas, lo que posibilita en consecuencia variar la máscara de subred en las diferentes subredes que componen una red (VLSM) y controlar manualmente la sumarización de rutas a cualquier posición de bit dentro de la dirección (CIDR).

La métrica

Es el parámetro generado por el algoritmo de enrutamiento para calificar cada ruta hacia una red de destino y que refleja la "distancia" existente entre el dispositivo y la red de destino. Es una de las bases para la selección de la mejor ruta.

La métrica es el resultado de la operación del algoritmo del protocolo de enrutamiento a partir de uno o varios parámetros combinados. La menor métrica es la que corresponde a la mejor ruta.

Cada protocolo de enrutamiento utiliza diferentes métricas que se pueden basar en una o más características de la ruta:

- Ancho de banda.

- Delay.

- Cantidad de saltos.

- Costo.
  Valor arbitrario que puede ser asignado por el Administrador o calculado a partir de alguna fórmula.

La Distancia Administrativa

Es el valor que permite clasificar las diferentes rutas que se aprenden a un mismo destino de acuerdo a la confiabilidad de la fuente de la información de enrutamiento.

Es un parámetro propietario de Cisco que IOS utiliza para seleccionar la mejor ruta cuando hay rutas al mismo destino de diferente origen. Es un valor entero entre 0 y 255, que a menor valor denota mayor confiabilidad. Cada fuente de información tiene un valor asignado por defecto, que puede ser modificado por configuración.

Fuente de información de ruteo	Valor
Ruta a una red directamente conectada	0
Ruta estática	1
Ruta eBGP	20
Ruta EIGRP interna	90
Ruta OSPF	110
Ruta IS-IS	115
Ruta RIP	120
Ruta EIGRP externa	170
Ruta iBGP	200
Ruta inalcanzable	255

 Otros fabricantes implementan con el mismo propósito un parámetro al que denominan "Preferencia".

Si bien las rutas estáticas y cada protocolo de enrutamiento tienen asignadas por IOS una distancia administrativa por defecto puede ocurrir que ese valor no sea la mejor opción para una red en particular. En este caso, la distancia administrativa de los diferentes protocolos puede ser ajustada utilizando el siguiente comando:

```
Router(config)#router [protocolo]
Router(config-router)#distance [#]
```

De este modo, cuando se implementan varios protocolos simultáneamente se puede lograr que, por ejemplo, las rutas aprendidas por OSPF sean preferidas a las aprendidas por EIGRP.

 No hay un comando que permita cambiar la distancia administrativa por defecto de todas las rutas estáticas a la vez, se debe hacer ruta por ruta.

Determinación de la ruta

La tabla de enrutamiento recibe información de 3 tipos de fuentes diferentes:

- La generada por las mismas interfaces activas del dispositivo (darán lugar a las redes directamente conectadas).

- La información ingresada por el Administrador (las rutas estáticas).

- La información descubierta utilizando un o varios protocolos de enrutamiento.

Toda esta información debe ser evaluada por el sistema operativo para seleccionar la mejor ruta que será la que luego se colocará en la tabla de enrutamiento para su utilización.

Cuando hay información de diferente origen referida a una misma red destino el sistema operativo utiliza una secuencia de parámetros propios de la información de enrutamiento para definir cuál es la mejor ruta hacia ese destino.

- La Distancia Administrativa.
  Cuando el dispositivo aprende rutas a una misma red de destino a partir de diferentes fuentes de información, las compara y selecciona considerando en primer lugar la distancia administrativa como medida de la confiabilidad de la información de enrutamiento.
  El dispositivo selecciona la ruta con menor distancia administrativa por considerarla mejor (más confiable).

 El criterio es:
Menor Distancia Administrativa = Mejor ruta.

- La Métrica.
  La métrica es el criterio de comparación que utiliza un protocolo para definir cuál es la ruta más corta a cada destino conocido. Es un valor que mensura la conveniencia de cada ruta específica. Cada protocolo de enrutamiento utiliza una métrica diferente y tiene su mecanismo de cálculo. Cuando un dispositivo encuentra varias rutas a una red de destino con la

misma Distancia Administrativa (se aprenden utilizando el mismo protocolo) selecciona entonces la de menor métrica.

El criterio es:
Menor Métrica = Mejor ruta.

Cuando el dispositivo encuentra varias rutas a la misma red de destino con igual distancia administrativa e igual métrica las conserva en la tabla de enrutamiento y realiza balanceo de tráfico entre esas rutas.

Cisco IOS permite balancear tráfico entre un número variable de rutas de igual métrica dependiendo de la plataforma y la versión de IOS. Por defecto coloca en la tabla de enrutamiento y balancea tráfico utilizando hasta 4 rutas de igual métrica.

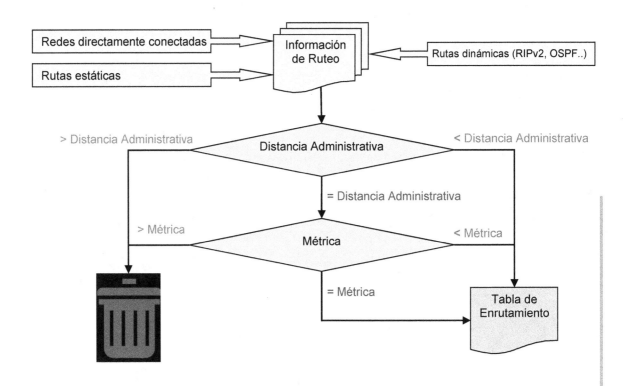

Atención:
En versiones anteriores de IOS la cantidad máxima de rutas para hacer balanceo de tráfico era 6. Este valor se modificó en IOS 12.4 y difiere según la versión de sistema operativo, el protocolo y la plataforma.

Cuando al buscar una ruta para alcanzar un destino específico se encuentran varias rutas posibles, se selecciona aquella de prefijo de mayor longitud (aquella en la que mayor cantidad de bits coinciden con la dirección IP de destino).

Por ejemplo, en la tabla de enrutamiento puede encontrarse una ruta a la red 172.16.0.0/16 y otra a la red 172.16.1.0/24. Si la dirección IP destino es 172.16.1.50, entonces se utilizará la segunda ruta que es la de prefijo más largo (24 bits).

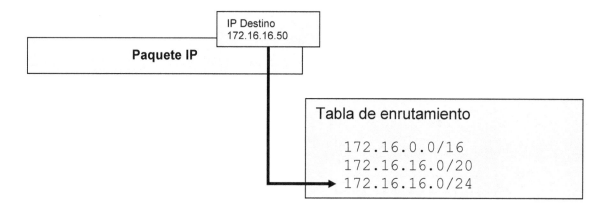

De esta manera, en la decisión de reenvío del paquete intervienen 3 procesos diferentes:

- Los distintos protocolos de enrutamiento que recogen información de enrutamiento y que eligen la mejor ruta que han encontrado a cada destino posible.

- La tabla de enrutamiento misma, en la cual confluyen las redes directamente conectadas, la mejor ruta propuesta por cada protocolo y las rutas estáticas, y que es en base a la cual se define el proceso de reenvío.

- El proceso de reenvío que tomando la información de la tabla de enrutamiento define el reenvío del tráfico hacia la red destino.

Selección de una ruta para un paquete

Cuando se procesa un paquete para definir el reenvío del mismo hacia su destino:

- Si la dirección de destino coincide con una única entrada en la tabla de enrutamiento, se reenvía el paquete a través de la interfaz que está definida en el route.

- Si la dirección de destino coincide con más de una entrada en la tabla de enrutamiento, y esas entradas tienen el mismo prefijo, los paquetes a ese destino se distribuyen entre las múltiples rutas que estén contenidas en la tabla de enrutamiento.

- Si la dirección de destino coincide con más de una entrada en la tabla de enrutamiento, pero esas entradas tienen diferente prefijo, el paquete se reenviará a través de la interfaz indicada por la ruta de prefijo más largo.

- Si la dirección de destino del paquete no coindice con ninguna entrada en la tabla de enrutamiento, se utiliza la ruta por defecto.
  Si no hay una ruta por defecto, se descarta el paquete.

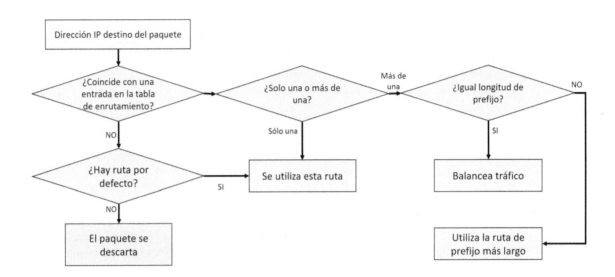

Configuración de las interfaces del router

Un elemento clave en la operación de los routers son sus interfaces. Son su punto de conexión con las diferentes redes y por lo tanto es esencial la correcta configuración de cada una de ellas ya que es a través de ellas que se reciben y envían paquetes.

Los routers Cisco presentan 2 tipos básicos de interfaces físicas:

- Interfaces Ethernet o LAN
  Se trata de interfaces de tecnología Ethernet que permiten la conexión con tramos de red de 10 / 100 / 1000 Mbps.

- Interfaces Seriales o WAN
  Son interfaces que soportan la conexión de diferentes tecnologías WAN: líneas punto a punto, líneas Frame Relay, etc. Estas líneas soportan diferentes protocolos de capa de enlace de datos tales como HDLC, PPP, Frame Relay, etc.

Una mención aparte merecen las interfaces loopback. Se trata de interfaces puramente virtuales que operan a nivel de la lógica del sistema operativo y que no están conectadas a ningún dispositivo. Son generalmente utilizadas para facilitar tareas de gestión y operación de diferentes protocolos y se encuentran operativas inmediatamente después de cargado el archivo de configuración.

Configuración de interfaces loopback

```
Router#configure terminal
Router(config)#interface loopback 0
```

Este comando permite crear una interfaz loopback o ingresar a la configuración de la misma. Es posible crear múltiples interfaces loopback en un mismo dispositivo.

```
Router(config-if)#ip address 192.168.100.1 255.255.255.255
```

Asigna una dirección IP a la interfaz.

En interfaces loopback es frecuente utilizar máscaras de subred de 32 bits de longitud ya que se trata de segmentos de red de un único host.

```
Router(config-if)#exit
```

Estas interfaces no requieres ser habilitadas ya que por defecto están siempre activas salvo que sean desactivadas manualmente por el Administrador.

```
Router(config)#
```

Configuración de interfaces Ethernet

```
Router(config)#interface GigabitEthernet0/0
```

Accede al modo de configuración de la interfaz

```
Router(config-if)#ip address 172.16.1.1 255.255.255.0
Router(config-if)#no shutdown
```

Las interfaces físicas del router requieren activación por parte del Administrador ya que por defecto no se encuentran activas y por lo tanto no participarán del proceso de enrutamiento.

```
Router(config-if)#exit
```

Configuración de interfaces Seriales

```
Router(config)#interface Serial0/0/0
Router(config-if)#encapsulation [ppp|hdlc|frame]
```

En el caso de interfaces seriales se pueden implementar diferentes formatos de encapsulación de capa 2. La opción por defecto es HDLC (propietario de Cisco).

```
Router(config-if)#ip address 172.16.20.1 255.255.255.0
Router(config-if)#no shutdown
Router(config-if)#exit
```

Verificación de la configuración y estado de las interfaces

`Router#show ip interface brief`

Permite verificar una lista de las interfaces, su estado y dirección IP configurada.

`Router#show protocols Serial0/0/0`

Permite ver una síntesis de los detalles de una interfaz en particular.

`Router#show interfaces`

Muestra los detalles de cada interfaz y sus estadísticas de operación.

Enrutamiento estático

Una ruta estática es una ruta manualmente ingresada en la tabla de enrutamiento del dispositivo. Esta información de enrutamiento requiere ser mantenida manualmente por el Administrador de la red lo cual representa ventajas y desventajas respecto de la utilización de protocolos de enrutamiento dinámico.

Ventajas	Desventajas
No genera carga de procesamiento.	El Administrador debe tener una comprensión amplia de la red.
No utiliza ancho de banda.	El Administrador debe agregar manualmente la ruta hacia cada red.
Son más seguras.	La actualización de rutas puede convertirse en un trabajo full-time.
Fácil diagnóstico.	Requiere alto mantenimiento y no tiene adaptabilidad a los cambios.

Puede ser conveniente utilizar rutas estáticas cuando:

- La red está constituida por unas pocas rutas.

- La red está conectada a Internet a través de un único service provider.

- La red está diseñada sobre un modelo hub-and-spoke.

- Es necesario implementar rápidamente una ruta con un propósito específico.

El proceso de activación de una ruta estática se puede esquematizar en 3 pasos:

- El Administrador configura la ruta.

- El router instala la ruta en su tabla de enrutamiento.

- Los paquetes son enrutados utilizando la ruta estática.

Procedimiento para la configuración de enrutamiento estático

1. Definir o diseñar las rutas estáticas a configurar en cada dispositivo de la red.

2. Configurar manualmente cada una de las rutas estáticas definidas para cada dispositivo.

3. Verificar en cada dispositivo la configuración realizada utilizando los comandos show running-config y show ip route.

4. Si la configuración es la deseada, almacene los cambios utilizando el comando copy running-config startup-config.

5. Luego de almacenados los cambios pase al dispositivo siguiente y repita el proceso desde el paso 2.

6. Verifique el funcionamiento del enrutamiento extremo a extremo utilizando el procedimiento para diagnóstico de fallas de enrutamiento que se describe más adelante.

Configuración de una ruta estática

Las rutas estáticas son configuradas manualmente en cada dispositivo.

Ruta estática IPv4:

```
Router(config)#ip route [destino] [máscara] [próximo salto] [DA]
```

Red de destino.
Dirección de red del segmento hacia el cual se quiere introducir una entrada en la tabla de enrutamiento.

Máscara de subred.
Máscara de subred a utilizar con la dirección de red de destino.

Próximo salto.
Dirección IP del puerto del router vecino hacia el que se debe enviar el paquete.
También se puede utilizar en su lugar la interfaz de salida en el propio dispositivo a través de la cual se debe reenviar el paquete.

Distancia Administrativa.
Determina la confiabilidad de la fuente de origen de la información de enrutamiento.
Se ingresa únicamente si se desea modificar el valor por defecto (1).

Un ejemplo:

```
Router(config)#ip route 201.15.14.0 255.255.255.0 191.35.152.17 10
Router(config)#ip route 201.15.10.0 255.255.255.0 Serial0/0/0 10
```

En la definición de la ruta estática se puede utilizar tanto la dirección IP del próximo salto como la interfaz a través de la cual se debe reenviar el tráfico.

Ruta estática IPv6:

```
Router#configure terminal
Router(config)#ipv6 unicast-routing
```

El enrutamiento IPv6 no se encuentra activado por defecto en IOS, por lo que es necesario habilitarlo explícitamente.

```
Router(config)#ipv6 route [destino] [próximo salto] [DA]
```

La sintaxis del comando que crea rutas IPv6 estáticas es semejante al que lo hace en redes IPv4.

Un ejemplo:

```
Router(config)#ipv6 route 2001:DB8:0:1::/64 Serial0/0/0 10
```

Rutas por Defecto

También llamadas gateway of last resort.

Las rutas por defecto son rutas utilizada para enrutar paquetes que tienen como destino una dirección perteneciente a una red para la cual no hay una ruta específica en la tabla de enrutamiento.

 Tenga presente que si en la tabla de enrutamiento no hay una ruta específica a la red de destino, o una ruta por defecto, el paquete será descartado.

Es una ruta que puede ser utilizada por cualquier dirección IP de destino y con la cual coinciden todos los paquetes sin importar su dirección de destino. Es utilizada cuando no se encuentra coincidencia en una ruta específica para la dirección IP de destino.

Se utilizan rutas por defecto cuando:

- En función de la dirección IP de destino no se encuentra en la tabla de enrutamiento una ruta más específica. Se suele utilizar en redes corporativas en la conexión a Internet.

- Se trata de una red stub. Es decir, una red que tiene un solo enlace de entrada y de salida.

Configuración de una ruta por defecto

```
Router(config)#ip route 0.0.0.0 0.0.0.0 [próximo salto]
```
> Genera una ruta estática a "cualquier destino" que se utiliza como ruta por defecto.

```
Router(config)#ip route 0.0.0.0 0.0.0.0 191.35.152.17
```
> Para identificar "cualquier destino" se utiliza como ruta de destino y máscara de subred 0.0.0.0 0.0.0.0 (llamada ruta "quad-zero").

```
Router(config)#ip route 0.0.0.0 0.0.0.0 Serial 0/0/0
```
> En la ruta por defecto también puede utilizarse tanto la dirección IP del próximo salto como la interfaz de salida.

Para configurar una ruta por defecto para enrutamiento IPv6:

```
Router(config)#ipv6 route ::/0 Serial 0/0/0
```

Estos comandos deben ejecutarse en el router que tiene directamente conectada la red que va a ser utilizada como ruta por defecto y luego publicada a todos los demás dispositivos, por ejemplo, redistribuyéndola a través de un protocolo de enrutamiento como una ruta estática.

Enrutamiento Dinámico

Un protocolo de enrutamiento dinámico es un conjunto de procesos, algoritmos y formatos de mensajes que permiten intercambiar información de enrutamiento entre dispositivos con el propósito de construir las tablas de enrutamiento.

De esta manera, y a partir del intercambio de información actualizada, cada dispositivo puede construir una tabla de enrutamiento ajustada que se actualiza dinámicamente y puede aprender respecto de redes remotas y cómo llegar hasta ellas.

Ventajas	Desventajas
Alto grado de adaptabilidad a los cambios.	Requieren cantidades significativas de procesamiento y memoria RAM.
Requiere muy poco mantenimiento.	Utiliza ancho de banda para el intercambio de información.

La operación de los protocolos de enrutamiento, de modo genérico, puede describirse así:

- Los dispositivos envían y reciben mensajes con información de enrutamiento a través de sus interfaces.

- El dispositivo comparte su información de enrutamiento con otros dispositivos utilizando el mismo protocolo de enrutamiento.

- A través del intercambio de información los dispositivos aprenden respecto de la existencia y la forma de llegar a redes remotas.

- Cuando se detecta un cambio de topología se utiliza el protocolo de enrutamiento para notificar de este cambio a los otros dispositivos en el dominio de enrutamiento.

Protocolos de enrutamiento por vector distancia

Este tipo de protocolos basa su operación en el envío a los dispositivos vecinos de la información contenida en la tabla de enrutamiento. El envío de información se hace regularmente a intervalos fijos de tiempo aun cuando no haya cambios en la red.

El dispositivo que recibe una actualización, compara la información recibida con la contenida en la propia tabla de enrutamiento:

- Para establecer la métrica se toma la métrica recibida en la actualización y se le agrega la del propio enlace.

- Si la ruta aprendida es mejor (menor métrica) que la contenida en la tabla de enrutamiento hasta ese momento, se actualiza la tabla de enrutamiento con la nueva información.

Los eventos que pueden provocar cambios en la información de enrutamiento son varios:

- La falla de un enlace.

- La activación de un nuevo enlace.

- La falla de un dispositivo.

- El cambio de los parámetros de un enlace.

Estos protocolos son sensibles a la posibilidad de generación de bucles de enrutamiento. Un bucle de enrutamiento es una condición por la cual un paquete se transmite ininterrumpidamente a través de una serie definida de dispositivos sin que logre alcanzar la red de destino.

Para prevenir o solucionar este inconveniente, los protocolos de vector distancia implementan varios recursos:

- Cuenta al infinito.
  Es una contramedida que soluciona un posible bucle de enrutamiento.
  Con este propósito se define "infinito" como una cantidad máxima de saltos (dispositivos de capa 3) que puede atravesar una ruta para alcanzar un destino.
  Cuando la ruta alcanza la cantidad de saltos máxima definida por el protocolo, se considera que la red de destino está a una distancia infinita y por lo tanto es inalcanzable.
  Esta técnica no evita el bucle sino que lo resuelve evitando la propagación indefinida de los paquetes.

Número máximo de saltos RIP por defecto = 15
Número máximo de saltos EIGRP por defecto = 224

- Horizonte dividido (Split horizon).
  Técnica para prevenir la formación de bucles.
  La regla indica que nunca es útil reenviar información sobre una ruta a través de la misma interfaz por la cual se recibió esa información.
  Por lo tanto, la regla de horizonte dividido establece que no se publica información de enrutamiento por la misma interfaz por la cual se aprendió.
  Permite prevenir los bucles de enrutamiento provocados por información de enrutamiento errónea, acelerar y asegurar la convergencia.

- Ruta envenenada (Route poisoning).
  Mecanismo para prevenir la formación de bucles.
  Es una variante de la técnica de horizonte dividido. Horizonte dividido previene los bucles entre dispositivos adyacentes pero el envío de "rutas envenenadas" permite prevenir bucles de mayores dimensiones.
  Consiste en crear una entrada en la tabla de enrutamiento en la que se guarda la información respecto de una ruta que está fuera de servicio (ruta envenenada) esperando que el resto de la red converja en la misma información. En esa entrada la red de destino es marcada como inalcanzable y esa información se publica con las actualizaciones del protocolo hacia todos los dispositivos vecinos.
  De este modo se evita que el dispositivo pueda aceptar información incoherente. Funciona en combinación con los temporizadores de espera.

- Temporizadores de espera (Hold-down timers).
  Se utilizan para evitar que las actualizaciones regulares reinstalen una ruta inapropiada en la tabla de enrutamiento.
  También permiten prevenir que los cambios se hagan con excesiva rapidez lo que podría provocar que una ruta caída vuelva a ser operativa dentro de un lapso de tiempo sin que haya habido cambios.
  Fuerzan a que el dispositivo retenga algunos cambios por un período de tiempo determinado antes de incorporarlos en la tabla de enrutamiento.
  Regularmente es un período de tiempo equivalente a tres veces el intervalo de actualización utilizado por el protocolo. Cuando es necesario los temporizadores también pueden ser ajustados en el modo de configuración del protocolo de enrutamiento.

  o El temporizador de espera se activa cuando el router recibe la primera actualización indicando que una red que estaba activa ahora es inaccesible: se marca la ruta como inaccesible (se "envenena") y se activa el temporizador.

  o Si se recibe una nueva actualización del mismo origen con una métrica mejor, el temporizador se remueve y se marca la ruta nuevamente como accesible.

  o Si se recibe una actualización desde un origen distinto del inicial con una métrica mejor que la original se remueve el temporizador y la ruta se marca como accesible.

o Si la actualización que se recibe de un origen diferente tiene una métrica peor que la original es descartada mientras el temporizador se encuentre activo y por lo tanto sigue contando. Una vez vencido el tiempo de espera la ruta será incorporada como válida cuando se reciba una nueva actualización.

- Actualizaciones desencadenadas.
  Es un mecanismo diseñado para acelerar la convergencia en caso de cambios en la red.
  Para esto se utilizan actualizaciones desencadenadas por eventos que se envían inmediatamente en respuesta a un cambio sin esperar el período de actualización regular.

Protocolos de enrutamiento por estado de enlace

Los protocolos de enrutamiento por estado de enlace son mecanismos de mantenimiento de información de enrutamiento de convergencia rápida, escalables y no propietarios de modo que aseguran interoperabilidad entre diferentes fabricantes.

Tienen algunas ventajas respecto de los protocolos de vector distancia:

- Son más escalables.
  Se basan en un diseño jerárquico con lo que pueden escalar bien en redes muy grandes (cuando están adecuadamente diseñadas).

- Cada dispositivo del dominio de enrutamiento tiene la información completa de la topología de la red.
  Esto permite que cada dispositivo pueda definir por sí mismo una ruta completa libre de bucles basado en el costo para alcanzar cada vecino.

- Las actualizaciones se envían cuando se produce un cambio en la topología, y se inundan periódicamente (por defecto cada 30 minutos) para asegurar sincronicidad.

- Responde rápidamente a los cambios en la topología.

- Hay mayor intercambio de información entre los dispositivos.
  Cada dispositivo tiene toda la información referida a otros dispositivos y los enlaces que los conectan.

Estructura de la información

Para su operación estos protocolos mantienen varias tablas o bases de datos:

- Base de datos de adyacencias.
  Utilizando paquetes hello el protocolo detecta y negocia relaciones de vecindad con dispositivos adyacentes. A partir de esta negociación recaba información con la que mantiene una base de datos de los dispositivos OSPF directamente conectados con los que mantiene intercambio de información.

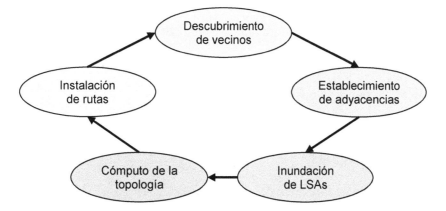

- Base de datos topológica.
  Una vez establecida la relación de vecindad los dispositivos sincronizan su base de datos topológica (LSDB) intercambiando LSAs. Esto es el fundamento para mantener una base de datos con la información completa del estado de todos los enlaces que componen la red.
  Todos los dispositivos de un área tienen la misma base de datos topológica. La unidad básica para el intercambio de información son los LSAs. Un LSA describe un dispositivo y la red que está conectada a ese dispositivo. Cada vez que se produce un cambio en la topología se generan nuevos LSAs que se propagan a través de la red.

La descripción de un enlace incluye:

- Interfaz del dispositivo.

- Dirección IP y máscara de subred.

- Tipo de red.

- Dispositivos conectados a ese segmento de red.

Como resultado final, luego de aplicar el algoritmo de Dijkstra a la base de datos topológica se determina la ruta más corta a cada destino que se propone a la tabla de enrutamiento.

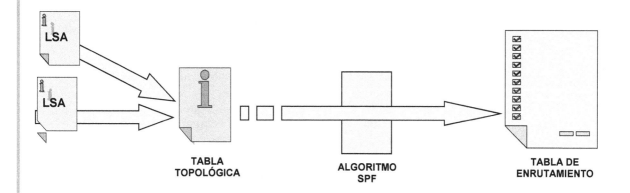

RIP versión 2

- Es un protocolo de enrutamiento por vector distancia classless: soporta VLSM y CIDR.

- Es muy popular por su sencillez, robustez y características estándar que permiten operar en redes de múltiples fabricantes.

- Protocolo de enrutamiento de vector distancia estándar.

- RFC 2453.

- Métrica: número de saltos

- Métrica máxima: 15 saltos – 16 saltos = inalcanzable

- Algoritmo Bellman-Ford

- ID en la tabla de enrutamiento: R

- Distancia Administrativa: 120

- Temporizadores:

  - Período de actualización: 30 segundos

  - Período de invalidación de ruta: 90 segundos

  - Período de renovación de rutas: 240 segundos

  - La implementación de Cisco agrega a la actualización por temporizadores actualizaciones disparadas por eventos mejorando los tiempos de convergencia. Estos envíos se hacen con independencia de las actualizaciones por intervalos regulares.

- Propagación por multicast: 224.0.0.9

- Balancea carga hasta entre 6 rutas de igual métrica – 4 por defecto. La distribución de la carga se realiza utilizando una lógica de "round robin" (por turnos).

- Admite autenticación para sus actualizaciones: texto plano (por defecto) o cifrado utilizando MD5.

- Sumariza rutas por defecto automáticamente al límite de la clase.

Solo cuenta "saltos" (routers o dispositivos de capa 3 que debe atravesar en la ruta hasta el destino) para determinar la mejor ruta. Si encuentra más de un enlace a la misma red de destino con la misma métrica, automáticamente realiza balanceo de carga. RIP puede realizar balanceo de carga en hasta 6 enlaces de igual métrica.

La limitación de este protocolo se presenta cuando la red cuenta con enlaces de igual métrica en saltos pero diferente ancho de banda. El protocolo balanceará tráfico por igual entre ambos enlaces, tendiendo a provocar la congestión del enlace de menor ancho de banda (pinhole congestion).

Configuración

```
Router(config)#router rip
```

Activa el protocolo de enrutamiento e ingresa al modo de configuración correspondiente.

El proceso del protocolo no se iniciará hasta tanto se asocie la primera interfaz utilizando el comando network.

```
Router(config-router)#version 2
```

Desactiva la versión 1 y activa la versión 2. Por defecto se utiliza la versión 1.

 Atención: En entornos Cisco IOS, por defecto se procesan actualizaciones versión 1 y 2; y solo se envían actualizaciones versión 1.

```
Router(config-router)#network 172.16.0.0
```

El primer comando network que se ingresa inicia el proceso del protocolo.

Asocia interfaces al proceso de enrutamiento RIP, lo que determina cuáles son las interfaces que participan en el envío y recepción de actualizaciones de enrutamiento. Además permite que el router publique la red asociada a esa interfaz.

 Se ingresa exclusivamente el número de red, no las subredes. Cuando hay varias subredes de la misma red, se ingresa únicamente la red.
Esto aun cuando se trate de RIP versión 2.

```
Router(config-router)#timers basic 60 180 180 240
```

Modifica los timers de operación del protocolo.

Los timers deben definirse todos y el orden en el que se encuentran indica de cuál de los temporizadores se trata. El orden de los temporizadores es: update | invalid | holddown | flush.

En este caso coloca en 60 segundos el período de actualización mientras deja los demás timers con sus valores por defecto.

```
Router(config-router)#no auto-summary
```

Desactiva la sumarización automática de rutas que se encuentra activa por defecto.

```
Router(config-router)#passive-interface GigabitEthernet0/0
```

> Desactiva el envío y recepción de actualizaciones de RIP a través de la interfaz que se especifica. La red asociada a la interfaz aún se publica.

```
Router(config-router)#passive-interface default
```

> Cambia el comportamiento por defecto del protocolo desactivando el envío y recepción de actualizaciones de RIP en todas las interfaces del dispositivo. Para que se negocie el protocolo sobre una interfaz será necesario negar esta opción para esa interfaz en particular.

```
Router(config-router)#no passive-interface Serial0/0
```

> En routers en los que por defecto no se envían ni reciben actualizaciones de RIP en ninguna interfaz, habilita la interfaz indicada (y solamente a ella) para enviar y recibir información del protocolo.

```
Router(config-router)#default-information originate
```

> Hace que el protocolo de enrutamiento propague una ruta por defecto hacia los dispositivos vecinos.

Monitoreo

```
Router#show ip protocol
```

> Verifica la configuración de todos los protocolos de enrutamiento, brindando información sobre los temporizadores y las estadísticas de intercambio de información.

```
Router#show ip route
```

> Muestra la tabla de enrutamiento. Las rutas identificadas en la columna del extremo izquierdo con la letra "R" son las aprendidas utilizando RIP.

```
Codes: L - local, C - connected, S - static, I - IGRP, R - RIP,
       B - BGP, D - EIGRP, EX - EIGRP external, O - OSPF,
       IA - OSPF inter area, N1 - OSPF NSSA external type 1,
       N2 - OSPF NSSA external type 2, E1 - OSPF external type 1,
       E2 - OSPF external type 2, E - EGP, i - IS-IS,
       * - candidate default, U - per-user static route, o - ODR

Gateway of last resort is not set

     172.16.0.0/16 is variably subnetted with 2 masks
R       172.16.40.0/24 [120/1] via 172.16.20.1. 00:00:18. Serial0/01
C       172.16.30.0/24 is directly connected. GigabitEthernet0/0
L       172.16.30.1/32 is directly connected. GigabitEthernet0/0
C       172.16.20.0/30 is directly connected. Serial0/0/1
L       172.16.20.2/32 is directly connected. Serial0/0/1
R       172.16.10.0/24 [120/1] via 172.16.20.1. 00:00:18. Serial0/0/0
R       172.16.1.0/24 [120/1] via 172.16.20.1. 00:00:18. Serial0/0/0
```

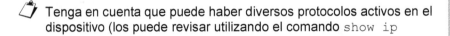 Tenga en cuenta que puede haber diversos protocolos activos en el dispositivo (los puede revisar utilizando el comando `show ip`

protocol), pero la tabla de enrutamiento sólo le mostrará la mejor ruta seleccionada para cada destino posible.

Lectura del comando:

```
Codes: L - local, C - connected, S - static, I - IGRP, R - RIP,
       B - BGP, D - EIGRP, EX - EIGRP external, O - OSPF,
       IA - OSPF inter area, N1 - OSPF NSSA external type 1,
       N2 - OSPF NSSA external type 2, E1 - OSPF external type 1,
       E2 - OSPF external type 2, E - EGP, i - IS-IS,
       * - candidate default, U - per-user static route, o - ODR
```

> Códigos para la interpretación del origen de la información de enrutamiento a partir de la cual se aprendió una ruta.

```
Gateway of last resort is not set
```

> Indica la ruta por defecto: en este caso no está configurada.

```
    172.16.0.0/16 is subnetted with 2 masks
```

> En este caso particular se indica que la red 172.16.0.0 ha sido dividida en subredes utilizando 2 máscaras de subred diferentes.

```
R     172.16.40.0/24 [120/1] via 172.16.20.2. 00:00:18. Serial0/0/1
```

> Ruta a la subred 172.16.40.0/24 (red de destino).
>
> Aprendida utilizando el protocolo RIP (prefijo R).
>
> Distancia administrativa: 120.
>
> Métrica de La ruta: 1. En este caso por tratarse de RIP indica que se trata de 1 salto hasta el destino (La métrica de RIP son los saltos.
>
> La dirección IP próximo salto de esta ruta es 172.16.20.2 (IP de un dispositivo vecino).
>
> La información sobre esta ruta fue actualizada hace 18 segundos.
>
> El puerto de salida del router local, para esta ruta es el Serial 0/0/1.

```
C     172.16.30.0/24 is directly connected. GigabitEthernet0/0
```

> Ruta correspondiente a una red directamente conectada (prefijo C).

```
L     172.16.30.1/32 is directly connected. GigabitEthernet0/0
```

> Ruta que representa específicamente a la interfaz del propio dispositivo. La máscara /32 indica que se trata de un nodo, no de una red propiamente dicha.

```
C     172.16.20.0/30 is directly connected. Serial0/0/1
L     172.16.20.2/32 is directly connected. Serial0/0/1
R     172.16.10.0/24 [120/1] via 172.16.20.1. 00:00:18. Serial0/0/0
R     172.16.1.0/24 [120/1] via 172.16.20.1. 00:00:18. Serial0/0/0
```

```
Router#show ip route rip
```

Filtra el resultado de `show ip route`.

Muestra solamente las rutas aprendidas por RIP que han ingresado en la tabla de enrutamiento.

```
Router#show ip rip database
```

Muestra la base da información de enrutamiento del protocolo, incluyendo aquellas rutas que no se han incorporado en la tabla de enrutamiento.

Enrutamiento IPv6

IPv6 es un protocolo enrutado completamente diferente de IPv4. En consecuencia, los protocolos de enrutamiento IP que se utilizan en el entorno tradicional no son aplicables en redes IPv6. Por esto son necesarios protocolos de enrutamiento específicos que respondan a la nueva arquitectura de IPv6.

Además del enrutamiento estático es posible utilizar alguno de los protocolos de enrutamiento actualmente disponibles en Cisco IOS para redes IPv6:

- RIPng.

- OSPFv3.

- IS-IS.

- EIGRP.

- MP-BGP.

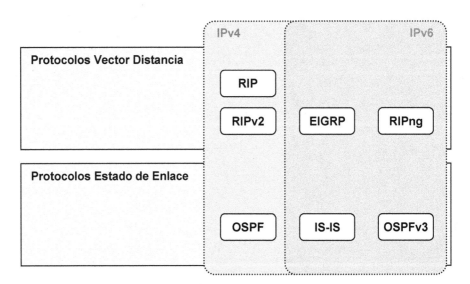

En dispositivos Cisco IOS el enrutamiento IPv6 se encuentra desactivado por defecto por lo cual es necesario activarlo al iniciar las tareas de configuración de enrutamiento IPv6.

```
Router#configure terminal
Router(config)#ipv6 unicast-routing
```

Configuración de enrutamiento estático IPv6

La implementación de enrutamiento estático en entornos IPv6 es semejante a la que se realiza en entornos IPv4.

La distancia administrativa por defecto de estas rutas es 1 y su ID en la tabla de enrutamiento es "S".

```
Router#configure terminal
Router(config)#ipv6 route 2001:db8:0:1::/64 Serial0/1
```
La sintaxis de la ruta estática es la que se utiliza en rutas IPv4: se indica la red destino utilizando dirección de red y longitud de prefijo, y dirección del próximo salto o interfaz de salida.
```
Router(config)#ipv6 route ::/0 Serial0/0
```
Genera una ruta IPv6 por defecto.

Verificación del enrutamiento IPv6

```
Router#show ipv6 route
```
Muestra la tabla de enrutamiento IPv6.
```
Router#show ipv6 route static
```
Filtra el resultado de show ipv6 route para mostrar solamente las rutas IPv6 estáticas que se incorporan en la tabla de enrutamiento IPv6.
```
Router#traceroute 2001:db8:0:1::10
```
Permite descubrir la ruta utilizada para alcanzar un destino específico.

Enhanced Interior Gateway Routing Protocol (EIGRP)

Como su nombre lo indica (Enhanced Interior Gateway Routing Protocol), se trata de una versión mejorada de IGRP lanzada por Cisco en el año 1994. Ambos protocolos (IGRP y EIGRP) son compatibles entre sí, lo que permite una interoperabilidad transparente: ambos protocolos redistribuyen información uno del otro de modo automático con la única condición de que utilicen el mismo número de sistema autónomo. Fue publicado como un estándar abierto en el año 2013.

Sus principales características son:

- Protocolo de enrutamiento por vector distancia avanzado.
  Es un protocolo de vector distancia mejorado incorporando algunos elementos de los protocolos de estado de enlace.

- Protocolo propietario de Cisco.

Atención:
Si bien a efectos del examen de certificación EIGRP sigue siendo un
protocolo propietario de Cisco, en febrero del año 2013 Cisco
Systems anunció su apertura, y ha pasado a ser un protocolo de tipo
abierto detallado en un conjunto de RFCs de la IETF.
http://tools.ietf.org/html/draft-savage-eigrp-00

- Algoritmo de selección de mejor ruta: DUAL
  Utiliza la Máquina de Estado Finito DUAL (FSM).
  Calcula las rutas con la información que le proveen la tabla de vecindades
  y la tabla topológica asegurando de esta manera rutas libres de bucles y
  rutas de respaldo a lo largo de todo el dominio de enrutamiento.

- Mantiene una tabla de vecindades y una tabla topológica.

- Implementa el concepto de rutas de respaldo.

- Si una ruta elegida por el algoritmo DUAL deja de estar disponible,
  inmediatamente propone a la tabla de enrutamiento la ruta de respaldo; si
  no existe una ruta de respaldo o "feasible successor" se inicia un
  requerimiento a los vecinos para descubrir la posibilidad de una ruta
  alternativa.

 Atención:
En este punto suele generarse confusión entre el concepto de "ruta
sucesora" utilizado en castellano y algunos conceptos en inglés.
Tenga esto muy presente al responder preguntas en inglés durante
el examen.

"Successor"
Es la denominación en inglés de la mejor ruta a una red remota. Es
la red que se propone a la tabla de enrutamiento del dispositivo.

"Feasible successor"
Entrada almacenada en la tabla topológica que se utiliza como ruta
de respaldo del "successor".

- No realiza actualizaciones periódicas.
  Sólo se envían actualizaciones cuando una ruta cambia (actualizaciones
  incrementales). Estas actualizaciones se envían solamente a los
  dispositivos que son afectados por los cambios.
  De esta forma se minimizan los requerimientos de ancho de banda.

- Envía paquetes hello utilizando multicast: 224.0.0.10 o FF02::A (en redes
  IPv6).
  Cuando se trata de comunicarse con un vecino específico, utiliza unicast.

- En los paquetes hello se incluyen los temporizadores, si no se recibe un hello de un vecino dentro del intervalo de tiempo definido como hold time DUAL informará de un cambio topológico.

- Soporta VLSM, enrutamiento de redes discontiguas y sumarización de rutas.

- Por defecto NO sumariza rutas.
  Se puede activar sumarización automática, al límite de la clase; o se puede realizar sumarización manual de rutas.

Esta opción por defecto cambió con la versión IOS 15.0. Hasta IOS 12.4, por defecto, EIGRP sumarizaba rutas automáticamente al límite de la clase.

- Soporta autenticación con intercambio de claves predefinidas y cifradas con MD5.
  Se autentica el origen de cada actualización de enrutamiento.

- Diseño modular utilizando PDM.
  Cada PDM es responsable de todas las funciones relacionadas con un protocolo enrutado específico. Esto posibilita actualizaciones sin necesidad de cambio completo del software.
  De este modo soporta múltiples protocolos enrutados: IPv4, IPv6, IPX y AppleTalk. Esta es una de sus características sobresalientes.

- Utiliza RTP (protocolo propietario de capa de transporte) para asegurar una comunicación confiable.
  Esto asegura independencia respecto del protocolo enrutado y acelera el proceso de convergencia ya que los dispositivos no necesitan esperar al vencimiento de los temporizadores para retransmitir.
  No se utiliza RTP para el envío de paquetes hello.

- Métrica de 32 bits compuesta utilizando 4 parámetros: ancho de banda, retraso, confiabilidad y carga.
  Métrica por defecto = ancho de banda + retardo.
  Cada parámetro está modificado por una constante (modificable por configuración) que impacta su influencia en la métrica:

  - Métrica = [K1 x ancho de banda + (K2 x ancho de banda) / (256 – carga) + K3 x retardo] x [K5 / (confiabilidad + K4)]

  - Valores de las constantes por defecto: K1=1, K2=0, K3=1, K4=0, K5=0

  - Métrica por defecto = ancho de banda + retardo.

En las actualizaciones se envían 4 parámetros: ancho de banda, retardo, confiabilidad, carga y MTU.
Sin embargo el MTU no ingresa en el cálculo de la métrica.

Su presencia es resultado de la compatibilidad con IGRP ya que en ese protocolo el MTU sí se incorporaba en el cálculo de la métrica. Pero en EIGRP el MTU NO es parte del cálculo de la métrica.

- Balancea tráfico entre rutas de igual métrica. 4 por defecto, máximo 32 (depende de la plataforma).

- Es posible definir balanceo de tráfico entre rutas de diferente métrica.

- Cantidad máxima de saltos: 224.

- Permite distinguir 2 tipos de rutas:

  o Rutas Internas.
    Rutas originadas dentro del sistema autónomo de EIGRP por el mismo protocolo.

  o Rutas Externas.
    Rutas originadas fuera del dominio de enrutamiento de EIGRP. Pueden ser aprendidas o redistribuidas desde otro protocolo o pueden ser rutas originalmente estáticas.

- ID en la tabla de enrutamiento: D
  Para rutas externas D EX.

- Distancia Administrativa: 90
  Para rutas externas: 170.

- Su configuración requiere que se defina un número de Sistema Autónomo (AS).
  Dado que es un protocolo de enrutamiento interior no requiere de un ID de AS público asignado por IANA. Sí es condición que todos los dispositivos que deban intercambiar información de enrutamiento utilicen el mismo ID.

- Realiza actualizaciones parciales, incrementales y limitadas utilizando multicast o unicast.

  o Utiliza paquetes hello para el mantenimiento de las tablas.

  o El tiempo de actualización de hello por defecto depende del ancho de banda de la interfaz.
    Es de 5 segundos para enlaces Ethernet o punto a punto de más de 1,544 Mbps.

  o No requiere que el tiempo de actualización sea el mismo en todos los dispositivos.

  o Solo envía actualizaciones cuando se verifica algún cambio.

  o Dirección de multicast utilizada: 224.0.0.10 ó FF02::A en redes IPv6.

o Utiliza diferentes tipos de paquetes:

Tipo de paquete	IP destino
Hello	Multicast
Acknowledgment	Unicast
Update	Unicast / Multicast
Query	Unicast / Multicast
Reply	Unicast

Los routers EIGRP mantienen tablas de información interna del protocolo:

- Una Tabla de vecinos.
  Es un registro de los vecinos que descubre a través del intercambio de paquetes de hello y con los que establece adyacencias.
  Se utiliza para hacer seguimiento de cada uno de los vecinos utilizando paquetes hello.
  El protocolo mantiene una tabla de vecinos por cada protocolo enrutado.

- Una tabla topológica.
  Contiene todas las rutas a cada destino posible, descubiertas por el protocolo a través de los dispositivos vecinos.
  Mantiene la información de las rutas sucesoras factibles (FS): Rutas de respaldo. Estas rutas son utilizadas cuando una ruta sucesora cae.

Selección de rutas EIGRP

La selección de la mejor ruta es realizada por el protocolo a partir de la información contenida en la tabla topológica; en dicha tabla se mantiene para cada una de las redes destino posibles:

- La métrica con la que cada vecino publica cada una de las diferentes rutas a esa red destino (AD).

- La métrica que el dispositivo calcula para alcanzar esa red destino a través de ese dispositivo sucesor utilizando esa ruta (FD – Feasible Distance).
  FD = AD + Métrica para alcanzar el vecino
  La feasible distance será la métrica de enrutamiento que se asignará a esa ruta si es colocada en la tabla de enrutamiento.

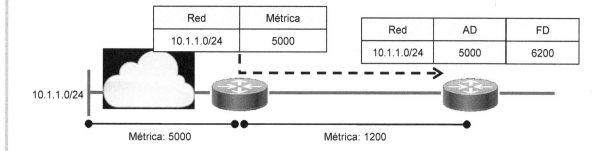

Como resultado del análisis de estas métricas, la ruta con menor métrica (successor route) es propuesta a la tabla de enrutamiento como la mejor ruta; y se elige una ruta de respaldo o feasible successor route.

Para esto el algoritmo de EIGRP compara las FDs de todas las rutas al mismo destino y selecciona la ruta con menor FD; esta será la ruta propuesta para la tabla de enrutamiento del dispositivo.

Si por cualquier motivo la ruta seleccionada (successor route) deja de estar disponible o ser válida el algoritmo DUAL:

1. Verifica si se ha seleccionado un feasible sucesor a la red destino; si hay un feasible sucesor se lo utiliza como ruta de respaldo evitando así la necesidad de procesar nuevamente la información de enrutamiento.

2. Si no hay un feasible successor la ruta cambia a estado activo e inicia un proceso de recómputo para obtener una nueva successor route.
   Este proceso es intensivo en requerimiento de procesador, por lo que se intenta evitar todo lo posible esta situación previendo la presencia de un feasible successor en la tabla topológica.

Métrica

EIGRP implementa una métrica compuesta calculada a partir de 4 parámetros; 2 por defecto y 2 opcionales.

Componentes por defecto:

- Ancho de banda.
  El menor ancho de banda de todas las interfaces salientes en la ruta entre origen y destino expresado en kilobits por segundo.
  No es un valor acumulativo.

- Delay.
  Suma acumulada del delay a lo largo de la ruta al destino expresada en decenas de microsegundos.

Adicionalmente puede considerar:

- Confiabilidad.
  Representa el tramo menos confiable en la ruta entre origen y destino, tomando como base los keepalives.

- Carga.
  Representa el enlace con mayor carga en la ruta entre origen y destino, tomando como base la tasa de paquetes y el ancho de banda configurado en las interfaces.

Estos dos parámetros no suelen utilizarse ya que suelen generar un frecuente recálculo de la topología de la red.

En las actualizaciones se incluye el valor de MTU de los enlaces pero no es considerado en el cálculo de la métrica.

El valor de cada uno de estos parámetros en las diferentes interfaces puede revisarse utilizando el comando show interface.

Los valores de ancho de banda y delay pueden ser establecidos en cada interfaz por configuración.

```
Router#show interface Serial0/0/0
Router#configure terminal
Router(config)#interface Serial0/0/0
Router(config-if)#bandwidth 4000
```
> Establece un valor de referencia para el ancho de banda, expresado en Kbps.

```
Router(config-if)#delay 10000
```
> Define un valor de delay, expresado en microsegundos, para la interfaz.

Estos 4 parámetros se integran en una fórmula de cálculo en la que son modificados utilizando valores constantes (K1, K2, K3, K4 y K5) que pueden ser modificados por configuración y que reciben la denominación de "pesos".

Por defecto K1=1 y K3=1; K2=0, K4=0 y K5=0. Esto resulta en que solamente se utilizan en el cálculo el ancho de banda y el delay.

 El valor de los "pesos" de cada constante se incluye en los mensajes hello y debe ser igual en los dispositivos que componen el mismo sistema autónomo. De lo contrario no se establece relación de vecindad.

Balanceo de carga

Es la capacidad del dispositivo de distribuir el tráfico entre múltiples rutas de igual métrica; esto permite aumentar la utilización de los diferentes segmentos de red.

EIGRP tiene la posibilidad de distribuir carga entre enlaces de igual o diferente métrica.

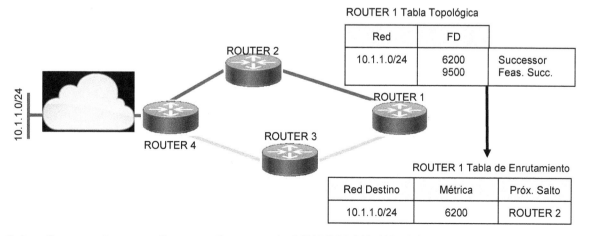

ROUTER 1 Tabla Topológica

Red	FD	
10.1.1.0/24	6200 9500	Successor Feas. Succ.

ROUTER 1 Tabla de Enrutamiento

Red Destino	Métrica	Próx. Salto
10.1.1.0/24	6200	ROUTER 2

Balanceo de carga entre rutas de igual métrica

- Es el modo de operación por defecto.

- Por defecto balancea carga en hasta 4 rutas de igual métrica a través de la instalación de hasta 4 rutas de igual métrica en la tabla de enrutamiento.

- La cantidad máxima de rutas posibles para el balanceo depende de la plataforma.

Balanceo de carga entre rutas de diferente métrica

- Se puede balancear tráfico entre rutas que tengan una métrica hasta 128 veces peor que la métrica de la successor route elegida.

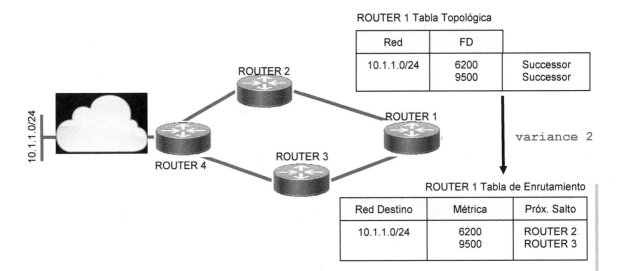

ROUTER 1 Tabla Topológica

Red	FD	
10.1.1.0/24	6200 9500	Successor Successor

variance 2

ROUTER 1 Tabla de Enrutamiento

Red Destino	Métrica	Próx. Salto
10.1.1.0/24	6200 9500	ROUTER 2 ROUTER 3

Configuración de EIGRP en redes IPv4

```
Router(config)#router eigrp 1
```

Selecciona el protocolo de enrutamiento e ingresa al submodo de configuración del mismo.

Requiere la asignación de un ID de sistema autónomo (1 a 65535) que debe ser igual en todos los dispositivos que participan del mismo dominio de enrutamiento. En este caso se utiliza el ID de sistema autónomo 1.

El ID de sistema autónomo de EIGRP es elegido por el Administrador de la red.

```
Router(config-router)#network 172.16.1.0 0.0.0.255
```

Declara las interfaces que participan del intercambio de información de enrutamiento enunciando las redes a las que pertenecen esas interfaces. Se puede utilizar máscara de wildcard (es opcional) para especificar una subred o un conjunto de subredes en particular.

Si no se utiliza la máscara de wildcard se asume la red al límite de la clase con lo que incluye todas las interfaces que pertenecen a diferentes subredes de la misma red.

 IOS 15 permite utilizar también la máscara de subred. En este caso IOS convertirá automáticamente la máscara de subred a máscara de wildcard y se almacenará como máscara de wildcard en el archivo de configuración.

`Router(config-router)#maximum-paths 2`

Ajusta el balanceo de tráfico entre hasta 2 rutas con igual métrica. El máximo posible es 32, aunque depende de la plataforma.

Si se define el valor 1 se suprime el balanceo de tráfico.

`Router(config-router)#shutdown`

EIGRP incluye la posibilidad de apagar el proceso del protocolo de enrutamiento utilizando el comando shutdown.

El comportamiento por defecto es diferente en distintas versiones de IOS, por lo que en algunos casos puede ser necesario ejecutar el comando no shutdown.

`Router(config-router)#eigrp router-id 1.1.1.1`

Permite definir un router ID manualmente. Cada dispositivo debe tener un router ID único dentro del dominio de enrutamiento.

Si no se configura un router ID el proceso selecciona la dirección IP más alta de las interfaces de loopback; si no hay interfaces de loopback se asume la dirección IP más alta de las interfaces activas. El router ID no cambia a menos que se reinicie el proceso.

El router ID se utiliza para validar el origen de las comunicaciones EIGRP.

`Router(config-router)#passive-interface GigabitEthernet0/0`

Interrumpe el envío y recepción de paquetes EIGRP hello sobre una interfaz específica, con lo que no se establecerá una relación de vecindad a través de ella. También se suprime el envío y recepción de actualizaciones de enrutamiento EIGRP.

Aún se publica la red asociada a la interfaz.

No se forman adyacencias a través de interfaces que han sido pasivadas ya que no se envían ni procesan paquetes hello.

```
Router(config-router)#passive-interface default
```

> Utilizando esta variante todas las interfaces en las que se ha activado el protocolo de enrutamiento se asumen como pasivas por defecto. Este comando impide el establecimiento de adyacencias con cualquier dispositivo vecino por lo tanto para que el protocolo realmente opere es necesario complementarlo con la indicación de cuáles son las interfaces a través de las cuáles se debe establecer adyacencias.

```
Router(config-router)#no passive-interface Serial 0/0/0
```

> Cuando la opción por defecto es que las interfaces son pasivas para el intercambio de información, elimina esa restricción en una interfaz específica.

```
Router(config-router)#auto-summary
```

> Activa la función de sumarización automática de rutas. Sumarizará las subredes de una misma red al límite de la clase.
>
> No se debe utilizar en el caso de utilizar subredes discontinuas.

 En versiones anteriores de IOS la sumarización automática se encuentra activada por defecto.

```
Router(config-router)#exit
```

Verificación

```
Router#show ip route eigrp
```

> Muestra las rutas aprendidas utilizando EIGRP que se han ingresado en la tabla de enrutamiento.

```
Router#show ip protocols
```

> Muestra los parámetros de configuración y operación de los protocolos de enrutamiento activos en el dispositivo.
>
> Incluye el valor de las constantes K que modifican los componentes de la métrica.

```
Router#show ip eigrp interfaces
```

> Visualiza las interfaces sobre las cuáles EIGRP se encuentra activo.
>
> Indica cuántos vecinos se han encontrado a través de cada interfaz, la cantidad de paquetes EIGRP en cola de espera, etc.

```
Router#show ip eigrp neighbors
```
Muestra los dispositivos vecinos que EIGRP ha descubierto y con los cuales intercambia información de enrutamiento.

Indica si el intercambio con ese vecino se encuentra activo o inactivo.

```
Router#show ip eigrp topology
```
Muestra la tabla de topología de EIGRP. Contiene además de las rutas sucesoras, las rutas sucesoras factibles, las métricas, el origen de la información y los puertos de salida.

```
Router#show ip eigrp topology all-links
```
Muestra en el resultado todas las rutas aprendidas, aún aquellas que no alcanzan la categoría de feasible route.

Balanceo de carga

```
Router#configure terminal
Router(config)#router eigrp 1
Router(config-router)#maximum-paths 3
```
Especifica el número de rutas a un mismo destino que EIGRP puede incorporar en la tabla de enrutamiento.

El valor por defecto es 4, un valor de 1 suprime el balanceo de carga. El valor máximo depende de la plataforma.

Por defecto se trata de rutas de igual métrica.

```
Router(config-router)#variance 2
```
Habilita la posibilidad del balanceo de carga entre rutas de diferente métrica. El valor por defecto es 1 (utiliza sólo rutas de igual métrica).

Define un valor ente 1 y 128 para ser utilizado como múltiplo de los valores de métrica de la mejor ruta que son aceptables para realizar balanceo de tráfico entre rutas de diferente métrica.

EIGRP en redes IPv6

La operación de EIGRP en redes IPv6 es semejante a la operación en redes IPv4 ya que es el mismo protocolo, pero exige una configuración y gestión diferenciadas. En el protocolo original se ha incorporado el enrutamiento de IPv6 en un módulo separado.

- Es fácil de configurar.

- Mantiene sus características de protocolo de vector distancia avanzado (en definitiva, es el mismo protocolo).

- El soporte de múltiples protocolos se realiza a través de módulos.

- Soporta IPv6 como un contexto de enrutamiento separado.

- Utiliza direcciones link-local para la definición de adyacencias y el atributo de próximo salto.

- Se configura en las interfaces (no utiliza comandos network).

- Se mantienen tablas de vecinos independientes para IPv4 e IPv6.

- En los demás aspectos operativos del protocolo y el algoritmo permanece igual que en IPv4.

Configuración de EIGRP en redes IPv6

```
Router(config)#ipv6 unicast routing
```
Activa el enrutamiento IPv6.

Este debiera ser el primer comando IPv6 ejecutado en el router.

```
Router(config)#ipv6 router eigrp 1
```
Crea una instancia de enrutamiento EIGRP para IPv6 e ingresa al submodo de configuración del protocolo.

El número de sistema autónomo debe ser el mismo en todos los dispositivos que conforman un dominio de enrutamiento.

```
Router(config-rtr)#no shutdown
```
Como ocurre en IPv4, es posible que el proceso de EIGRP se encuentre apagado, con lo que puede ser necesario activarlo.

```
Router(config-rtr)#exit
Router(config)#interface GigabitEthernet 0/0
Router(config-if)#ipv6 enable
Router(config-if)#ipv6 address FC00:1:1:1::/64 eui-64
Router(config-if)#ipv6 eigrp 1
```
Inicia la operación de la instancia de EIGRP previamente creada, en la interfaz.

```
Router(config-if)#Ctrl-Z
```

Verificación

```
Router#show ipv6 router eigrp
```
Muestra las rutas IPv6 aprendidas utilizando el protocolo EIGRP que se han ingresado en la tabla de enrutamiento IPv6.

```
Router#show ipv6 eigrp 1 interfaces
Router#show ipv6 eigrp 1 neighbors
```
Muestra los vecinos IPv6 descubiertos por el proceso de EIGRP.

```
Router#show ipv6 eigrp 1 topology
```
Muestra la composición de la tabla topológica IPv6 de EIGRP.

Open Shortest Path First (OSPF)

Se trata del protocolo de estado de enlace cuyo conocimiento requiere el examen de certificación. Si bien su configuración puede ser compleja, el examen de certificación solo requiere las habilidades necesarias para la configuración básica del protocolo. Esto lo hace bastante más sencillo.

Este protocolo tiene diferencias significativas respecto de otros protocolos, si bien EIGRP se le asemeja en alguno de sus mecanismos de actualización y relacionamiento con los dispositivos vecinos.

Las principales características de OSPF son las siguientes:

- Protocolo de enrutamiento abierto por estado de enlace.
  Cada uno de los dispositivos tiene una visión completa de la topología de la red.

- Protocolo estándar definido por la IETF a través de la RFC 2328 y sus modificatorios.

- Protocolo de enrutamiento classless.
  Soporta VLSM y CIDR.

- Métrica: costo.
  El costo es un valor arbitrario que califica el enlace.
  Puede ser configurado por el Administrador; Cisco IOS utiliza por defecto el ancho de banda declarado en el comando `bandwidth` para hacer el cálculo utilizando la fórmula 10^8 / ancho de banda en bps.

- Balancea tráfico entre rutas de igual métrica.
  4 rutas de igual métrica por defecto, máximo 16.

- Algoritmo de cálculo de la mejor ruta: Dijkstra, también llamado SPF (Shortest Path First).

- ID en la tabla de enrutamiento: `O`.

- Distancia Administrativa: `110`.

- Utiliza paquetes hello para descubrir dispositivos OSPF vecinos y mantener la relación de vecindad.
  El período de actualización de paquetes hello depende del tipo de red:

  - 10 segundos en redes multiacceso y punto a punto.

  - 30 segundos en redes NBMA.

- Además del intercambio de hello, cuando se produce un evento en la red se desencadena el intercambio de LSAs para actualizar información.

- Utiliza diferentes tipos de paquetes de actualización (LSA):

Tipo de paquete	IP destino
Tipo 1 – Hello	224.0.0.5 / FF02::5 224.0.0.6 / FF02::6
Tipo 2 – BDB (DataBase Description packet)	
Tipo 3 – LSR (Link-State Request)	
Tipo 4 – LSU (Link-State Update)	224.0.0.5 / FF02::5
Tipo 5 – LSAck (Link-State Acknowledgment)	224.0.0.5 / FF02::5

- Permite realizar sumarización manual de rutas.

- Soporta autenticación con intercambio de claves en texto plano o cifradas con MD5.

Para su operación mantiene varias tablas o bases de datos:

- Base de datos de adyacencias.
  Mantiene una base de datos de los dispositivos OSPF directamente conectados con los que mantiene intercambio de información.

- Base de datos topológica.
  Mantiene una base de datos con la información del estado de todos los enlaces que componen la red.

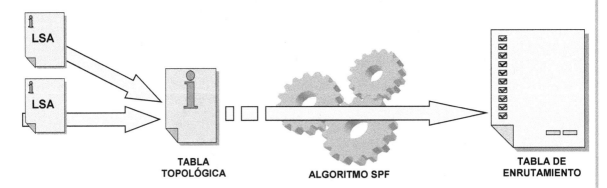

Establecimiento de adyacencias

La operación del algoritmo de selección de la mejor ruta que es la base de la operación del protocolo se realiza sobre una base de datos de estado de los enlaces compuesta con información recogida de los dispositivos vecinos a partir del intercambio de LSAs.

Los LSAs se intercambian con los dispositivos vecinos con los que se ha establecido relación de adyacencia a partir de una negociación realizada utilizando paquetes hello.

No se intercambia información con dispositivos con los que no se ha establecido una relación de adyacencia.

- Los paquetes hello establecen y mantienen la relación de adyacencia.

- Aseguran la comunicación bidireccional entre vecinos.

- Utilizan la dirección de multicast 224.0.0.5.

- Transportan un paquete de información:

    o Router ID.
      Identificador único de 32 bits de longitud.

    o Intervalo de hello y dead.
      Son los temporizadores que definen la periodicidad con la cual se envían paquetes hello y el tiempo durante el cual se mantiene una vecindad sin recibir mensajes hello del vecino. Por defecto el temporizador de dead es cuatro veces el de hello.

    o Vecinos.
      Lista de dispositivos con los que el dispositivo que genera el mensaje tiene intercambio bidireccional de LSAs.

    o ID de área.

    o Prioridad.
      Valor de 8 bits que se utiliza durante la selección de DR y BDR en algunos tipos de red.

    o Dirección IP del router DR.

    o Dirección IP del router BDR.

    o Información de autenticación.
      Si se ha definido utilizar autenticación es necesario que los dispositivos adyacentes compartan la misma clave.

    o Etiqueta de área stub.
      Un área stub es un tipo especial de área que permite reducir la cantidad de actualizaciones de enrutamiento que se intercambian. Es necesario que los dispositivos vecinos acuerden también en este modo de operación.

- Para que se pueda establecer una adyacencia es necesario que los dispositivos que han de ser vecinos coincidan en los siguientes elementos:

    o Intervalos de hello y dead.

    o ID de área.

o   Información de autenticación.

o   Etiqueta de área stub.

o   Ambos dispositivos deben estar en la misma subred.
    Los dispositivos que forman vecindad deben pertenecer al mismo
    segmento de red y utilizar la misma máscara de subred.

Si uno solo de estos parámetros no coincide no se establece adyacencia entre los
dispositivos.

Definición del router ID

OSPF utiliza un Router ID para identificar el dispositivo que genera un LSAs. Ese
router ID:

- Puede ser configurado manualmente por el Administrador.

- Si el Administrador no configura un RID se utiliza la dirección IP más alta
  de las interfaces lógicas (loopback).

- Si no hay interfaz de loopback configurada se utiliza la dirección IP más
  alta de las interfaces físicas que estén activas al momento de levantar el
  proceso de OSPF.

📓 Este proceso considera únicamente las interfaces activas (up/up) en el
momento de iniciarse el proceso OSPF.

- Si no se puede definir un RID el proceso de OSPF no se inicia.

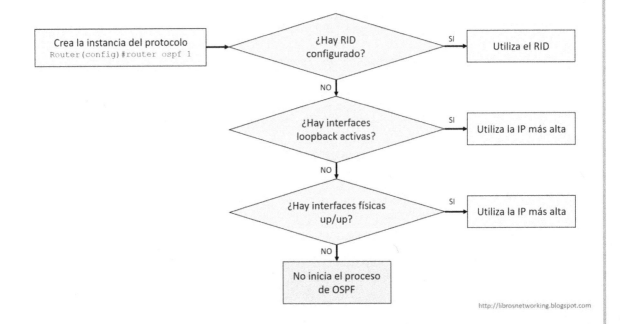

El RID se define en el momento en que levanta el proceso OSPF y una vez definido se mantiene estable aunque se realicen modificaciones en la configuración del protocolo. Si se realizan modificaciones que afectan el RID y es necesario actualizarlo se deberá reiniciar el proceso del protocolo.

Estados en la negociación de los vecinos

En el proceso de establecimiento de una relación de adyacencia los dispositivos vecinos pasan por una serie de estados:

- Mientras no se ha iniciado el intercambio de mensajes hello la relación entre los dispositivos se encuentra en estado DOWN.

- Uno de los dispositivos (a partir de ahora lo identificaré como UNO) comienza a enviar mensajes hello a través de todas las interfaces que participan del proceso de OSPF. En este momento UNO no conoce la existencia o identidad de ningún otro dispositivo OSPF.

- Alguno de los dispositivos adyacentes (a partir de ahora lo llamaré DOS) recibe el mensaje hello de UNO que está conectado al mismo segmento y agrega el RID de UNO a la lista de vecinos. Una vez agregado el ID a la lista de vecinos esa relación pasa a estado INIT.

- DOS envía un hello en respuesta al mensaje hello recibido, este en formato unicast, con la información correspondiente. En este mensaje se incluye la lista de todos los vecinos ya establecidos incluyendo a UNO.

- Cuando UNO recibe las respuestas hello agrega en su tabla de vecinos a todos los dispositivos que han incluido su RID en la lista de vecinos. Terminada esta tarea la relación queda en estado TWO-WAY.

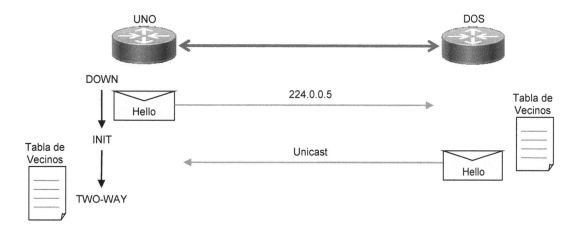

Tipos de red OSPF

La operación del protocolo es diferente en distintos tipos de red:

- Redes multiacceso de broadcast.

- Redes multiacceso sin broadcast (NBMA).

- Redes punto a punto. No elige DR.

- Redes punto a multipunto. No elige DR.

Cuando se corre OSPF en redes multiacceso se elige en ese segmento:

- Router designado (DR).

- Router designado de respaldo (BDR).

Esto permite reducir La cantidad de procesamiento necesario en las redes multiacceso para procesar los LSAs que notifican cambios en la red ya que el DR actúa como un punto central de intercambio de información de enrutamiento. De esta manera solamente el DR procesa las actualizaciones y si esto significa un cambio en la tabla topológica se comunica ese cambio a los demás vecinos en el segmento de red multiacceso.

La elección de DR y BDR se realiza luego de que los dispositivos alcanzan el estado two-way. El criterio de elección es el siguiente:

- Se elige como DR el dispositivo con prioridad más alta (el valor posible está entre 0 y 255).

- A igual valor de prioridad se elige el dispositivo con RID más alto.

Aquellos dispositivos que en una red multiacceso no son elegidos como DR o BDR quedan en estado two-way y a partir de este punto sólo intercambian información con DR y BDR utilizando la dirección multicast 224.0.0.6. DR y BDR siguen utilizando la dirección 224.0.0.5 para sus comunicaciones.

Continuación de la negociación

- Una vez concluida la elección de DR y BDR (cuando corresponde) los dispositivos se encuentran en estado EXSTART y por lo tanto ya están en condiciones de comenzar a procesar información de enrutamiento para poder generar la propia LSDB.

- En este estado, DR y BDR establecen adyacencia con cada uno de los dispositivos en la red. El dispositivo con mayor RID actúa como primario en el proceso de intercambio.

- Los dispositivos pasan a estado EXCHANGE e intercambian paquetes DBD con la información de sus respectivas bases de datos topológicas.

- La recepción de los paquetes DBDs se notifica utilizando paquetes LSAck.

- El dispositivo compara la información de los LSAs recibidos en los DBDs con los LSAs que ya tiene. Si verifica que la información recibida está más actualizada pasa al estado LOADING y envía un paquete LSR para requerir la información específica que necesita.

- El dispositivo vecino responde la solicitud realizada con el LSR enviando paquetes LSU.

- Cuando se completa el suministro de la información que sea necesaria entre ambos dispositivos, pasan al estado FULL.

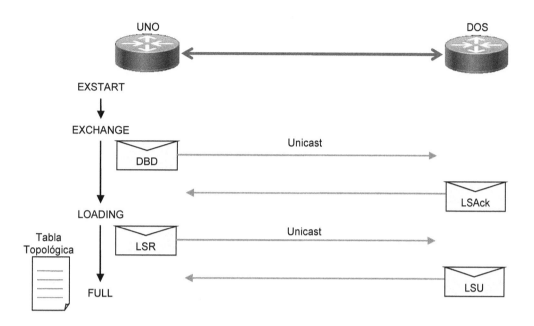

> Todos los estados descriptos son transitorios por lo que ningún dispositivo queda de modo permanente en ninguno de ellos, salvo los estados TWO-WAY en los dispositivos no DR y BDR, y FULL en los demás dispositivos.

Sintetizando

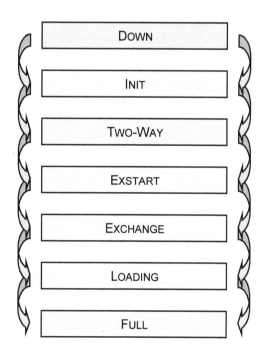

Tipos de paquetes OSPF

OSPF utiliza para el intercambio de información de enrutamiento 5 tipos de paquetes diferentes que comparten el mismo formato.

- Estos paquetes se identifican en el encabezado IP por el ID de protocolo 89.

Diferentes tipos

- Paquetes hello.
  Utilizados para descubrir vecinos y mantener activa la relación con cada uno de ellos.
  Se envían en formato multicast.

- Paquete DBD.
  DataBase Description.
  Contienen la información de los encabezados de los LSAs contenidos en la LSDB de un dispositivo de modo que permiten a los dispositivos vecinos construir su LSDB. Describe la información de enlaces que posee un dispositivo.
  Incluye el número de secuencia del LSA, lo que es utilizado por el dispositivo que lo recibe pata determinar cuál es la información más actualizada.

- Paquete LSR.
  Link State Request.
  Paquete utilizado para requerir información de un LSA específico a los vecinos.

- Paquete LSU
  Link State Update.
  Contiene la lista de LSAs cuya actualización se ha requerido, con su información completa.

- Paquete LSAck.
  Es la base del intercambio confiable de información de LSAs. Se envía un LSAck por cada paquete recibido.

Formato de los paquetes

Los paquetes OSPF se envían directamente como contenido de paquetes IP sin utilizar ningún protocolo de capa de transporte.

Todos los paquetes comienzan con el mismo formato, diferenciándose en el contenido de la porción de datos.

Encabezado de la Trama	Encabezado del Paquete	Paquete OSPF	FCS

Paquete OSPF								
Versión	Tipo	Long.	RID	Área ID	Check	Tipo de Autentic	Autentic	Datos

- Versión: Indica si se trata de un paquete OSPF versión 2 (IPv4) o versión 3 (IPv6).

- Tipo: Identifica el tipo de paquete OSPF (Hello, DBD, etc.).

- Longitud: Longitud del paquete OSPF expresada en bytes.

- Router ID: RID del dispositivo origen del paquete.

- Área ID: Área en la que se ha originado el paquete.

- Checksum: Permite detectar errores en el paquete OSPF que pudieran generarse durante la transmisión.

- Tipo de autenticación: Indica si se utiliza o no autenticación, y en caso de autenticarse, el tipo de la misma (texto plano o MD5).

- Autenticación: Utilizado solo cuando hay autenticación, para enviar la información correspondiente.

- Datos: Contiene la información dependiendo del tipo de paquete del que se trate. En el caso de paquete LSAck este campo va vacío.

La unidad de información utilizada por OSPF recibe el nombre de LSA (Link State Advertisement). Hay diferentes tipos de LSA de acuerdo a la información que transportan y el área en que se propagan. Los principales tipos de LSAs que se utilizan en redes OSPF de una o más áreas son:

Tipo de LSA	Descripción
1	LSA de router. Indica la presencia de un dispositivo OSPF y los enlaces que lo unen a otros dispositivos en la misma área. Se inundan dentro de un área.
2	LSA de red. Describen el conjunto de routers conectados a un mismo segmento de red. En redes multiacceso son generados por los DR. Se inundan dentro de un área
3 / 4	LSA sumario. Son generados por los ABRs en el área de backbone. Describen la información de enrutamiento de un área y se publica hacia otras áreas.

LSAs Tipo 1. LSA de Router.

- Están dirigidos a todos los dispositivos OSPF conectados al área en la que se originan.

- Describen el estado de los enlaces directamente conectados al dispositivo.

- Están identificados con el RID (Router ID) de origen. Adicionalmente incluyen una clasificación de los enlaces y se indica si se trata de un ABR o un ASBR.

LSAs Tipo 2. LSA de Red.

- Se generan para cada red de tránsito multiacceso que se encuentra dentro de un área, sea de broadcast o nonbroadcast.

- Son utilizados por los dispositivos DR para anunciar la red multiacceso a través de los demás enlaces que forman parte del área.

- Incluye la información correspondiente a todos los dispositivos OSPF conectados a la red multiacceso, incluyendo el DR y la máscara de subred utilizada en la red.

- Estos LSAs nunca a traviesan la frontera del área.

- Están identificados con la dirección IP de la interfaz del DR que lo publica.

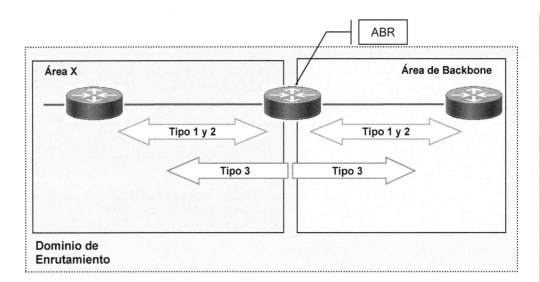

LSAs Tipo 3. LSA Sumario.

- Son publicados por los dispositivos ABR.

- Publican todas las redes contenidas en un área al resto de las áreas del sistema autónomo.

- Por defecto publican hacia el área de backbone todas las subredes contenidas en un área.

- Se utiliza como identificador de estos LSA la dirección de red con la máscara.

El algoritmo SPF

El algoritmo "Primero la Ruta Más Corta" (SPF) es el responsable del procesamiento de la información de LSAs recogida en la base de datos topológica. Para esta tarea asume a cada dispositivo como la raíz de un árbol de rutas que representa la topología de la red para luego calcular cuál es la ruta más corta a cada punto de esa red.

- El cálculo de cada ruta se basa en la acumulación del costo que se requiere para alcanzar cada red.

- Supone que todos los dispositivos en un área cuentan con la misma base de datos topológica para elaborar su árbol de rutas.

- Cada dispositivo calcula su propio árbol de rutas utilizando su base de datos topológica.

Métrica

OSPF utiliza el costo como métrica para evaluar las rutas:

- Una menor métrica indica una mejor ruta.

- Por defecto, en dispositivos Cisco IOS, el costo es inversamente proporcional al ancho de banda de la interfaz (considerando el valor de bandwidth declarado para esa interfaz).

- El valor de bandwidth de una interfaz puede verificarse utilizando el comando show interfaces.

- Fórmula de cálculo:

$$Costo = \frac{\text{Ancho de banda de referencia}}{\text{Ancho de banda de la interfaz}}$$

- El ancho de banda de referencia por defecto es 10^8 = 100.000.000 bits (100 Mbps).

- El costo de una ruta es la acumulación del costo de los enlaces que componen la ruta hacia el destino.

- El valor de costo es un número entero. En consecuencia el problema aparece cuando la red cuenta con enlaces con un ancho de banda superior al de una interfaz FastEthernet ya que todos los enlaces tendrían un costo de 1 sin poder diferenciar entre enlaces FastEthernet, GigabitEthernet, MultiGigabit, etc.

- Se puede influir en el costo de los enlaces por diferentes vías:

  o Modificando el valor de ancho de banda de referencia que utiliza el sistema operativo por configuración.

  o Definiendo manualmente un valor de costo para la interfaz.

  o Definiendo manualmente el ancho de banda de la interfaz.

Estructura jerárquica de OSPF

En redes grandes, donde la cantidad de caminos posibles a un destino se multiplican, el cálculo del algoritmo de selección de la ruta puede volverse complejo y por este motivo comenzar a requerir tiempos significativos.

Con el objeto de optimizar la operación del algoritmo SPF y reducir la amplitud de los cálculos de Dijkstra OSPF permite dividir el dominio de enrutamiento (o sistema autónomo) en áreas más pequeñas.

- Un área es un subconjunto de redes o subredes que mantienen una tabla topológica idéntica.

- Una red puede estar dividida en varias áreas.

- Un sistema autónomo (AS) es un conjunto de redes con una estrategia de enrutamiento común, que puede dividirse en múltiples áreas.

- La división en áreas reduce la cantidad de LSAs que se inundan y los requerimientos de procesamiento.

- Todos los dispositivos que forman parte un área mantienen la misma información de enrutamiento (LSDB): información detallada de todos los enlaces del área e información general o sumarizada de las redes fuera del área.

- Los cambios topológicos dentro del área solo se propagan internamente en la misma área utilizando LSAs tipo 1 y 2, con lo que los re-cálculos de topología sólo se realizan dentro del área.

- Un área es un conjunto de redes contiguas identificadas con un ID de área de 32 bits de longitud que es un valor entero entre 0 y 4.294.967.295.

- El ID de área puede expresarse en formato decimal o como 4 octetos. Área 0 = Área 0.0.0.0

- El Área 0 está reservada como área de backbone.

- Cuando se trabaja con una única área se utiliza el área 0.

Las áreas conforman una estructura jerárquica de 2 niveles:

- El Área 0 o área de backbone.
  Es el área responsable de interconectar las demás áreas del dominio. La

jerarquía OSPF requiere que todas las áreas conecten directamente con el área de backbone a través de un dispositivo OSPF que recibe el nombre de ABR.

- Las demás áreas operan como áreas regulares o áreas no-backbone. Estas son las áreas destinadas a conectar usuarios y recursos. Hay diferentes tipos de áreas regulares, cada uno de los cuales maneja diferente cantidad de información de enrutamiento.

La división en áreas limita la propagación de los LSAs. Esto es importante en el caso de redes muy extensas ya que reduce el requerimiento de memoria y procesador para mantener las bases de datos con la información de LSAs y procesarla.

Roles de los dispositivos

- Routers de backbone.
  Son los que integran el área 0.
  Todas sus interfaces están en el área 0.
  Mantienen solamente la LSDB del área cero.

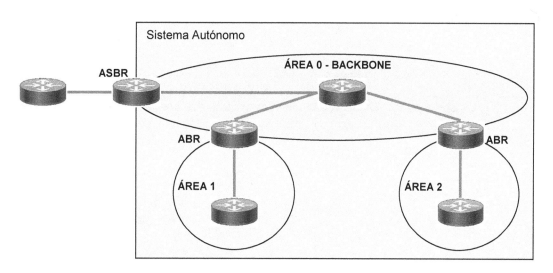

- Routers internos.
  Tienen todas sus interfaces en un área que no es el área 0.
  Mantienen solamente la LSDB propia del área.

- ABR – Router de frontera de área
  Dispositivo que conecta el área de backbone con otra área.
  Tiene alguna de sus interfaces en el área 0 y otra u otras en un área diferente. Es el punto natural para la sumarización de rutas y regularmente es el origen de las rutas por defecto que se propagan dentro de un área.
  Mantienen una LSDB para cada área a la que está conectado.
  La interconexión de 3 áreas (el área 0 y otras 2 áreas) es el límite.

- ASBR – Router de frontera del sistema autónomo.
  Conecta un área OSPF cualquiera con un dominio de enrutamiento diferente.

Es el punto de redistribución donde las rutas externas al sistema autónomo se introducen en el dominio de OSPF.

📓 En algunas traducciones al castellano se prefiere el término "borde" al de "frontera" para traducir del inglés "border".
En ese caso el ABR se suele referir como router de borde de área.

Identificador de área

Cada área OSPF está identificada por un ID de 32 bits de longitud.

Se puede expresar como un número decimal entero o con una notación de punto semejante a la utilizada en las direcciones IPv4 (4 octetos separados por puntos).

Por ejemplo, área 0 es lo mismo que área 0.0.0.0; área 417 es lo mismo que área 0.0.1.161.

OSPF es un protocolo de enrutamiento exclusivamente IP. En la actualidad se utilizan 2 versiones de OSPF:

- OSPFv2 para redes IPv4.

- OSPFv3 para redes IPV6.

Son 2 protocolos diferentes que corren de modo completamente independiente uno del otro.

Configuración de OSPF

```
Router(config)#interface loopback 0
```
Es conveniente crear una interfaz loopback de modo tal que al iniciarse el proceso de OSPF se asuma esa dirección IP como RID.

```
Router(config-if)#ip address 172.16.1.1 255.255.255.255
```
Si bien se puede utilizar cualquier máscara de subred en la interfaz lógica, usualmente se utiliza una máscara de 32 bits también denominada máscara de nodo.

```
Router(config-if)#exit
Router(config)#router ospf 1
```
Define el proceso de OSPF e ingresa al modo de configuración del protocolo de enrutamiento.

Requiere la asignación de un ID de proceso. Es un número entero y arbitrario que identifica el proceso de enrutamiento. Es de relevancia exclusivamente local y no es necesario que sea el mismo en los diferentes dispositivos del dominio de enrutamiento.

Puede tomar un valor cualquiera entre 1 y 65535.

```
Router(config-router)#router-id 1.1.1.1
```
> Define un RID que tiene preeminencia sobre cualquier otro criterio.
>
> Aunque tiene el formato de una dirección IPv4 no lo es, y por lo tanto no puede ser empleado como tal.

```
Router(config-router)#network 172.16.1.0 0.0.0.255 area 0
```
> Identifica las redes conectadas al dispositivo que han de ser parte del proceso de OSPF, y con esto las interfaces que participan del proceso.
>
> Es obligatorio identificar en el mismo comando el área a la que pertenece la red declarada.

```
Router(config-router)#passive-interface Serial0/0/1
```
> Suprime el tráfico de paquetes OSPF entrantes y salientes sobre la interfaz que se especifica.
>
> Como consecuencia de este comando no se levantará adyacencia con dispositivos vecinos a través de esta interfaz.

```
Router(config-router)#passive-interface default
Router(config-router)#no passive-interface GigabitEthernet0/0
```
> En este caso se cambia la opción por defecto: todas las interfaces serán pasivas para el protocolo. Para que se levanten adyacencias con dispositivos vecinos es necesario negar esta opción indicando la interfaz específica a través de la cual se desea negociar el protocolo.

```
Router(config-router)#exit
Router(config)#interface serial 0/0/0
Router(config-if)#bandwidth 64
```
> Se requiere configuración del parámetro bandwidth para un correcto cálculo del costo de la ruta ya que es el parámetro de base para ese cálculo.

```
Router(config-if)#interface GigabitEthernet0/0
Router(config-if)#ip ospf priority 250
```
> Permite asignar una prioridad a la interfaz para el proceso de elección del Router DR en enlaces multiacceso. Asume un valor entre 0 y 255.
> Prioridad 0 indica una interfaz que nunca será elegida como DR o BDR.
> El valor por defecto es 100.

```
Router(config-if)#ip ospf cost 100
```
> Permite asignar un costo fijo, independiente del bandwidth real para este enlace.
>
> Debe ser un valor entre 1 y 65535.

Alternativa de configuración

En el caso de OSPF en lugar de identificar las redes conectadas que han de participar del proceso es posible asociar individualmente las interfaces al proceso:

```
Router(config)#interface GigabitEthernet0/0
Router(config-if)#ip ospf 1 area 0
```

> Asocia esta interfaz al proceso OSPF identificado con el ID "1" y la coloca en el área 0.

Alternativas para modificación del costo de los enlaces

1. Modificar el ancho de banda de referencia.

```
Router#configure terminal
Router(config)#router ospf 1
Router(config-router)#ospf auto-cost reference bandwidth 10000
```

> Modifica el valor del ancho de banda de referencia para el cálculo del costo de los enlaces indicando un valor expresado en Mbps. En este caso se establece un nuevo ancho de banda de referencia en 10 Gbps.

2. Definir manualmente el costo de la interfaz

```
Router#configure terminal
Router(config)#interface Serial0/0/0
Router(config-if)#ip ospf cost 10
```

> Define un valor arbitrario de costo para la interfaz. Se puede asignar cualquier valor entero entre 1 y 65535.

3. Definir manualmente el ancho de banda de la interfaz.

```
Router#configure terminal
Router(config)#interface Serial0/0/0
Router(config-if)#bandwidth 1000
```

> Define manualmente un valor de ancho de banda de la interfaz expresado en Kbps. En este caso fija un valor equivalente a 1 Mbps.
>
> Por defecto IOS asume en los puertos Ethernet el valor de speed en el que opera la interfaz, en los puertos seriales aplica un valor por defecto igual a 1,544 Mbps.

Verificación

```
Router#show ip ospf
```

> Muestra la cantidad de veces que se ha ejecutado el algoritmo SPF, el intervalo de actualización y si se han producido cambios topológicos.

```
Router#show ip ospf database
```

> Muestra el contenido de la base de datos topológica, el ID del router y el ID del proceso OSPF.

```
Router#show ip protocols
```

> Muestra la información de configuración y operación de todos los protocolos de enrutamiento operativos en el dispositivo, entre ellos OSPF.

Permite verificar qué protocolos se encuentran
operando y cuáles son las redes asociadas a cada
uno de ellos.

```
Routing Protocol is "ospf 1"
  Outgoing update filter list for all interfaces is not set
  Incoming update filter list for all interfaces is not set
  Router ID 10.0.1.1
  Number of areas in this router is 1. 1 normal 0 stub 0 nssa
  Maximum path: 4
  Routing for Networks:
    10.0.1.1 0.0.0.0 area 0
    10.1.1.0 0.0.0.255 area 0
    10.2.1.0 0.0.0.255 area 0
    10.4.1.0 0.0.0.255 area 0
 Reference bandwidth unit is 100 mbps
  Routing Information Sources:
    Gateway         Distance      Last Update
    10.10.20.20          110      3d02h
    10.0.2.1             110      3d02h
    10.100.100.100       110      1w1d
    10.10.10.200         110      1w1d
  Distance: (default is 110)
```

Lectura del comando

```
Router#show ip protocols
Routing Protocol is "ospf 1"
```

Indica que la información que sigue corresponde a la
configuración la instancia 1 del protocolo OSPF.

Si hay varios protocolos configurados habrá varias
secciones como esta, encabezadas cada una por una
línea semejante para identificar el protocolo y el
proceso correspondiente.

 Dado que es un comando común a múltiples protocolos diferentes,
la presentación de su resultado tiene una estructura común que
luego varía de acuerdo a las características del protocolo de que se
trata.

```
Outgoing update filter list for all interfaces is not set
Incoming update filter list for all interfaces is not set
Router ID 10.0.1.1
```

Muestra el Router ID asumido por el proceso del
protocolo.

Tenga presente que el Router ID se genera en el
momento en que levanta el proceso del protocolo de
enrutamiento de acuerdo a la secuencia de definición
del mismo y no se modificará hasta que el proceso
sea reiniciado.

```
Number of areas in this router is 1. 1 normal 0 stub 0 nssa
```

En este caso está refiriendo la operación y configuración de OSPF, por lo que indica con cuántas áreas se encuentra conectado este dispositivo. En este caso se encuentra conectado únicamente al área 0.

```
Maximum path: 4
```

Informa cuántas rutas de igual costo presentará el protocolo al algoritmo de selección de la mejor ruta para su inclusión en la tabla de enrutamiento.

```
Routing for Networks:
  10.0.1.1 0.0.0.0 area 0
  10.1.1.0 0.0.0.255 area 0
  10.2.1.0 0.0.0.255 area 0
  10.4.1.0 0.0.0.255 area 0
```

Indica cuáles son las redes sobre las que está enviando información de enrutamiento en sus actualizaciones. Son las redes comprendidas en el comando network.

Como se trata de OSPF se incluya también en qué área se encuentra cada una de las redes.

```
Reference bandwidth unit is 100 mbps
```

En OSPF IOS utiliza un valor de referencia para calcular el costo de cada enlace en base al ancho de banda declarado.

Aquí el resultado del comando muestra el valor que toma como referencia el algoritmo de cálculo por defecto para el costo de los enlaces. En este ejemplo es el valor por defecto.

```
Routing Information Sources:
  Gateway          Distance       Last Update
  10.10.20.20          110        3d02h
  10.0.2.1             110        3d02h
  10.100.100.100       110        1w1d
  10.10.10.200         110        1w1d
```

Lista de los dispositivos vecinos con los cuales está intercambiando información de enrutamiento utilizando este protocolo.

Indica para cada uno de los vecinos: dirección IP, distancia administrativa que se aplica a esa información y el tiempo transcurrido desde la última actualización recibida desde ese dispositivo vecino.

```
Distance: (default is 110)
```

Distancia administrativa declarada para este protocolo en este dispositivo.

El análisis corresponde a una configuración específica de OSPF. Hay que tener presente que la estructura de este comando varía de acuerdo al protocolo de enrutamiento del que se trate y su configuración.

```
Router#show ip ospf interface brief
```
> Muestra de modo sintético las interfaces que participan de la operación de OSPF.
>
> Es sumamente útil para verificar si se han configurado correctamente las interfaces que deben participar del proceso.

```
Router#show ip ospf interface GigabitEthernet0/0
```
> Permite verificar la información de operación de OSPF en una interfaz específica: área en la que se encuentra, RID, temporizadores y adyacencias.

```
Router#show ip ospf neighbor
```
> Muestra los vecinos OSPF con los cuales se ha establecido intercambio de paquetes OSPF y la interfaz a través de la cual se los alcanza, sus prioridades y estado de negociación.

```
Router#show ip ospf database
```

```
Router#debug ip ospf events
```

Comparación de EIGRP con OSPF

Feature	EIGRP	OSPF
Tipo	Vector Distancia Avanzado	Estado de Enlace
Enrutamiento	Classless	Classless
Métrica	Mixta	Costo
Escalabilidad	224 saltos	50 routers/área 100 áreas
Autenticación	MD5	Texto plano MD5
IP Actualizaciones	224.0.0.10 / FF02::A	224.0.0.5 / FF02::5 224.0.0.6 / FF02::6
Balanceo Tráfico	1 a 32 rutas de igual o diferente métrica	1 a 16 rutas de igual métrica

OSPFv3 para IPv6

OSPF es un protocolo de enrutamiento exclusivamente IP. En la actualidad utilizamos 2 versiones de OSPF:

- OSPFv2 para redes IPv4.

- OSPFv3 para redes IPV6.

Son 2 protocolos diferentes que corren de modo completamente independiente uno del otro.

En términos generales las características de OSPFv3 son las mismas que las de su predecesor, OSPFv2: algoritmos, métricas, métrica por defecto, mecanismo de descubrimiento de vecinos, etc.

Sus principales características son:

- Utiliza un router ID de 32 bits.
  Si en el dispositivo hay interfaces IPv4, entonces puede asumir una dirección IPv4 como RID. Si no hay interfaces IPv4 entonces es necesario configurarlo.

- La adyacencia entre vecinos y el próximo salto se definen utilizando direcciones IPv6 link-local.
  Dado que todas las direcciones link-local utilizan el mismo prefijo OSPF almacena junto con la dirección la interfaz de salida.

- Se utiliza IPv6 como protocolo de transporte de los LSAs. Se identifican los paquetes OSPF con el valor 89 en el campo próximo encabezado.

- No se define por red sino que se habilita por interfaz.

- Los paquetes utilizan direcciones multicast IPv6:

  o FF02::5 para todos los dispositivos OSPFv3.

  o FF02::6 para todos los dispositivos DR y BDR.

Configuración de OSPFv3

```
Router(config)#ipv6 unicast-routing
```
> Recuerde siempre habilitar el enrutamiento IPv6 en el dispositivo.

```
Router(config)#ipv6 router ospf 1
```
> Como en OSPFv2, aquí también se requiere un ID de proceso para activar el protocolo

```
Router(config-router)#router-id 1.1.1.1
```
> El router ID es un identificador de 32 bits que se expresa en formato de 4 octetos decimales. NO es

una dirección IP. Tiene el mismo formato. Es independiente del RID que utiliza OPSFv2.

Si no es posible definir un RID el proceso de OSPF no se inicia.

```
Router(config-router)#passive-interface Serial0/0/1
Router(config-router)#passive-interface default
Router(config-router)#no passive-interface GigabitEthernet0/0
Router(config-router)#exit
Router(config)#interface serial 0/0/0
Router(config-if)#bandwidth 2000000
Router(config-if)#ipv6 enable
Router(config-if)#ipv6 address FC00:1:1:2::/64 eui-64
Router(config-if)#ipv6 ospf 1 area 0
```

Inicia la operación del proceso OSPF previamente creado en esta interfaz. En el mismo comando se indica el área a la cual pertenece el enlace asociado.

 Por ser un protocolo completamente independiente de OSPFv2, tanto los IDs de proceso como de área son independientes entre ambas versiones del protocolo, aunque muchas veces por razones de facilidad en la gestión se utilizan los mismos.

Monitoreo

```
Router#show ipv6 protocols
Router#show ipv6 ospf
```

Muestra la información correspondiente al protocolo: ID de proceso, RID, temporizadores, áreas configuradas, ancho de banda de referencia.

```
Router#show ipv6 ospf database
Router#show ipv6 ospf neighbor
```

Muestra los vecinos descubiertos a través de cada interfaz del dispositivo.

```
Router#show ipv6 ospf interface brief
```

Muestra las interfaces asociadas al proceso OSPFv3 y la información relacionada.

```
Router#show ipv6 ospf interface Serial0/0/0
```

Muestra la información detallada de la operación de OSPFv3 vinculada a la interfaz.

Border Gateway Protocol

Internet es un conjunto de diferentes sistemas autónomos interconectados de modo tal que permiten la comunicación entre terminales conectados a ellos desde cualquier punto a cualquier punto de la red.

Se debe tener presente un vocabulario propio:

- Sistema autónomo – AS.
  Conjunto de redes bajo un mismo dominio de administración técnica.
  Se identifica con un ID de sistema autónomo que puede tener una longitud de 16 o 32 bits.

- Protocolo de Enrutamiento Interior – IGP.
  Protocolos de enrutamiento diseñados para intercambiar información de enrutamiento interna al AS. No son aplicables al enrutamiento global de Internet.

- Protocolo de Enrutamiento Exterior – EGP.
  Protocolo de enrutamiento diseñado para intercambiar información de enrutamiento entre diferentes sistemas autónomos. Son los protocolos diseñador para el enrutamiento global.
  El protocolo utilizado en este momento como EGP es BGPv4.

Modelos de conectividad a Internet

- Single-Homed.
  Se implementa un único enlace de acceso a través de un único service provider.
  Es el modelo de acceso adoptado en implementaciones en las que una posible pérdida del acceso a Internet no es un factor crítico para la operación de la organización.
  También es el modelo que refleja las conexiones hogareñas.

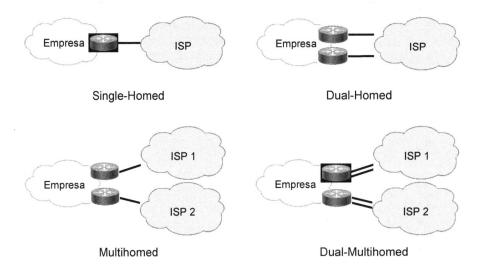

Single-Homed   Dual-Homed

Multihomed   Dual-Multihomed

- Dual-Homed.
  Implementa redundancia en los enlaces físicos con un único service provider.
  Este modelo brinda mayor estabilidad considerando que el fallo más frecuente es la caída de enlaces o de puertos; sin embargo, se mantiene la dependencia de un único service provider.

- Multihomed.
  Implementa diversidad de enlaces físicos de acceso con diversidad de proveedores de servicios.
  Asegura redundancia real de enlaces y proveedores a la vez que permite distribuir tránsito entre diferentes service providers.
  Para poder operar eficientemente la empresa debe publicar su propio espacio de direccionamiento público hacia Internet y cuidar de no convertirse en sistema de tránsito entre los service providers.

- Dual-Multihomed.
  Modelo de operación que permite tener no sólo redundancia de service provider sino también de enlaces físicos hacia cada service provider.
  Este es el modelo que mayor resistencia a fallos proporciona.

El sistema autónomo

Como protocolo de enrutamiento exterior BGP exige la utilización de un ID de sistema autónomo para identificar cada una de las redes conectadas a Internet.

Pero no sólo BGP utiliza ID de sistema autónomo. Hay también protocolos de enrutamiento interior que también utilizan este elemento, como es el caso de EIGRP, aunque en este caso no es necesario utilizar un ID asignado por una autoridad pública como IANA ya que se trata de enrutamiento interior que no requiere el intercambio de información de enrutamiento a través de Internet.

En estos casos (enrutamiento interior), incluyendo OSPF, podemos definir el sistema autónomo sencillamente como un conjunto de redes bajo con una estrategia de enrutamiento común que puede dividirse en múltiples áreas. En protocolos de enrutamiento interior puede ser asumido como un sinónimo de dominio de enrutamiento.

- En EIGRP.
  Es un parámetro requerido en la configuración.
  Identifica un dominio de enrutamiento.
  Todos los dispositivos en el mismo dominio de enrutamiento (que intercambian información de enrutamiento) deben utilizar el mismo ID de sistema autónomo.
  Por tratarse de enrutamiento interior no requiere un ID asignado por IANA.

- En OSPF.
  Es un concepto que identifica un dominio de enrutamiento.
  No utiliza ID de sistema autónomo.
  Los dispositivos que intercambian información de enrutamiento de diferentes dominios de enrutamiento reciben la denominación de ASBR.

- En BGP.
  Es un parámetro requerido en la configuración.
  Identifica un dominio de enrutamiento que intercambia información de enrutamiento con otros sistemas autónomos.
  Por tratarse de enrutamiento exterior (Internet) utiliza ID de sistema autónomo definido por IANA.

El ID de Sistema Autónomo

Un sistema autónomo es una colección o conjunto de redes bajo una única administración técnica. Cada sistema autónomo es una unidad administrativa que se diferencia y reconoce a través de un ID de sistema autónomo.

IANA (Internet Assigned Numbers Authority) es el organismo responsable de la asignación de los ID de sistema autónomo. Para una mejor administración de los números de sistema autónomo esta tarea ha sido delegada a cinco organismos regionales:

- ARIN tiene jurisdicción sobre Norte América y el Caribe.

- RIPE NCC administra los números de sistema autónomo de Europa.

- APNIC administra los números de sistema autónomo para la región Asia-Pacífico.

- AfriNIC administra los ID de sistema autónomo para el continente africano.

- LACNIC es el responsable del registro de direcciones de América Latina y la región Caribe.

El ID de sistema autónomo es un número de 16 bits, con un valor posible entre 1 y 65535. Su uso y asignación está orientado por la RFC 1930. Los sistemas

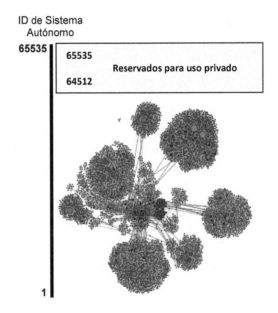

autónomos 64512 a 65535 están reservados para uso privado.

- Se requiere de un número de sistema autónomo asignado por IANA exclusivamente para conectarse a la red pública (Internet).

- A los fines de ejercitación y laboratorio es conveniente utilizar los números reservados para uso privado.

- En la actualidad IANA recomienda que las redes corporativas que se conectan a un único proveedor y comparten las políticas de enrutamiento de ese proveedor, utilicen un número de sistema autónomo del pool privado (64512 a 65535). Estos números de AS aparecen únicamente dentro de la red del proveedor de servicio.

Border Gateway Protocol

BGP es un protocolo de enrutamiento robusto y escalable diseñado para responder a las necesidades complejas del enrutamiento de Internet (descubrimiento e intercambio de rutas entre sistemas autónomos). En su versión 4 es el protocolo de enrutamiento actualmente implementado en Internet.

El protocolo utiliza un paradigma de enrutamiento salto por salto donde cada salto es un sistema autónomo. Cada router BGP solamente puede publicar a los sistemas autónomos vecinos aquellas rutas que él mismo utiliza.

Las características más destacadas de este protocolo son:

- Actualizaciones utilizando circuitos TCP puerto 179.

- Luego de negociar la sesión TCP 2 dispositivos reciben la denominación de peer routers o vecinos.

- Una vez negociada la sesión ambos vecinos intercambian la información de su tabla de enrutamiento completa.

- Luego del intercambio inicial las actualizaciones son incrementales, solamente cuando hay cambios.

- Los vecinos (BGP peers) intercambian mensajes keepalive periódicos para mantener activas las sesiones TCP.

- Métrica compleja basada en atributos.

- Pensado para el intercambio de rutas entre redes muy grandes.

- ID en la tabla de enrutamiento: B.

- Recibe la denominación de eBGP el intercambio de información de enrutamiento entre dispositivos peer que pertenecen a diferente sistema autónomo.

- La denominación de iBGP corresponde al intercambio de rutas entre dispositivos peer que pertenecen al mismo sistema autónomo.

- Distancia Administrativa por defecto:

    o Rutas eBGP   20

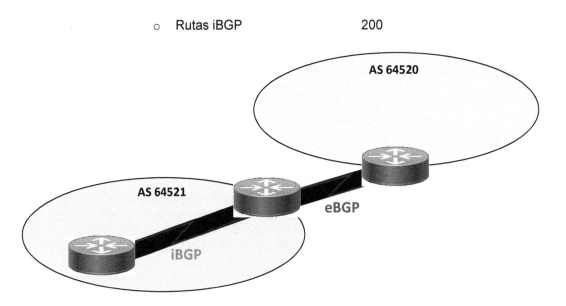

o   Rutas iBGP   200

📋 Cuando un router recibe dos rutas al mismo destino, una anunciada
por un IGP y otra por eBGP, la ruta anunciada por BGP se impone
debido a que tiene menos distancia administrativa (20).

📋 Cuando un route recibe dos rutas al mismo destino, una anunciada
por un IGP y otra por iBGP, la ruta anunciada por el IGP se impone
debido a que tendrá menor distancia administrativa (200), esto
asegura que el tráfico interno se reenvíe de acuerdo a lo indicado por
el protocolo de enrutamiento interior.

- BGP Router ID: 32 bits (4 bytes u octetos).

- Es un protocolo de vector ruta: Su paradigma de enrutamiento se basa en
la distancia entre origen y destino ponderada salto por salto.

- En BGP cada salto es un sistema autónomo que debe atravesar la ruta
hacia el destino.

- El próximo salto de la ruta se identifica utilizando la dirección IP de ingreso
al siguiente sistema autónomo en la ruta.

- Las rutas generadas en el propio sistema autónomo (o sistema autónomo
local) no apuntan hacia otro AS y por lo tanto su próximo salto se define
como 0.0.0.0.

- Cada dispositivo establece y mantiene adyacencia con sus vecinos BGP.

  o   No hay un mecanismo de descubrimiento de vecinos.

  o   Los vecinos deben ser declarados explícitamente por
configuración.

- Antes de establecer una relación de vecindad se negocia un circuito TCP sobre el puerto 179.

- Para mantener la relación de vecindad es necesario mantener activo el circuito TCP.

- Para notificar que una relación de vecindad se mantiene activa se envían keepalives periódicos.

En este contexto debemos tener presente que IANA es el organismo responsable de la coordinación global y la asignación del número de sistema autónomo que identifica a cada service provider así como la asignación del espacio de direccionamiento IP público que utiliza cada proveedor. Si una red corporativa necesita para su conexión a Internet de direccionamiento IP público o un ID de sistema autónomo deberá realizar la gestión ante IANA.

Configuración de eBGP en un acceso single homed

 Dentro de la amplitud de la temática que ofrece GBP, el examen de certificación CCNA 200-125 se centra exclusivamente en la implementación de eBGP en conexiones a Internet single homed. Dado que este manual se centra en el temario del examen de certificación, a partir de este punto se desarrollarán exclusivamente los aspectos requeridos por el examen de referencia.

Para configurar eBGP en el acceso a Internet se requieren 3 piezas de información básicas:

- Los números de sistema autónomo (de la organización y del service provider al que se conecta).

- La dirección IP de los vecinos o peers eBGP con los que se debe establecer conexión.

 Dado que no se corre un IGP entre la red corporativa y la del ISP el direccionamiento utilizado para identificar los vecinos BGP debe ser alcanzable sin la necesidad de un protocolo de enrutamiento que lo descubra.

- Las redes que se desean publicar hacia Internet.

Esta configuración es un proceso de varios pasos:

Definición del proceso de BGP

```
Router(config)#router bgp 64935
```

Crea el proceso de BGP en el dispositivo y lo asocia al número de sistema autónomo que ha sido asignado. Al mismo tiempo abre el acceso al modo de configuración del protocolo.

Sólo es posible montar un proceso de BGP en cada dispositivo (cada router puede pertenecer a un solo sistema autónomo). Si se intentara repetir el comando con otro ID de AS se recibiría un mensaje de error.

Establecimiento de la relación con el vecino

```
Router(config-router)#neighbor 201.100.15.130 remote-as 36504
```

Define cuál es el vecino con el que se desea establecer relación de intercambio de información BGP. Dado que no hay un mecanismo de descubrimiento de vecinos esta es la única forma de establecer estas relaciones.

Se debe indicar la dirección IP del vecino (que debe ser alcanzable) y el ID del sistema al que pertenece.

Dado que el ID de sistema autónomo del vecino es diferente del que identifica el proceso de BGP local, esta es una relación eBGP.

Publicación de redes en BGP

```
Router(config-router)#network 215.39.0.16 mask 255.255.255.240
```

Indica que se desea publicar hacia los vecinos definidos antes la red 215.39.0.16/28.

Para que la publicación sea posible se requiere una coincidencia exacta en la tabla de enrutamiento. No se puede publicar una ruta a un destino que no está antes presente en la tabla de enrutamiento sea aprendida por un IGP o por una ruta estática.

El keyword "mask" es opcional. Si no se especifica, entonces se publica la red de clase correspondiente con la sola condición de que haya alguna ruta hacia esa red de clase (no importa la máscara de subred). Si se especifica máscara de subred, se busca una coincidencia exacta en la tabla de enrutamiento para publicar ese prefijo exacto.

Verificación de eBGP

Se cuenta con un set de comandos específicos para verificar la operación de BGP en dispositivos IOS.

```
Router#show ip bgp summary
```

Muestra la configuración y situación general de operación del protocolo. Incluye a cada vecino definido en la configuración y el estado de cada una de las sesiones.

```
Router#show ip bgp neighbors
```

Da la información detallada de cada conexión BGP con los vecinos. Permite verificar la sesión TCP y la sesión BGP que se ha establecido con cada vecino.

Identifica si se trata de una sesión eBGP o iBGP.

`Router#show ip bgp`

Muestra la tabla de prefijos IP mantenida por el protocolo. Contiene toda la información de enrutamiento recibida de cada vecino.

 Si deseas profundizar o mantener actualizados los temas que he desarrollado en este capítulo sugiero tres recursos, la página de Cisco Systems, mi blog dedicado al desarrollo de estos temas en castellano y las diferentes comunidades en las redes sociales:

http://www.cisco.com
http://librosnetworking.blogspot.com
https://www.facebook.com/groups/librosnetworking/

D. Prácticas de laboratorio

A continuación propongo algunos ejercicios prácticos que pueden resultarle útiles para fijar o revisar los contenidos planteados en la sección anterior.

Para el desarrollo de estas prácticas utilizo como base la maqueta de trabajo que detallo en el capítulo "La preparación para el examen" al inicio de este manual.

Laboratorio 5.1: Configuración inicial de un router Cisco

Si la maqueta de su laboratorio se encuentra en el estado final de los laboratorios del capítulo "4. Conmutación LAN" de este manual, antes de iniciar las tareas de este laboratorio ingrese a las consolas de los diferentes dispositivos y realice los siguientes cambios:

- Elimine las subinterfaces creadas en el puerto Gi0/1 de GTW1 y GTW2.

- Vuelva la interfaz Gi0/1 de GTW1 a su configuración IP inicial (172.16.50.1/24).

- Vuelva la interfaz Gi0/1 de GTW2 a su configuración IP inicial (172.16.51.2/24).

- Coloque los puertos Gi0/1 y Gi0/10 de ASW1 como puertos de acceso en la VLAN 1.

- Desactive los puertos Gi0/3 y Gi0/4 de ASW1.

- Configure los puertos Gi0/1 y Gi0/10 de ASW2 como puertos de acceso en la VLAN1.

- Vuelva la configuración IP de PC10 a su estado inicial (IP: 172.16.50.10/24. GT: 172.16.50.1).

- Vuelva la configuración IP de PC20 a los valores originales (IP:172.16.51.20/24. GT: 172.16.51.2)

 Para la realización de los laboratorios de esta Guía se ha diseñado la topología de una maqueta única que permite cubrir todos los ejercicios propuestos.
Para este ejercicio debe concentrarse solamente en una parte de esa maqueta, a la que denominamos "Topología a utilizar".

Topología a utilizar

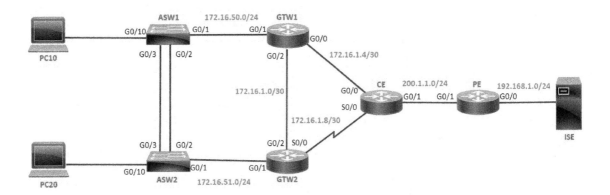

📝 Antes de iniciar el ejercicio asegúrese de desactivar los puertos que no participan de esta topología para tener lecturas más claras de los comandos show.

Consideraciones a tener en cuenta para este ejercicio:

- No se utilizan los enlaces que conectan ASW1 con ASW2. Esos puertos deben desactivarse utilizando el comando shutdown.

```
ASW1(config-if)#interface GigabitEthernet0/2
ASW1(config-if)#shutdown
ASW1(config-if)#interface GigabitEthernet0/3
ASW1(config-if)#shutdown

ASW2(config-if)#interface GigabitEthernet0/2
ASW2(config-if)#shutdown
ASW2(config-if)#interface GigabitEthernet0/3
ASW2(config-if)#shutdown
```

- De las conexiones seriales que conectan GTW2 con CE se utiliza solamente una, la otra debe desactivarse.

- La terminal ISE se utiliza solamente como terminal, no publica ningún servicio en este ejercicio.

- En el enlace serial que une CE con GTW2 el extremo DCE de la conexión es el router CE. Ese enlace tiene un ancho de banda de 4 Mbps.

- Modificaciones de direccionamiento IP respecto del laboratorio anterior:

Dispositivo	Interfaz	IP	Máscara de Subred
PC20	Gi	172.16.51.20	255.255.255.0
ASW2	VLAN1	172.16.51.102	255.255.255.0
GTW2	G0/1	172.16.51.2	255.255.255.0

Asegúrese de realizar estos cambios en la PC20 y ASW2.

Direccionamiento IP inicial

Dispositivo	Interfaz	IP	Máscara de Subred
PC10	Gi	172.16.50.10	255.255.255.0
PC20	Gi	172.16.51.20	255.255.255.0
ISE	Gi	192.168.1.10	255.255.255.0
ASW1	VLAN1	172.16.50.101	255.255.255.0
ASW2	VLAN1	172.16.51.102	255.255.255.0
GTW1	G0/0	172.16.1.5	255.255.255.252
	G0/1	172.16.50.1	255.255.255.0
	G0/2	172.16.1.1	255.255.255.252
GTW2	G0/1	172.16.51.2	255.255.255.0
	G0/2	172.16.1.2	255.255.255.252
	S0/0	172.16.1.9	255.255.255.252
CE	G0/0	172.16.1.6	255.255.255.252
	S0/0	172.16.1.10	255.255.255.252
	G0/1	200.1.1.10	255.255.255.0
PE	G0/0	192.168.1.1	255.255.255.0
	G0/1	200.1.1.1	255.255.255.0

Configuración de direccionamiento IP en las interfaces del router

1. Acceda a la consola del router GTW1 y asegúrese de ingresar al modo de configuración global.

```
Router>enable
Router#configure terminal
Router(config)#_
```

2. Asigne al dispositivo el nombre definido en la documentación previa (GTW1).

```
Router(config)#hostname GTW1
GTW1(config)#_
```

3. Ingrese a la configuración de la interfaz G0/1 y defina direccionamiento IP de acuerdo a la tabla de direccionamiento IP que se le proporcionó antes. Asegúrese de activar la interfaz.

```
GTW1(config)#interface GigabitEthernet0/1
GTW1(config-if)#ip address 172.16.50.1 255.255.255.0
GTW1(config-if)#description Interfaz LAN
GTW1(config-if)#no shutdown
```

4. Verifique la tabla de enrutamiento del dispositivo. Debe encontrar ahora 2 rutas: una Local (L) a la dirección IP que acaba de asignar, otra Directamente Conectada (C) a la subred de la LAN conectada.

```
GTW1(config-if)#end
GTW1#show ip route
```

5. Repita la operación del paso 3 para configurar las demás interfaces involucradas en la topología de la maqueta.

```
GTW1#configure terminal
GTW1(config)#interface GigabitEthernet0/0
GTW1(config-if)#ip address 172.16.1.5 255.255.255.252
GTW1(config-if)#description Enlace con CE
GTW1(config-if)#no shutdown
GTW1(config-if)#interface GigabitEthernet0/2
GTW1(config-if)#ip address 172.16.1.1 255.255.255.252
GTW1(config-if)#description Enlace entre gateways
GTW1(config-if)#no shutdown
```

6. Configure la clave de acceso a modo privilegiado.

```
GTW1(config-if)#exit
GTW1(config)#enable secret Cisco
```

7. Configure el acceso remoto utilizando Telnet.

```
GTW1(config)#line vty 0 4
GTW1(config-line)#password Cisco
GTW1(config-line)#login
GTW1(config-line)#exit
```

8. Encripte las claves que se han guardado en el archive de configuración en formato de texto plano. Concluida la configuración verifique la misma.

```
GTW1(config)#service-password encryption
GTW1(config)#end
GTW1#show running-config | include password
GTW1#copy running-config startup-config
GTW1#_
```

Verifique la configuración y estado de las interfaces

1. Verifique la configuración de las interfaces en el archivo de configuración activa.

```
GTW1#show running-config | begin interface
```

2. Verifique el estado de cada una de las interfaces en el dispositivo.

```
GTW1#show ip interface brief
```

Configuración de interfaces en los routers restantes

1. Complete la configuración del router GTW2 repitiendo el procedimiento utilizado con GTW1 y la información provista en la tabla de direccionamiento IP inicial.

```
Router>enable
Router#configure terminal
Router(config)#hostname GTW2
GTW2(config)#interface GigabitEthernet0/1
GTW2(config-if)#ip address 172.16.51.2 255.255.255.0
GTW2(config-if)#description Interfaz LAN
GTW2(config-if)#no shutdown
GTW2(config-if)#interface GigabitEthernet0/2
GTW2(config-if)#ip address 172.16.1.2 255.255.255.252
GTW2(config-if)#description Enlace entre gateways
GTW2(config-if)#no shutdown
GTW2(config-if)#interface serial0/0
GTW2(config-if)#ip address 172.16.1.9 255.255.255.252
GTW2(config-if)#description Enlace con CE
GTW2(config-if)#bandwidth 4000
GTW2(config-if)#no shutdown
GTW2(config-if)#exit
GTW2(config)#enable secret Cisco
GTW2(config)#line vty 0 4
GTW2(config-line)#password Cisco
GTW2(config-line)#login
GTW2(config-line)#exit
GTW2(config)#service-password encryption
GTW2(config)#end
GTW2#show running-config | include password
GTW2#copy running-config startup-config
GTW2#_
```

2. Complete la configuración del router CE utilizando el procedimiento anterior y la información provista en la tabla de direccionamiento IP inicial.

```
Router>enable
Router#configure terminal
Router(config)#hostname CE
CE(config)#interface GigabitEthernet0/0
CE(config-if)#ip address 172.16.1.6 255.255.255.252
CE(config-if)#description Enlace con GTW1
CE(config-if)#no shutdown
CE(config-if)#interface GigabitEthernet0/1
CE(config-if)#ip address 200.1.1.10 255.255.255.0
CE(config-if)#description Enlace WAN con PE
CE(config-if)#no shutdown
CE(config-if)#interface serial0/0
CE(config-if)#ip address 172.16.1.10 255.255.255.252
```

```
CE(config-if)#clock rate 4000000
CE(config-if)#bandwidth 4000
```

 Según lo indicado en la descripción de la maqueta, los enlaces seriales tienen su extremo DCE en el router CE, por lo que es preciso definir el clock rate de 4 Mbps en este extremo.

```
CE(config-if)#description Enlace con GTW2
CE(config-if)#no shutdown
CE(config-if)#exit
CE(config)#enable secret Cisco
CE(config)#line vty 0 4
CE(config-line)#password Cisco
CE(config-line)#login
CE(config-line)#exit
CE(config)#service-password encryption
CE(config)#end
CE#show running-config | include password
CE#copy running-config startup-config
CE#_
```

3. Complete finalmente la configuración del router PE utilizando el procedimiento que hemos descripto y la información provista en la tabla de direccionamiento IP.

```
Router>enable
Router#configure terminal
Router(config)#hostname PE
PE(config)#interface GigabitEthernet0/0
PE(config-if)#ip address 192.168.1.1 255.255.255.0
PE(config-if)#description Interfaz LAN
PE(config-if)#no shutdown
PE(config-if)#interface GigabitEthernet0/1
PE(config-if)#ip address 200.1.1.1 255.255.255.0
PE(config-if)#description Enlace WAN con CE
PE(config-if)#no shutdown
PE(config-if)#exit
PE(config)#enable secret Cisco
PE(config)#line vty 0 4
PE(config-line)#password Cisco
PE(config-line)#login
PE(config-line)#exit
PE(config)#service-password encryption
PE(config)#end
PE#show running-config | include password
PE#copy running-config startup-config
PE#_
```

4. Verifique la configuración y estado de las interfaces en cada uno de los dispositivos configurados.

```
GTW2#show ip interface brief
CE#show ip interface brief
```

```
PE#show ip interface brief
```

5. Si alguna de las interfaces no se encuentra activa, regresa a la configuración y resuelva el fallo.

Seguridad en el acceso con autenticación de usuario y clave

1. Regrese a la consola de GTW1 y genere un usuario local. Nombre del usuario: Admin1; clave: Cisco

```
GTW1#configure terminal
GTW1(config)#username Admin1 password Cisco
```

2. Modifique la configuración de seguridad de la línea de terminal virtual de modo tal que requiera ahora el ingreso de usuario y clave (utilizando la base de datos de usuarios locales) para el acceso por Telnet.

```
GTW1(config)#line vty 0 4
GTW1(config-line)#login local
GTW1(config-line)#no password
GTW1(config-line)#end
GTW1#
```

3. Verifique la configuración realizada accediendo a la consola de ASW1 y accediendo a través de Telnet a GTW1. Ahora deberá requerir la identificación con usuario y clave.

```
ASW1#telnet 172.16.50.1
Trying 172.16.50.1 ... Open

User Access Verification

Username: Admin1
Password:
GTW1>
```

4. Salga de la sesión Telnet abierta hacia GTW1.

```
GTW1>exit
ASW1#
```

Configuración de acceso remoto utilizando SSH

1. Regrese a la consola de GTW1 y complete la configuración necesaria para generar las claves RSA necesarias para utilizar en SSH. SSH se habilita automáticamente una vez generada la clave RSA.

```
GTW1#configure terminal
GTW1(config)#ip domain-name ccna.lab
GTW1(config)#crypto key generate rsa
The name for the keys will be: GTW1.ccna.lab
Choose the size of the key modulus in the range of 360 to 2048 for
your General Purpose Keys. Choosing a key modulus greater than 512
may take a few minutes.
```

```
How many bits in the modulus [512]: 1024
% Generating 1024 bit RSA keys, keys will be non-exportable...[OK]

GTW1(config)#
Sep 12 19:17:53.175: %SSH-5-ENABLED: SSH 1.99 has been enabled
```

2. Verifique que ya está disponible el acceso por SSH intentando el ingreso desde ASW1. La acción debe ser exitosa.

```
ASW1>ssh -l Admin1 172.16.50.1
Password:

GTW1>_
```

3. Concluida la verificación, cierre la sesión SSH.

```
GTW1>exit
[Connection to 172.16.50.1 closed by foreign host]
ASW1>
```

4. Acceda nuevamente a la consola de GTW1 y limite SSH a utilizar solamente versión 2.

```
GTW1(config)#ip ssh version 2
```

5. Finalmente, accede a la línea de terminal virtual y asegúrese que se limite el acceso a SSH y no sea posible acceder por Telnet

```
GTW1(config)#line vty 0 4
GTW1(config-line)#transport input ssh
GTW1(config-line)#exit
```

6. Complete la configuración definiendo un banner que se muestre cuando se accede a la CLI que indique "SOLO PERSONAL AUTORIZADO, si no es un usuario autorizado de la red desconéctese inmediatamente".

```
GTW1(config)#banner exec "
Enter TEXT message.  End with the character '"'
SOLO PERSONAL AUTORIZADO
Si no es un usuario autorizado de la red desconéctese
inmediatamente
"
GTW1(config)#
```

7. Para verificar los cambios realizados regrese a la consola de ASW1 e intente el acceso a GTW1 por Telnet. El dispositivo debe rechazar nuestra solicitud.

```
ASW1>telnet 172.16.50.1
Trying 172.16.50.1 ...
% Connection refused by remote host
ASW1>_
```

8. Verifique ahora que permite el acceso utilizando SSH.

```
ASW1>ssh -v 2 -l Admin1 172.16.50.1
Password:
SOLO PERSONAL AUTORIZADO
Si no es un usuario autorizado de la red desconéctese
inmediatamente

GTW1>
```

9. Antes de concluir cierre la sesión SSH abierta.

De esta manera concluye este laboratorio.

Laboratorio 5.2: Utilización de CDP

📝 Para la realización de los laboratorios de esta Guía se ha diseñado la topología de una maqueta única que permite cubrir todos los ejercicios propuestos.
Para este ejercicio debe concentrarse solamente en una parte de esa maqueta, a la que denominamos "Topología a utilizar".

Topología a utilizar

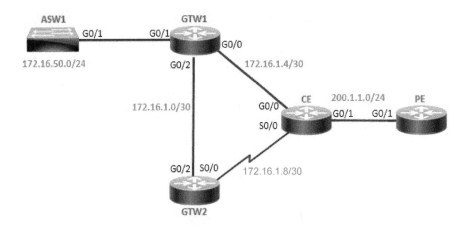

Consideraciones a tener en cuenta para este ejercicio:

- La terminal ISE se utiliza solamente como terminal, no publica ningún servicio en este ejercicio.

- Las claves de acceso son las mismas en todos los dispositivos.

   o Clave de acceso a modo enable: Cisco

   o Clave de acceso por Telnet: Cisco

Descubrimiento de vecinos con CDP

1. Acceda a la consola de ASW1.

2. Utilice el comando show cdp neighbor a fin de determinar con qué dispositivos se encuentra conectado y qué interfaces está utilizando. Documente los hostnames y las interfaces que establecen la conexión.

```
ASW1>enable
Password:
ASW1#show cdp neighbor
```

3. Utilice CDP para obtener mayor información sobre el dispositivo vecino. En este caso la dirección IP de GTW1. Documente esa dirección IP.

```
ASW1#show cdp neighbor detail
```

4. Desde la consola de ASW1 inicie una sesión Telnet a GTW1 utilizando la información IP obtenida en el paso anterior. Cuando la conexión requiera contraseña ingrese la asignada durante la configuración inicial del dispositivo.

```
ASW1#telnet 172.16.50.1
Trying 172.16.50.1 ...Open
Password:

GTW1>_
```

5. Ya en la CLI de GTW1 acceda al modo privilegiado y repita las verificaciones de conectividad con vecino. Documente interfaces de conexión y la dirección IP de CE.

```
GTW1>enable
Password:
GTW1#show cdp neighbor
GTW1#show cdp neighbor detail
```

6. Concluido el relevamiento de información cierre las sesiones Telnet para regresar a la CLI de ASW1.

```
GTW1#exit
ASW1#_
```

 De esta manera concluye este laboratorio.

Laboratorio 5.3: Configuración de rutas estáticas

 Para la realización de los laboratorios de esta Guía se ha diseñado la topología de una maqueta única que permite cubrir todos los ejercicios propuestos.
Para este ejercicio debe concentrarse solamente en una parte de esa maqueta, a la que denominamos "Topología a utilizar".

Topología a utilizar

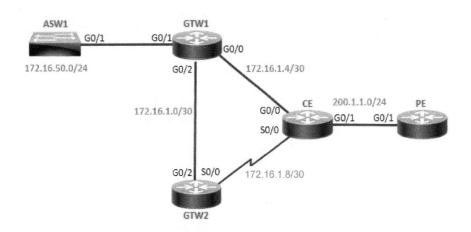

Consideraciones a tener en cuenta para este ejercicio:

- La terminal ISE se utiliza solamente como terminal, no publica ningún servicio en este ejercicio.

- Las claves de acceso son las mismas en todos los dispositivos.

    o Clave de acceso a modo enable: Cisco

    o Clave de acceso por Telnet: Cisco

Direccionamiento IP inicial

Dispositivo	Interfaz	IP	Máscara de Subred
PC10	Gi	172.16.50.10	255.255.255.0
ASW1	VLAN1	172.16.50.101	255.255.255.0
GTW1	G0/0	172.16.1.5	255.255.255.252
	G0/1	172.16.50.1	255.255.255.0
	G0/2	172.16.1.1	255.255.255.252
GTW2	G0/1	172.16.51.2	255.255.255.0
	G0/2	172.16.1.2	255.255.255.252

	S0/0	172.16.1.9	255.255.255.252
CE	G0/0	172.16.1.6	255.255.255.252
	S0/0	172.16.1.10	255.255.255.252
	G0/1	200.1.1.10	255.255.255.0
PE	G0/0	192.168.1.1	255.255.255.0
	G0/1	200.1.1.1	255.255.255.0

Verificación de la accesibilidad de los dispositivos

1. Acceda a la consola de ASW1 y verifique conectividad desde la CLI a los diferentes puertos del router GTW1. Todos deben responder exitosamente.

```
ASW1#ping 172.16.50.1
ASW1#ping 172.16.1.1
ASW1#ping 172.16.1.5
```

2. En la consola de GTW1 verifique que el dispositivo posee una ruta a la red 172.16.50.0/24 (subred a la que pertenece la IP de origen del ping, que es la de la VLAN 1 de ASW1).

```
GTW1#show ip route
GTW1#show ip route 172.16.50.0
```

3. Desde la consola de ASW1 efectúe un ping a la interfaz G0/0 de CE. Aunque está interfaz está en la misma subred que la interfaz G0/0 de GTW1 (172.16.1.5) la prueba fallará ya que el router CE carece de ruta para responder al origen que pertenece a la red 172.16.50.0/24.

```
ASW1#ping 172.16.1.6
```

4. Ingrese ahora a la consola de CE y verifique si el dispositivo posee una ruta a la red 172.16.50.0/24. No debe encontrar una ya que no es una red directamente conectada.

```
CE#show ip route
CE#show ip route 172.16.50.0
```

Configuración de rutas estáticas

1. Ingrese en la consola del router CE y configure una ruta estática que apunte a la red 172.16.50.0/24 definiendo como próximo salto el puerto G0/0 del GTW1.

```
CE#configure terminal
CE(config)#ip route 172.16.50.0 255.255.255.0 172.16.1.5
```

2. Verifique ahora la ruta ingresada en la tabla de enrutamiento de CE.

```
CE(config)#end
```

```
CE#show ip route
CE#show ip route 172.16.50.0
```

3. Verifique ahora nuevamente la conectividad realizando ping desde ASW1 al puerto G0/0 de CE. El resultado de la prueba ahora debe ser exitoso.

```
ASW1#ping 172.16.1.6
```

4. Desde ASW1 haga una nueva prueba de conectividad, esta vez al puerto G/0 de PE. La prueba fallará.

```
ASW1#ping 192.168.1.1
```

5. Verifique el punto de interrupción de la ruta utilizando traceroute desde ASW1. El comando indicará que solamente se llega al puerto G0/1 de GTW1 y luego no sigue.

```
ASW1#traceroute 192.168.1.1
```

6. Desde la consola de GTW1 verifique si tiene ruta a la red de destino (192.168.1.0/24).

```
GTW1#show ip route 192.168.1.0
```

7. GTW1 no tiene ruta a la red de destino. Defina entonces una ruta estática hacia la red destino con próximo salto en el puerto G0/0 de CE.

```
GTW1#configure terminal
GTW1(config)#ip route 192.168.1.0 255.255.255.0 172.16.1.6
```

8. Ingrese ahora a la consola del router CE y verifique si CE posee una ruta a la red 192.168.1.0/24.

```
CE#show ip route 192.168.1.0
```

9. CE tampoco tiene una ruta a la red destino. Cree una ruta estática en CE hacia la red destino con próximo salto en el puerto G0/1 de PE.

```
CE#configure terminal
CE(config)#ip route 192.168.1.0 255.255.255.0 200.1.1.1
```

10. Regrese a la consola de ASW1 y verifique nuevamente si ahora tiene conectividad utilizando el ping. Una vez más la prueba fallará.

```
ASW1#ping 192.168.1.1
```

11. Verifique en qué punto se interrumpe la ruta hacia el destino utilizando traceroute. La ruta ahora debe interrumpirse en el router PE.

```
ASW1#traceroute 192.168.1.1
```

12. Ingrese en la consola de PE y verifique si existe una ruta a la red 172.16.50.0/24. Esta ruta es necesaria para que el dispositivo pueda responder los mensajes que recibe con una dirección de origen en esa red.

```
PE#show ip route 172.16.50.0
```

13. Cree en PE una ruta con destino la rede 172.16.50.0/24 cuyo próximo salto sea la interfaz G0/1 del router CE que es el primero en la ruta de retorno. Concluida la tarea verifique que la ruta haya sido incluida en la tabla de enrutamiento.

```
PE#configure terminal
PE(config)#ip route 172.16.50.0 255.255.255.0 201.1.1.10
PE(config)#end
PE#show ip route
```

14. Regrese ahora a la consola de ASW1 y repita la prueba de ping a la IP 192.168.1.1. Ahora la respuesta debe ser exitosa (no es necesario crear una ruta para el retorno en GTW1 ya que la hemos creado antes).

```
ASW1#ping 192.68.1.1
```

Configuración de una ruta estática de respaldo

En este punto hay una ruta que une la red 172.16.50.0/24 con la red 192.168.1.0/24 a través de los router GTW1 – CE – PE. Aprovechando el enlace que une GTW1 con GTW2 vamos a construir una ruta alternativa a través de los routers GTW1 – GTW2 – CE – PE.

Con este propósito definiremos nuevas rutas estáticas con una distancia administrativa mayor de modo que solo ingresen en la tabla de enrutamiento cuando la ruta principal no está disponible.

1. Ingrese a la consola de GTW1 y cree una ruta estática hacia la red 192.168.1.0/24 cuyo próximo salto sea la interfaz Gi0/2 de GTW2 con una distancia administrativa de 10.

```
GTW1#configure terminal
GTW1(config)#ip route 192.168.1.0 255.255.255.0 172.16.1.2 10
```

2. Verifique la tabla de enrutamiento de GTW1. La ruta recientemente creada no debe aparecer en ella, debe encontrarse la ruta estática que apunta a CE.

```
GTW1(config)#exit
GTW1#show ip route
```

3. Ingrese ahora a la consola de GTW2 y desactive la interfaz Gi0/1.

```
GTW2#configure terminal
GTW2(config)#interface GigabitEthernet 0/1
GTW2(config-if)#shutdown
```

4. Cree en este dispositivo una ruta estática hacia la red 192.168.1.0/24 con próximo salto en la interfaz S0/0 de CE; y otra ruta estática hacia la red 172.16.50.0/24 cuyo próximo salto sea la interfaz Gi0/2 de GTW1.

```
GTW2(config-if)#exit
```

```
GTW2(config)#ip route 192.168.1.0 255.255.255.0 172.16.1.10 10
GTW2(config)#ip route 172.16.50.0 255.255.255.0 172.16.1.1 10
```

5. Verifique la tabla de enrutamiento de GTW2, ambas rutas deben aparecer pues en este dispositivo no se han creado rutas con menor distancia administrativa.

```
GTW2(config)#exit
GTW2#show ip route
```

6. Ingrese a la consola del router CE. En este dispositivo debemos crear solamente una ruta de respaldo a la red 172.16.50.0/24 cuyo próximo salto sea el puerto S0/0 de GTW2. No necesitamos crear ruta a la red 192.168.1.0/24 pues ya contamos con una ruta a ese destino y no tenemos ruta alternativa posible.

```
CE#configure terminal
CE(config)#ip route 172.16.50.0 255.255.255.0 172.16.1.9 10
```

7. Verifique la tabla de enrutamiento de CE. La ruta recientemente creada no debe aparecer en la tabla de enrutamiento ya que está operativa la ruta estática que apunta a GTW1.

```
CE(config)#exit
CE#show ip route
```

8. Acceda a la consola de ASW1. Desde la CLI del switch verifique la ruta en uso hacia la red 192.168.1.0/24 con una prueba de traceroute. La ruta debiera ser GTW1 – CE – PE.

```
ASW1#traceroute 192.168.1.1
```

9. Provoque intencionalmente una ruptura en la ruta en uso. Para eso ingrese a la consola del router GTW1 y desactive el puerto G0/0 que lo enlaza directamente a CE.

```
GTW1#configure terminal
GTW1(config)#interface GigabitEthernet 0/0
GTW1(config-if)#shutdown
```

10. Verifique nuevamente la tabla de enrutamiento de GTW1. Ahora debemos encontrar en la tabla la ruta estática que apunta a GTW2 que ha reemplazado a la que apuntaba a CE.

```
GTW1(config-if)#end
GTW1#show ip route
```

11. Acceda nuevamente a la consola de ASW1 y repita la verificación de la ruta que realizó anteriormente. Ahora la ruta que se muestra en uso debiera ser GTW1 – GTW2 – CE – PE.

```
ASW1#show ip route
```

12. Antes de concluir el ejercicio restablezca el estado inicial de la topología. Para eso, ingrese a GTW1 y active nuevamente el puerto G0/0. Concluya

verificando nuevamente la tabla de enrutamiento para constatar que se ha restablecido la ruta a la red 192.168.1.0/24 a través de CE.

```
GTW1#configure terminal
GTW1(config)#interface GigabitEthernet 0/0
GTW1(config-if)#no shutdown
GTW1(config-if)#end
GTW1#show ip route
```

Configuración de una ruta por defecto

En nuestra maqueta de trabajo la red 172.16.0.0/16 tiene un único punto de ingreso y salida que es el enlace que conecta CE con PE.

Consecuentemente, cualquier destino que se busque desde la red 172.16.0.0/16 se encuentra a través de la interfaz Gi0/1 de CE. Por esto es posible reemplazar toda ruta fuera de la red 172.16.0.0/16 por una ruta por defecto que apunte hacia la interfaz Gi0/1 del router PE.

1. Ingrese en la consola del router CE y elimine la ruta estática a la red 192.168.1.0/24. Reemplácela por una ruta por defecto que apunte a la interfaz Gi/1 de PE.

```
CE#configure terminal
CE(config)#no ip route 192.168.1.0 255.255.255.0 200.1.1.1
CE(config)#ip route 0.0.0.0 0.0.0.0 200.1.1.1
CE(config)#exit
CE#show ip route
```

2. Ingrese ahora en la consola del router GTW1 y elimine la ruta estática a la red 192.168.1.0/24 reemplazándola por una ruta estática que apunte a la interfaz Gi0/0 de CE.

```
GTW1#configure terminal
GTW1(config)#no ip route 192.168.1.0 255.255.255.0 172.16.1.6
GTW1(config)#no ip route 192.168.1.0 255.255.255.0 172.16.1.2 10
GTW1(config)#ip route 0.0.0.0 0.0.0.0 172.16.1.6
GTW1(config)#exit
GTW1#show ip route
```

3. Concluida la tarea y luego de verificar las tablas de enrutamiento de cada dispositivo, ingrese al switch ASW1 y verifique accesibilidad y ruta utilizada para llegar al router PE. La ruta utilizada debe ser GTW1 – CE – PE.

```
ASW1#ping 192.168.1.1
ASW1#ping 200.1.1.1
ASW1#traceroute 200.1.1.1
```

De esta manera concluye este laboratorio.

Laboratorio 5.4: Configuración y verificación de RIP v2

 Para la realización de los laboratorios de esta Guía se ha diseñado la topología de una maqueta única que permite cubrir todos los ejercicios propuestos.
Para este ejercicio debe concentrarse solamente en una parte de esa maqueta, a la que denominamos "Topología a utilizar".

Topología a utilizar

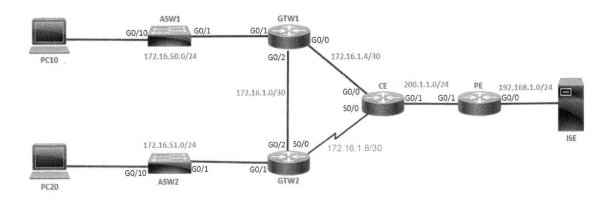

 Antes de iniciar el ejercicio asegúrese de desactivar los puertos que no participan de esta topología para tener lecturas más claras de los comandos show.

 Para la asignación de direcciones de cada puerto y terminal diríjase a la tabla "Direccionamiento IP inicial" al inicio de la Guía.

Consideraciones a tener en cuenta para este ejercicio:

- No se utilizan los enlaces que conectan ASW1 con ASW2. Esos puertos deben desactivarse utilizando el comando shutdown.

- De las conexiones seriales que conectan GTW2 con CE se utiliza solamente una, la otra debe desactivarse.

- La terminal ISE se utiliza solamente como terminal, no publica ningún servicio en este ejercicio.

- Todos los dispositivos deben tener su configuración básica como punto de partida, con la configuración IP completa de todas las interfaces que intervienen en esta topología.

- En el enlace serial que une CE con GTW2 el extremo DCE de la conexión es el router CE. Ese enlace tiene un ancho de banda de 4 Mbps.

- Modificaciones de direccionamiento IP respecto del "Laboratorio de prácticas" descripto en el inicio:

Dispositivo	Interfaz	IP	Máscara de Subred
PC20	Gi	172.16.51.20	255.255.255.0
ASW2	VLAN1	172.16.51.102	255.255.255.0
GTW2	G0/1	172.16.51.2	255.255.255.0

Direccionamiento IP inicial

Dispositivo	Interfaz	IP	Máscara de Subred
PC10	Gi	172.16.50.10	255.255.255.0
PC20	Gi	172.16.51.20	255.255.255.0
ISE	Gi	192.168.1.10	255.255.255.0
ASW1	VLAN1	172.16.50.101	255.255.255.0
ASW2	VLAN1	172.16.51.102	255.255.255.0
GTW1	G0/0	172.16.1.5	255.255.255.252
	G0/1	172.16.50.1	255.255.255.0
	G0/2	172.16.1.1	255.255.255.252
GTW2	G0/1	172.16.51.2	255.255.255.0
	G0/2	172.16.1.2	255.255.255.252
	S0/0	172.16.1.9	255.255.255.252
CE	G0/0	172.16.1.6	255.255.255.252
	S0/0	172.16.1.10	255.255.255.252
	G0/1	200.1.1.10	255.255.255.0
PE	G0/0	192.168.1.1	255.255.255.0
	G0/1	200.1.1.1	255.255.255.0

Configurar y verificar RIPv2

1. Configure RIPv2 en los routers GTW1, GTW2, CE y PE.

2. En cada uno de los dispositivos asocie al proceso de RIPv2 cada una de las redes directamente conectadas.

```
GTW1#configure terminal
GTW1(config)#router rip
GTW1(config-router)#version 2
```

```
GTW1(config-router)#network 172.16.0.0
GTW1(config-router)#end

GTW2#configure terminal
GTW2(config)#router rip
GTW2(config-router)#version 2
GTW2(config-router)#network 172.16.0.0
GTW2(config-router)#end

CE#configure terminal
CE(config)#router rip
CE(config-router)#version 2
CE(config-router)#network 172.16.0.0
CE(config-router)#network 200.1.1.0
CE(config-router)#end

PE#configure terminal
PE(config)#router rip
PE(config-router)#version 2
PE(config-router)#network 192.168.1.0
PE(config-router)#network 200.1.1.0
PE(config-router)#end
```

3. Verifique la tabla de enrutamiento en GTW2. Debiera encontrar 2 rutas hacia la red 172.16.1.4/30.
   Observe que ambas rutas son de diferente capacidad, una a través del puerto G0/2, otra a través del puerto S0/1.

```
GTW2#show ip route
```

Ajustar los temporizadores de RIP

1. Verifique los temporizadores de RIP en el route GTW2.

```
GTW2#show ip protocols
```

2. Modifique el tiempo de actualización del protocolo (que está en su valor por defecto de 30 segundos) a 60 segundos, pero deje los demás temporizadores en sus valores por defecto.

```
GTW2#configure terminal
GTW2(config)#router rip
GTW2(config-router)#timers basic 60 180 180 240
GTW2(config-router)#end
```

3. Examine cómo ha cambiado la configuración de las interfaces que operan con RIP.

```
GTW2#show running-config interface G0/1
GTW2#show running-config interface S0/1
GTW2#show running-config | begin router rip
```

La primera vez que se modifican los temporizadores IOS realiza los cambios a nivel de la interfaz y del protocolo. Para introducir nuevos cambios será necesario realizar las modificaciones en los 2 niveles: en las interfaces y en el protocolo.

4. Verifique el cambio de los temporizadores en el protocolo mismo.

```
GTW2#show ip protocols
```

Suprimir la opción de sumarización automática

1. En el router PE verifique las rutas existentes a subredes de la red 172.16.0.0/16 en la tabla de enrutamiento. Ud. Debería encontrar solamente una ruta a la red completa 172.16.0.0/16.

```
PE#show ip route
```

2. Ingrese a la consola del router CE y desactive la sumarización automática de rutas.

```
CE#configure terminal
CE(config)#router rip
CE(config-router)#no auto-summary
CE(config-router)#end
```

3. Regrese a la consola del router PE y revise nuevamente la tabla de enrutamiento del dispositivo. Ahora debe encontrar una ruta específica para cada subred de la red 172.16.0.0/16.

```
PE#show ip route
```

 Si no se aún no se refleja el cambio en la tabla de enrutamiento desactive y vuelva a activar la interfaz GigabitEthernet 0/1 del router PE para forzar la actualización.

Desactivar la publicación de actualizaciones RIP

1. En el router CE verifique a través de qué interfaces se están enviando actualizaciones del protocolo de enrutamiento. El dispositivo debería estar enviando actualizaciones a través de todas sus interfaces.

```
CE#show ip protocols
```

2. Ingrese ahora al router PE y verifique su tabla de enrutamiento. El dispositivo debería estar aprendiendo ruta a la red 172.16.0.0/16 a través del router CE.

```
PE#show ip route
```

3. Regrese al router CE y desactive la publicación de actualizaciones RIP a través de la interfaz G0/1.

```
CE#configure terminal
CE(config)#router rip
```

```
CE(config-router)#passive-interface GigabitEthernet 0/1
CE(config-router)#end
```

4. Verifique ahora en el router CE, a través de qué interfaces se están publicando actualizaciones. Ahora no debe aparecer en la lista la interfaz G0/1, al mismo tiempo que se ha agregado ahora como interfaz pasiva.

```
CE#show ip protocols
```

5. Ingrese nuevamente al router PE y verifique nuevamente su tabla de enrutamiento. Ahora no debiera tener ya rutas aprendidas a través de RIP.

```
PE#show ip route
```

Generar una ruta por defecto con RIP

1. Configure RIP en el router CE de modo de publicar una ruta por defecto.

```
PE#configure terminal
PE(config)#router rip
PE(config-router)#default-information originate
PE(config-router)#end
```

2. Ingrese en el router GTW1 y verifique la tabla de enrutamiento. Ahora debe aparecer una ruta por defecto aprendida por RIP que está identificada como R*

```
GTW1#show ip route
```

 De esta manera concluye este laboratorio.

Laboratorio 5.5: Configuración básica de IPv6

 Para la realización de los laboratorios de esta Guía se ha diseñado la topología de una maqueta única que permite cubrir todos los ejercicios propuestos.
Para este ejercicio debe concentrarse solamente en una parte de esa maqueta, a la que denominamos "Topología a utilizar".

Topología a utilizar

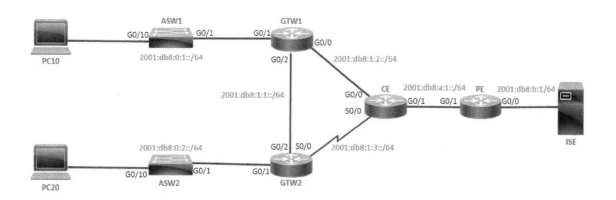

 Antes de iniciar el ejercicio asegúrese de desactivar los puertos que no participan de esta topología para tener lecturas más claras de los comandos show.

Consideraciones a tener en cuenta para este ejercicio:

- No se utilizan los enlaces que conectan ASW1 con ASW2. Esos puertos deben desactivarse utilizando el comando shutdown.

- De las conexiones seriales que conectan GTW2 con CE se utiliza solamente una, la otra debe desactivarse.

- La terminal ISE se utiliza solamente como terminal, no publica ningún servicio en este ejercicio.

- En el enlace serial que une CE con GTW2 el extremo DCE de la conexión es el router CE. Ese enlace tiene un ancho de banda de 4 Mbps.

- Modificaciones de direccionamiento IP respecto del laboratorio anterior:

Direccionamiento IP

Dispositivo	Interfaz	IPv4 / IPv6	Máscara de Subred
PC10	Gi	172.16.50.10 2001:DB8:0:1::10/64	255.255.255.0
PC20	Gi	172.16.51.20 2001:DB8:0:2::20/64	255.255.255.0
ISE	Gi	192.168.1.10 2001:DB8:B:1::/64 Auto	255.255.255.0
ASW1	VLAN1	172.16.50.101	255.255.255.0
ASW2	VLAN1	172.16.51.102	255.255.255.0
GTW1	G0/0	172.16.1.5 2001:DB8:1:2::5/64	255.255.255.252
	G0/1	172.16.50.1 2001:DB8:0:1::1/64	255.255.255.0
	G0/2	172.16.1.1 2001:DB8:1:1::1/64	255.255.255.252
GTW2	G0/1	172.16.51.2 2001:DB8:0:2::2/64	255.255.255.0
	G0/2	172.16.1.2 2001:DB8:1:1::2/64	255.255.255.252
	S0/0	172.16.1.9 2001:DB8:1:3::13/64	255.255.255.252
CE	G0/0	172.16.1.6 2001:DB8:1:2::6/64	255.255.255.252
	S0/0	172.16.1.10 2001:DB8:1:3::14/64	255.255.255.252
	G0/1	200.1.1.10 2001:DB8:A:1::10/64	255.255.255.0
PE	G0/0	192.168.1.1 2001:DB8:B:1::1/64	255.255.255.0
	G0/1	200.1.1.1 2001:DB8:A:1::1/64	255.255.255.0

Configuración de direccionamiento IPv6 en las terminales

1. Acceda a la terminal PC10. Acceda al Centro de redes y recursos compartidos, una vez allí seleccione la conexión de red activa.

   o En la ventana que muestra el estado de la conexión, en la sección Actividad seleccione la opción Propiedades, se mostrará la solapa Funciones de red.

   o En esa solapa asegúrese que el Protocolo de Internet versión 6 (TCP/IPv6) se encuentra activo, si no lo está, actívelo.

   o Seleccione Protocolo de Internet versión 6 y luego el botón Propiedades.

   o En la ventana de Propiedades de TCP/IPv6 seleccione "Usar la siguiente dirección IPv6".

   o En la ventana IPv6 ingrese 2001:DB8:0:1::10

   o En Longitud del prefijo de subred ingrese 64

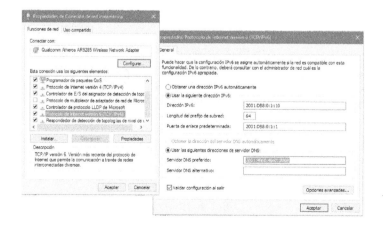

   o En Puerta de enlace predeterminada ingrese 2001:DB8:0:1::1

- o En Servidor DNS preferido ingrese 2001:4860:4860::8888 (El DNS público de Google).

- o Completada la tarea seleccione el botón Aceptar. En la ventana de Propiedades seleccione nuevamente Aceptar.

2. Verifique el resultado de la configuración realizada utilizando el botón Detalles de la ventana de Estado de la conexión. A continuación abra una ventana de Símbolo del Sistema e ingrese en el prompt el comando ipconfig /all. Debe ver ahora la información de configuración IPv6 completa.

```
C:\>ipconfig /all

Configuración IP de Windows

    Nombre de host. . . . . . . . . : PC10
    Sufijo DNS principal . . . . . :
    Tipo de nodo. . . . . . . . . : híbrido
    Enrutamiento IP habilitado. . . : no
    Proxy WINS habilitado . . . . . : no

Adaptador de Ethernet Conexión de área local:

[se omiten algunas líneas]
    Descripción . . . . . . . . . . . . . . . . : Realtek PCIe GBE
    Dirección física. . . . . . . . . . . . . . : 00-50-56-C0-00-01
    Dirección IPv6 . . . . . . . . . . . . . : 2001:db8:0:1::10(Preferido)
    Vínculo: dirección IPv6 local. . . : fe80::5140:f89a:4b23:e028%6
    Dirección IPv4. . . . . . . . . . . . . . : 172.16.50.10
    Máscara de subred . . . . . . . . . . . : 255.255.255.0
        Puerta de enlace predeterminada . . . . : 2001:db8:0:1::1
                                                  172.16.50.1
[se omiten algunas líneas]
    Servidores DNS. . . . . . . . . . . . . . . . : 2001:4860:4860::8888
                                                    8.8.8.8
[se omiten algunas líneas]
```

3. Repita los pasos 1 y 2 para realizar la configuración de las terminales PC20 y ISE. En esta tarea utilice la información de configuración contenida en la tabla de Direccionamiento IP.

Configuración de direccionamiento IPv6 en los routers

1. Desde la consola del router GTW1 acceda al modo de configuración global del dispositivo y habilite el enrutamiento IPv6.

```
GTW1#configure terminal
GTW1(config)#ipv6 unicast-routing
```

2. Configure IPv6 en cada una de las interfaces de GTW1 utilizando la información contenido en la tabla de Direccionamiento IP.

```
GTW1(config)#interface GigabitEthernet 0/0
GTW1(config-if)#ipv6 address 2001:DB8:1:2::5/64
```

```
GTW1(config-if)#interface GigabitEthernet 0/1
GTW1(config-if)#ipv6 address 2001:DB8:0:1::1/64
GTW1(config-if)#interface GigabitEthernet 0/2
GTW1(config-if)#ipv6 address 2001:DB8:1:1::1/64
GTW1(config-if)#end
```

3. Verifique la configuración realizada en las interfaces.

```
GTW1#show ip interface brief
GigabitEthernet0/0          [up/up]
    FE80::207:EFF:FE55:7660
    2001:DB8:1:2::5
GigabitEthernet0/1          [up/up]
    FE80::207:EFF:FE55:7661
    2001:DB8:0:1::1
GigabitEthernet0/2          [up/up]
    FE80::207:EFF:FE55:7662
    2001:DB8:1:1::1

GTW1#sh run interface GigabitEthernet0/1
Building configuration...

Current configuration : 129 bytes
!
interface GigabitEthernet0/1
 ip address 172.16.50.1 255.255.255.0
 duplex auto
 speed auto
 ipv6 address 2001:DB8:0:1::1/64
end
```

4. Verifique la conectividad IPv6 ejecutando un ping hacia la dirección IPv6 de PC10. La respuesta debe ser exitosa.

```
GTW1#ping 2001:DB8:0:1::10
```

5. Repita la operación realizada en los routers GTW2, CE y PE. En cada caso verifique la configuración de las interfaces una vez concluida la tarea.

```
GTW2#configure terminal
GTW2(config)#ipv6 unicast-routing
GTW2(config)#interface GigabitEthernet 0/1
GTW2(config-if)#ipv6 address 2001:DB8:0:2::2/64
GTW2(config-if)#interface GigabitEthernet 0/2
GTW2(config-if)#ipv6 address 2001:DB8:1:1::2/64
GTW2(config-if)#interface Serial 0/0
GTW2(config-if)#ipv6 address 2001:DB8:1:3::13/64
GTW2(config-if)#end
GTW2#show ip interface brief

CE#configure terminal
CE(config)#ipv6 unicast-routing
CE(config)#interface GigabitEthernet 0/0
CE(config-if)#ipv6 address 2001:DB8:1:2::6/64
CE(config-if)#interface GigabitEthernet 0/1
```

```
CE(config-if)#ipv6 address 2001:DB8:A:1::10/64
CE(config-if)#interface Serial 0/0
CE(config-if)#ipv6 address 2001:DB8:1:3::14/64
CE(config-if)#end
CE#show ip interface brief

PE#configure terminal
PE(config)#ipv6 unicast-routing
PE(config)#interface GigabitEthernet 0/0
PE(config-if)#ipv6 address 2001:DB8:B:1::1/64
PE(config-if)#interface GigabitEthernet 0/1
PE(config-if)#ipv6 address 2001:DB8:A:1::1/64
PE(config-if)#end
PE#show ip interface brief
```

 De esta manera concluye este laboratorio.

Laboratorio 5.6: Configuración de enrutamiento estático IPv6

 Para la realización de los laboratorios de esta Guía se ha diseñado la topología de una maqueta única que permite cubrir todos los ejercicios propuestos.
Para este ejercicio debe concentrarse solamente en una parte de esa maqueta, a la que denominamos "Topología a utilizar".

Topología a utilizar

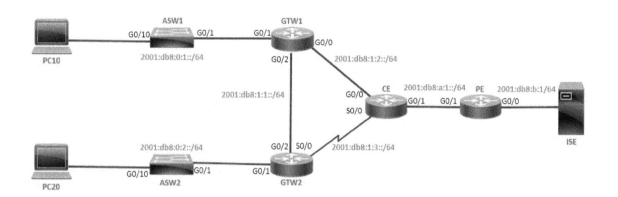

 Antes de iniciar el ejercicio asegúrese de desactivar los puertos que no participan de esta topología para tener lecturas más claras de los comandos show.

Consideraciones a tener en cuenta para este ejercicio:

- No se utilizan los enlaces que conectan ASW1 con ASW2. Esos puertos deben desactivarse utilizando el comando shutdown.

- De las conexiones seriales que conectan GTW2 con CE se utiliza solamente una, la otra debe desactivarse.

- La terminal ISE se utiliza solamente como terminal, no publica ningún servicio en este ejercicio.

- En el enlace serial que une CE con GTW2 el extremo DCE de la conexión es el router CE. Ese enlace tiene un ancho de banda de 4 Mbps.

- En el desarrollo del ejercicio no es necesario activar el enrutamiento de unicast IPv6 ya que esta tarea se ha cumplido en el laboratorio anterior.

Direccionamiento IP

Dispositivo	Interfaz	IPv6	Longitud de Prefijo
PC10	Gi	2001:DB8:0:1::10	/64
PC20	Gi	2001:DB8:0:2::20	/64
ISE	Gi	2001:DB8:B:1::10	/64
GTW1	G0/0	2001:DB8:1:2::5	/64
	G0/1	2001:DB8:0:1::1	/64
	G0/2	2001:DB8:1:1::1	/64
GTW2	G0/1	2001:DB8:0:2::2	/64
	G0/2	2001:DB8:1:1::2	/64
	S0/0	2001:DB8:0:2::13	/64
CE	G0/0	2001:DB8:1:2::6	/64
	S0/0	2001:DB8:1:3::14	/64
	G0/1	2001:DB8:A:1::10	/64
PE	G0/0	2001:DB8:B:1::1	/64
	G0/1	2001:DB8:A:1::1	/64

Verificación de conectividad IPv6

1. Abra una ventana de Símbolo del Sistema en la terminal PC10. Desde el prompt del sistema operativo verifique la conectividad con el puerto G0/0 de GTW1. La respuesta debe ser afirmativa.

```
C:\>ping 2001:DB8:1:2::5
```

2. Verifique a continuación conectividad con el puerto Gi0/0 de CE. En este caso el intento debe fracasar (time out) ya que CE no tiene ruta hacia la red 2001:DB8:0:1::/64 para enviar la respuesta.

```
C:\>ping 2001:DB8:1:2::6
```

Configuración de una ruta estática por defecto

1. Ingrese a la consola de GTW1 y defina una ruta por defecto que utilice como próximo salto el puerto Gi0/0 de CE. Concluida la configuración verifique que la ruta haya ingresado en la tabla de enrutamiento.

```
GTW1#configure terminal
GTW1(config)#ipv6 route ::/0 2001:DB8:1:2::6
GTW1(config)#exit
GTW1#show ipv6 route
```

2. Ingrese ahora a la consola de CE y defina una ruta estática con destino a la red 2001:DB8:0:1::/64 cuyo próximo salto sea el puerto Gi0/0 de GTW1. Concluida la tarea verifique que la ruta haya sido incluida en la tabla de enrutamiento.

```
CE#configure terminal
CE(config)#ipv6 route 2001:DB8:0:1::/64 2001:DB8:1:2::5
CE(config)#exit
CE#show ipv6 route
```

3. Verifique ahora la conectividad IPv6 ejecutando un ping desde la PC10 hacia el Puerto Gi0/0 de CE. Esta vez la respuesta debe ser exitosa.

```
C:\>ping 2001:DB8:1:2::6
```

4. Regrese a la consola del router CE y configure una ruta estática hacia la red 2001:DB8:B:1::/64 a través del puerto G0/1 de PE. A continuación verifique que la ruta haya sido incluida en la tabla de enrutamiento.

```
CE#configure terminal
CE(config)#ipv6 route 2001:DB8:B:1::/64 2001:DB8:A:1::1
CE(config)#exit
CE#show ipv6 route
```

5. Ingrese a la consola de PE y acceda al modo de configuración global. Configure una ruta estática con destino a la red 2001:DB8::/48 cuyo próximo salto sea la interfaz G0/1 de CE. Terminada la configuración verifique la ruta en la tabla de enrutamiento.

```
PE#configure terminal
PE(config)#ipv6 route 2001:DB8::/48 2001:DB8:A:1::10
PE(config)#exit
PE#show ipv6 route
```

6. Verifique la configuración realizada desde la PC10 ejecutando un ping a 2001:DB8:B:1::10. La prueba debe ser exitosa.

```
C:\>ping 2001:DB8:B:1::10
```

7. Complete la prueba verificando la ruta con una prueba de traceroute.

```
C:\>tracert 2001:DB8:B:1::10
```

8. Antes de terminar, elimine las rutas estáticas creadas en cada uno de los dispositivos.

```
GTW1#configure terminal
GTW1(config)#no ipv6 route ::/0 2001:DB8:1:2::6
GTW1(config)#exit

CE#configure terminal
CE(config)#no ipv6 route 2001:DB8:0:1::/64 2001:DB8:1:2::5
CE(config)#no ipv6 route 2001:DB8:B:1::/64 2001:DB8:A:1::1
CE(config)#exit
```

```
PE#configure terminal
PE(config)#no ipv6 route 2001:DB8::/48 2001:DB8:A:1::10
PE(config)#exit
```

 De esta manera concluye este laboratorio.

Laboratorio 5.7: Configuración y verificación de EIGRP

 Para la realización de los laboratorios de esta Guía se ha diseñado la topología de una maqueta única que permite cubrir todos los ejercicios propuestos.
Para este ejercicio debe concentrarse solamente en una parte de esa maqueta, a la que denominamos "Topología a utilizar".

Topología a utilizar

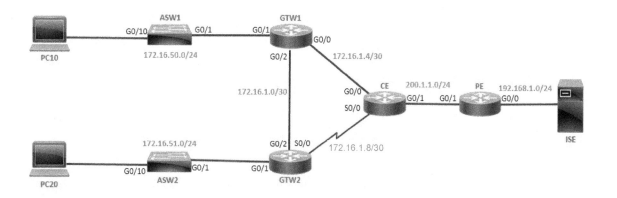

 Antes de iniciar el ejercicio asegúrese de desactivar los puertos que no participan de esta topología para tener lecturas más claras de los comandos show.

 Para la asignación de direcciones de cada puerto y terminal diríjase a la tabla "Direccionamiento IP inicial" al inicio de la Guía.

Consideraciones a tener en cuenta para este ejercicio:

- No se utilizan los enlaces que conectan ASW1 con ASW2. Esos puertos deben desactivarse utilizando el comando shutdown.

- De las conexiones seriales que conectan GTW2 con CE se utiliza solamente una, la otra debe desactivarse.

- La terminal ISE se utiliza solamente como terminal, no publica ningún servicio en este ejercicio.

- Todos los dispositivos deben tener su configuración básica como punto de partida, con la configuración IP completa de todas las interfaces que intervienen en esta topología.

- En el enlace serial que une CE con GTW2 el extremo DCE de la conexión es el router CE. Ese enlace tiene un ancho de banda de 4 Mbps.

Direccionamiento IP inicial

Dispositivo	Interfaz	IP	Máscara de Subred
PC10	Gi	172.16.50.10	255.255.255.0
PC20	Gi	172.16.51.20	255.255.255.0
ISE	Gi	192.168.1.10	255.255.255.0
ASW1	VLAN1	172.16.50.101	255.255.255.0
ASW2	VLAN1	172.16.51.102	255.255.255.0
GTW1	G0/0	172.16.1.5	255.255.255.252
	G0/1	172.16.50.1	255.255.255.0
	G0/2	172.16.1.1	255.255.255.252
GTW2	G0/1	172.16.51.2	255.255.255.0
	G0/2	172.16.1.2	255.255.255.252
	S0/0	172.16.1.8	255.255.255.252
CE	G0/0	172.16.1.6	255.255.255.252
	S0/0	172.16.1.10	255.255.255.252
	G0/1	200.1.1.10	255.255.255.0
PE	G0/0	192.168.1.1	255.255.255.0
	G0/1	200.1.1.1	255.255.255.0

Configurar y verificar EIGRP

1. Configure EIGRP sistema autónomo 100 en los routers GTW1, GTW2, CE y PE.

2. En cada uno de los dispositivos asocie al proceso de EIGRP cada una de las redes directamente conectadas.
   En el router CE asigne 2.2.2.2 como router ID para el proceso de EIGRP.

```
GTW1#configure terminal
GTW1(config)#router eigrp 100
GTW1(config-router)#network 172.16.0.0
GTW1(config-router)#end

GTW2#configure terminal
GTW2(config)#router eigrp 100
GTW2(config-router)#network 172.16.0.0
GTW2(config-router)#end

CE#configure terminal
CE(config)#router eigrp 100
CE(config-router)#eigrp router-id 2.2.2.2
```

```
CE(config-router)#network 172.16.0.0
CE(config-router)#network 200.1.1.0
CE(config-router)#end

PE#configure terminal
PE(config)#router eigrp 100
PE(config-router)#network 192.168.1.0
PE(config-router)#network 200.1.1.0
PE(config-router)#end
```

3. Verifique la tabla de enrutamiento en CE.

```
CE#show ip route
```

4. Verifique en el mismo CE las rutas aprendidas utilizando EIGRP

```
CE#show ip route eigrp
```

5. Verifique la información propia del protocolo en los routers CE y PE.

```
CE#show ip eigrp neighbors
PE#show ip eigrp neighbors

CE#show ip eigrp interfaces
```

6. Verifique las tablas topológicas en ambos dispositivos.
   Aproveche a verificar el router ID de CE.
   Utilizando las tablas topológicas verifique el comportamiento del algoritmo de cálculo de la métrica de EIGRP analizando las métricas (FD y AD) de la ruta a la red 172.16.50.0/24 en ambos dispositivos.

```
CE#show ip eigrp topology
PE#show ip eigrp topology
```

Desactivar la publicación de actualizaciones EIGRP

1. En el router GTW1 verifique a través de qué interfaces se están enviando actualizaciones del protocolo de enrutamiento. El dispositivo debería estar enviando actualizaciones a través de todas sus interfaces.

```
GTW1#show ip protocols
GTW1#show ip eigrp interfaces
```

2. Ingrese ahora al router PE y verifique su tabla de enrutamiento. El dispositivo debería estar aprendiendo ruta a la red 172.16.0.0/16 a través del router CE.

```
PE#show ip route
```

3. Regrese al router GTW1 y desactive la publicación de actualizaciones EIGRP a través de la interfaz G0/1 que conecta a la red 172.16.50.0/24.

```
GTW1#configure terminal
GTW1(config)#router eigrp 100
```

```
GTW1(config-router)#passive-interface GigabitEthernet 0/1
GTW1(config-router)#end
```

4. Verifique ahora en el router GTW1, a través de qué interfaces se están publicando actualizaciones. Ahora no debe aparecer en la lista la interfaz G0/1, al mismo tiempo que se ha agregado ahora como interfaz pasiva.

```
GTW1#show ip protocols
GTW1#show ip eigrp interfaces
```

5. Ingrese nuevamente al router PE y verifique nuevamente su tabla de enrutamiento. Debiera estar aprendiendo las mismas redes por EIGRP que las que visualizó en el paso 2.

```
PE#show ip route eigrp
```

6. Ingrese ahora a la consola de GTW2 y desactive la publicación de actualizaciones EIGRP a través de la interfaz G0/1, pero ahora indicando que la opción por defecto es que no se publiquen actualizaciones. Asegúrese de que SI se publiquen actualizaciones a través de las interfaces G0/2 y S0/1.

```
GTW2#configure terminal
GTW2(config)#router eigrp 100
GTW2(config-router)#passive-interface default
GTW2(config-router)#no passive interface GigabitEthernet0/2
GTW2(config-router)#no passive interface Serial 0/1
GTW2(config-router)#end
```

7. Verifique ahora qué interfaces de GTW2 están participando del proceso de enrutamiento EIGRP 100.

```
GTW2#show ip protocols
GTW2#show ip eigrp interfaces
```

 De esta manera concluye este laboratorio.

Laboratorio 5.8: Configuración de enrutamiento EIGRP para IPv6

 Para la realización de los laboratorios de esta Guía se ha diseñado la topología de una maqueta única que permite cubrir todos los ejercicios propuestos.
Para este ejercicio debe concentrarse solamente en una parte de esa maqueta, a la que denominamos "Topología a utilizar".

Topología a utilizar

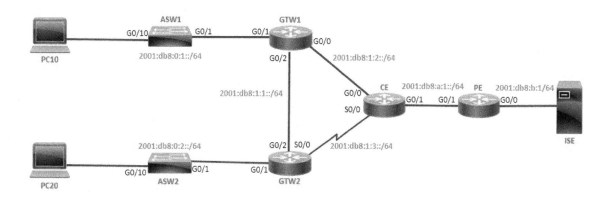

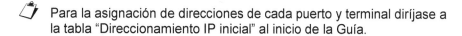 Antes de iniciar el ejercicio asegúrese de desactivar los puertos que no participan de esta topología para tener lecturas más claras de los comandos show.

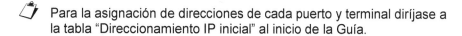 Para la asignación de direcciones de cada puerto y terminal diríjase a la tabla "Direccionamiento IP inicial" al inicio de la Guía.

Consideraciones a tener en cuenta para este ejercicio:

- No se utilizan los enlaces que conectan ASW1 con ASW2. Esos puertos deben desactivarse utilizando el comando shutdown.

- De las conexiones seriales que conectan GTW2 con CE se utiliza solamente una, la otra debe desactivarse.

- La terminal ISE se utiliza solamente como terminal, no publica ningún servicio en este ejercicio.

- Todos los dispositivos deben tener su configuración básica como punto de partida, con la configuración IPv6 completa de todas las interfaces que intervienen en esta topología.

- En el enlace serial que une CE con GTW2 el extremo DCE de la conexión es el router CE. Ese enlace tiene un ancho de banda de 4 Mbps.

- En el desarrollo del ejercicio no es necesario activar el enrutamiento de unicast IPv6 ya que esta tarea se ha cumplido en un laboratorio anterior.

Direccionamiento IP inicial

Dispositivo	Interfaz	IPv6	Longitud de Prefijo
PC10	Gi	2001:DB8:0:1::10	/64
PC20	Gi	2001:DB8:0:2::20	/64
ISE	Gi	2001:DB8:B:1::10	/64
GTW1	G0/0	2001:DB8:1:2::5	/64
	G0/1	2001:DB8:0:1::1	/64
	G0/2	2001:DB8:1:1::1	/64
GTW2	G0/1	2001:DB8:0:2::2	/64
	G0/2	2001:DB8:1:1::2	/64
	S0/0	2001:DB8:1:3::13	/64
CE	G0/0	2001:DB8:1:2::6	/64
	S0/0	2001:DB8:1:3::14	/64
	G0/1	2001:DB8:A:1::10	/64
PE	G0/0	2001:DB8:B:1::1	/64
	G0/1	2001:DB8:A:1::1	/64

Configurar y verificar EIGRP

1. Configure enrutamiento EIGRP para IPv6 utilizando el sistema autónomo 100 en los routers GTW1, GTW2, CE y PE.

2. En cada uno de los dispositivos asocie al proceso de EIGRP cada una de las interfaces configuradas.

```
GTW1#configure terminal
GTW1(config)#ipv6 router eigrp 100
GTW1(config-router)#exit
GTW1(config)#interface GigabitEthernet0/0
GTW1(config-if)#ipv6 eigrp 100
GTW1(config-if)#interface GigabitEthernet0/1
GTW1(config-if)#ipv6 eigrp 100
GTW1(config-if)#interface GigabitEthernet0/2
GTW1(config-if)#ipv6 eigrp 100
GTW1(config-if)#end

GTW2#configure terminal
GTW2(config)#ipv6 router eigrp 100
GTW2(config-router)#exit
```

```
GTW2(config)#interface GigabitEthernet0/1
GTW2(config-if)#ipv6 eigrp 100
GTW2(config-if)#interface GigabitEthernet0/2
GTW2(config-if)#ipv6 eigrp 100
GTW2(config-if)#interface Serial0/0
GTW2(config-if)#ipv6 eigrp 100
GTW2(config-if)#end

CE#configure terminal
CE(config)#ipv6 router eigrp 100
CE(config-router)#exit
CE(config)#interface GigabitEthernet0/0
CE(config-if)#ipv6 eigrp 100
CE(config-if)#interface GigabitEthernet0/1
CE(config-if)#ipv6 eigrp 100
CE(config-if)#interface Serial0/0
CE(config-if)#ipv6 eigrp 100
CE(config-if)#end

PE#configure terminal
PE(config)#ipv6 router eigrp 100
PE(config-router)#exit
PE(config)#interface GigabitEthernet0/0
PE(config-if)#ipv6 eigrp 100
PE(config-if)#interface GigabitEthernet0/1
PE(config-if)#ipv6 eigrp 100
PE(config-if)#end
```

3. Verifique la tabla de enrutamiento en CE.

```
CE#show ipv6 route
```

4. Verifique en el mismo CE las rutas aprendidas utilizando EIGRP

```
CE#show ipv6 route eigrp
```

5. Verifique la información propia del protocolo en los routers CE y PE.

```
CE#show ipv6 eigrp neighbors
PE#show ipv6 eigrp neighbors

CE#show ipv6 eigrp interfaces
```

6. Verifique las tablas topológicas en ambos dispositivos.
   Utilizando las tablas topológicas verifique el comportamiento del algoritmo
   de cálculo de la métrica de EIGRP analizando las métricas (FD y AD) de la
   ruta a la red 172.16.50.0/24 en ambos dispositivos.

```
CE#show ipv6 eigrp topology
PE#show ipv6 eigrp topology
```

De esta manera concluye este laboratorio.

Laboratorio 5.9: Configuración y verificación de OSPF

 Para la realización de los laboratorios de esta Guía se ha diseñado la topología de una maqueta única que permite cubrir todos los ejercicios propuestos.
Para este ejercicio debe concentrarse solamente en una parte de esa maqueta, a la que denominamos "Topología a utilizar".

Topología a utilizar

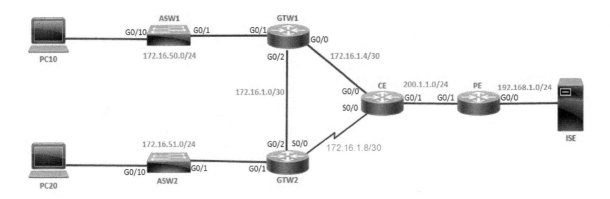

 Antes de iniciar el ejercicio asegúrese de desactivar los puertos que no participan de esta topología para tener lecturas más claras de los comandos show.

 Para la asignación de direcciones de cada puerto y terminal diríjase a la tabla "Direccionamiento IP inicial" al inicio de la Guía.

Consideraciones a tener en cuenta para este ejercicio:

- No se utilizan los enlaces que conectan ASW1 con ASW2. Esos puertos deben desactivarse utilizando el comando shutdown.

- De las conexiones seriales que conectan GTW2 con CE se utiliza solamente una, la otra debe desactivarse.

- La terminal ISE se utiliza solamente como terminal, no publica ningún servicio en este ejercicio.

- Todos los dispositivos deben tener su configuración básica como punto de partida, con la configuración IP completa de todas las interfaces que intervienen en esta topología.

- En el enlace serial que une CE con GTW2 el extremo DCE de la conexión es el router CE. Ese enlace tiene un ancho de banda de 4 Mbps.

IMPORTANTE:
Antes de iniciar el ejercicio asegúrese de eliminar cualquier ruta
estática existente o cualquier protocolo de enrutamiento que haya sido
utilizado en ejercicios anteriores.

Direccionamiento IP inicial

Dispositivo	Interfaz	IP	Máscara de Subred
PC10	Gi	172.16.50.10	255.255.255.0
PC20	Gi	172.16.51.20	255.255.255.0
ISE	Gi	192.168.1.10	255.255.255.0
ASW1	VLAN1	172.16.50.101	255.255.255.0
ASW2	VLAN1	172.16.51.102	255.255.255.0
GTW1	G0/0	172.16.1.5	255.255.255.252
	G0/1	172.16.50.1	255.255.255.0
	G0/2	172.16.1.1	255.255.255.252
GTW2	G0/1	172.16.51.2	255.255.255.0
	G0/2	172.16.1.2	255.255.255.252
	S0/0	172.16.1.9	255.255.255.252
CE	G0/0	172.16.1.6	255.255.255.252
	S0/0	172.16.1.10	255.255.255.252
	G0/1	200.1.1.10	255.255.255.0
PE	G0/0	192.168.1.1	255.255.255.0
	G0/1	200.1.1.1	255.255.255.0

Configurar y verificar OSPF en área única

1. Configure OSPF utilizando el ID de proceso 1 en los routers GTW1,
   GTW2, CE y PE.

2. En cada uno de los dispositivos asocie al proceso de OSPF cada una de
   las redes directamente conectadas.
   Utilice los siguientes RIDs para cada uno de los dispositivos:

   o GTW1   RID: 1.1.1.1

   o GTW2   RID: 2.2.2.2

   o CE   RID: 3.3.3.3

○ PE: RID: 4.4.4.4

```
GTW1#configure terminal
GTW1(config)#router ospf 1
GTW1(config-router)#router-id 1.1.1.1
GTW1(config-router)#network 172.16.50.0 0.0.0.255 area 0
GTW1(config-router)#network 172.16.1.0 0.0.0.3 area 0
GTW1(config-router)#network 172.16.1.4 0.0.0.3 area 0
GTW1(config-router)#end

GTW2#configure terminal
GTW2(config)#router ospf 1
GTW2(config-router)#router-id 2.2.2.2
GTW2(config-router)#network 172.16.51.0 0.0.0.255 area 0
GTW2(config-router)#network 172.16.1.0 0.0.0.3 area 0
GTW2(config-router)#network 172.16.1.8 0.0.0.3 area 0
GTW2(config-router)#end

CE#configure terminal
CE(config)#router ospf 1
CE(config-router)#router-id 3.3.3.3
CE(config-router)#network 172.16.1.4 0.0.0.3 area 0
CE(config-router)#network 172.16.1.8 0.0.0.3 area 0
CE(config-router)#network 200.1.1.0 0.0.0.255 area 0
CE(config-router)#end

PE#configure terminal
PE(config)#router ospf 1
PE(config-router)#router-id 4.4.4.4
PE(config-router)#network 192.168.1.0 0.0.0.255 area 0
PE(config-router)#network 200.1.1.0 0.0.0.255 area 0
PE(config-router)#end
```

3. Verifique la tabla de enrutamiento en CE.

```
CE#show ip route
```

 Si no encuentra rutas aprendidas a través de OSPF en la tabla de enrutamiento, puede deberse a que aún no ha suprimido la operación de EIGRP.
Asegúrese que no haya otro protocolo activo en la red, o rutas estáticas.

4. Verifique en el mismo CE las rutas aprendidas utilizando OSPF

```
CE#show ip route ospf
```

5. Verifique la información propia del protocolo en los routers CE y PE.

```
CE#show ip protocols
CE#show ip ospf neighbors
CE#show ip ospf interfaces brief
```

```
PE#show ip ospf protocols
PE#show ip ospf neighbors
```

Manipulación del costo de las rutas OSPF

1. En la consola del router CE verifique una vez más la tabla de enrutamiento.
   Revise la ruta seleccionada para alcanzar la red 172.16.1.0/30, debiera aparecer la ruta a través de la interfaz Gi0/0, que utiliza como próximo salto el router GTW1.

```
CE#show ip route ospf
```

2. En el mismo router CE verifique el costo de cada uno de los enlaces asociados al dispositivo. Deberá encontrar que el enlace asociado a la interfaz Gi0/0 tiene un costo significativamente menor al asociado a la interfaz S0/0.

```
CE#show ip ospf interface brief
```

3. Modifique ahora el costo de la interfaz Gi 0/0 de CE, asignándole un costo de 50. De esta forma deberá cambiar la ruta elegida, prefiriendo el enlace a través del puerto S0/0 cuyo costo debe ser menor.

 Atención:
Si no se ha asignado el parámetro bandwidth a las interfaces seriales, este cálculo no resultará como lo propone este ejercicio. Asegúrese que las interfaces seriales tienen asignado un bandwidth de 4000.

```
CE#configure terminal
CE(config)#interface GigabitEthernet 0/0
CE(config-if)#ip ospf cost 50
CE(config-if)#end
```

4. Verifique nuevamente el costo de los enlaces asociados a CE. Ahora la interfaz Gi0/0 debe aparecer con un costo 50.

```
CE#show ip ospf interface brief
```

5. Verifique nuevamente la tabla de enrutamiento de CE.
   Ahora la ruta seleccionada para alcanzar la red 172.16.1.0/30 debe ser la que sale a través de la interfaz s0/0, que utiliza como próximo salto el router GTW2.

Desactivar la publicación de actualizaciones OSPF

1. En el router GTW1 verifique a través de qué interfaces se están enviando actualizaciones del protocolo de enrutamiento. El dispositivo debería estar enviando actualizaciones a través de todas sus interfaces.

```
GTW1#show ip protocols
```

```
GTW1#show ip ospf interfaces brief
```

2. Ingrese ahora al router PE y verifique su tabla de enrutamiento. El dispositivo debería estar aprendiendo ruta a la red 172.16.0.0/16 a través del router CE.

```
PE#show ip route
```

3. Regrese al router GTW1 y desactive la publicación de actualizaciones OSPF a través de la interfaz G0/1 que conecta a la red 172.16.50.0/24.

```
GTW1#configure terminal
GTW1(config)#router ospf 1
GTW1(config-router)#passive-interface GigabitEthernet 0/1
GTW1(config-router)#end
```

4. Verifique nuevamente en el router GTW1, a través de qué interfaces se están publicando actualizaciones. Ahora no debe aparecer en la lista la interfaz G0/1, al mismo tiempo que se ha agregado ahora como interfaz pasiva.

```
GTW1#show ip protocols
GTW1#show ip ospf interfaces brief
```

5. Ingrese nuevamente al router PE y verifique nuevamente su tabla de enrutamiento. Debiera estar aprendiendo las mismas redes por OSPF que las que visualizó en el paso 2.

```
PE#show ip route eigrp
```

6. Ingrese ahora a la consola de GTW2 y desactive la publicación de actualizaciones OSPF a través de la interfaz G0/1, pero ahora indicando que la opción por defecto es que no se publiquen actualizaciones. Asegúrese de que SI se publiquen actualizaciones a través de las interfaces G0/2 y S0/0.

```
GTW2#configure terminal
GTW2(config)#router ospf 1
GTW2(config-router)#passive-interface default
GTW2(config-router)#no passive interface GigabitEthernet0/2
GTW2(config-router)#no passive interface Serial 0/0
GTW2(config-router)#end
```

7. Verifique ahora qué interfaces de GTW2 están participando del proceso de enrutamiento OSPF.

```
GTW2#show ip protocols
GTW2#show ip ospf interfaces
```

Configurar y verificar OSPF en múltiples áreas

Para este ejercicio asumiremos que todos los enlaces pertenecientes a la red 172.16.0.0/16 están en el área 0, mientras que los enlaces de las redes 200.1.1.0/24 y 192.168.1.0/24 están en el área 1.

1. En el router CE retire la red 200.1.1.0/24 del área 0 y agréguela al área 1.

```
CE#configure terminal
CE(config)#router ospf 1
CE(config-router)#no network 200.1.1.0 0.0.0.255 area 0
CE(config-router)#network 200.1.1.0 0.0.0.255 area 1
CE(config-router)#end
```

2. En el router PE retire las redes 200.1.1.0/24 y 192.168.1.0/24 del área 0 y agréguelas al área 1.

```
PE#configure terminal
PE(config)#router ospf 1
PE(config-router)#no network 192.168.1.0 0.0.0.255 area 0
PE(config-router)#no network 200.1.1.0 0.0.0.255 area 0
PE(config-router)#network 192.168.1.0 0.0.0.255 area 1
PE(config-router)#network 200.1.1.0 0.0.0.255 area 1
PE(config-router)#end
```

3. En el router CE verifique la operación de OSPF utilizando el comando show ip protocols. Debe ver ahora que hay redes en diferentes áreas.

```
CE#show ip protocols
CE#show ip interface brief
```

4. En el router PE verifique las rutas aprendidas utilizando OSPF. Ahora las rutas a las subredes de la red 172.16.0.0/16 deben aparecer como rutas inter-áreas (O IA).

```
PE#show ip route ospf
```

 De esta manera concluye este laboratorio.

Laboratorio 5.10: Configuración de enrutamiento OSPFv3

 Para la realización de los laboratorios de esta Guía se ha diseñado la topología de una maqueta única que permite cubrir todos los ejercicios propuestos.
Para este ejercicio debe concentrarse solamente en una parte de esa maqueta, a la que denominamos "Topología a utilizar".

Topología a utilizar

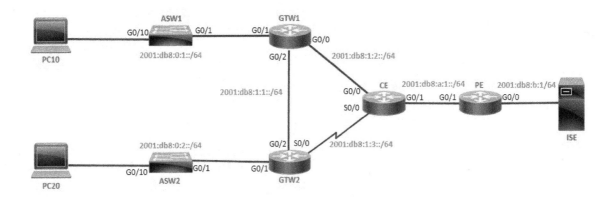

 Antes de iniciar el ejercicio asegúrese de desactivar los puertos que no participan de esta topología para tener lecturas más claras de los comandos show.

 Para la asignación de direcciones de cada puerto y terminal diríjase a la tabla "Direccionamiento IP inicial" al inicio de la Guía.

Consideraciones a tener en cuenta para este ejercicio:

- No se utilizan los enlaces que conectan ASW1 con ASW2. Esos puertos deben desactivarse utilizando el comando shutdown.

- De las conexiones seriales que conectan GTW2 con CE se utiliza solamente una, la otra debe desactivarse.

- La terminal ISE se utiliza solamente como terminal, no publica ningún servicio en este ejercicio.

- Todos los dispositivos deben tener su configuración básica como punto de partida, con la configuración IPv6 completa de todas las interfaces que intervienen en esta topología.

- En el enlace serial que une CE con GTW2 el extremo DCE de la conexión es el router CE. Ese enlace tiene un ancho de banda de 4 Mbps.

- En el desarrollo del ejercicio no es necesario activar el enrutamiento de unicast IPv6 ya que esta tarea se ha cumplido en un laboratorio anterior.

 IMPORTANTE:
Antes de iniciar el ejercicio asegúrese de eliminar cualquier ruta IPv6 estática existente o cualquier protocolo de enrutamiento IPv6 que haya sido utilizado en ejercicios anteriores.

Direccionamiento IP inicial

Dispositivo	Interfaz	IPv6	Longitud de Prefijo
PC10	Gi	2001:DB8:0:1::10	/64
PC20	Gi	2001:DB8:0:2::20	/64
ISE	Gi	2001:DB8:B:1::10	/64
GTW1	G0/0	2001:DB8:1:2::5	/64
	G0/1	2001:DB8:0:1::1	/64
	G0/2	2001:DB8:1:1::1	/64
GTW2	G0/1	2001:DB8:0:2::2	/64
	G0/2	2001:DB8:1:1::2	/64
	S0/0	2001:DB8:1:3::13	/64
CE	G0/0	2001:DB8:1:2::6	/64
	S0/0	2001:DB8:1:3::14	/64
	G0/1	2001:DB8:A:1::10	/64
PE	G0/0	2001:DB8:B:1::1	/64
	G0/1	2001:DB8:A:1::1	/64

Configurar y verificar OSPFv3

1. Configure enrutamiento OSPFv3 utilizando el ID de proceso 1 en los routers GTW1, GTW2, CE y PE.

2. En cada uno de los dispositivos asocie al proceso de OSPFv3 cada una de las interfaces configuradas.
   Utilice los siguientes RIDs para cada uno de los dispositivos:

   o   GTW1   RID: 1.1.1.1

   o   GTW2   RID: 2.2.2.2

   o   CE   RID: 3.3.3.3

o **PE:**   RID: 4.4.4.4

```
GTW1#configure terminal
GTW1(config)#ipv6 unicast-routing
GTW1(config)#ipv6 router ospf 1
GTW1(config-router)#router-id 1.1.1.1
GTW1(config-router)#exit
GTW1(config)#interface GigabitEthernet0/0
GTW1(config-if)#ipv6 ospf 1 area 0
GTW1(config-if)#interface GigabitEthernet0/1
GTW1(config-if)#ipv6 ospf 1 area 0
GTW1(config-if)#interface GigabitEthernet0/2
GTW1(config-if)#ipv6 ospf 1 area 0
GTW1(config-if)#end

GTW2#configure terminal
GTW2(config)# ipv6 unicast-routing
GTW2(config)#ipv6 router ospf 1
GTW2(config-router)#router-id 2.2.2.2
GTW2(config-router)#exit
GTW2(config)#interface GigabitEthernet0/1
GTW2(config-if)#ipv6 ospf 1 area 0
GTW2(config-if)#interface GigabitEthernet0/2
GTW2(config-if)#ipv6 ospf 1 area 0
GTW2(config-if)#interface Serial0/0
GTW2(config-if)#ipv6 ospf 1 area 0
GTW2(config-if)#end

CE#configure terminal
CE(config)#ipv6 unicast-routing
CE(config)#ipv6 router ospf 1
CE(config-router)#router-id 3.3.3.3
CE(config-router)#exit
CE(config)#interface GigabitEthernet0/0
CE(config-if)#ipv6 ospf 1 area 0
CE(config-if)#interface GigabitEthernet0/1
CE(config-if)#ipv6 ospf 1 area 0
CE(config-if)#interface Serial0/0
CE(config-if)#ipv6 ospf 1 area 0
CE(config-if)#end


PE#configure terminal
PE(config)#ipv6 unicast-routing
PE(config)#ipv6 router ospf 1
PE(config-router)#router-id 4.4.4.4
PE(config-router)#exit
PE(config)#interface GigabitEthernet0/0
PE(config-if)#ipv6 ospf 1 area 0
PE(config-if)#interface GigabitEthernet0/1
PE(config-if)#ipv6 ospf 1 area 0
PE(config-if)#end
```

3. Verifique la tabla de enrutamiento en CE.

```
CE#show ipv6 route
```

4. Verifique en el mismo CE las rutas aprendidas utilizando OSPFv3.

```
CE#show ipv6 route ospf
```

5. Verifique la información propia del protocolo en los routers CE y PE.

```
CE#show ipv6 ospf neighbors
PE#show ipv6 ospf neighbors

CE#show ipv6 ospf interfaces
```

De esta manera concluye este laboratorio.

Laboratorio 5.11: Configuración y verificación de eBGP

 Para la realización de los laboratorios de esta Guía se ha diseñado la topología de una maqueta única que permite cubrir todos los ejercicios propuestos.
Para este ejercicio debe concentrarse solamente en una parte de esa maqueta, a la que denominamos "Topología a utilizar".

Topología a utilizar

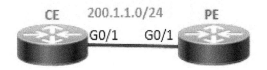

 Para la asignación de direcciones de cada puerto y terminal diríjase a la tabla "Direccionamiento IP inicial" al inicio de la Guía.

Consideraciones a tener en cuenta para este ejercicio:

- En este ejercicio se utilizarán solamente los routers CE y PE. Las interfaces que conectan a los demás dispositivos NO es necesario que sean desactivadas.

- En el esquema de direccionamiento sugiero la creación de 2 interfaces loopback en el router CE para luego publicar sus redes.

- En el ejercicio el router CE se comporta como router cliente y el router PE como dispositivo del ISP.

- El ejercicio (y el temario del examen) se centra en la configuración del router CE del cliente. Para que el protocolo sea plenamente operativo y se pueda intercambiar información de enrutamiento es necesario que el router PE opere como vecino eBGP y publique las redes de las interfaces loopback. Es también necesario eliminar todo intercambio de información de enrutamiento entre PE y CE, incluso una ruta por defecto si la hubiera. Para esto, ingrese la siguiente configuración en la consola de PE:

```
PE#configure terminal
PE(config)#no router ospf1
PE(config)#interface loopback 0
PE(config-if)#ip address 192.168.100.1 255.255.255.0
PE(config-if)#interface loopback 1
PE(config-if)#ip address 172.16.100.1 255.255.255.0
PE(config-if)#exit
PE(config)#router bgp 65001
PE(config-router)#neighbor 201.1.1.10 remote-as 65000
PE(config-router)#network 192.168.100.0 mask 255.255.255.0
PE(config-router)#network 172.16.100.0 mask 255.255.255.0
```

```
PE(config-router)#network 192.168.1.0 mask 255.255.255.0
PE(config-router)#end
```

Y la siguiente configuración en el router CE:

```
CE#configure terminal
CE(config)#no router ospf 1
```

Direccionamiento IP inicial

Dispositivo	Interfaz	IP	Máscara de Subred
PE	G0/1	200.1.1.1	255.255.255.0
	Lo0	192.168.100.1	255.255.255.0
	Lo1	172.16.100.1	255.255.255.0
	G0/0	192.168.1.1	255.255.255.0
CE	G0/1	201.1.1.10	255.255.255.0
	G0/0	172.16.1.6	255.255.255.252
	S0/0	172.16.1.10	255.255.255.252
	Lo0	192.168.200.1	255.255.255.0
	Lo1	172.16.200.1	255.255.255.0

Configurar eBGP

1. Verifique la configuración inicial del router PE que es el dispositivo del service provider.

```
PE#show running-config|section bgp
```

2. Cree las interfaces loopback necesarias en el router CE para luego poder publicar esas redes. Para esta tarea utilice la información de la tabla de direccionamiento IP inicial.

```
CE#configure terminal
CE(config)#interface loopback 0
CE(config-if)#ip address 192.168.200.1 255.255.255.0
CE(config-if)#interface loopback 1
CE(config-if)#ip address 172.16.200.1 255.255.255.0
CE(config-if)#exit
```

3. En la consola del router CE cree y configure el proceso de eBGP de modo que negocie enrutamiento con el router del ISP. Considere la siguiente información para la tarea:

   o Número de sistema autónomo: 65000

   o Vecino con el que negociar la sesión: 200.1.1.1

      o   Número de sistema autónomo del vecino eBGP: 65001

```
CE(config)#router bgp 65000
CE(config-router)#neighbor 201.1.1.1 remote-as 65001
CE(config-router)#end
```

4. A continuación el router CE debe publicar las redes conectadas a sus interfaces de loopback. Antes de proceder a la configuración, verifique la inclusión de estas redes en la tabla de enrutamiento para poder luego ingresar el comando exacto necesario. Las rutas debieran ser a la red 192.168.200.0/24 y 172.16.200.0/24.

```
CE#show ip route
```

5. Incluya ahora en el proceso de BGP el anuncio de ambas redes.

```
CE#configure terminal
CE(config)#router bgp 65000
CE(config-router)#network 192.168.200.0 mask 255.255.255.0
CE(config-router)#network 172.16.200.0 mask 255.255.255.0
CE(config-router)#end
```

Verificación de eBGP

1. Verifique el estado de la sesión BGP en el router CE. En la tabla que se presenta al final del resultado del comando debe verse como vecino al router PE (201.1.1.1).

```
CE#show ip bgp summary
```

2. Verifique a continuación la negociación con el router PE.

```
CE#show ip bgp neighbors
```

3. Verifique los prefijos IP aprendidos a través de la negociación eBGP. En esta tabla debe aparecer ahora los prefijos 192.168.100.0/24 y 172.16.100.0/24 publicados por el PE.

```
CE#show ip bgp
```

4. Antes de concluir el laboratorio, y para dejar la maqueta en condiciones de realizar los laboratorios siguientes, realice las siguientes tareas:

      o   Elimine en ambos dispositivos el proceso de BGP

      o   Reinicie el proceso de OSPF que se eliminó antes en ambos routers.

      o   Vuelva a asociar las interfaces de cada router al proceso de OSPF.

```
CE#configure terminal
CE(config)#no router bgp 65000
CE(config)#router ospf 1
```

```
CE(config-router)#network 201.1.1.0 0.0.0.255 area 1
CE(config-router)#network 172.16.1.4 0.0.0.3 area 0
CE(config-router)#network 172.16.1.8 0.0.0.3 area 0
CE(config-router)#end

PE#configure terminal
PE(config)no router bgp 65001
PE(config)#router ospf 1
PE(config-router)#network 192.168.1.0 0.0.0.255 area 0
PE(config-router)#network 200.1.1.0 0.0.0.255 area 0
PE(config-router)#end
```

 De esta manera concluye este laboratorio.

E. Síntesis

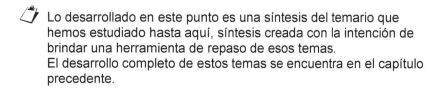

Lo desarrollado en este punto es una síntesis del temario que hemos estudiado hasta aquí, síntesis creada con la intención de brindar una herramienta de repaso de esos temas.
El desarrollo completo de estos temas se encuentra en el capítulo precedente.

El mejor resumen es siempre el que elabora uno mismo; lo que le presento a continuación es simplemente una sugerencia o guía orientativa.

Principios del enrutamiento IP

La tabla de enrutamiento contiene la información correspondiente a todos los destinos posibles conocidos, e incluye:

- Identificador de la red de destino.

- Dispositivo vecino.

- Forma en que se mantiene y verifica la información.

- La mejor ruta a cada red remota.

El router aprende acerca de las redes remotas:

- Dinámicamente.

- Estáticamente.

Funciones básicas del router:

- Determinación de las rutas.

- Reenvío de paquetes.

Mecanismos de reenvío de paquetes:

- Process switching.

- Fast switching.

- Cisco Express Forwarding.

La tabla de enrutamiento

- Conjunto ordenado de información referida al modo de alcanzar diferentes redes de destino.

Generación de la tabla de enrutamiento

- Redes directamente conectadas.

- Rutas estáticas.

- Rutas dinámicas.

- Ruta por defecto.

C	Redes directamente conectadas
L	Rutas locales: interfaces del dispositivo
S	Rutas estáticas
(*)	Identifica la ruta por defecto
R	Rutas aprendidas a través del protocolo RIP
O	Rutas aprendidas a través del protocolo OSPF
D	Rutas aprendidas a través del protocolo EIGRP

Protocolos de enrutamiento

- Un sistema autónomo o dominio de enrutamiento es un conjunto de dispositivos bajo una administración única.

- Protocolos de Enrutamiento Interior:

    o RIP

    o EIGRP

    o OSPF

    o IS-IS

- Protocolos de Enrutamiento Exterior:

    ▪ BGPv4

Todos los protocolos de enrutamiento cubren básicamente 3 propósitos:

- Descubrir la existencia de redes remotas.

- Mantener la información de enrutamiento actualizada.

- Seleccionar la mejor ruta hacia la red destino

Comparación entre enrutamiento vector distancia y estado de enlace

- Se diferencian en función del algoritmo que utilizan para procesar la información de enrutamiento que intercambian.

- Protocolos de vector distancia.

  - Determina básicamente la dirección y distancia a la que se encuentra la red de destino.

  - Estos protocolos envían actualizaciones en las que incluyen toda la información contenida en la tabla de enrutamiento.

- Protocolos de estado de enlace.

  - Cada router construye su propio mapa de la topología de la red.

  - Utiliza el algoritmo SPF con el que se genera una visión completa de la topología de la red y se elige la mejor ruta a cada red.

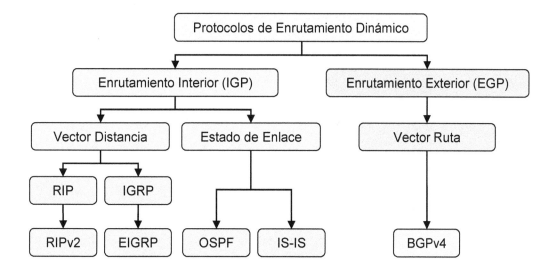

Protocolos por vector distancia	Protocolos por estado de enlace
Implementan el algoritmo Bellman-Ford.	Implementan el algoritmo de Dijkstra.
Visualiza la red sólo desde la perspectiva de los vecinos.	Buscan una visión común de la topología de la red íntegra.
Realizan actualizaciones periódicas.	Los eventos activan la actualización.
Transmiten copias completas o parciales de la tabla de enrutamiento.	Transmiten solo actualizaciones del estado de los enlaces.
Requieren menor procesamiento y	Requieren mayor procesamiento y

Protocolos por vector distancia	Protocolos por estado de enlace
memoria RAM; pero utilizan mayor ancho de banda.	memoria RAM; pero utilizan menor ancho de banda.
RIP	OSPF
EIGRP	IS-IS

Hay otra visión diferente entre protocolos de enrutamiento según el modo en que se publican las redes de destino:

- Enrutamiento classful.
  Estos protocolos no incluyen la información de la máscara de enrutamiento correspondiente en las rutas publicadas.

- Enrutamiento classless.
  Incluyen la máscara de subred en las actualizaciones de las rutas publicadas.

La métrica

- Parámetro generado por el algoritmo de enrutamiento para cada ruta que refleja la "distancia" existente entre el dispositivo y la red de destino.

- Es el resultado de la operación del algoritmo del protocolo a partir de uno o varios parámetros combinados.

- La menor métrica es la que corresponde a la mejor ruta.

- Cada protocolo de enrutamiento utiliza diferentes métricas:

    o Ancho de banda.

    o Delay.

    o Cantidad de saltos.

    o Costo.

La Distancia Administrativa

- Valor que permite clasificar las diferentes rutas que se aprenden de acuerdo a la confiabilidad de la fuente de información de enrutamiento.

- IOS utiliza este parámetro para seleccionar la mejor ruta.

- Valor entero entre 0 y 255

- A menor valor denota mayor confiabilidad.

- Cada protocolo tiene un valor asignado por defecto.

Fuente de información de ruteo	Valor
Ruta a una red directamente conectada	0
Ruta estática (por defecto)	1
Ruta eBGP	20
Ruta EIGRP interna	90
Ruta OSPF	110
Ruta IS-IS	115
Ruta RIP	120
Ruta EIGRP externa	170
Ruta iBGP	200
Ruta inalcanzable	255

Determinación de la ruta

- Cuando hay información referida a una misma red destino de diferente origen, el router utiliza la distancia administrativa para definir cuál es la mejor ruta hacia ese destino.

- Cuando hay varias rutas con la misma distancia administrativa, se utiliza la métrica para seleccionar la mejor ruta.

- Cuando se encuentran varias rutas posibles, se selecciona aquella de prefijo de mayor longitud.

Configuración de las interfaces del router

- Son el punto de conexión con las diferentes redes.

Tipos básicos de interfaces físicas:

- Interfaces Ethernet o LAN.

- Interfaces Seriales o WAN.

- Interfaces loopback.

Configuración de interfaces loopback

```
Router#configure terminal
Router(config)#interface loopback 0
Router(config-if)#ip address 192.168.100.1 255.255.255.255
Router(config-if)#exit
Router(config)#
```

Configuración de interfaces Ethernet

```
Router(config)#interface GigabitEthernet0/0
Router(config-if)#ip address 172.16.1.1 255.255.255.0
Router(config-if)#no shutdown
Router(config-if)#exit
```

Configuración de interfaces Seriales

```
Router(config)#interface Serial0/0/0
Router(config-if)#encapsulation [ppp|hdlc|frame]
Router(config-if)#ip address 172.16.20.1 255.255.255.0
Router(config-if)#no shutdown
Router(config-if)#exit
```

Verificación de la configuración y estado de las interfaces

```
Router#show ip interface brief
Router#show protocols Serial0/0/0
Router#show interfaces
```

Enrutamiento estático

- Ruta manualmente ingresada en la tabla de enrutamiento.

- Debe ser mantenida manualmente.

Puede ser conveniente utilizar rutas estáticas cuando:

- La red es pequeña y está constituida por unas pocas rutas.

- La red está conectada a Internet a través de un único service provider.

- La red está configurada sobre un modelo hub-and-spoke.

- Es necesario implementar rápidamente una ruta con un propósito específico.

Configuración de una ruta estática IPv4:

```
Router(config)#ip route 201.15.14.0 255.255.255.0 191.35.152.17 10
Router(config)#ip route 201.15.10.0 255.255.255.0 Serial0/0/0 10
```

Configuración de una ruta estática IPv6:

```
Router#configure terminal
Router(config)#ipv6 unicast-routing
Router(config)#ipv6 route 2001:DB8:0:1::/64 Serial0/0/0 10
```

Rutas por Defecto

- Ruta utilizada para enrutar paquetes que tienen como destino una dirección perteneciente a una red para la cual no hay una ruta específica en la tabla de enrutamiento.

- Puede ser utilizada por cualquier dirección IP de destino.

Se utilizan rutas por defecto:

- En la conexión a Internet.

- Cuando se trata de una red stub.

Configuración de una ruta por defecto

```
Router(config)#ip route 0.0.0.0 0.0.0.0 191.35.152.17
Router(config)#ip route 0.0.0.0 0.0.0.0 Serial 0/0/0
```

Para configurar una ruta por defecto para enrutamiento IPv6:

```
Router(config)#ipv6 route ::/0 Serial 0/0/0
```

Enrutamiento Dinámico

- Protocolo de enrutamiento dinámico: conjunto de procesos, algoritmos y formatos de mensajes que permiten intercambiar información de enrutamiento entre dispositivos con el propósito de construir las tablas de enrutamiento.

Operación de los protocolos de enrutamiento:

- Los dispositivos envían y reciben mensajes con información de enrutamiento a través de sus interfaces.

- El dispositivo comparte su información de enrutamiento con otros dispositivos.

- El dispositivo aprende respecto de la existencia y la forma de llegar a redes remotas.

- Cuando se detecta un cambio de topología se notifica de este cambio a los otros dispositivos en el dominio de enrutamiento.

Protocolos de enrutamiento por vector distancia

Se basan en el envío a cada uno de los dispositivos vecinos la información contenida en la tabla de enrutamiento.

El envío se repite utilizando intervalos fijos de tiempo.

Eventos que pueden provocar una actualización son varios:

- La falla de un enlace.

- La activación de un nuevo enlace.

- La falla de un dispositivo.

- El cambio de los parámetros de un enlace.

Para prevenir o solucionar bucles de enrutamiento:

- Cuenta al infinito.

- Horizonte dividido (Split horizon).

- Ruta envenenada (Route poisoning).

- Temporizadores de espera (Hold-down timers).

- Actualizaciones desencadenadas.

Protocolos de enrutamiento por estado de enlace

Ventajas respecto de los protocolos de vector distancia:

- Son más escalables.

- Cada dispositivo tiene la información completa de la topología de la red.

- Las actualizaciones se envían cuando se produce un cambio.

- Responde rápidamente a los cambios en la topología.

- Hay mayor intercambio de información entre los dispositivos.

Estructura de la información

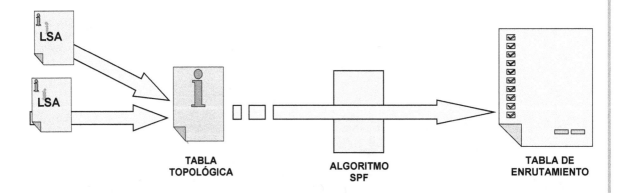

TABLA
TOPOLÓGICA

ALGORITMO
SPF

TABLA DE
ENRUTAMIENTO

Para su operación estos protocolos mantienen varias tablas o bases de datos:

- Base de datos de adyacencias.

- Base de datos topológica.

La unidad básica para el intercambio de información son los LSAs que incluyen:

- Interfaz del dispositivo.

- Dirección IP y máscara de subred.

- Tipo de red.

- Dispositivos conectados a ese segmento de red.

RIP versión 2

- Es un protocolo de enrutamiento por vector distancia classless.

- RFC 2453.

- Métrica: número de saltos

- Métrica máxima: 15 saltos / 16 saltos = inalcanzable

- Algoritmo Bellman-Ford

- ID en la tabla de enrutamiento: R

- Distancia Administrativa: 120

- Temporizadores:

  o Período de actualización: 30 segundos

  o Período de invalidación de ruta: 90 segundos

  o Período de renovación de rutas: 240 segundos

- Propagación por multicast: 224.0.0.9

- Balancea carga hasta entre 6 rutas de igual métrica, 4 por defecto.

- Admite autenticación para sus actualizaciones: texto plano (por defecto) o cifrado utilizando MD5.

- Sumariza rutas por defecto automáticamente al límite de la clase.

Configuración

```
Router(config)#router rip
Router(config-router)#version 2
Router(config-router)#network 172.16.0.0
Router(config-router)#timers basic 60 180 180 240
Router(config-router)#no auto-summary
Router(config-router)#passive-interface GigabitEthernet0/0
Router(config-router)#passive-interface default
Router(config-router)#no passive-interface Serial0/0
Router(config-router)#default-information originate
```

Monitoreo

```
Router#show ip protocol
Router#show ip route
Router#show ip route rip
Router#show ip rip database
```

Enrutamiento IPv6

- Se requieren protocolos de enrutamiento específicos que respondan a la arquitectura de IPv6.

- Además del enrutamiento estático es posible utilizar algunos protocolos de enrutamiento:

  - RIPng.

  - OSPFv3.

  - IS-IS.

  - EIGRP.

  - MP-BGP.

- En IOS el enrutamiento IPv6 se encuentra inactivo por defecto.

```
Router#configure terminal
Router(config)#ipv6 unicast-routing
```

Configuración de enrutamiento estático IPv6

```
Router#configure terminal
Router(config)#ipv6 route 2001:db8:0:1::/64 Serial0/1
Router(config)#ipv6 route ::/0 Serial0/0
```

Verificación del enrutamiento IPv6

```
Router#show ipv6 route
Router#show ipv6 route static
Router#traceroute 2001:db8:0:1::10
```

Enhanced Interior Gateway Routing Protocol (EIGRP)

- Protocolo de enrutamiento por vector distancia avanzado.

- Protocolo propietario de Cisco.

- Mantiene una tabla de vecindades y una tabla topológica.

- Algoritmo de selección de mejor ruta: DUAL.

- Implementa el concepto de "rutas sucesoras".

- No realiza actualizaciones periódicas.

- Envía paquetes hello utilizando multicast: 224.0.0.10 o FF02::A.

- Soporta VLSM, enrutamiento de redes discontiguas y sumarización de rutas.

- Por defecto NO sumariza rutas.

- Soporta autenticación con intercambio de claves predefinidas y cifradas con MD5.

- Métrica de 32 bits compuesta: ancho de banda, retraso, confiabilidad y carga.

- Métrica por defecto = ancho de banda + retardo.

- Balancea tráfico entre rutas de igual métrica.

- Es posible definir balanceo de tráfico entre rutas de diferente métrica.

- Cantidad máxima de saltos: 224.

- ID en la tabla de enrutamiento: D (para rutas externas D EX).

- Distancia Administrativa: 90 (170 para rutas externas).

- Su configuración requiere que se defina un número de Sistema Autónomo (AS).

Selección de rutas EIGRP

- Es realizada por el protocolo a partir de la información contenida en la tabla topológica.

- La métrica con la que cada vecino publica cada una de las diferentes rutas a esa red destino (AD).

- La métrica que el dispositivo calcula para alcanzar esa red destino a través de ese dispositivo sucesor (FD – Feasible Distance).

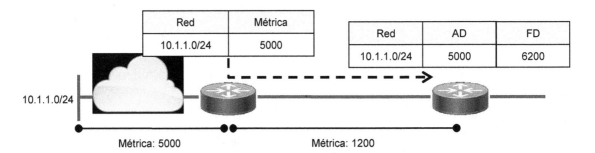

Red	Métrica
10.1.1.0/24	5000

Red	AD	FD
10.1.1.0/24	5000	6200

10.1.1.0/24

Métrica: 5000   Métrica: 1200

- El algoritmo DUAL compara las FDs de todas las rutas al mismo destino y selecciona la ruta con menor FD.

Métrica

Componentes por defecto:

- Ancho de banda.

- Delay.

Adicionalmente puede considerar:

- Confiabilidad.

- Carga.

Los valores de ancho de banda y delay pueden ser establecidos en cada interfaz por configuración.

```
Router#show interface Serial0/0/0
Router#configure terminal
Router(config)#interface Serial0/0/0
Router(config-if)#bandwidth 4000
Router(config-if)#delay 10000
```

Balanceo de carga

Balanceo de carga entre rutas de igual métrica

- Es el modo de operación por defecto.

- Por defecto balancea carga en hasta 4 rutas de igual métrica a través de la instalación de hasta 4 rutas de igual métrica en la tabla de enrutamiento.

Balanceo de carga entre rutas de diferente métrica

- Se puede balancear tráfico entre rutas que tengan una métrica hasta 128 veces peor que la métrica de la successor route elegida.

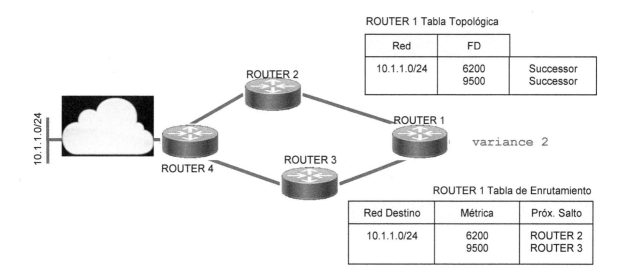

ROUTER 1 Tabla Topológica

Red	FD	
10.1.1.0/24	6200 9500	Successor Successor

variance 2

ROUTER 1 Tabla de Enrutamiento

Red Destino	Métrica	Próx. Salto
10.1.1.0/24	6200 9500	ROUTER 2 ROUTER 3

Configuración de EIGRP en redes IPv4

```
Router(config)#router eigrp 1
Router(config-router)#network 172.16.1.0 0.0.0.255
Router(config-router)#maximum-paths 2
Router(config-router)#shutdown
Router(config-router)#eigrp router-id 1.1.1.1
Router(config-router)#passive-interface GigabitEthernet0/0
Router(config-router)#passive-interface default
Router(config-router)#no passive-interface Serial 0/0/0
```

Verificación

```
Router(config-router)#exit
Router#show ip route eigrp
Router#show ip protocols
Router#show ip eigrp interfaces
Router#show ip eigrp interfaces GigabitEthernet 0/0
Router#show ip eigrp neighbors
Router#show ip eigrp topology
Router#show ip eigrp topology all-links
```

Balanceo de carga

```
Router#configure terminal
Router(config)#router eigrp 1
Router(config-router)#maximum-paths 3
Router(config-router)#variance 2
```

EIGRP en redes IPv6

- Es fácil de configurar.

- Mantiene sus características de protocolo de vector distancia avanzado.

- El soporte de múltiples protocolos se realiza a través de módulos.

- Soporta IPv6 como un contexto de enrutamiento separado.

- Utiliza direcciones link-local para la definición de adyacencias y el atributo de próximo salto.

- Se configura en las interfaces.

- Se mantienen tablas de vecinos independientes.

- En los demás aspectos operativos del protocolo y el algoritmo permanece igual que en IPv4.

Configuración de EIGRP en redes IPv6

```
Router(config)#ipv6 unicast routing
Router(config)#ipv6 router eigrp 1
Router(config-rtr)#no shutdown
Router(config-rtr)#exit
Router(config)#interface GigabitEthernet 0/0
Router(config-if)#ipv6 enable
Router(config-if)#ipv6 address FC00:1:1:1::/64 eui-64
Router(config-if)#ipv6 eigrp 1
Router(config-if)#Ctrl-Z
```

Verificación

```
Router#show ipv6 router eigrp
Router#show ipv6 eigrp 1 interfaces
Router#show ipv6 eigrp 1 neighbors
Router#show ipv6 eigrp 1 topology
```

Open Shortest Path First (OSPF)

- Protocolo de enrutamiento abierto por estado de enlace.

- Protocolo de enrutamiento classless.

- Métrica: costo.

- Balancea tráfico entre rutas de igual métrica

- Algoritmo de cálculo de la mejor ruta: Dijkstra.

- ID en la tabla de enrutamiento: O.

- Distancia Administrativa: 110.

- Utiliza paquetes hello para descubrir dispositivos vecinos y mantener la relación de vecindad.

- Período de actualización de paquetes hello:

    ○ 10 segundos en redes multiacceso y punto a punto.

    ○ 30 segundos en redes NBMA.

- Cuando se produce un evento en la red se desencadena el intercambio de LSAs.

- Permite realizar sumarización manual de rutas.

- Soporta autenticación con intercambio de claves en texto plano o cifradas con MD5.

Establecimiento de adyacencias

- Los paquetes hello establecen y mantienen la relación de adyacencia.

- Asegura la comunicación bidireccional entre vecinos.

- Utilizan la dirección de multicast 224.0.0.5.

- Para que se pueda establecer una adyacencia es necesario concuerden en los siguientes elementos:

    ○ Intervalos de hello y dead.

    ○ ID de área.

    ○ Información de autenticación.

    ○ Etiqueta de área stub.

    ○ Ambos dispositivos deben estar en la misma subred.

Definición del router ID

OSPF utiliza un Router ID para identificar el dispositivo que genera un LSAs.

- Puede ser configurado manualmente.

- Si no se configura un RID se utiliza la IP de la interfaz lógica (loopback) más alta.

- Si no hay interfaz de lógica se utiliza la IP de la interfaz física con IP más alta que esté activa al momento de levantar el proceso de OSPF.

El RID se define en el momento en que levanta el proceso OSPF y una vez definido se mantiene estable aunque se realicen modificaciones en la configuración del protocolo.

Estados en la negociación de los vecinos

En el establecimiento de una relación de adyacencia los dispositivos vecinos pasan por una serie de estados:

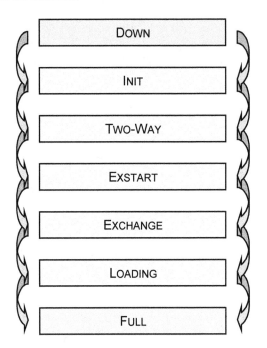

Tipos de red OSPF

La operación del protocolo es diferente en distintos tipos de red:

- Redes multiacceso de broadcast.

- Redes multiacceso sin broadcast (NBMA).

- Redes punto a punto.   No elige DR.

- Redes punto a multipunto.   No elige DR.

Cuando se corre OSPF en redes multiacceso se elige:

- Router designado (DR).

- Router designado de respaldo (BDR).

Criterio de elección DR/BDR:

- Se elige como DR el dispositivo con prioridad más alta.

- A igual valor de prioridad se elige el dispositivo con RID más alto.

Aquellos dispositivos que en una red multiacceso no son elegidos como DR o BDR quedan en estado two-way.

Tipos de paquetes OSPF

- Paquetes hello.

- Paquete DBD (DataBase Description).

- Paquete LSR (Link State Request).

- Paquete LSU (Link State Update).

- Paquete LSAck.

El algoritmo SPF

- El cálculo de cada ruta se basa en la acumulación del costo.

- Supone que todos los dispositivos en un área cuentan con la misma base de datos topológica.

- Cada dispositivo calcula su propio árbol de rutas.

Métrica

- OSPF utiliza el costo como métrica.

- Por defecto, en dispositivos Cisco IOS, el costo es inversamente proporcional al ancho de banda de la interfaz.

- Fórmula de cálculo:

$$\text{Costo} = \frac{\text{Ancho de banda de referencia}}{\text{Ancho de banda de la interfaz}}$$

- El ancho de banda de referencia por defecto es 10^8 = 100.000.000 bits (100 Mbps).

- El costo de una ruta es la acumulación del costo de los enlaces que componen la ruta hacia el destino.

- El valor de costo es un número entero.

- Se puede influir en el costo de los enlaces de diferentes formas:

   o Modificando el valor de ancho de banda de referencia.

o   Definiendo manualmente un valor de costo para la interfaz.

o   Definiendo manualmente el ancho de banda de la interfaz.

Estructura jerárquica de OSPF

- Un sistema autónomo (AS) es un conjunto de redes con una estrategia de enrutamiento común.

- Puede dividirse en múltiples áreas.

- Reduce la cantidad de LSAs que se inundan y los requerimientos de procesamiento.

- Todos los dispositivos que forman parte un área mantienen la misma información de enrutamiento (LSDB).

- Los cambios topológicos en el área solo se propagan dentro de la misma área.

- Un área es un conjunto de redes contiguas identificadas con un ID de área que es un valor entero entre 0 y 4.294.967.295

Las áreas conforman una estructura jerárquica de 2 niveles:

- El Área 0 o área de backbone.

- Las demás áreas operan como áreas regulares o áreas no-backbone.

Roles de los dispositivos

- Routers de backbone.

- Routers internos.

- ABR – Router de frontera de área.

- ASBR – Router de frontera del sistema autónomo.

Identificador de área

Cada área OSPF está identificada por un ID de 32 bits de longitud.

Configuración de OSPF

```
Router(config)#router ospf 1
Router(config-router)#router-id 1.1.1.1
Router(config-router)#network 172.16.1.0 0.0.0.255 area 0
Router(config-router)#passive-interface Serial0/0/1
Router(config-router)#passive-interface default
Router(config-router)#no passive-interface GigabitEthernet0/0
```

Alternativa de configuración

```
Router(config)#interface GigabitEthernet0/0
Router(config-if)#ip ospf 1 area 0
```

Alternativas para modificación del costo de los enlaces

1. Modificar el ancho de banda de referencia.

```
Router#configure terminal
Router(config)#router ospf 1
Router(config-router)#ospf auto-cost reference bandwidth 10000
```

2. Definir manualmente el costo de la interfaz

```
Router#configure terminal
Router(config)#interface Serial0/0/0
Router(config-if)#ip ospf cost 10
```

3. Definir manualmente el ancho de banda de la interfaz.

```
Router#configure terminal
Router(config)#interface Serial0/0/0
Router(config-if)#bandwidth 1000
```

Verificación

```
Router#show ip protocols
Router#show ip ospf interface brief
Router#show ip ospf interface GigabitEthernet0/0
Router#show ip ospf neighbor
Router#show ip ospf database
Router#debug ip ospf events
```

OSPFv3 para IPv6

- Utiliza un router ID de 32 bits.

- La adyacencia entre vecinos y el próximo salto se definen utilizando direcciones IPv6 link-local.

- Se utiliza IPv6 como protocolo de transporte de los LSAs.

- No se define por red sino que se habilita por interfaz.

Configuración de OSPFv3

```
Router(config)#ipv6 unicast-routing
Router(config)#ipv6 router ospf 1
Router(config-router)#router-id 1.1.1.1
Router(config-router)#passive-interface Serial0/0/1
Router(config-router)#passive-interface default
```

```
Router(config-router)#no passive-interface GigabitEthernet0/0
Router(config-router)#exit
Router(config)#interface serial 0/0/0
Router(config-if)#bandwidth 2000000
Router(config-if)#ipv6 enable
Router(config-if)#ipv6 address FC00:1:1:2::/64 eui-64
Router(config-if)#ipv6 ospf 1 area 0
```

Monitoreo

```
Router#show ipv6 protocols
Router#show ipv6 ospf
Router#show ipv6 ospf database
Router#show ipv6 ospf neighbor
Router#show ipv6 ospf interface brief
Router#show ipv6 ospf interface Serial0/0/0
```

Border Gateway Protocol

Modelos de conectividad a Internet

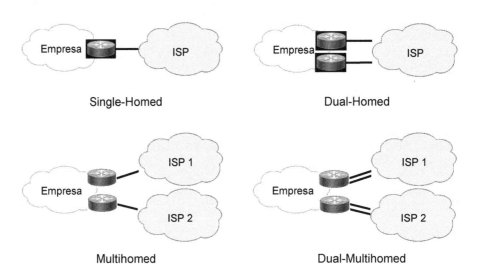

El sistema autónomo

- En EIGRP.
  Es un parámetro requerido en la configuración.
  Identifica un dominio de enrutamiento.
  Por tratarse de enrutamiento interior no requiere un ID asignado por IANA.

- En OSPF.
  Es un concepto que identifica un dominio de enrutamiento.
  No utiliza ID de sistema autónomo.

- En BGP.
  Es un parámetro requerido en la configuración.
  Identifica un dominio de enrutamiento que intercambia información de enrutamiento con otros sistemas autónomos.
  Por tratarse de enrutamiento exterior (Internet) utiliza ID de sistema autónomo definido por IANA.

El ID de Sistema Autónomo

IANA es el organismo responsable de la asignación de los ID de sistema autónomo. Esta tarea ha sido delegada a cinco organismos regionales:

- ARIN: Norte América y el Caribe.

- RIPE NCC: Europa.

- APNIC: Asia-Pacífico.

- AfriNIC: África.

- LACNIC: América Latina y la región Caribe.

El ID de sistema autónomo es un número de 16 bits, con un valor posible entre 1 y 65535.

Los sistemas autónomos 64512 a 65535 están reservados para uso privado.

Border Gateway Protocol

- Actualizaciones utilizando TCP puerto 179.

- Una vez negociada la sesión ambos vecinos intercambian su tabla de enrutamiento completa.

- Luego del intercambio inicial las actualizaciones son incrementales, solamente cuando hay cambios.

- Los vecinos intercambian mensajes keepalive periódicos para mantener activas las sesiones.

- Métrica compleja basada en atributos.

- ID en la tabla de enrutamiento: B

- eBGP: intercambio de información de enrutamiento entre dispositivos peer que pertenecen a diferente sistema autónomo.

- iBGP: intercambio de rutas entre dispositivos peer que pertenecen al mismo sistema autónomo.

- Distancia Administrativa por defecto:

  o Rutas eBGP   20

- o Rutas iBGP   200

- BGP Router ID: 32 bits.

- Es un protocolo de vector ruta.

- Un salto es un sistema autónomo que debe atravesar.

- El próximo salto de la ruta se identifica utilizando la dirección IP de ingreso al siguiente sistema autónomo en la ruta.

- Para las rutas generadas en el propio sistema autónomo su próximo salto se define como 0.0.0.0.

- Cada dispositivo establece y mantiene adyacencia con sus vecinos BGP.

  - o No hay un mecanismo de descubrimiento de vecinos.

  - o Los vecinos deben ser declarados explícitamente.

  - o Para mantener la relación de vecindad es necesario mantener activo el circuito TCP.

Configuración de eBGP en un acceso single homed

Se requieren 3 piezas de información básicas:

- Los números de sistema autónomo.

- Los vecinos o peers eBGP.

- Las redes que se desea publicar hacia Internet.

Definición del proceso de BGP

```
Router(config)#router bgp 64935
```

Establecimiento de la relación con el vecino

```
Router(config-router)#neighbor 201.100.15.130 remote-as 36504
```

Publicación de redes en BGP

```
Router(config-router)#network 215.39.0.16 mask 255.255.255.240
```

Verificación de eBGP

```
Router#show ip bgp summary
Router#show ip bgp neighbors
Router#show ip bgp
```

F. Cuestionario de repaso

Estos cuestionarios han sido diseñados teniendo en cuenta dos objetivos: permitir un repaso del tema desarrollado en el capítulo a la vez que introducir al estudiante en la metodología de las preguntas del examen de certificación.

Por este motivo los cuestionarios tienen una metodología propia. Además de estar agrupados según ejes temáticos los he graduado según su dificultad de acuerdo a tres categorías básicas de preguntas:

- Preguntas de respuesta directa.

- Preguntas de tipo reflexivo.

- Preguntas basadas en la resolución de situaciones problemáticas.

Estas preguntas son una herramienta de repaso, no se trata de preguntas del examen de certificación sino de una herramienta para revisar los conocimientos adquiridos. No lo aborde hasta haber estudiado el contenido del capítulo.

Por favor, tenga en cuenta que:

 Los cuestionarios son una excelente herramienta para realizar un repaso, autoevaluarse y verificar los conocimientos adquiridos.

 Los cuestionarios NO son una herramienta de estudio. No es aconsejable utilizar estos cuestionarios si aún no ha estudiado y comprendido el contenido del capítulo; no han sido elaborados con ese objetivo.

 Las respuestas a este cuestionario las encuentra en la sección siguiente: Respuestas al cuestionario de repaso.

Conceptos generales

1. ¿Para qué se utiliza la distancia administrativa en el enrutamiento?

   A. Determinar el origen de la información de enrutamiento.

   B. Crear una base de datos.

   C. Calificar la confiabilidad del origen, expresada como un valor decimal de 0 a 255.

   D. Calificar la confiabilidad del origen, expresada como un valor decimal de 0 a 1023.

2. ¿Cuál de las siguientes opciones es verdadera acerca del enrutamiento IP?

   A. La dirección IP de destino cambia en cada salto.

   B. La dirección IP de origen cambia en cada salto.

   C. El encabezado de la trama se mantiene sin cambios extremo a extremo.

   D. El encabezado de la trama cambia en cada salto.

   E. La dirección del gateway en el encabezado cambio en cada salto.

3. ¿Cuál de los siguientes elementos encontrará en una tabla de enrutamiento?
   (Elija 3)

   A. Dirección de red destino.

   B. Métrica de enrutamiento.

   C. Distancia en milisegundos a la red de destino.

   D. Interfaz de salida para los paquetes.

   E. RID del dispositivo que origina la ruta.

   D. Interfaz de entrada.

4. ¿Cuál de los protocolos de enrutamiento que se enumeran más abajo soporta VLSM y sumarización de rutas?
   (Elija 3)

   A. RIP v.1.

   B. RIP v.2.

   C. IGRP.

   D. EIGRP.

   E. OSPF.

   F. VTP.

   G. CDP.

5. Usted debe seleccionar un protocolo de enrutamiento para la nueva red corporativa. Esta red implementará múltiples protocolos enrutados: IP, IPX y Appletalk; y una de sus premisas es utilizar un único protocolo de enrutamiento para responder a todas las necesidades. ¿Cuál debería ser entonces su elección?

        A. RIP v.1.

        B. RIP v.2.

        C. EIGRP.

        D. OSPF.

        E. IS-IS.

6. La red 131.107.4.0/24 ha sido publicada por un router vecino utilizando RIPv2 y EIGRP. Ud. también ha agregado manualmente una ruta estática a 131.107.4.0/24.
¿Cuál será la ruta utilizada para reenviar tráfico?

        A. La ruta EIGRP.

        B. La ruta estática.

        C. La ruta RIPv2.

        D. Balanceará tráfico entre las 3 rutas.

7. Un router recibe información de enrutamiento referida a la red 192.168.10.0/24 de diferentes fuentes.
¿Cuál será la fuente de información de enrutamiento considerada más confiable por el dispositivo?

        A. Una interfaz directamente conectada con la dirección 192.168.10.254/24.

        B. Una ruta estática a la red 192.168.10.0/24.

        C. Una actualización de RIP para la red 192.168.10.0/24.

        D. Una actualización de OSPF para la red 192.168.0.0/16.

        E. Una ruta por defecto con dirección de próximo salto 192.168.10.1.

        F. Una ruta estática a la red 192.168.10.0/24 con la interfaz serial local configurada como próximo salto.

8. Asocie los valores de distancia administrativa de la columna de la izquierda, considerando los valores por defecto asignados por IOS, a la ruta o protocolo de enrutamiento de la columna de la derecha.

0
1
20
90
100
110
120
130

RIP
OSPF
Ruta estática que aplica la dirección IP del próximo salto.
Ruta interna de EIGRP
Red directamente conectada

9. Basándose en la información que muestra la topología que está abajo:

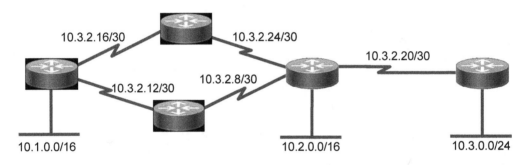

¿Qué protocolo de enrutamiento puede ser utilizado en la red corporativa que se muestra? (Elija 3)

    A. RIP v.1.

    B. RIP v.2.

    C. OSPF.

    D. EIGRP.

    E. BGP.

10. Considerando la siguiente topología:

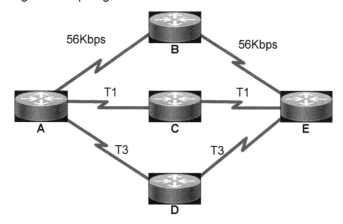

¿Cuál de las siguientes afirmaciones es verdadera respecto a cómo el Router A seleccionaría una ruta hacia el Router E?
(elija 3)

A. Si el protocolo de enrutamiento es RIPv2, el router A determinará que todas las rutas tienen igual costo.

B. Si el protocolo de enrutamiento es RIPv2, el router A solo instalará la ruta ADE en su tabla de ruteo.

C. Si el protocolo de enrutamiento es EIGRP, el router A determinará que la ruta ACE tiene el menor costo.

D. Si el protocolo de enrutamiento es EIGRP, el router A determinará que la ruta ADE tiene la menor métrica.

E. Si se configuraran RIPv2 y EIGRP en el router A, el router utilizará la información de ruteo aprendida por EIGRP.

F. Si se configuraran RIPv2 y EIGRP en el router A, el router utilizará la información de ruteo aprendida por RIP.

11. Un router ha aprendido 3 posibles rutas que pueden ser utilizadas para alcanzar una red destino. Una ruta ha sido aprendida por EIGRP y tiene una métrica compuesta de 20515567; otra ruta ha sido aprendida por OSPF con una métrica de 782. La última de las rutas ha sido aprendida por RIPv2 y tiene una métrica de 4.
¿Qué ruta o rutas instalará el router en su tabla de enrutamiento si los protocolos de enrutamiento se encuentran definidos con sus valores por defecto?

A. La ruta OSPF.

B. La ruta EIGRP.

C. La ruta RIPv2.

D. Las tres rutas.

E. Las rutas OSPF y RIPv2.

12. Los usuarios que se encuentran en la red 172.16.22.0 no logran conectarse al servidor instalado en la red 172.31.5.0. El administrador de la red se ha conectado al router Cafe a través del puerto consola e ingresó el comando show ip route, y verificó que no puede hacer ping hacia el servidor.

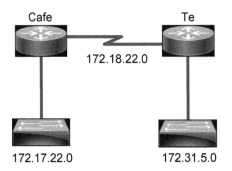

```
Cafe#show ip route
Codes: ...

Gateway of last resort is 172.16.22.2 to network 0.0.0.0

C   172.17.22.0 is directly connected, Fast Ethernet0/0
C   172.18.22.0 is directly connected, Serial 0/0
S*  0.0.0.0/0 [1/0] via 172.17.22.2
```

Tomando como referencia el resultado del comando show ip route y la topología que se muestra en el gráfico, ¿cuál es la causa de la falla?

A. La red no ha convergido completamente.

B. No está activo el enrutamiento IP.

C. Se ha configurado mal una ruta estática.

D. La interfaz FastEthernet del router Café no está habilitada.

E. La tabla de vecinos no se ha actualizado correctamente.

13. Considere la siguiente topología:

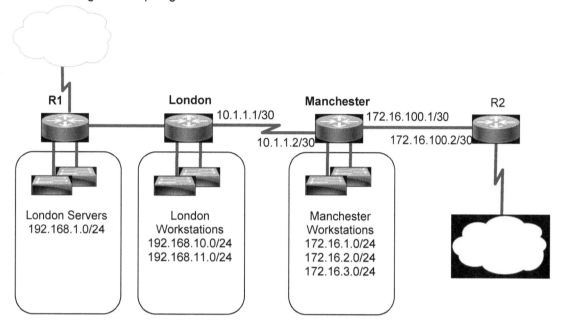

El administrador de la red debe establecer una ruta que permita que las estaciones de trabajo de la red London (London Workstations) puedan enviar tráfico a las estaciones de trabajo de la red Manchester (Manchester Workstations).
¿Cuál es la forma más eficiente de cumplir este requerimiento?

A. Configurar un protocolo de enrutamiento dinámico en London para anunciar todas las rutas a Manchester.

B. Configurar un protocolo de enrutamiento dinámico en London para anunciar una ruta sumarizada a Manchester.

C. Configurar un protocolo de enrutamiento dinámico en Manchester para anunciar una ruta por defecto hacia el router London.

D. Configurar una ruta estática por defecto en London utilizando como próximo salto 10.1.1.1.

E. Configurar una ruta estática en London para dirigir todo el tráfico destinado a la red 172.16.0.0/22 hacia 10.1.1.2.

F. Configurar Manchester para que anuncie una ruta estática por defecto hacia London.

14. Si el enrutamiento IP se encuentra activo en un dispositivo, ¿Cuáles son los 2 comandos que definen el "gateway of last resort" como default gateway que ha de utilizar ese mismo dispositivo?
(Elija 2)

      A. `ip default-gateway 0.0.0.0`

      B. `ip route 172.16.2.1 0.0.0.0 0.0.0.0`

      C. `ip default-network 0.0.0.0`

      D. `ip default-route 0.0.0.0 0.0.0.0 172.16.2.1`

      E. `ip route 0.0.0.0 0.0.0.0 172.16.2.1`

15. En el router Local se ha configurado enrutamiento utilizando los siguientes comandos:

```
Local(config)#ip route 0.0.0.0 0.0.0.0 192.168.1.1
Local(config)#ip route 10.1.0.0 255.255.255.0 192.168.2.2
Local(config)#ip route 10.1.0.0 255.255.0.0 192.168.3.3
```

Considerando esta configuración, indique cada una de las direcciones IP de destino de la columna de la izquierda a qué dirección de próximo salto será reenviada:

10.1.1.10		Next hop 192.168.1.1
10.1.0.14		
10.2.1.3		
10.1.4.6		Next hop 192.168.2.2
10.1.0.123		
10.6.8.4		
		Next hop 192.168.3.3

Rutas estáticas

16. ¿Cuáles de los comandos que se enumeran a continuación puede ser utilizado para configurar una ruta por defecto válida?
    (Elija 2)

    A. `Router(config)#ip route 0.0.0.0 0.0.0.0 Fa0/0`

    B. `Router(config)#ip route 0.0.0.0 255.255.255.255 s0/0/0`

    C. `Router(config)#ip route 255.255.255.255 0.0.0.0 s0/0/0`

    D. `Router(config)#ip route 0.0.0.0 0.0.0.0 192.168.1.21`

    E. `Router(config)#ip route 0.0.0.0 192.168.1.21 255.255.255.255`

    F. `Router(config)#ip default-network 0.0.0.0 0.0.0.0 s0/0/0`

17. ¿Cuál de los siguientes comandos configurará una ruta por defecto en un router Cisco?

    A. `Router(config)#ip route 0.0.0.0 10.1.1.0 10.1.1.1`

    B. `Router(config)#ip default-route 10.1.1.0`

    C. `Router(config)#ip default-gateway 10.1.1.0`

    D. `Router(config)# ip default-network 10.1.1.0`

18. En el siguiente comando, ¿qué significa el número 175?

    `ip route 150.150.0.0 255.255.0.0 150.150.150.150 175`

    A. Define el siguiente salto.

    B. Define la distancia administrativa.

    C. Significa que la actualización se ha enviado como broadcast.

    D. Nada, es un comando inválido.

19. El gráfico muestra un esquema de la topología de la red corporativa.

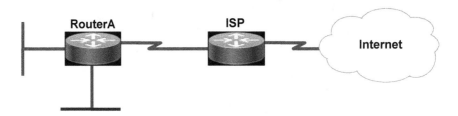

Se trata de una pequeña oficina de 25 puestos de trabajo que tienen una conexión con Internet a través del RouterA.
¿Qué configuración de enrutamiento es recomendable para el RouterA y para el ISP?

      A. BGP en ambos routers.

      B. RIP en ambos routers.

      C. Rutas por defecto en ambos routers.

      D. BGP en el router ISP y una ruta estática en RouterA.

      E. Una ruta por defecto en el RouterA y rutas estáticas en el router ISP.

20. Usted es el administrador de la red que se muestra en el gráfico.

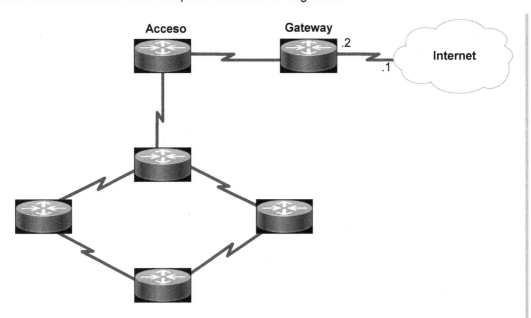

Su Service Provider le ha asignado una dirección IP clase C 207.134.6.0/30 para la conexión a Internet. Para resolver el enrutamiento se debe configurar una ruta por defecto hacia Internet.
¿Cuál de los siguientes es un modo aceptable de configurar una ruta por defecto en el router Gateway? (Elija 2)

A. `Gateway(config)#ip route 0.0.0.0 0.0.0.0 207.134.6.1`

B. `Gateway(config)#router rip`
   `Gateway(config-router)#network 207.134.6.0 default`

C. `Gateway(config)#ip route 207.134.6.0 255.255.255.0 serial0/0/0`

D. `Gateway(config)#router ospf 1`
   `Gateway(config-router)#network 207.134.6.0 0.0.0.3`

E. `Gateway(config)#ip default-network 207.134.6.0`

21. El Administrador la red ha ejecutado el siguiente comando en el Router1:

`Router1(config)#ip route 192.168.12.0 255.255.255.0 172.16.12.1`

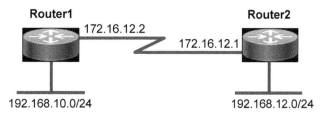

¿Cuál será el resultado de este comando?
(Elija 2)

A. Establece una ruta estática.

B. Activa un protocolo de enrutamiento dinámico para la red 192.1687.12.0

C. Reenvía el tráfico destinado a la red 192.168.12.0 hacia la IP 172.16.12.1

D. Reenvía el tráfico destinado a cualquier red hacia la IP 172.16.12.1

E. La ruta es propagada por toda la red.

F. Reenvía el tráfico destinado a la red 172.16.12.0 hacia la red 192.168.12.0

22. Los usuarios en la red 192.168.6.0 son incapaces de alcanzar un servidor que está en la red 192.168.41.0. Uno de los técnicos de red se conecta al Router1 por el puerto de consola, ejecuta el comando "show ip route" y al hacer un ping a la dirección IP del servidor no llega. Teniendo en cuenta la topología que se muestra a continuación,
¿Cuál es la posible causa del fallo?

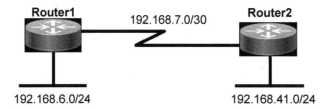

Router1   192.168.7.0/30   **Router2**

192.168.6.0/24   192.168.41.0/24

```
Router1#show ip route
...
Gateway of last resort is 192.168.41.111 to network 0.0.0.0
C    192.168.6.0 is directly connected, FastEthernet0/0
C    192.168.7.0 is directly connected, Serial0/0/0
S*   0.0.0.0/0 [1/] via 192.168.41.100
```

A. El routing IP no está habilitado.

B. La tabla de rutas en el Router 1 se ha actualizado.

C. La red aún no ha convergido.

D. Una de las rutas estáticas está mal configurada.

E. La tabla de vecinos no se ha actualizado correctamente.

F. La interfaz FastEthernet0 del Router1 está deshabilitada.

23. Considerando la información del gráfico que se muestra a continuación:

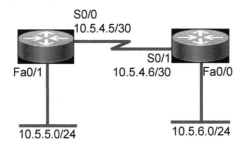

S0/0
10.5.4.5/30

S0/1
10.5.4.6/30

Fa0/1   Fa0/0

10.5.5.0/24   10.5.6.0/24

Se debe configurar una ruta estática hacia la red 10.5.6.0/24 en el router HFD. ¿Cuál de los siguientes comandos cumplirá con este objetivo?
(Elija 2)

A. `HFD(config)#ip route 10.5.6.0 0.0.0.255 S0/0`

B. `HFD(config)#ip route 10.5.6.0 0.0.0.255 10.5.4.6`

C. `HFD(config)#ip route 10.5.6.0 255.255.255.0 S0/0`

D. `HFD(config)#ip route 10.5.6.0 255.255.255.0 10.5.4.6`

E. `HFD(config)#ip route 10.5.4.6 0.0.0.255 10.5.6.0`

F. `HFD(config)#ip route 10.5.4.6 255.255.255.0 10.5.6.0`

24. Tenga en cuenta la siguiente topología:

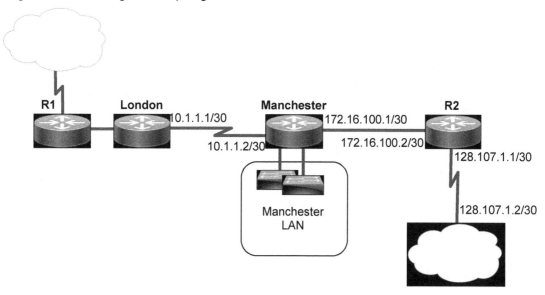

La velocidad de todos los enlaces seriales es la correspondiente a una línea E1 y la velocidad de todos los enlaces Ethernet es de 100 Mbps. Una ruta estática se ha de configurar en el router Manchester para dirigir tráfico hacia Internet utilizando la ruta más directa posible. ¿Qué configuración en el router Manchester establecerá una ruta hacia Internet para el tráfico que se origina en la LAN de Manchester?

A. `ip route 0.0.0.0 255.255.255.0 172.16.100.2`

B. `ip route 0.0.0.0 0.0.0.0 128.107.1.1`

C. `ip route 0.0.0.0 255.255.255.255 128.107.1.1`

D. `ip route 0.0.0.0 0.0.0.0 172.16.100.1`

E. `ip route 0.0.0.0 0.0.0.0 172.16.100.2`

F. `ip route 0.0.0.0 255.255.255.255 172.16.100.2`

25. ¿Qué parámetro puede utilizar para influir la selección de una ruta estática como ruta de backup cuando también se utiliza una ruta aprendida por un protocolo de enrutamiento dinámico?

    A. Cuenta de saltos.

    B. Distancia administrativa.

    C. Ancho de banda del enlace.

    D. Delay del enlace.

    E. Costo del enlace.

Enrutamiento por vector distancia

26. ¿Qué dos operaciones realizará un router cuando corre un protocolo de enrutamiento por vector distancia?
(Elija 2)

    A. Envía actualizaciones periódicas independientemente de que haya o no cambios de topología.

    B. Envía la tabla de enrutamiento completa a todos los routers que se encuentran en el dominio de enrutamiento.

    C. Utiliza el algoritmo de primero la ruta más corta para determinar la mejor ruta.

    D. Actualiza la tabla de enrutamiento a partir de las actualizaciones que envían sus vecinos.

    E. Mantienen la topología completa de la red en su base de datos.

27. ¿Qué comando se utiliza para impedir que las actualizaciones de enrutamiento se publiquen a través de una interfaz en particular?

    A. `Router(config-if)#no router rip`

    B. `Router(config-if)#passive-interface`

    C. `Router(config-router)#passive-interface s0/0/0`

    D. `Router(config-if)#passive-interface rip`

    E. `Router(config-router)#no routing updates`

28. ¿Qué es horizonte dividido?

    A. Cuando un router reconoce a través de qué interfaz ha recibido una actualización y no publica esa misma información a través de la misma interfaz.

    B. Cuando se tiene una red física de bus grande (horizon), éste divide el tráfico.

    C. Impide que las actualizaciones regulares hagan broadcast a través de un enlace inactivo.

    D. Evita que los mensajes de actualización regulares vuelvan a anunciar que una ruta está inactiva.

29. Ud. se encuentra configurando una red en la oficina central de una empresa en Asunción del Paraguay; para el enrutamiento se ha optado por utilizar protocolos de vector distancia. ¿Qué herramientas implementan los protocolos de enrutamiento por vector distancia para prevenir la posible formación de bucles de enrutamiento en una red? (Elija 2).

    A. Avisos de estado de enlace (LSA).

    B. Protocolo de árbol de expansión.

    C. Árbol de primero la ruta más corta.

    D. Horizonte dividido.

    E. Temporizadores de espera.

IP versión 2

30.
```
Router_A#show ip route
<some output text omitted>

Gateway of last resort is not set.
D  172.16.0.0  [110/84632] via 192.168.6.3,00:00:13, FastEthernet0/0
R  192.168.3.0 [120/3] via 192.168.2.2,00:00:09, Serial0/0/0
C 192.168.2.0  is directly connected, Serial 0/0/0
C 192.168.6.0  is directly connected, FastEthernet0/0
```

Basados en el resultado del comando que se muestra más arriba, ¿qué representa [120/3]?

    A. 120 es el puerto UDP para reenviar tráfico y 3 es el número de saltos.

    B. 120 es la distancia administrativa y 3 es la métrica para esa ruta.

    C. 120 es el ancho de banda del enlace y 3 es el número de proceso de enrutamiento.

    D. 120 es el valor del temporizador de actualización y 3 es el número de actualizaciones recibidas de esa ruta.

31. Ud. ha sido convocado como consultor para resolver inconvenientes en la red de una compañía.
Ud. ha ingresado el comando `debug ip rip` a fin de diagnosticar el funcionamiento de la red RIP. En ese momento le informan que su interfaz FastEthernet 10.1.0.1 ha salido de operación.
¿Qué mensaje de actualización se visualizará en la salida del `debug ip rip output` en su router, respecto de esa red?

    A. `subnet 10.1.0.0 metric 0`

    B. `subnet 10.1.0.0 metric 1`

    C. `subnet 10.1.0.0 metric 15`

    D. `subnet 10.1.0.0 metric 16`

32.
```
Router_A#debug ip rip
<se omite parte del resultado>
1d00h: RIP: received v1 update from 172.16.100.2 on Serial 0/0/0
1d00h:      172.16.10.0 in 1 hops
1d00h:      172.16.20.0 in 1 hops
1d00h:      172.16.30.0 in 1 hops

Router_A#show ip route

Gateway of last resort is not set
     172.16.0.0/24 is subnetted, 8 subnets
C       172.16.150.0 is directly connected, FastEthernet 0/0
C       172.16.220.0 is directly connected, Loopback2
C       172.16.210.0 is directly connected, Loopback1
C       172.16.200.0 is directly connected, Loopback0
R       172.16.30.0   [120/1] via 172.16.100.2, 00:00:07, Serial 0/0/0
S       172.16.20.0   [1/0] via 172.16.150.15
R       172.16.10.0   [120/1] via 172.16.100.2, 00:00:07, Serial 0/0/0
C       172.16.100.0 is directly connected, Serial 0/0/0
```

El Administrador de la red ha encontrado el siguiente problema: las redes remotas 172.16.10.0, 172.16.20.0 y 172.16.30.0 son accesibles a través de la interfaz serial 0/0/0 del router Router_A.
Los usuarios no pueden acceder a la red 172.16.20.0.
Después de revisar el resultado de los comandos que se muestran arriba, ¿cuál es la causa más probable del problema?

    A. No hay configurada una ruta por defecto en Router_A.

    B. El Router_A no está recibiendo actualizaciones de la red 172.16.20.0

    C. Es incorrecta la ruta estática para 172.16.20.0

    D. 172.16.20.0 no se encuentra en la tabla de enrutamiento de Router_A.

33. ```
Router_A#show ip route

Gateway of last resort is not set
R   192.168.8.0/24 [120/1] via 192.168.2.2, 00:00:10, Serial0/0/0
C   192.168.9.0/24 is directly connected, Serial 0/0/1
R   192.168.10.0/24 [120/7] via 192.168.9.1, 00:00:02, Serial0/0/1
R   192.168.11.0/24 [120/7] via 192.168.9.1, 00:00:03, Serial0/0/
C   192.168.1.0/24 is directly connected, FastEthernet0/0
C   192.168.2.0/24 is directly connected, Serial0/0/0
R   192.168.3.0/24 [120/1] via 192.168.2.2, 00:00:10, Serial0/0/0
R   192.168.4.0/24 [120/15] via 192.168.2.2, 00:00:10, Serial0/0/0
R   192.168.5.0/24 [120/15] via 192.168.2.2, 00:00:10, Serial0/0/0
R   192.168.6.0/24 [120/15] via 192.168.2.2, 00:00:10, Serial0/0/0
R   192.168.7.0/24 [120/1] via 192.168.2.2, 00:00:10, Serial0/0/0
```

Basados en la información del comando `show ip route` que está arriba, ¿qué ruta de las siguientes no será ingresada en el router vecino que utiliza RIP?

A. `R 192.168.3.0/24 [120/1] via 192.168.2.2, 00:00:10, Serial0/0/0`

B. `R 192.168.11.0/24 [120/7] via 192.168.9.1, 00:00:03, Serial0/0/1`

C. `C 192.168.1.0/24 is directly connected, FastEthernet0`

D. `R 192.168.5.0/24 [120/15] via 192.168.2.2, 00:00:10, Serial0/0/0`

34. Usted acaba de agregar el Router_1 a la red y desea lograr conectividad completa con los routers Router_2 y Router_3.

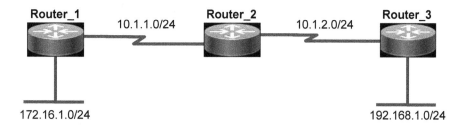

Router_1    10.1.1.0/24    Router_2    10.1.2.0/24    Router_3

172.16.1.0/24                                          192.168.1.0/24

¿Cuál de las siguientes configuraciones sería la más adecuada para el Router_1?

A. ```
Router_1(config)#router rip
Router_1(config-router)#network 10.0.0.0
Router_1(config-router)#network 172.16.0.0
Router_1(config-router)#network 192.168.1.0
```

B. ```
Router_1(config)#router rip
Router_1(config-router)#network 10.0.0.0
Router_1(config-router)#network 192.168.1.0
```
```

C. Router_1(config)#router rip
   Router_1(config-router)#network 10.0.0.0
   Router_1(config-router)#network 172.16.0.0

D. Router_1(config)#router rip
   Router_1(config-router)#network 10.0.0.0

35. Teniendo en cuenta el gráfico de más abajo usted debe configurar el Router_1 para asegurar conectividad con el Router_2.

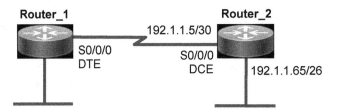

La red utiliza la dirección de red 192.1.1.0/24 dividida en varias subredes. Se ha elegido a RIP como protocolo de enrutamiento.
¿Cuáles son los 3 conjuntos de comandos que serán necesarios para completar la configuración de Router_1?

A. Router_1(config)#interface FastEthernet 0/0
   Router_1(config-if)#ip address 192.1.1.129 255.255.255.192
   Router_1(config-if)#no shutdown

B. Router_1(config)#interface FastEthernet 0/0
   Router_1(config-if)#ip address 192.1.1.197 255.255.255.192
   Router_1(config-if)#no shutdown

C. Router_1(config)#interface serial 0/0/0
   Router_1(config-if)#ip address 192.1.1.6 255.255.255.252
   Router_1(config-if)#clock rate 56000
   Router_1(config-if)#no shutdown

D. Router_1(config)#interface serial 0/0/0
   Router_1(config-if)#ip address 192.1.1.6 255.255.255.252
   Router_1(config-if)#no shutdown

E. Router_1(config)#router rip
   Router_1(config-router)#network 192.1.1.0

F. Router_1(config)#router rip
   Router_1(config-router)#version 2
   Router_1(config-router)#network 192.1.1.0

36. La red corporativa está compuesta por 2 routers, Router_A y Router_B, como se muestra en el gráfico:

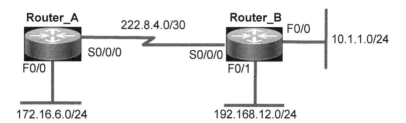

Al realizar tareas de diagnóstico de problemas de enrutamiento usted ingresó el siguiente comando:

```
Router_B# show ip protocols
Routing Protocol is "rip"
  Sending updates every 30 seconds, next due in 13 seconds
  Invalid after 180 seconds, hold down 180, flushed  after 240
  Outgoing update filter list for all interfaces is
  Incoming update filter list for all interfaces is
  Redistribution: rip
Default version control: send version 1, receive any version

  Interface           Send  Recv Triggered RIP  Key-chain
  FastEthernet0/0      1     1    2
  FastEthernet0/1      1     1    2
  Serial0/0/0          1     1    2

Routing for Networks:
  222.8.4.0
  10.1.1.0

Routing Information Sources:
  Gateway       Distance    Last Update
  222.8.4.1        120           00:00:04
```

El Router_A puede ejecutar exitosamente el ping a los puertos Serial 0/0/0 y FastEthernet 0/0 del Router_B, pero el ping al FastEthernet 0/1 falla.
Basados en la información disponible, ¿cuáles son posibles causas de este problema?
(Elija 2)

        A. El Router_B no está enviando actualizaciones de RIP.

        B. El Router_B no incluye a la red 192.168.12.0 en su configuración de enrutamiento.

        C. La interfaz FastEthernet 0/1 del Router_B está caída.

        D. No se ha configurado clock rate en uno de los routers.

        E. La interfaz serial del Router_B no está operativa.

37. Durante las tareas de diagnóstico de fallos de enrutamiento de la red usted ha iniciado un debugging de RIP que se muestra a continuación:

```
Router#debug ip rip
Rip protocol debugging
Router#
2d06h:RIP:sending v1 update to 255.255.255.255 via
FastEhernet0/0(172.16.1.1)
2d06h:RIP:build update entries
2d06h:RIP:network 10.0.0.0 metric 1
2d06h:RIP:network 192.168.1.0 metric 2
2d06h:RIP:sending v1 update to 255.255.255.255 via
Serial0/0/0(10.0.8.1)
2d06h:RIP:build update entries
2d06h:RIP:network 172.16.0.0 metric 1
2d06h:RIP:received v1 update from 10.0.15.2 on Serial 0/0/0
2d06h:RIP:192.168.1.0 in 1 hops
2d06h:RIP:192.168.168.0 in 16 hops (inaccesible)
```

Basados en esta información, ¿Cuáles de las siguientes afirmaciones son verdaderas? (Elija 2)

A. Un ping a 10.0.15.2 será exitoso.

B. El Router tiene 3 interfaces que toman parte del proceso RIP.

C. Hay al menos 2 routers participando del proceso RIP.

D. Un ping a 192.168.168.2 será exitoso.

Enhanced Interior Gateway Protocol

38. ¿Qué tipo de entrada en una tabla EIGRP es una ruta sucesora?

A. Una ruta de respaldo, almacenada en la tabla de enrutamiento.

B. Una ruta primaria, almacenada en la tabla de enrutamiento.

C. Una ruta de respaldo, almacenada en la tabla topológica.

D. Una ruta primaria, almacenada en la tabla topológica.

39. ¿Cuáles de las siguientes son dos características del protocolo de enrutamiento EIGRP? (Elija 2)

    A. Limita por defecto el número máximo de saltos a 255.

    B. Utiliza una métrica de 32 bits.

    C. Puede diferenciar entre rutas internas y externas.

    D. Soporta solamente IPv4 como protocolo enrutado.

    E. Puede mantener solamente una tabla de enrutamiento.

    F. Requiere que todas las redes en un mismo sistema autónomo utilicen la misma máscara de subred.

40. ¿Cuál de los comandos relacionados con EIGRP que se muestran a continuación permite verificar la actividad de intercambio de información entre los routers mientras está ocurriendo?

    A. `Router#show ip route`

    B. `Router#debug eigrp route`

    C. `Router#debug ip eigrp`

    D. `Router#debug ip protocols eigrp`

    E. `Router#show ip route eigrp`

41. ¿Cuál de los siguientes registros de información de enrutamiento EIGRP puede ser descripto como una ruta sucesora factible?

    A. Una ruta primaria, almacenada en la tabla de enrutamiento.

    B. Una ruta de respaldo, almacenada en la tabla de enrutamiento.

    C. Una ruta de respaldo, almacenada en la tabla de topología.

    D. Una ruta primaria, almacenada en la tabla de topología.

42.

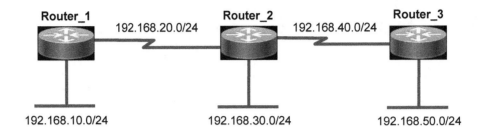

```
--- se omiten líneas ---
P 192.168.40.0/24, 1 successors, FD is 21026560
    via 192.168.20.2 (21026560/20514560), Serial0/0/1
P 192.168.50.0/24, 1 successors, FD is 20514560
    via 192.168.20.2 (20514560/28160), Serial0/0/1
P 192.168.10.0/24, 1 successors, FD is 28160
    via Connected, FastEthernet0/0
P 192.168.30.0/24, 1 successors, FD is 21024000
    via 192.168.20.2 (21024000/20512000), Serial0/0/1
P 192.168.20.0/24, 1 successors, FD is 20512000
   via Connected, Serial0/0/1
```

Tomando como referencia el gráfico que se muestra arriba,
¿Cuál de los siguientes comandos puede mostrar la información que está al pie del gráfico?

A. Router#show ip eigrp topology

B. Router#show ip route

C. Router#show ip eigrp neighbors

D. Router#show ip ospf route

E. Router#show ip ospf database

43. El administrador de la red está diagnosticando un problema de EIGRP es un router y necesita confirmar la dirección IP del dispositivo con el cual el router ha establecido adyacencia. También necesita verificar el intervalo de retransmisión y el contador de las colas para los routers adyacentes.
¿Qué comando le mostrará la información requerida?

A. Router#show ip eigrp adjacency

B. Router#show ip eigrp topology

C. Router#show ip eigrp interfaces

D. Router#show ip eigrp neighbors

E. Ninguno de los anteriores.

44. La red corporativa está compuesta por 2 routers corriendo IOS 12.4 y conectados como se muestran en el esquema:

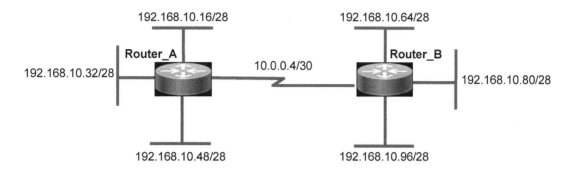

Ambos dispositivos están configurados con EIGRP utilizando el ID de sistema autónomo 44. Desafortunadamente los usuarios conectados al Router_A no pueden alcanzar a los que están conectados al Router_B.
¿Qué comando puede ingresar usted en el Router_A para corregir este problema?

A. Router_A(config-router)#version 2

B. Router_A(config-router)#no auto-summary

C. Router_A(config-router)#redistribute eigrp 44

D. Router_A(config-router)#eigrp log-neighbor-changes

E. Router_A(config-router)#default-information originate

45. Considere la siguiente topología:

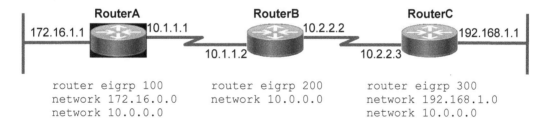

```
router eigrp 100          router eigrp 200          router eigrp 300
network 172.16.0.0        network 10.0.0.0          network 192.168.1.0
network 10.0.0.0                                    network 10.0.0.0
```

Cuando se utiliza EIGRP, ¿Qué se requerirá para que el RouterA intercambie actualizaciones de enrutamiento con el Router C?

A. El número de AS debe ser modificado de modo que coincida en todos los routers.

B. Se deben configurar interfaces de loopback para que se elija un DR.

C. Se requiere el comando no auto-summary en RouterA y RouterC.

D. El router B requiere que se utilicen 2 comandos network, uno para cada red conectada.

46. ¿Por qué ha fallado la convergencia de la red mostrada en la imagen?

```
COR(config)#router eigrp 20
COR(config-router)#auto-summary
COR(config-router)#network 192.168.20.0
COR(config-router)#network 10.0.0.0
COR(config-router)#exit
COR(config)#interface fastethernet0/0
COR(config-if)#ip address 192.168.20.65 255.255.255.192
COR(config-if)#interface serial0/0/0
COR(config-if)#ip address 10.1.1.1 255.255.255.252

BA(config)#router eigrp 20
BA(config-router)#network 192.168.20.0
BA(config-router)#network 10.0.0.0
BA(config-router)#exit
BA(config)#interface fastethernet0/0
BA(config-if)#ip address 192.168.20.129 255.255.255.192
BA(config-if)#interface serial0/0/0
BA(config-if)#ip address 10.1.1.2 255.255.255.252
```

A. Es necesario aplicar el comando "no auto-summary" en el router COR.

B. Las direcciones IP configuradas en los Routers no son correctas.

C. Las máscaras aplicadas a las direcciones IP no son las correctas.

D. El número de sistema autónomo configurado no es el correcto.

E. Los valores de ancho de banda configurados a las interfaces Seriales no son los correctos.

47. El direccionamiento y el enrutamiento de la red han sido configurados tal y como se muestra a continuación.
Al ejecutar el comando `show ip eigrp neighbors` en el Router1 se obtiene el resultado mostrado más abajo.
¿Cuál de las siguientes afirmaciones es correcta?

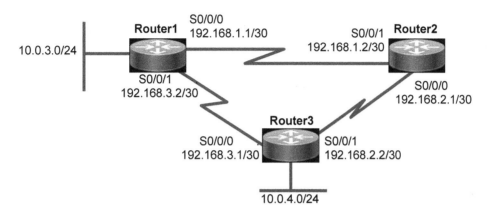

```
Router1#show running-config
!
router eigrp 10
 network 10.0.0.0
 network 192.168.1.0
 network 192.168.3.0
!
Router1#show ip eigrp neighbors
Address          Interface Holdtime  Uptime     Q       Seq    SRTT   RTO
                           (secs)    (h:m:s)    Count   Num    (ms)   (ms)
192.168.1.2  Se0/0/0   13            01:10:20   106     636    0      30

Router2#show running-config
!
router eigrp 10
 network 192.168.1.0
 network 192.168.2.0
 no auto-summary

Router3#show running-config
!
router eigrp 10
 network 10.0.0.0
 network 192.168.2.0
 no auto-summary
```

A. El resultado es normal ya que el Router1 debe tener al menos un vecino para prevenir bucles de enrutamiento.

B. En el Router3 el enrutamiento no está completamente configurado.

C. Las direcciones IP de las interfaces en los Routers1 y 3 están mal configuradas.

D. El comando "no auto-summary" configurado en los Routers impide que los Routers 1 y 2 establezcan vecinos.

48. Considere la información que se muestra a continuación:

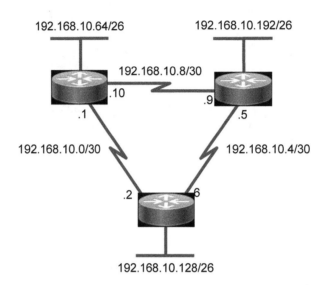

192.168.10.64/26   192.168.10.192/26

192.168.10.8/30
.10
.9
.1
.5

192.168.10.0/30   192.168.10.4/30

.2   6

192.168.10.128/26

```
R3#show ip route

Gateway of last resort is not set
    192.168.10.0/24 is variably subneted, 6 subnets, 2 masks
D    192.168.10.64/26 [90/2195456] via 192.168.10.10, 00:03:31, Serial0/0
D    192.168.10.0/30 [90/2681856] via 192.168.10.10, 00:03:31, Serial0/0
                     [90/2681856] via 192.168.10.6, 00:03:31, Serial0/1
C    192.168.10.4/30 is directly connected, Serial0/1
C    192.168.10.8/30 is directly connected, Serial0/0
C    192.168.10.192/26 is directly connected, FastEthernet0/0
D    192.168.10.128/26 [90/2195456] via 192.168.10.6, 00:03:31, Serial0/1
```

Teniendo en cuenta la tabla de enrutamiento que se presenta, ¿Cómo serán reenviados los paquetes originados en un host de la LAN 192.168.10.192/26 y que tienen como destino el host 192.168.10.1?

A. Se reenviarán paquetes desde R3 hacia R2 y luego a R1.

B. Se reenviarán paquetes desde R3 hacia R1 y luego a R2.

C. Se reenviarán paquetes desde R3 hacia R2 y luego a R1, y desde R3 hacia R1.

D. Se reenviarán paquetes desde R3 hacia R1.

49. Considere la información que se muestra a continuación:

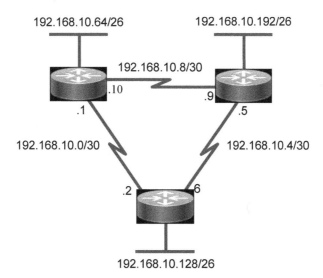

```
R3#show ip route

Gateway of last resort is not set
    192.168.10.0/24 is variably subneted, 6 subnets, 2 masks
D    192.168.10.64/26 [90/2195456] via 192.168.10.10, 00:03:31, Serial0/0
D    192.168.10.0/30 [90/2681856] via 192.168.10.10, 00:03:31, Serial0/0
                     [90/2681856] via 192.168.10.6, 00:03:31, Serial0/1
C    192.168.10.4/30 is directly connected, Serial0/1
C    192.168.10.8/30 is directly connected, Serial0/0
C    192.168.10.192/26 is directly connected, FastEthernet0/0
D    192.168.10.128/26 [90/2195456] via 192.168.10.6, 00:03:31, Serial0/1
```

La red utiliza EIGRP como protocolo de enrutamiento. ¿Cuál es la ruta que tomarán los paquetes originados en un host conectado en la red 192.168.10.192/26 y que tiene como destino un host conectado a la LAN del router R1?

        A. Se reenviarán paquetes desde R3 hacia R2 y luego a R1.

        B. Se reenviarán paquetes desde R3 hacia R1 y luego a R2.

        C. Se reenviarán paquetes desde R3 hacia R2 y luego a R1, y desde R3 hacia R1.

        D. Se reenviarán paquetes desde R3 hacia R1.

Enrutamiento por estado de enlace

50. ¿Cuáles de las siguientes son características propias de un protocolo de enrutamiento por estado de enlace?
(Elija 3)

    A. Proveen una visión común de la topología completa de la red.

    B. Intercambian la tabla de enrutamiento con los vecinos.

    C. Calculan la ruta más corta.

    D. Utilizan actualizaciones provocadas por eventos.

    E. Utilizan actualizaciones frecuentes y periódicas.

51. ¿Cuál de los siguientes protocolos de enrutamiento es menos propenso a tener problemas de bucles de enrutamiento y de accesibilidad de las redes cuando es utilizado en redes discontinuas?

    A. IGRP

    B. CDP

    C. OSPF

    D. RIP v.1

    E. RIP v.2

    F. EIGRP

52. Un compañero de trabajo le pregunta qué tipo de información corre un router al utilizar un protocolo de estado de enlace para construir su base de datos topológica.
¿Qué podría decirle al respecto?
(Elija 2).

    A. LSAs de otros routers.

    B. Ráfagas recibidas sobre los enlaces punto a punto.

    C. Paquetes hello.

    D. Tablas de enrutamiento recibidas desde otros routers.

    E. Paquetes SAP enviados por otros routers.

    F. Paquetes TTL enviados por algunos routers en especial.

53. Elena se desempeña como administradora de red y ha sido consultada sobre las diferencias entre los protocolos de vector distancia y los de estado de enlace.
¿Cuáles de las siguientes afirmaciones podrían estar en su respuesta?
(Elija 2)

A. Los protocolos de vector distancia envían la tabla de enrutamiento completa a los dispositivos vecinos directamente conectados.

B. Los protocolos de estado de enlace envían la tabla de enrutamiento completa a todos los routers en la red.

C. Los protocolos de vector distancia envían actualizaciones sobre los dispositivos directamente conectados a todas las redes enlistadas en la tabla de enrutamiento.

D. Los protocolos de estado de enlace envían actualizaciones conteniendo información sobre el estado de sus propios enlaces a todos los routers que se encuentran en la red.

54. ¿Cuál de las siguientes afirmaciones es verdadera respecto de la secuencia de comandos que se ilustra más abajo?
(Elija 2)

```
Router(config)#interface loopback 0
Router(config-if)#ip address 192.168.16.24  255.255.255.255
```

A. Crea una interfaz virtual, sólo a nivel de software.

B. Provee una vía para verificar la convergencia de las actualizaciones de enrutamiento OSPF.

C. La máscara de subred 255.255.255.255 se denomina máscara de nodo.

D. Utiliza una máscara de wildcard de 255.255.255.255

E. Asegura que la interfaz está siempre activa para los procesos OSPF más allá del estado del dispositivo.

F. Este comando puede ser utilizado exclusivamente para configurar interfaces seriales.

Open Shortest Path First

55. ¿Cuál de las siguientes afirmaciones describe correctamente al protocolo de enrutamiento OSPF?
(Elija 3)

    A. Soporta VLSM.

    B. Se utiliza para enrutar entre sistemas autónomos.

    C. Limita la inestabilidad de las tablas de enrutamiento a un área de la red.

    D. Incrementa el tráfico de enrutamiento en la red.

    E. Permite un control ajustado de las actualizaciones de enrutamiento.

    F. Es más fácil de configurar que RIPv2.

56. ¿Por qué las redes OSPF grandes utilizan un diseño jerárquico?
(Elija 3)

    A. Para reducir la latencia incrementando el ancho de banda.

    B. Para reducir la sobrecarga del enrutamiento.

    C. Para acelerar la convergencia.

    D. Para limitar la inestabilidad de la red a una única área de la misma.

    E. Para reducir la complejidad de la configuración de los routers.

    F. Para reducir el costo reemplazando routers con switches de capa de distribución.

57. ¿Cuál es el número máximo, por defecto, de rutas de igual costo que pueden ser presentadas en la tabla de enrutamiento de un router Cisco IOS que implementa OSPF?
(Elija 3)

    A. 2.

    B. 4.

    C. 16.

    D. No tiene límite.

58. ¿Cuál es el máximo número de saltos que permite OSPF antes de declarar a una red como inalcanzable?

     A. 15.

     B. 16.

     C. 99.

     D. 255.

     E. No tiene límite.

59. ¿En qué tipo de redes OSPF elige un router designado de respaldo (BDR)?

     A. Multiacceso sin broadcast y multipunto con broadcast.

     B. Multiacceso sin broadcast y multiacceso con broadcast.

     C. Punto a punto y multiacceso.

     D. Punto a multipunto y multiacceso.

     E. Punto a punto y punto a multipunto.

60. ¿Con que dirección se envían los paquetes hello de OSPF en redes punto a punto?

     A. 254.255.255.255

     B. 223.0.0.1

     C. 127.0.0.1

     D. 224.0.0.5

     E. 172.16.0.1

     F. 192.168.0.5

61. ¿Qué comando se utiliza para mostrar la información de estado de los enlaces OSPF que utiliza un dispositivo?

     A. `show ip ospf link-state`

     B. `show ip ospf lsa database`

     C. `show ip ospf neighbors`

     D. `show ip ospf database`

62. El siguiente comando se ha ingresado en el Router_A:

```
Router_A#show ip ospf neighbor

Neighbor ID    PRI   State      Time       Address        Interface
192.168.1.2 1        FULL/-     00:00:37   192.168.1.2    Serial 0/0/1
```

¿Qué tipo de red OSPF suministra una salida como la que se muestra más arriba?

      A. FDDI.

      B. Multiaccess non broadcast.

      C. Broadcast multi acceso.

      D. Punto a punto.

63. Asumiendo que todos los routers OSPF en un área se encuentran configurados con el mismo valor de prioridad, ¿Qué valor secundario será utilizado como router ID cuando no se han configurado RID ni interfaces de loopback?

      A. La dirección IP de la primera interfaz FastEthernet.

      B. La dirección IP de la interfaz de management.

      C. La dirección IP más alta de las interfaces que se encuentran activas.

      D. La dirección IP más baja de las interfaces que se encuentran activas.

      E. No habrá un router ID hasta que no se configure una interfaz de loopback.

64. ¿Qué parámetro o parámetros son utilizados por defecto para calcular el costo de un enlace OSPF en un router que utiliza Cisco IOS?

      A. Ancho de banda.

      B. Ancho de banda y delay.

      C. Ancho de banda, delay y MTU.

      D. Ancho de banda, delay, confiabilidad y carga.

65. Una interfaz OSPF ha sido configurada ingresando el comando bandwidth 64.
¿Qué costo calculará, por defecto, OSPF para este enlace?

A. 1

B. 10

C. 1562

D. 64000

E. 128000

66. ¿Cuáles de las siguientes afirmaciones describen el identificador de proceso (PID) que se utiliza en el comando que configura el enrutamiento OSPF en un dispositivo Cisco?
(Elija 2)
```
Router(config)#router ospf 1
```

A. Todos los routers OSPF en un área deben utilizar el mismo process ID.

B. Se puede utilizar solamente un número de proceso en cada router.

C. Se pueden utilizar diferentes process ID para correr múltiples procesos de OSPF.

D. El número de proceso puede tener cualquier valor entero entre 1 y 65535.

E. Los paquetes hello se envían a cada vecino para determinar el process ID que está utilizando cada uno.

67. Usted se desempeña como técnico de la red de una compañía y se le ha encomendado agregar un nuevo router en una red OSPF ya establecida. La red directamente conectada al router que se agregó con el nuevo router no aparece en las tablas de enrutamiento de los demás routers OSPF. Contando con la información parcial de la configuración que se muestra abajo.
¿Cuál es el error de configuración que está causando problemas?

```
Router(config)#router ospf 1
Router(config-router)#network 10.10.10.0 255.0.0.0 area 0
```

A. El sistema autónomo no está correctamente configurado.

B. La máscara de subred de la red está incorrectamente configurada.

C. La máscara de wildcard de la red está configurada incorrectamente.

D. El número de red no está correctamente configurado.

E. El identificador de proceso está configurado incorrectamente.

68. Observe la siguiente información:

```
RouterD#show ip interface brief
Interface          IP-Address    OK? Method  Status   Protocol
FastEthernet0/0    192.168.5.3   YES manual  up       up
FastEthernet0/1    10.1.1.2      YES manual  up       up
Loopback0          172.16.5.1    YES NVRAM   up       up
Loopback1          10.154.154.1  YES NVRAM   up       up
```

Teniendo en consideración este resultado del commando `show ip interface brief`, si no se ha definido manualmente (por configuración) un router ID.
¿Cuál será el router ID que utilizará OSPF en este RouterD?

     A. 10.1.1.2

     B. 10.154.154.1

     C. 172.16.5.1

     D. 192.168.5.3

69. ¿Cuál de los siguientes parámetros debe coincidir entre dispositivos vecinos cuando se implementa OSPFv3?
(Elija 2)

     A. Ancho de banda.

     B. Máscara de subred.

     C. Temporizadores de hello y dead.

     D. Identificador de proceso de OSPF.

     E. ID de área.

70. Considere la siguiente información:

```
Router1#show ip interface brief

Interface          IP Address       OK? Method  Status   Protocol
FastEthernet0/0    192.168.12.48    YES manual  up       up
FastEthernet0/1    192.168.12.65    YES manual  up       up
Serial0/0          192.168.12.121   YES manual  up       up
Serial0/1          unassigned       YES unset   up       up
Serial0/1.102      192.168.12.125   YES manual  up       up
Serial0/1.103      192.168.12.129   YES manual  up       up
Serial0/1.104      192.168.12.133   YES manual  up       up
```

Se acaba de configurar OSPF asociándole una única network de la siguiente forma:

```
Router1(config-router)#network 192.168.12.64 0.0.0.63
```

Completada la configuración el administrador detecta que no todas las interfaces están participando del proceso de OSPF. ¿Cuáles son las 3 interfaces que aparecen en el comando

show de arriba que participan del proceso de OSPF teniendo presente el comando de configuración mencionado?
(Elija 3)

     A. FastEthernet0/0

     B. FastEthernet0/1

     C. Serial 0/0

     D. Serial 0/1.102

     E. Serial 0/1.103

     F. Serial 0/1.104

71. Considere la siguiente topología:

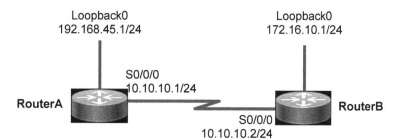

Si esta red utilizara OSPF como protocolo de enrutamiento.
¿Cuál de las siguientes podría ser la causa por la que el RouterA no forma adyacencia con el RouterB?

     A. Las direcciones de las interfaces de loopback se encuentran en diferentes subredes.

     B. El valor de los timers de OSPF en ambos routers es diferente.

     C. La sumarización de rutas está habilitada en ambos routers.

     D. El identificador de proceso de OSPF en el RouterA es diferente del identificador de proceso en el RouterB.

72. La red corporativa está configurada utilizando el Área 0 de OSPF según se muestra en el diagrama más abajo.

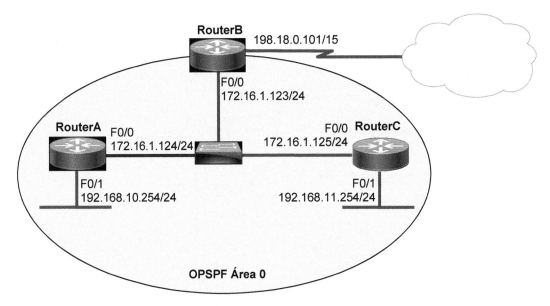

Usted desea asegurarse de que el RouterB sea el seleccionado como router designado (DR) para la subred 172.16.1.0/24.
¿Qué tareas de configuración deberá realizar para asegurar esta preferencia?
(Elija 3)

A. Configurar el valor de prioridad para la interfaz F0/0 del RouterB con un valor más alto que cualquier otra interfaz en la red Ethernet.

B. Cambiar el ID del RouterB asignando la dirección IP 172.16.1.130/24 a la interfaz F0/0 del RouterB.

C. Configurar una interfaz loopback en el RouterB con una dirección IP mayor que las direcciones IP de los demás routers.

D. Cambiar el valor de prioridad de la interfaz F0/0 del RouterB a 0.

E. Cambiar el valor de prioridad de las interfaces F0/0 de los routers RouterA y RouterC a 0.

F. No es necesaria ninguna configuración adicional.

G. Todas las opciones anteriores convertirán al RouterB en el DR.

73. En la red OSPF de su empresa, los routers Router_1 y Router_2 participan de la misma red Ethernet. Sin embargo no pueden establecer una adyacencia sobre este enlace.
Mientras trabaja en el diagnóstico de este fallo, usted ingresa el comando `show ip ospf interface FastEthernet0/0` en cada uno de los dispositivos.
La respuesta de ambos comandos es la siguiente:

```
Router_1#show ip ospf interface FastEthernet0/0
FastEthernet0/0 is up, line protocol is up
  Internet address 192.168.1.2/24, Area 0
   Process ID 1, Router ID 192.168.31.33, Network
   Type BROADCAST, Cost: 10
   Transmit Delay is 1 sec, State DR, Priority 1
   Designated Router (ID) 192.168.31.33, Interface  address 192.168.1.2
   No backup designated router on this network
   Time intervals configured, Hello 5, Dead 20, Wait 20, Retransmit 5.

Router_2#show ip ospf interface FastEthernet0/0
FastEthernet0/0 is up, line protocol is up
  Internet address 192.168.1.1/24, Area 0
   Process ID 2, Router ID 192.168.31.11, Network
   Type BROADCAST, Cost: 10
   Transmit Delay is 1 sec, State DR, Priority 1
   Designated Router (ID) 192.168.31.11, Interface  address 192.168.1.1
   No backup designated router on this network
   Timer intervals configured, Hello 10, Dead 40, Wait 40, Retransmit 5
```

¿Cuál de las siguientes es la causa de que estos dispositivos no logren establecer una adyacencia?

A. El área OSPF está mal configurada.

B. La prioridad en el Router_2 debería ser más baja.

C. El costo en el Router_2 debería ser más bajo.

D. Los temporizadores de hello y dead están configurados con valores diferentes.

E. Se necesita agregar un router designado de respaldo a la red.

F. El número de ID de proceso OSPF no coincide.

74. Por motivos de mantenimiento, el Router1 ha sido reiniciado. Tras el reinicio y teniendo en cuenta la información que se muestra, ¿Qué Router ID de OSPF se establecerá en el Router1 si no hay un RID configurado?

```
Router1#show ip interface brief

Interface          IP-Address        OK?   Method   Status          Protocol
FastEthernet0/0    190.172.32.10     YES   NVRAM    up              up
Loopback0          208.149.23.162    YES   NVRAM    up              up
Loopback1          208.149.23.194    YES   NVRAM    up              up
Serial00/0/0       220.173.149.10    YES   Manual   down            down
Serial0/0/1        unassigned        YES   NVRAM    admin. down     down
```

A. 190.172.32.10

B. 208.149.23.162

C. 208.149.23.194

D. 220.173.149.10

Border Gateway Protocol

75. ¿Cuál de los siguientes estados de vecino BGP es el estado correcto cuando el vecino BGP opera normalmente?

    A. Active

    B. Open

    C. Idle

    D. Established

76. En el comando que se muestra a continuación, el número de sistema autónomo 65200 ¿A qué dispositivo corresponde?

```
R1(config-router)#neighbor 201.10.200.1 remote-as 65200
```

    A. Al router local (R1).

    B. Al router BGP peer que tiene la dirección IP 201.10.200.1

    C. A todos los routers vecinos BGP de R1.

    D. A la relación entre R1 y el router vecino.

    E. Ninguna de estas opciones.

77. ¿Cuál de los que se mencionan a continuación es el protocolo y puerto (si corresponde) utilizado por eBGP en capa de transporte?

    A. TCP 441

    B. RTP

    C. TCP 179

    D. UDP 441

    E. UDP 179

    F. Es un protocolo de capa de red, no utiliza protocolo de capa de transporte.

78. ¿Qué significa un "next hop 0.0.0.0" en el siguiente resultado del comando `show ip bgp`?

```
Router#show ip bgp
For address family: IPv4 Unicast
BGP table version is 27, local router ID is 1.1.1.1
Status codes: s supressed, d damped, h history, * valid,
> best, i internal, r RIB-failure
Origin codes: i - IGP, e - EGP, ? - incomplete

Network Next Hop Metric Local Pref Weight Path
*> 10.1.1.0/24 0.0.0.0 0 32768 ?
*> 10.13.13.0/24 0.0.0.0 0 32768 ?
*> 10.15.15.0/24 0.0.0.0 0 32768 ?
```

    A. El dispositivo no conoce el próximo salto.

    B. La ruta es generada localmente utilizando el comando `network` en el proceso de BGP.

    C. No se trata de una red válida.

    D. El próximo salto no es alcanzable.

79. Se le ha requerido que publique a través de BGP la red que se encuentra directamente conectada a la interfaz Gi0/0.
La configuración inicial de BGP es la siguiente:

```
Router(config)#interface Gi0/0
Router(config-if)#ip address 200.25.14.33 255.255.255.224
Router(config-if)#no shutdown
Router(config-if)#router bgp 65200
Router(config-router)#neighbor 191.10.15.100 remote-as 65220
```

¿Cuál de los siguientes comandos permite completar exitosamente el requerimiento?

    A. `network 200.25.14.32 mask 255.255.255.224`

    B. `network 200.25.14.32 255.255.255.224`

    C. `network 200.25.14.32 mask 0.0.0.31`

    D. `network 200.25.14.33 mask 255.255.255.22`

Las respuestas a este cuestionario las encuentra en la sección siguiente: Respuestas al cuestionario de repaso.

G. Respuestas al cuestionario de repaso

Conceptos generales

Pregunta 1

C – La distancia administrativa se utiliza en el proceso de selección de la mejor ruta para ponderar la confiabilidad que merece la fuente de información de enrutamiento.
Es un número entero entre 0 y 255; 0 es la calificación más alta y designa las redes directamente conectadas al router, 255 representa una ruta que no se utilizará o es inalcanzable.

Pregunta 2

D – En el proceso de enrutamiento IP el encabezado de la trama es reemplazado en cada salto a medida que el paquete atraviesa diferentes dispositivos de enrutamiento. Las direcciones IP de origen y destino (y gran parte del encabezado IP) permanecen sin cambio a lo largo de toda la ruta. En consecuencia, el encabezado de la trama cambia en cada salto, el encabezado de capa de red (IP) se mantiene básicamente sin modificación.

Pregunta 3

A, B, D – La tabla de enrutamiento es una base de datos con información de enrutamiento que indica en qué forma se pueden alcanzar las redes remotas. Esa información de enrutamiento incluye la distancia o métrica de la ruta a la red remota y a través de qué interfaz se debe enviar un paquete para que llegue a la red de destino.
En la tabla de enrutamiento no se guarda ninguna referencia a la interfaz a través de la que se recibió la información que se publica.

Pregunta 4

B, D y E – Hay dos tipos de protocolos de enrutamiento: protocolos classful y protocolos classless.
Solamente los protocolos classless permiten la implementación de máscara de subred variable (VLSM) y sumarización de rutas.

Pregunta 5

C – De los protocolos de enrutamiento IP estudiados en CCNA solamente EIGRP provee enrutamiento para múltiples protocolos de red simultáneamente.
EIGRP posee un diseño modular y está dotado de diferentes módulos para cada protocolo enrutado. Esto también permite la expansión futura de las prestaciones del protocolo sin necesidad de realizar una actualización completa del software.

Pregunta 6

B – Cuando el dispositivo dispone de varias rutas hacia una misma red de destino (igual prefijo IP) selecciona en primer lugar la ruta con menor distancia administrativa (la más confiable). A igual distancia administrativa utiliza la de menor métrica (el camino más corto). A igual métrica, balancea tráfico entre esas rutas.
Las rutas estáticas tienen por defecto una distancia administrativa de 1, motivo por el cual en este caso la ruta estática prevalece ante rutas aprendidas utilizando protocolos de enrutamiento.

Pregunta 7

A – Las interfaces del propio dispositivo, una vez que están operativas, generan automáticamente una entrada en la tabla de enrutamiento hacia la red destino correspondiente a la dirección IP de la interfaz. Esta ruta tiene precedencia por sobre toda otra información de enrutamiento referida a la misma red de destino ya que tiene distancia administrativa cero.

Pregunta 8

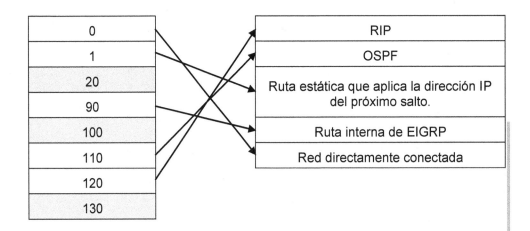

Pregunta 9

B, C y D – La red corporativa que se muestra implementa VLSM.
En consecuencia la opción válida son los protocolos que soportan VLSM: RIP v.2, EIGRP y OSPF.
Por otra parte, se trata de una red privada o sistema autónomo, en este sentido, BGP no es aplicable ya que BGP es un protocolo de enrutamiento exterior.

Pregunta 10

A, D y E – En el caso de RIP, cuya métrica cuenta número de saltos, evaluará las 3 rutas como iguales y por lo tanto balanceará tráfico entre 3 rutas de igual distancia administrativa e igual métrica.
Con respecto a EIGRP, en su métrica compuesta considera el ancho de banda como componente junto con el delay. Por lo tanto, manteniendo la métrica por defecto EIGRP preferirá la ruta con enlaces T3 ya que a mayor ancho de banda, menor métrica.

Finalmente, EIGRP tiene asignada una menor distancia administrativa por defecto en Cisco IOS por lo que sus rutas siempre prevalecerán frente a las de RIPv2 en caso de que ambos estén corriendo simultáneamente.

Pregunta 11

B – Cuando hay múltiples protocolos de enrutamiento (o fuentes de información de enrutamiento, como p.e. rutas estáticas), el primer criterio de selección que aplica el algoritmo de elección de la mejor ruta es la distancia administrativa.
En este sentido, EIGRP tiene menor distancia administrativa (90) por defecto que OSPF (110) y RIPv2 (120).
La métrica entra en consideración sólo cuando se trata de rutas de igual origen o cuyo origen tiene igual distancia administrativa.

Pregunta 12

C – La tabla de enrutamiento muestra 2 redes directamente conectadas y una ruta estática que es una ruta por defecto. No se menciona que se esté utilizando un protocolo de enrutamiento.
La ruta por defecto tiene como próximo salto la IP 172.17.22.2 que pertenece al rango de direcciones de las redes conectadas al router Cafe. Dado que la red de destino en cuestión es la 172.31.5.0 no tiene una ruta específica en la tabla de enrutamiento de este dispositivo se utilizará la ruta por defecto para reenviar el tráfico; y esa ruta por defecto reenvía el tráfico hacia la LAN del router Café por lo que el destino se vuelve inalcanzable.
Para que funcione, la ruta por defecto debería tener como próximo salto la interfaz WAN del router Te.

Pregunta 13

E – Ante todo, la pregunta refiere a la forma "más eficiente", y en este sentido, desde la perspectiva del uso de recursos, la forma más eficiente de enrutamiento es el enrutamiento estático.
Esto descarta las opciones A, B y C.
En segundo lugar, se solicita que tráfico de las redes LAN conectadas al router London sea reenviado hacia la LAN conectada al router Manchester. Esto requiere contar con una ruta en el router London, con lo que la opción correcta puede ser D o E.
Si debemos configurar una ruta en el router London, el próximo salto debe ser entonces el router Manchester (10.1.1.2), en consecuencia la única opción posible es E, que además describe de modo correcto una ruta estática que apunta al router Manchester y que sumariza las redes LAN conectadas al mismo.
Una ruta por defecto en esa posición podría inutilizar el acceso a Internet asociado a R1.

Pregunta 14

C y E – La puerta de salida por defecto (default gateway) para el tráfico que no tiene una ruta explícita en la tabla de enrutamiento y es reenviado por un dispositivo de capa 3 puede ser definida utilizando el comando `ip default-network` o una ruta por defecto.

Pregunta 15

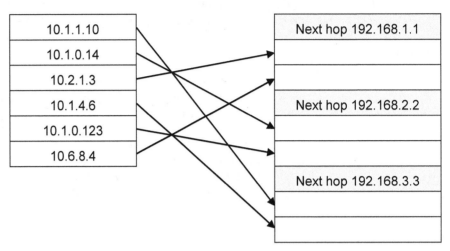

Rutas estáticas

Pregunta 16

A y D – La ruta por defecto se puede configurar utilizando una ruta estática cuya dirección de destino y máscara de subred se encuentra totalmente en 0.
Para especificar el próximo salto en una ruta estática es válido hacerlo declarando el ID de la interfaz local de salida, o la dirección IP del puerto del próximo salto.
De allí las 2 respuestas válidas.

Pregunta 17

D – En un entorno Cisco IOS se puede configurar una ruta por defecto utilizando el comando ip route, o con el comando ip default-network.
En el caso del comando ip default-network, se especifica la red de destino a través de la que se debe enviar todo el tráfico que no tiene una ruta explícita.

Pregunta 18

B – Por defecto, las rutas estáticas tienen asignada una distancia administrativa de 1.
Sin embargo, el comando ip route permite al Administrador asignar una distancia administrativa diferente a las rutas estáticas que configura.
En este caso, 175 representa ese parámetro opcional que cambia la distancia administrativa por defecto de 1 a 175.

Pregunta 19

E – En este caso la generalización de RIP no es una opción, ya que el router del ISP está abierto a Internet, por lo que requiere un protocolo de enrutamiento exterior.
Adicionalmente, el RouterA es el router de salida de una red stub, por lo que su mejor opción es una ruta por defecto.
En el caso del ISP, que debe enrutar en ambas direcciones, se debería trabajar con rutas estáticas, lo cual ahorraría recursos donde un protocolo de enrutamiento es innecesario.

Pregunta 20

A y E – Lo único que se requiere es la configuración de una ruta por defecto hacia el ISP.
Esto se puede realizar de 2 formas, con el comando ip route o con el comando ip default-network. Ambos métodos obtienen el mismo resultado.

Pregunta 21

A y C – El comando es la definición de una ruta estática en Router1 para el tráfico con destino a la red 192.168.12.0/24 en la que indica que es tráfico con destino a esa red debe reenviarse al puerto 172.16.12.1 de Router2.

Pregunta 22

D – La tabla de enrutamiento revela que no hay una ruta explícita a la red 192.168.41.0/24. Por lo tanto el tráfico hacia esa red de destino deberá ser reenviado utilizando una ruta por defecto, si la hay.
En la tabla de enrutamiento aparece una ruta por defecto que ha sido definida utilizando una ruta estática. Pero esta ruta por defecto tiene definido como próximo salto una dirección IP para la que no hay ruta en la tabla de enrutamiento y por lo tanto no es accesible de ninguna forma.
La ruta estática que define la ruta por defecto está mal configurada.

Pregunta 23

C y D – Las opciones A, B y E tienen mal definida la máscara de subred (en realidad utilizan una máscara de wildcard). La opción F define mal la red de destino.
C y D presentan las 2 formas de configurar una ruta estática: utilizando la interfaz de salida del router local o la dirección IP del próximo salto.

Pregunta 24

E – La consigna requiere de una ruta por defecto que dirija todo el tráfico que tiene como destino Internet. Desde esta perspectiva, las opciones A, C y F definen mal la red de destino. La definición correcta es 0.0.0.0 0.0.0.0.
El router Manchester tiene 2 próximos saltos posibles hacia Internet, R2 y London. De las 3 rutas que tienen bien definida la red de destino, solamente la opción E tiene una definición de próximo salto viable (172.16.100.2).

Pregunta 25

B – Las rutas estáticas tienen por defecto distancia administrativa 1 y por lo tanto son preferidas a cualquier ruta aprendida por un protocolo de enrutamiento.
Esta elección se realiza en base a la distancia administrativa.
Consecuentemente, cuando se utiliza un protocolo de enrutamiento y se desea utilizar una ruta estática como ruta de backup o respaldo, esa ruta estática debe estar definida con una distancia administrativa superior a la del protocolo del cual se desea sea respaldo.

Enrutamiento por vector distancia

Pregunta 26

A y D – Los protocolos de enrutamiento por vector distancia envían
actualizaciones periódicas de acuerdo a los temporizadores definidos,
independientemente de que haya o no cambios en la topología de la red.
No envían la tabla de enrutamiento completa (está filtrada por el principio de
split horizon) a todos los dispositivos del dominio (solamente a los vecinos);
la actualización se realiza siempre en función de la información enviada por
los vecinos directamente conectados.

Pregunta 27

C – El comando `passive-interface` impide que se envíen actualizaciones
de un protocolo de enrutamiento a través de la interfaz que se especifica.
Este comando se ejecuta en el modo de configuración del protocolo de
enrutamiento cuyas actualizaciones se desea controlar.

 ¡Atención!
En este tipo de preguntas no importa solamente la forma correcta
del comando, sino también el modo en que se ejecuta.

Pregunta 28

A – "Horizonte dividido" es uno de los métodos implementados en protocolos
de vector distancia para solucionar el riesgo de potenciales bucles de
enrutamiento.
El procedimiento implementado por split horizon es evitar que los protocolos
de enrutamiento publiquen una ruta en la misma dirección (por la misma
interfaz) a partir de la cual aprendieron dicha ruta.
Esto previene la formación de bucles.

Pregunta 29

D y E – Horizonte dividido y temporizadores de espera son dos de las técnicas
que implementan los protocolos de vector distancia para prevenir potenciales
bucles de enrutamiento.
La cuenta al infinito es un recurso que permite solucionar el problema que
provoca un bucle ya generado y el envenenamiento de rutas es una técnica
complementaria de los temporizadores de espera.

RIP versión 2

Pregunta 30

B – En la tabla de enrutamiento de Cisco IOS, luego de la dirección de red de la
red destino se presentan entre corchetes la distancia administrativa y la
métrica.
La distancia administrativa es un índice de la confiabilidad que merece la
fuente de la información, no la ruta individual. El segundo valor es la métrica

que corresponde a esa ruta. En este caso por tratarse de RIP es el número de saltos de capa 3 a los que se encuentra la red de destino.

Pregunta 31

D – La métrica de RIP es la cuenta de saltos. La cuenta máxima de saltos que soporta es de 15 saltos. Cuando una red se vuelve inaccesible se la marca con una métrica de 16 para indicar que ahora es inalcanzable.
El comando `debug ip rip output` muestra el contenido de las actualizaciones que envía el router.
Por lo tanto se debe ver la subred en cuestión marcada con una métrica de 16 saltos que indica en RIP que la subred es ahora inalcanzable.

Pregunta 32

C – Se trata de revisar la ruta a la red 172.16.20.0 solamente.
El `debug ip rip` indica que la red de destino es accesible, a solo un salto, por la interfaz serial 0/0/0 que tiene la IP 172.16.100.2, como se menciona en la premisa.
Sin embargo, el `show ip route` muestra que se ha configurado una ruta estática a la red 172.16.20.0 utilizando como próximo salto la IP 172.16.150.15.
Esta es la red a la que está conectada la interfaz FastEthernet 0/0 (lo sabemos por la ruta directamente conectada a la red 172.16.150.0).
En consecuencia, la ruta estática está derivando el tráfico con destino a nuestra red 172.16.20.0 a través de la red FastEthernet0/0, por lo que no se puede alcanzar la red de destino.

 Para responder este tipo de preguntas en el menor tiempo posible, hay que ser extremadamente metódico:

.1. Lea detenidamente la premisa de la pregunta.
.2. Analice las respuestas propuestas y descarte aquellas que no se corresponden con el planteo (p.e. que no hay configurada una ruta por defecto).
.3. Utilice la información de los comandos `show` para verificar o descartar las opciones de respuesta que quedan.

Pregunta 33

D – Se trata de una red RIP. La ruta a la red 192.168.5.0/24 aparece con una métrica de 15 saltos, la mayor métrica permitida por RIP. En consecuencia, ya no se propagará hacia los routers vecinos en los que tendría una métrica de 16 saltos que resulta inalcanzable para RIP.

 En este caso, para responder correctamente la pregunta no hace falta examinar el `show ip route`, sino que es suficiente con revisar con atención las respuestas propuestas. Allí está toda la información necesaria.

Pregunta 34

C – Cuando se configura RIP, igual que en caso de configurar EIGRP, se deben declarar solamente las redes directamente conectadas que deseamos sean anunciadas a través del proceso de enrutamiento RIP.

Pregunta 35

A, D y F- En primer lugar, respecto de la configuración de la interfaz FastEthernet de Router_1, hay que utilizar una subred que esté libre. En este caso, la subred 192.1.1.128/26 es la disponible para la LAN conectada al Router_1.
192.1.1.197 no porque se trata de la última subred y esta es una subred reservada. No se ha indicado que se esté utilizando `ip subnet-zero` y por lo tanto no se debe utilizar.
Con respecto al puerto serial, por tratarse de un puerto DTE no requiere la configuración de clock rate. Tenemos una sola opción de este tipo.
Finalmente, en lo que se refiere al protocolo de enrutamiento, dado que se está implementando una máscara de subred variable (/26 y /30) se necesita un protocolo de enrutamiento classless con soporte de VLSM, en este caso RIP v.2.

Pregunta 36

B y C – Si la red 192.168.12.0 no está incluida en la configuración del enrutamiento, o la interfaz está caída, entonces esta red no es incluida en las actualizaciones de RIP que envía el Router_B y por lo tanto el Router_A no puede aprender una ruta a ese destino.
Cuando se ensaya el ping desde el Router_A, este router descarta los paquetes por no tener una entrada con esa red de destino en su tabla de enrutamiento.

Pregunta 37

A y C – La salida del debug indica que nuestro dispositivo está enviando y recibiendo actualizaciones de enrutamiento RIP.
Si recibe actualizaciones de RIP, esto significa que el menos hay otro router conectado al nuestro. En consecuencia al menos 2 routers participan del proceso de RIP: el nuestro y el que envía actualizaciones.
Finalmente, la actualización recibida proviene de una interfaz cuyo ID es 10.0.15.2. Esto indica que hay una interfaz con esa dirección IP, y que se encuentra plenamente activa. Si se hace un ping a esa dirección debiera ser exitoso.

Enhanced Interior Gateway Protocol

Pregunta 38

D – Una ruta sucesora es la mejor ruta descubierta por el protocolo EIGRP hacia una red destino que es almacenada en la tabla topológica de EIGRP y que en consecuencia se propone al algoritmo de selección de la mejor ruta para ser ingresada en la tabla de enrutamiento IP.

Pregunta 39

B y C – La métrica de 32 bits es una de las innovaciones de EIGRP respecto de su predecesor IGRP que utilizaba una métrica de solamente 24 bits.
Una técnica general de enrutamiento IP es la redistribución de rutas. Es posible que la información de enrutamiento aprendida a través de un protocolo de enrutamiento o por rutas estáticas sea redistribuida por un segundo protocolo de enrutamiento. En este punto EIGRP diferencia la información de enrutamiento nativa de EIGRP de aquella que aprende a partir de otras fuentes por redistribución; de esta forma da lugar al concepto de rutas internas y externas.
Ambos tipos de rutas tienen diferente distancia administrativa y diferente ID en la tabla de enrutamiento.

Pregunta 40

C – El monitoreo de actividad de intercambio de protocolos de enrutamiento en Cisco IOS se realiza utilizando los comandos `debug`.
El comando `debug ip eigrp` permite monitorear los paquetes EIGRP que son enviados y recibidos desde y hacia un dispositivo.

Pregunta 41

C – Una ruta sucesora factible es una ruta de respaldo que se almacena en la tabla de topología de EIGRP y que será utilizada sólo en caso de que se pierda la rusa sucesora actualmente registrada.
La implementación del concepto de sucesora factible es una de las mejoras que implementa EIGRP y que permite reducir sensiblemente los tiempos de convergencia.

Pregunta 42

A – Lo que se muestra en la consigna es la tabla topológica de EIGRP.
Si bien parece una tabla de enrutamiento, tiene otro tipo de información, como por ejemplo las rutas sucesoras factibles.
Esta información se visualiza ejecutando el comando `show ip eigrp topology`.

Pregunta 43

D – La información que requiere la consigna es la referida a la de dispositivos con los cuales el protocolo de enrutamiento ha establecido una relación de vecindad (EIGRP neighbors).
La base de datos de vecindades de EIGRP se puede consultar utilizando el comando `show ip eigrp neighbors`.

Pregunta 44

B – El esquema topológico muestra un caso clásico de redes discontinuas.
Subredes que pertenecen a la red 192.168.10.0/24 están conectadas entre sí a través de un enlace que utiliza direccionamiento de la red 10.0.0.0/8.
En esta situación hay que tener presente que en IOS 12.4 EIGRP por defecto auto-sumariza rutas IP en los bordes de la red.
En este caso la red 192.168.10.0/24, está dividida en 6 subredes, pero el

enlace WAN que une los routers utiliza una subred de la red 10.0.0.0/8. En consecuencia cada router por defecto anunciará hacia su vecino solamente la red 192.168.10.0/24, y no las subredes que tiene conectadas. Para evitar esta situación, es necesario desactivar la función de autosumarización ejecutando el comando no auto-summary.

✏ Esta pregunta nos obliga una vez más a revisar la consigna junto con las respuestas propuestas antes de revisar la información disponible.
Del solo análisis de la información, uno podría suponer más de una causa y/o solución posibles. Pero si se consideran las respuestas propuestas, solo una es aceptable.

Pregunta 45

A – En el caso de EIGRP es condición necesaria para la negociación del protocolo de enrutamiento que los dispositivos que deben intercambiar información sean parte del mismo sistema autónomo. Es decir, utilizan el mismo AS ID.

Pregunta 46

A – Como en el caso de la pregunta anterior se trata de una topología con una asignación de redes discontinuas.
En este caso, la autosumarización aplicada a EIGRP en el router COR provoca el envío de actualizaciones parciales que provocan errores de enrutamiento.
Es necesario utilizar el comando no auto-summary para solucionar el inconveniente.

Pregunta 47

B – El Router1 debiera tener 2 vecindades, una con cada uno de los demás routers.
Para que se establezca vecindad, es preciso que haya intercambio de paquetes hello. Para que Router3 establezca vecindad con Router1 es necesario que mande hello; y para que esto ocurra es preciso declarar la red que une ambos routers con el comando network 192.168.3.0.

Pregunta 48

C – La dirección IP de destino analizada corresponde a la subred 192.168.10.0/30. En la tabla de enrutamiento que se muestra, hay 2 rutas hacia esa red de destino, una a través de R1 y otra a través de R2.
Dado que hay 2 rutas en la tabla de enrutamiento, el dispositivo utilizará ambas rutas alternativamente.

Pregunta 49

D – En este caso, la red de destino es la 192.168.10.64/26. Para este destino la tabla de enrutamiento tiene una sola ruta posible, la que tiene como dirección de próximo salto la de la interfaz serial de R1.

Enrutamiento por estado de enlace

Pregunta 50

A, C y D – Los protocolos de enrutamiento por estado de enlace se basan en el intercambio de información sobre el estado de cada enlace considerado en el protocolo de enrutamiento, entre todos los dispositivos que componen el dominio de enrutamiento.

Esto da a cada dispositivo una visión completa de la topología de la red, a partir de la cual corre el algoritmo de Primero la Ruta más Corta (SPF).

La actualización de la base de datos de estado de los enlaces se realiza cada vez que cambia el estado de un enlace utilizando LSAs y periódicamente para asegurar la sincronización de esas bases de datos.

Pregunta 51

C – Los protocolos de estado de enlace no son propensos a los bucles de enrutamiento ya que tienen una visión completa de la topología de la red. A la vez OSPF no incluye mecanismos de sumarización automática. En consecuencia, puede operar más fácilmente en redes discontinuas.

Pregunta 52

A y C – Los protocolos de estado de enlace utilizan actualizaciones del estado de los enlaces (LSA) para construir y mantener sus bases de datos topológicas.

Un formato especial de información utilizada son los paquetes hello que permiten indicar a los dispositivos vecinos que un enlace permanece operativo y en función de esto mantener la relación de adyacencia con otros dispositivos OPSF.

Pregunta 53

A y D – Los protocolos de vector distancia anuncian la información de enrutamiento enviando actualizaciones con información de enrutamiento hacia redes o subredes de destino y su métrica. Esto se suele expresar diciendo que los protocolos de vector distancia envían la información de su tabla de enrutamiento completa en sus actualizaciones.

Los protocolos de estado de enlace en cambio, envían actualizaciones denominadas LSAs en las que se anuncia el estado de cada uno de los enlaces que componen la red.

Pregunta 54

A y C – La secuencia de comandos que presenta la consigna es la secuencia necesaria para configurar una interfaz de loopback.

Estas interfaces son interfaces virtuales que constituyen un segmento de red de un único puerto y que por lo tanto pueden ser configuradas con una máscara de subred 255.255.255.255 (también llamada máscara de nodo) dado que se trata de "enlaces" de un sólo puerto.

Open Shortest Path First

Pregunta 55

A, C y E – OSPF es un protocolo de enrutamiento por estado de enlace que presenta múltiples ventajas; entre ellas la posibilidad de administrar rutas con máscara de subred de longitud variable (VLSM).
La introducción del concepto de área permite limitar la cantidad de dispositivos involucrados en una actualización de enrutamiento; y la utilización de múltiples tipos diferentes de LSAs permite, junto a la implementación de routers de frontera, un mejor control de la propagación de la información de enrutamiento.

Pregunta 56

B, C y D – La introducción del concepto de áreas en redes que utilizan protocolos de enrutamiento por estado de enlace permite optimizar su operación en varios aspectos. Entre otros: se reduce el tráfico de LSAs y se acelera la convergencia dado que el intercambio de información ante un cambio en la red queda acotado al área y no obligatoriamente a la totalidad del dominio de enrutamiento.
Para poder implementar adecuadamente áreas en OSPF, y considerando especialmente que todas las áreas deben estar conectadas al área de backbone (área 0), es necesario contar con un diseño jerárquico de la red.

Pregunta 57

B – Los routers Cisco IOS que implementan OSPF balancean tráfico por defecto entre hasta 4 rutas de igual métrica o costo. Por configuración este número modificarse pudiendo llegar a 16 rutas de igual costo dependiendo de las plataformas.

Pregunta 58

E – OSPF es un protocolo de estado de enlace por lo tanto no usa el concepto de número de saltos como cuenta al infinito para solucionar un potencial bucle.
Se supone que las redes que utilizan protocolos de estado de enlace son redes libres de bucles sobre la base de que cada dispositivo tiene una visión completa de la topología de la red.

Pregunta 59

B – En el caso de redes multiacceso (sean con o sin broadcast) OSPF implementa el concepto de router designado (DR) y puede elegirse también un router designado de respaldo (BDR).

Pregunta 60

D – La dirección multicast 224.0.0.5 es la dirección reservada para identificar todos los routers OSPF. La dirección 224.0.0.6 identifica a los dispositivos DR y BDR en una red multiacceso.

Pregunta 61

D – El comando `show ip ospf database` muestra el contenido de la base de datos de información recogida sobre el estado de los enlaces que componen la red a través de los LSAs recibidos.

Pregunta 62

D – La columna "State" de `show ip ospf neighbor` indica que se ha establecido una relación de vecindad y no ha habido elección de DR/BDR. Consecuentemente no se trata de una red multiacceso, ya que en ese caso habría una designación de al menos DR.

Pregunta 63

C – La secuencia de elementos que se utilizan para definir el router ID en un router OSPF es: RouterID | mayor IP de loopback | mayor IP de interfaz física activa.
Cuando no hay Router ID ni interfaz loopback configurados el router ID de OSPF se genera a partir de la IP más alta de las interfaces activas en el router. Si esa interfaz en particular tiene más de una dirección IP, entonces tomará la dirección IP más alta como router ID.

Pregunta 64

A – La métrica de los enlaces OSPF es el costo.
Cisco IOS calcula, por defecto, el costo de los enlaces utilizando como referencia una función inversa del valor de bandwidth (ancho de banda) configurado en la interfaz.

Pregunta 65

C – El costo es una función inversa del valor de ancho de banda configurado, expresado en bits por segundo.
En este caso: 100000000/64000=1562

 ¡Atención!:
Es importante que se comprenda el concepto de costo y que recuerde el costo por defecto asignado a los anchos de banda más frecuentes en las interfaces.

Pregunta 66

C y D - El process ID es un parámetro exclusivamente local que identifica el proceso de OSPF dentro del dispositivo y que no forma parte de la información transmitida hacia los vecinos.
Por ser un identificador de 16 bits, puede tomar un valor entero entre 1 y 65535 (0 no es un process ID válido).

Pregunta 67

C – En OSPF, el comando network especifica una dirección IP seguida de una máscara de wildcard –no una máscara de subred-, y el área debe ser asociada al rango de direcciones OSPF que corresponde.
La máscara de wildcard indica que porción de la dirección IP declarada al comando network debe ser atendida al momento de tomar la decisión de enrutamiento.

Pregunta 68

C – Cuando no hay un router ID configurado en el proceso de OSPF (si lo hubiera ese sería entonces el router ID utilizado) se utiliza la dirección IP más alta de las interfaces lógicas (loopback) configuradas.
En este caso, es la dirección IP de la interfaz loopback0.
Si no hay interfaces lógicas configuradas, se utilizará la dirección IP más alta de las interfaces activas (up/up) al momento de iniciar el proceso de OSPF.

Pregunta 69

C y E – Los requisitos para negociar una relación de vecinos entre dispositivos que utilizan OSPFv3 son los mismos que cuando se utiliza OSPFv2.

Pregunta 70

B, C y D - Considerando la dirección de red y máscara de wildcard utilizadas en el comando network, el proceso de OSPF incluirá cualquier interfaz cuya dirección IP se encuentre en el rango que va desde 192.168.12.64 a 192.168.12.127.

Pregunta 71

B – Es requisito para que se pueda establecer adyacencia entre 2 dispositivos OSPF que los valores de los timers del protocolo en ambos dispositivos sean idénticos.
La dirección IP de las interfaces de loopback no tiene ningún impacto en este proceso, del mismo modo que el identificador de proceso o la sumarización de rutas.

Pregunta 72

A, C y E – Hay varias alternativa que permiten asegurar cuál es el router que será seleccionado como DR.
Una opción es configurar manualmente la prioridad de la interfaz utilizando el comando `ip ospf priority` en la interfaz. La interfaz con prioridad más alta será seleccionada como DR del enlace.
Una variante de este mismo método es configurar con prioridad 0 las interfaces de los demás routers en el segmento. La prioridad por defecto es 100, cuando se configura prioridad 0 en una interfaz ese router ya no es elegible como DR o BDR.
La otra opción es, cuando todos mantienen la prioridad por defecto, utilizar

los ID de los routers configurando interfaces de loopback. En este caso se elegirá como DR el dispositivo con RID más alto.

Pregunta 73

D – Los routers OSPF deben tener los mismos intervalos de hello y dead a para que puedan intercambiar información y establecer adyacencia.
Por defecto, el intervalo de dead es 4 veces el de hello. En redes de broadcast, el intervalo de hello por defecto es de 10 segundos. En redes non-broadcast es de 30 segundos.

Pregunta 74

C – Si no se configura un Router ID, para definir el RID se toma el valor de la dirección IP más alta de las interfaces de loopback configuradas. En este caso es la dirección IP de la interfaz Loopback1.

Border Gateway Protocol

Pregunta 75

D - La negociación entre 2 peers BGP pasa por diferentes estados hasta que se completa la misma. Para establecer la adyacencia e intercambiar información se debe alcanzar el estado "established" que indica que la adyacencia ha sido plenamente establecida y se está intercambiando información.
El estado de las adyacencias puede verificarse con el comando `show ip bgp summary` que en su última columna refleja el estado de negociación con cada vecino. Si no aparece nada es que está en "established" y en su lugar se indica la cantidad de prefijos intercambiados.
Mayor detalle puede tenerse con el comando `show ip bgp neighbor`.

Pregunta 76

B - Al configurar BGP se debe definir cada uno de los vecinos o BGP peer con los que se debe negociar el protocolo. Para esto es necesario indicar la dirección IP del peer con el cual se establecerá el intercambio de información de enrutamiento y el sistema autónomo al que pertenece ese dispositivo.

Pregunta 77

C - BGP negocia circuitos TCP entre dispositivos vecinos o BGP peer para luego sobre esos circuitos intercambiar información de enrutamiento. Esta operación es igual tanto para relaciones iBGP como eBGP.
Estos circuitos TCP utilizan el puerto 179.

Pregunta 78

B - En BGP el próximo salto es la dirección IP de ingreso al siguiente sistema autónomo en la ruta hacia el destino.
Cuando una ruta se origina en el propio sistema autónomo no hay un

próximo salto en la ruta BGP sino que el mismo sistema autónomo es el salto final. Esto se identifica asignando la dirección 0.0.0.0 como próximo salto y el peso (weight) 32768.

Pregunta 79

A – El comando network es el que permite publicar rutas a las redes propias utilizando BGP.
Para que el proceso de BGP incorpore la red en sus actualizaciones es necesario que haya una ruta a esa red de destino en la tabla de enrutamiento. Dado que se trata de una red directamente conectada, al activarse la interfaz eso genera una entrada en la tabla de enrutamiento como red directamente conectada.
Por lo tanto lo que se requiere es una declaración de la red a publicar que considere la dirección de red correspondiente (200.25.14.32) acompañada de su máscara de subred.

6. Servicios IP

A. Mapa conceptual

Asignación automática de configuración IP – DHCPv4

- Características generales del protocolo.

- Parámetros que asigna.

- Modalidades de asignación.

    o Dinámica.

    o Automática.

    o Estática.

- Operación:

- Configuración de un servicio DHCP en IOS.

- DHCP relay.

- Configuración de IOS como DHCP relay.

- Configuración de IOS como cliente DHCP.

Domain Name System – DNS

- Estructura jerárquica del sistema.

- Consulta no autoritativa.

- Estructura de los registros DNS.

Listas de Control de Acceso – ACL

- Uso de ACLs.

- Reglas de funcionamiento.

- Tipos de ACL

    o ACL estándar numeradas.

    o ACL estándar nombradas.

- o ACL extendidas numeradas.

- o ACL extendidas nombradas.

- • Aplicación de la ACL a la interfaz.

  - o ACL entrante.

  - o ACL saliente.

- • La máscara de wildcard.

  - o Operación de la máscara de wildcard.

  - o Reglas de cálculo rápido.

- • Configuración de ACLs.

  - o Configuración de ACL estándar numeradas.

    - ▪ Aplicación a puertos virtuales.

  - o Configuración de ACL extendidas numeradas.

  - o Configuración de ACL nombradas.

  - o Edición de una lista de acceso.

  - o Monitoreo de listas de acceso.

- • Tips de aplicación.

- • ACL IPv6.

Network Address Translation – NAT

- • NAT box.

- • Terminología NAT.

  - o Red inside.

  - o Red outside.

  - o Direcciones:

    - ▪ Inside local address.

    - ▪ Inside global address.

    - ▪ Outside local address.

    - ▪ Outside global address.

- Modalidades de NAT:
  - NAT estático.
  - NAT dinámico.
  - NAT overload.
- Configuración de NAT.
- Monitoreo de NAT.
- Diagnóstico de fallos de NAT.
- Configuración de PAT.

Seguridad en el acceso

- Tipos de amenazas.
- DHCP snooping.
- Dynamic ARP inspection.
- Identity based networking.
  - IEEE 802.1X.
  - RADIUS.
  - TACACS+.
  - Configuración de autenticación con RADIUS.
  - Configuración de autenticación con TACACS+.
- Seguridad en la gestión de dispositivos.
  - Buenas prácticas.
  - Bloqueo de servicios no utilizados.

Network Time Protocol – NTP

- Configuración de un cliente NTP.

Registro de eventos.

- Formato de los mensajes de eventos.
- Niveles de severidad.
- Syslog.

- Configuración del registro de mensajes de eventos.

- Monitoreo de los mensajes de eventos.

Simple Network Management Protocol – SNMP

- Arquitectura SNMP.

- Tipos de mensajes SNMP.

- Versiones SNMP.

- Configuración de SNMP v2c

- Verificación y monitoreo.

Diagnóstico de conectividad en redes IPv4.

- Mecanismo de análisis.

- IP SLA.

  - Configuración de IP SLA ICMP echo.

  - Verificación de IP SLA.

- Diagnóstico de las interfaces.

- Puerto SPAN.

  - Configuración de SPAN.

Introducción a QoS.

- Diferentes tipos de tráfico.

- Mecanismos de QoS.

  - Clasificación y marcado.

  - Policing, shaping y remarcado.

  - Gestión de congestión y scheduling.

  - Compresión de encabezados.

  - Fragmentación e intercalado.

- Frontera de confianza.

- Herramientas de marcado.

  - Marcado en capa 2: CoS, TID.

- o Marcado en capa 3: ToS, DSCP.

- Herramientas de clasificación.

  - o NBAR.

- Herramientas para gestión de congestión.

- Herramientas para evitar la congestión.

B. Notas previas

El capítulo de servicios IP reúne un conjunto de elementos diferentes que tienen diferente importancia en el desarrollo del examen.

Los temas de mayor importancia y que hay que manejar en detalle, son:

- Listas de control de acceso.

- NAT.

Sin embargo, no se pueden descuidar los otros puntos que tienen su lugar propio dentro del cuestionario que se deberá responder. Siempre hay preguntas referidas a SNMP, NTP o temas de seguridad.

En lo referido a laboratorios de práctica, el examen de certificación requiere habilidades de configuración y diagnóstico de fallos en los mismos 2 temas que acabo de mencionar: ACLs y NAT.

En lo que se refiere al tema de las listas de control de acceso y particularmente el cálculo de las máscaras de wildcard, es uno de los temas que generalmente preocupan y agrega tensión durante la preparación del examen. Sin embargo, si se estudia adecuadamente y sobre todo si se realizan ejercicios de práctica, no tiene mayores dificultades y no debe generar inquietud.

Se trata solamente de algunos conceptos y reglas de aplicación que se deben conocer y manejar adecuadamente. Y sobre todo, se requiere la adquisición de un conjunto de reglas simples de cálculo que permitirán responder las preguntas con rapidez y seguridad. Los ejercicios que presenta el examen y que requieren el cálculo de máscaras de wildcard son en general sencillos y se solucionan con la aplicación de los métodos de cálculo que presento en estas notas.

En el tema de las máscaras de wildcard, es importante tener presente que hay métodos de cálculo que se trabajan básicamente sobre la nomenclatura binaria y que son los más apropiados para tener una visión amplia y abarcativa del tema. Sin embargo, estos métodos de cálculo resultan complicados, requieren tiempo y su revisión es más difícil en el contexto del examen. Es por esto que a lo largo del capítulo incluiré varias reglas prácticas para realizar un cálculo rápido que, si bien tienen limitaciones en cuanto a su alcance, son completamente adecuadas para responder a las preguntas que se pueden plantear durante el examen de certificación.

Entre los temas que merecen especial atención destaco:

- Es importante tener claros los tips de configuración al momento de tener que evaluar algunas preguntas. Esto permitirá ahorrar tiempo. Asegúrese de comprender con claridad esos tips.

- Es importante tener claro el concepto de filtrado de tráfico entrante o saliente. Este es un punto que suele generar confusiones y es causa de errores.

- Es necesario manejar un método de cálculo seguro y rápido de las máscaras de wildcard.

 Una clave indudable de la sección listas de acceso es la práctica. Solo la ejercitación da velocidad para percibir el objetivo y realizar los cálculos y seguridad para alcanzar una respuesta satisfactoria.

Para ganar tiempo

Como ya comenté antes en otros capítulos de esta Guía, el manejo del tiempo en el desarrollo del examen es fundamental para asegurar el éxito. Y el cálculo de las máscaras de wildcard es un tema que suele generar inquietudes e inseguridades por lo que puede requerir tiempo y complicar el desarrollo del examen.

Método rápido de cálculo

La estructura binaria de las direcciones IPv4 (en el examen CCNA R&S 200-125 el tema ACLs está reducido a su aplicación en redes IPv4 solamente) permite establecer criterios de agrupamiento que se basan en el valor de cada uno de los bits.

Tomemos un ejemplo, considerando solamente el último octeto de una dirección IP para facilitar la comprensión. Supongamos una serie de nodos que utilizan desde el ID .15 al .20, por ejemplo, un conjunto de direcciones IP que va de la 192.168.1.15 a la 192.168.1.20.

.15	00001111
.16	00010000
.17	00010001
.18	00010010
.19	00010011
.20	00010100

Si se observa con atención se puede ver que el grupo que va desde .16 a .19 tiene un patrón de 6 bits en común:

.16	00010000
.17	00010001
.18	00010010
.19	00010011

Adicionalmente, cuando uno solo de los bits que componen este patrón común se modifica, automáticamente se sale del rango señalado.

En consecuencia, un grupo de IDs puede ser identificado por un patrón común de bits expresados en notación binaria que siguen dos reglas básicas a considerar:

1. La cantidad de IDs que integran el grupo, es decir el tamaño del grupo o rango de direcciones, es siempre una potencia de 2.
   En nuestro caso, $4 = 2^2$.

2. El ID inicial del grupo es siempre un múltiplo de tamaño del grupo.
   En nuestro caso, 16 es múltiplo de 4, $16 = 4 \times 4$.

Aplicación al cálculo de la máscara de wildcard

Como hicimos en el caso del cálculo de subredes analicemos un ejemplo para facilitar la comprensión del procedimiento.

Supongamos que a usted se le ha solicitado que filtre las subredes 172.16.16.0/24 a la 172.16.19.0/24 utilizando una única sentencia de lista de acceso. ¿Cuál es la máscara de wildcard que le permitirá realizar la tarea?

1. Identifique el octeto crítico sobre el que deberá trabajar.

   172 . 16 . <u>16</u> . 0
   172 . 16 . <u>17</u> . 0
   172 . 16 . <u>18</u> . 0
   172 . 16 . <u>19</u> . 0
   En nuestro caso es el tercer octeto.

2. Verifique que el conjunto de valores decimales del octeto crítico cumpla las dos condiciones que enuncié antes:

   o La cantidad de IDs que integran el grupo, es decir el tamaño del grupo, debe ser una potencia de 2.
     En nuestro caso es $4 = 2^2$.
     Se cumple.

   o El valor decimal del primer ID del grupo, debe ser un múltiplo de la amplitud del grupo.
     En nuestro ejemplo es $16 = 4 \times 4$.
     Se cumple.

🖊 Si una de las dos condiciones no se cumple, no se puede aplicar ninguna regla rápida de cálculo y se debe trabajar sobre los dígitos en formato binarios.

🖊 Los casos que se presentan en el examen de certificación, en términos generales, cumplen con estas dos condiciones.

---

3. Si se cumplen las dos condiciones podemos comenzar a definir la máscara de wildcard. Coloque en 0 las porciones de la máscara de wildcard que corresponden a los octetos que están a la izquierda del octeto crítico y en 255 la o las porciones que corresponden a los octetos que están a la derecha del octeto crítico.

                        172 . 16 . 16 . 0
                        0 . 0 . __ . 255
                                Octeto crítico

4. En el octeto crítico tome el valor decimal más alto que integra el grupo y
    réstele el valor decimal más bajo. El resultado que obtiene es el valor
    impar que utilizaremos como valor del octeto crítico de la máscara de
    wildcard:

                        19 – 16 = 3
                        0 . 0 . 3 . 255
                                Octeto crítico

    Este procedimiento es aplicable siempre que se cumplan las dos
    condiciones enunciadas en las consideraciones.

Hechas estas consideraciones, vamos al desarrollo del tema.

C. Desarrollo temático

 Las abreviaturas y siglas utilizadas en este manual se encuentran desarrolladas en el Glosario de Siglas y Términos de Networking que está disponible de modo gratuito en la Librería en Línea de EduBooks: https://es.scribd.com/document/292165924/Glosario-de-Siglas-y-Terminos-de-Networking-version-1-2

Con el avance de Internet, su implementación y expansión, el desarrollo original de la arquitectura IP requirió modificaciones en orden a optimizar su operación o agregar nuevas funcionalidades no previstas inicialmente en el diseño original.

La introducción de la máscara de subred y el posterior procesamiento classless de los paquetes son una muestra de estas modificaciones que en la actualidad estudiamos como integradas en el mismo direccionamiento IP.

Pero esto no fue suficiente para los requerimientos crecientes que se desprendían de la implementación de IP. Así fueron surgiendo otros elementos tales como:

- Los sistemas de asignación dinámica de configuración IP de los dispositivos terminales. Primero fue BootP, y luego DHCP que es el protocolo en uso.

- El protocolo de traducción de direcciones IP, inicialmente diseñado para permitir que redes privadas que utilizan direccionamiento RFC 1918 establezcan comunicaciones sobre Internet.

Vamos ahora a revisar entonces algunos servicios IP adicionales y otras tecnologías relacionadas, tales como la utilización de listas de acceso IP.

Asignación automática de direcciones IP

Todo dispositivo que opera en una red IP necesita contar con una configuración IP básica (dirección IP, máscara de subred, default gateway, servidor DNS, etc.). Esta configuración puede lograrse a partir de diferentes mecanismos.

Los dispositivos IPv4 prevén en la actualidad varios mecanismos para asignar la configuración IP, los más frecuentemente utilizados son:

- Configuración estática.

- Asignación automática utilizando DHCP.

IPv6, por su parte, introduce junto a estos mecanismos ya en uso, nuevas modalidades de realizar esta tarea:

- Asignación estática definiendo manualmente el ID de interfaz.

- Asignación estática definiendo el ID de interfaz automáticamente con EUI-64 o RFC 3014.

- Asignación dinámica utilizando autoconfiguración stateless.

- Asignación dinámica utilizando DHCPv6.

La amplitud del espacio de direccionamiento ofrecido por IPv6 ha permitido la implementación de sistemas de auto-asignación automática de la porción del ID del puerto tales como EUI-64, RFC 3014 y la configuración stateless.

 El examen de certificación 200-125 se centra únicamente en DHCPv4, por lo que el desarrollo de DHCPv6 queda para manuales dedicados específicamente a IPv6.

Dynamic Host Configuration Protocol – DHCPv4

La introducción de servidores DHCP en la red simplifica enormemente las tareas de asignación de configuración IP de las terminales facilitando las tareas de administración y reduciendo la posibilidad de errores.

Este servicio permite asignar de modo automatizado y dinámico configuración IP a los dispositivos de uno o más segmentos de red. Una implementación centralizada de DHCP permite disponer de un único punto para gestionar la asignación de configuraciones IP a múltiples segmentos diferentes. Esto asegura consistencia en la configuración IP a través de toda la red.

- Opera sobre los puertos UDP 67 y 68 (los mismos que utiliza BootP).

- Asigna una configuración IP a los nodos conectados a la red para su uso temporal.

- Requiere la presencia de un servidor DHCP en la red.

- El servidor DHCP puede estar localmente en cada subred o en un sitio central.

- Cisco IOS permite utilizar también a los dispositivos IOS como servidores DHCP.

Los parámetros de configuración que pueden ser suministrados a través de DHCP son:

- Dirección IP / Máscara de Subred.

- Default Gateway.

- Nombre de dominio.

- Servidor de nombres de dominio (DNS).

- Time Servers.

- WINS Server.

- Duración de la asignación.

- Otros parámetros opcionales (options).

Hay 3 modalidades de asignación de las direcciones IP utilizando este protocolo:

- Asignación dinámica.
  Realiza una asignación dinámica de configuración IP utilizando una dirección comprendida en un rango definido en el servidor, por un tiempo determinado.
  El cliente deberá volver a solicitar una nueva asignación antes de que expire el tiempo especificado.

- Asignación automática.
  El servidor realiza una asignación dinámica de la configuración IP con una dirección comprendida en el rango definido en el servidor, de modo permanente.
  El cliente no necesita renovar periódicamente esta asignación.

- Asignación estática.
  El servidor realiza la asignación de la configuración IP tomando direcciones ya definidas en una tabla que mapea direcciones MAC a direcciones IP. Sólo reciben dirección por este mecanismo los clientes que están enlistados en esta tabla.

El procedimiento para obtener la configuración IP es el siguiente:

1. DHCP Discovery.

   El cliente DHCP envía una solicitud de configuración en formato de broadcast.

2. DHCP Offer.

   El servidor DHCP que recibe la solicitud reserva una dirección IP para el cliente y responde enviando una propuesta de configuración en formato de broadcast.

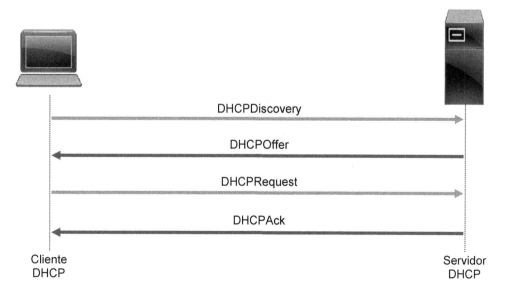

3. DHCP Request.
El cliente responde en formato broadcast realizando una solicitud explícita de la configuración ofrecida por el servidor.
El cliente puede recibir múltiples ofertas, pero sólo una es aceptada.
Cuando deba renovar su configuración enviará un nuevo request pero esta vez en formato unicast al servidor.

4. DHCP Acknowledgement.
Se envía un paquete en formato broadcast al cliente, incluyendo la información de configuración que el cliente ha aceptado.
Esto completa y cierra el proceso.

 Para referir el proceso completo se utiliza el acrónimo DORA: Discover Offer Request Ack.

Cuando se trabaja con un único servicio de DHCP centralizado para múltiples redes o subredes, y por lo tanto es necesario enrutar los paquetes DHCP, se deben activar los routers como agentes DHCP relay para que reciban las solicitudes DHCP y las envíen en formato unicast al servidor central.

 Cisco IOS 12.01(T) y siguientes incluyen software de servidor DHCP.

Sintetizando:

	RARP	BOOTP	DHCP
Capa modelo OSI	3	7	7
Protocolo capa transporte	---	UDP	UDP
Requiere un servidor	Si	Si	Si
Suministra			
Dirección IP	Fija	Fija	Fija / Dinámica
Máscara subred	---	Si	Si
Default gateway	---	Si	Si
Servidor DNS	---	Si	Si
Servidor WINS	---	---	Si
Nombre de dominio	---	---	Si

Configuración de servicios DHCP en IOS

El procedimiento para configurar un dispositivo IOS como servidor DHCP es el siguiente:

- Definición del pool de direcciones a asignar.

- Definición de los parámetros opcionales de la configuración IP (dirección del servidor DNS, WINS, etc.)

- Excluir las direcciones IP que no deben ser asignadas por DHCP.

```
Router#configure terminal
Router(config)#service dhcp
```

Activa el servicio DHCP en IOS.

El servicio DHCP se encuentra habilitado por defecto en la mayoría de los dispositivos por lo que este comando generalmente no es requerido.

```
Router(config)#ip dhcp pool DHCP_LAN
```

Crea un servicio DHCP identificado por el nombre que se especifica (en este caso DHCP_LAN). Al mismo tiempo accede al modo de configuración del pool DHCP.

En un dispositivo es posible configurar múltiples servicios DHCP que se diferencian por el nombre.

```
Router(dhcp-config)#network 172.16.1.0 255.255.255.0
```

Define la red o subred de la que se tomarán las direcciones IP que se asignarán a través de este servicio.

```
Router(dhcp-config)#default-router 172.16.1.1
```

Especifica la dirección IP del gateway disponible para los clientes de este pool. Requiere al menos una dirección IP y permite hasta 8.

```
Router(dhcp-config)#domain-name prueba.com
```

Especifica el nombre de dominio a entregar.

```
Router(dhcp-config)#dns-server 172.16.1.3
```

Especifica la dirección IP del servidor DNS disponible para los clientes de este pool. Requiere al menos una dirección IP y permite hasta 8.

```
Router(dhcp-config)#netbios-name-server 172.16.1.3
```

Especifica la dirección IP del servidor NetBios WINS disponible para los clientes DHCP de este pool. Requiere al menos una dirección IP y permite hasta 8.

```
Router(dhcp-config)#lease 1 8 0
```

Define la duración de la cesión de una dirección al nodo solicitante. Se expresa en días (1) horas (8)

minutos (0).
Valor por defecto: un día (1 0 0).

```
Router(dhcp-config)#exit
Router(config)#ip dhcp excluded-address 172.16.1.1 172.16.1.3
```

Excluye del conjunto de direcciones IP que se definió para el pool las direcciones IP que se desean administrar manualmente o no asignar por otros motivos. En este caso se excluyen 3 direcciones IP del pool.

 La exclusión de direcciones del pool se debe realizar en modo configuración global. No dentro de la definición del servicio.

Comandos para verificar el servicio DHCP

```
Router#debug ip dhcp server packet
```

Publica los eventos del proceso DHCP en el servidor DHCP.

```
Router#show ip dhcp pool
```

Permite verificar los parámetros asignados a un pool DHCP.

Muestra el número total de direcciones que componen el pool (no se toman en cuenta las direcciones excluidas ya que eso se realiza fuera del pool), el rango configurado y el número de direcciones asignadas al momento.

```
Router#show ip dhcp binding
```

Muestra la asignación de direcciones IP realizadas en función de la dirección MAC de los clientes. También muestra el tiempo de asignación de cada cliente.

```
Router#show ip dhcp conflict
Router#show ip dhcp server statistics
```

DHCP Relay

Dado que el inicio de la operación del protocolo se realiza sin contar con una dirección de origen y utilizando broadcast como destino, las solicitudes DHCP (discovery) no son de suyo ruteables hacia otras redes o subredes. De aquí que en principio el protocolo supone que el servidor y el cliente DHCP están conectados a la misma red o subred.

Cuando se desea utilizar servidores DHCP que se encuentran alojados en una red o subred diferente de aquella en la que se encuentran las terminales a las que debe servir, se puede utilizar un agente DHCP relay. Un DHCP relay es un dispositivo que recibe las solicitudes de los clientes en formato de broadcast y las reenvía como unicast a la dirección del servidor DHCP.

1. DHCP Discovery.

    El cliente DHCP envía una solicitud en formato de broadcast.

2. DHCP Relay.

    El agente DHCP relay que recibe el broadcast lo retransmite a uno o más
    servidores DHCP remotos utilizando formato unicast e incluyendo la dirección de la
    interfaz en la cual recibió la solicitud como dirección de gateway (origen) de la
    solicitud.

3   DHCP Offer.

    El servidor utiliza la dirección de gateway que recibe en la solicitud para determinar
    a qué subred pertenece el host solicitante y asigna entonces una configuración
    que corresponda esa red o subred.

    El servidor DHCP reserva una dirección IP para el cliente y envía la respuesta en
    un paquete unicast a la dirección del gateway.

4. El DHCP relay recibe la respuesta del servidor y la reenvía al cliente.

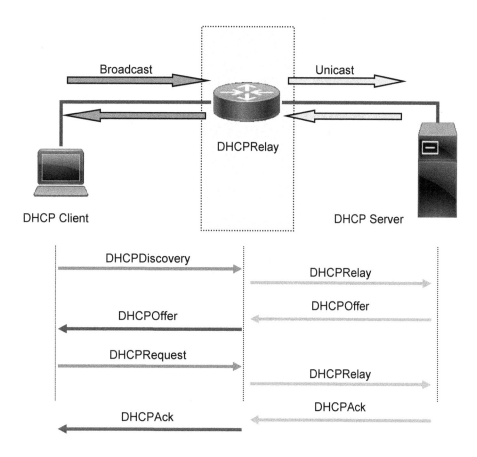

5. DHCP Request.
    El cliente responde en formato broadcast realizando la solicitud explícita de la
    configuración ofrecida por el servidor.

6. El agente DHCP relay interviene nuevamente reenviando la solicitud al servidor DHCP en formato unicast.

7. DHCP Acknowledgement.
El servidor marca la dirección como utilizada y envía un paquete en formato unicast al DHCP relay confirmando los parámetros.

8. El router reenvía la confirmación al cliente.
Esto completa el proceso.

En estos casos el servidor DHCP responde al DHCP relay y este se ocupa de reenviarlo al cliente DHCP. El servidor DHCP puede estar alojado en cualquier punto de la red, ya que al convertirse los paquetes a unicast, son completamente ruteables.

Configuración de un router como DHCP relay

En dispositivos Cisco IOS el servicio de DHCP relay se habilita en la interfaz de capa 3 más cercana al cliente DHCP (usualmente la que opera como default-gateway de la red o subred).

En la configuración es necesario especificar la dirección IP de uno o más servidores DHCP que han de responder las solicitudes. Si hay varios servidores DHCP en una misma subred se puede especificar directamente la dirección reservada de broadcast de la subred, de este modo responderá cualquiera de los servidores DHCP de esa subred.

```
Router#configure terminal
Router(config)#interface GigabitEthernet 0/0
Router(config-if)#ip helper-address 172.16.100.50
```

El comando permite a la interfaz actuar como proxy para reenviar solicitudes de servicio realizadas sobre UDP. Por defecto reenvía solicitudes DHCP, Time, TACACS, DNS, TFTP y NetBios.

Las solicitudes son reenviadas en formato unicast a la (o las) dirección IP especificada en el comando.

Configuración de IOS como cliente DHCP

Cisco IOS no solo incluye un servicio de DHCP, sino también un cliente DHCP que puede ser activado en sus interfaces.

La activación del cliente DHCP se realiza en la interfaz que se desee reciba configuración IP de un servidor DHCP a través de este mecanismo:

```
Router#configure terminal
Router(config)#interface GigabitEthernet 0/0
Router(config-if)#ip address dhcp
```

Domain Name System - DNS

El direccionamiento IP es el corazón del funcionamiento actual de Internet y la mayoría de las redes de comunicaciones. Una dirección IP permite identificar y localizar inequívocamente un nodo cualquier en la red global (Internet).

Sin embargo, diversas circunstancias hacen que en términos generales no utilicemos habitualmente las direcciones IP para identificar un nodo de destino. El usuario final habitualmente no utiliza direcciones IP en su navegador de Internet o su correo electrónico.

El servicio de DNS permite responder a la necesidad de los usuarios que habitualmente identifican personas y lugares por su nombre, no por un número que nos suena anónimo y difícil de recordar. En este sentido, los servicios DNS nos permiten definir nuestros destinos en la red utilizando nombres y no direcciones IP.

DNS es el protocolo que nos permite reemplazar el uso por parte del usuario final de direcciones IP por nombres para identificar los nodos. En este sentido, los servicios DNS nos permiten definir nuestros destinos en la red utilizando nombres y no direcciones IP.

DNS es el protocolo que nos permite reemplazar el uso por parte del usuario final de direcciones IP por nombres para identificar los nodos. Habitualmente reciben la misma denominación tanto la base de datos de nombres como el protocolo utilizado para acceder la base de datos.

Se trata de un protocolo de capa de aplicación que utiliza el puerto 53 tanto TCP como UDP en la capa de transporte. Las consultas estándar utilizan el puerto 53 de UDP.

DNS utiliza una estructura jerárquica de dominios de red, completamente independiente de la estructura propia del direccionamiento IP. En esta estructura existen dominios y subdominios.

Para dar soporte a esta tarea en Internet DNS utiliza una base de datos distribuida que está alojada en múltiples servidores alojados en diferentes puntos del planeta.

Un ejemplo: supondremos que deseamos ingresar al dominio www.google.com.ar, para lo cual nuestra terminal requerirá traducir el nombre google.com.ar por una dirección IP.

El proceso de búsqueda se inicia a partir de los dominios de alto nivel (el final del "nombre"). Los nombres compuestos por dos o tres caracteres en los dominios de alto nivel se denominan dominios genéricos u organizacionales. Los otros dominios de alto nivel son los dominios nacionales o geográficos, que están definidos por la norma ISO 3166.

Así, en nuestro ejemplo, lo primero es localizar el servidor de dominio nacional ".ar"; luego buscar el dominio genérico ".com". Finalmente buscará el dominio "google".

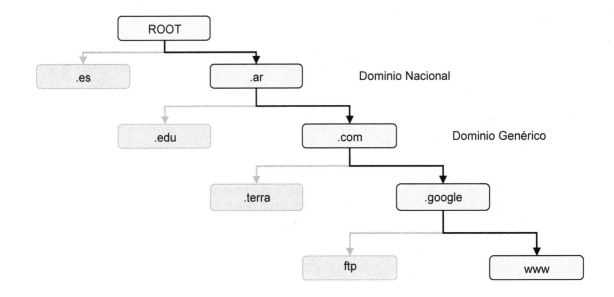

Para verificar los nombres que se traducen con este servicio en un terminal Microsoft o MacOS X, puede utilizarse el siguiente comando:

```
C:\>nslookup
Servidor predeterminado:  UnKnown
Address:  2800:af0:0:1::3

> google.com.ar
Servidor:  UnKnown
Address:  2800:af0:0:1::3

Respuesta no autoritativa:
Nombre:  google.com.ar
Addresses:  2800:3f0:4002:804::2003
            172.217.28.163
```

 Esta consulta ha sido realizada en una red dual stack (IPv4/IPv6), por lo que primero busca la respuesta a través de IPv6 como red de transporte, de allí que el servidor DNS se encuentre identificado con una dirección IPv6.

Este esquema jerárquico de los dominios se refleja a su vez en la organización de la base de datos, que es una base de datos distribuida. El sistema está dividido en zonas de autoridad en las que uno o más nodos tienen la tarea de mantener una copia de la base de datos correspondiente y responder las consultas de otros nodos.

Todos los servidores se encuentran interconectados a la jerarquía de nombres de dominio. El comienzo del árbol es la zona "." que recibe la denominación de raíz o root.

El protocolo DNS define cómo se ejecuta un servicio automatizado que permite resolver el nombre de un recurso a una dirección IP

¿Cómo se realiza una consulta DNS no autoritativa o interna (dentro de la red corporativa)?

- La terminal que requiere la traducción de un nombre realiza una consulta al servidor DNS que tiene en su configuración IP, utilizando un query de DNS.

- El servidor DNS local recibe la consulta y busca en su tabla de resolución de nombres hasta encontrar una coincidencia.
  Esta coincidencia le indicará cuál es la dirección IP que corresponde al nombre consultado.

- El servidor DNS encapsula la información en un paquete IP y lo envía de regreso a la terminal que dio origen a la consulta.

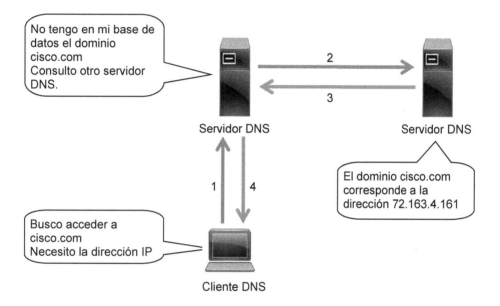

Sin embargo, el servidor DNS local o corporativo usualmente no tiene en su tabla de nombres todos los nombres que pueden ser consultados, particularmente la multiplicidad de dominios de Internet. Es entonces cuando entra en juego la estructura autoritativa del sistema de dominios de nombre de modo que la consulta se encadena hasta obtener la respuesta que requiere el cliente DNS:

- La terminal que requiere traducir un nombre por una dirección IP realiza una consulta (query) al servidor DNS que tiene en su configuración IP. Supongamos a los fines de este análisis que deseamos acceder a www.google.com.ar

- Si el servidor DNS local tiene esta búsqueda en su tabla de resolución de nombre, responderá directamente la consulta.

- Si el servidor DNS local no tiene una entrada para este dominio puede realizar una consulta (query) a un servidor regional que tenga en su configuración para ser resuelta por el servidor regional. Si no cuenta con un servidor regional, o si la consulta llega al servidor regional y este no tiene la información, la misma se reenvía al servidor raíz.

- Si el servidor raíz no tiene este dominio en su caché, reenvía a su vez la consulta al servidor que tiene la delegación .ar

- El servidor del domino .ar, si no tiene este dominio en su caché, reenvía la consulta al servidor que tiene la delegación .com.

- El proceso continúa de esta manera hasta que el cliente recibe la respuesta solicitada.

La distribución de la base de datos conlleva también la delegación de la autoridad y responsabilidad de crear, modificar y administrar los nombres.

Los nombres DNS están representados por conjuntos de etiquetas separadas por puntos. Un nombre es un conjunto de etiquetas compuestas por entre 1 y 63 caracteres alfanuméricos comenzando con un carácter alfabético. No se distinguen mayúsculas y minúsculas.

Los servidores DNS mantienen una base de datos que relaciona los nombres de dominio con las direcciones IP que han de utilizarse para establecer las comunicaciones. Estas bases de datos están compuestas por diferentes tipos de registros:

- Registros A.
  Para mapear nombres a direcciones IPv4.

- Registros AAAA.
  Para mapear nombres a direcciones IPv6.

- Registros MX.
  Para mapear direcciones IP de servidores de correo.

Para dar soporte DNS a implementaciones IPv6 se requiere:

- Actualizar cliente y servidor DNS para aceptar registros en formato IPv6.

- Actualizar cliente y servidor para operar (transportar) sobre IPv6.

Cuando el servidor que recibe una consulta opera tanto con IPv4 como IPv6 y tiene ambos registros para el nombre requerido envía ambos registros: IPv4 e IPv6. Al recibirlo la terminal, por defecto, utiliza el registro IPv6.

 Las aplicaciones que son independientes del protocolo, realizan la búsqueda de nombre para ambos protocolos (IPv4 e IPv6) y por defecto prefieren la respuesta IPv6.

Listas de Control de Acceso

El funcionamiento de una red suele requerir del Administrador que se establezcan restricciones de acceso y prioridades en el tráfico de la red a fin de hacer más eficiente su desempeño y brindar mayor seguridad a los recursos y a la información transmitida.

Cisco IOS proporciona funcionalidades básicas de filtrado de tráfico a partir del uso de Listas de Control de Acceso (ACL – Access Control List). Una lista de control de acceso es una enumeración secuencial de indicaciones de permiso y/o prohibición para determinadas direcciones, protocolos y/o puertos. De este modo también es posible identificar y clasificar diferentes tipos de tráfico en la red.

Una vez identificado un determinado tipo de tráfico el Administrador puede desarrollar diferentes acciones sobre el mismo, acciones tales como filtrarlo, establecer políticas de enrutamiento, definir qué tráfico es el que provocará la habilitación de una interfaz bajo demanda, definir condiciones de calidad de servicio, etc.

Las listas de control de acceso son una herramienta que permiten filtrar tráfico en función de la información contenida en los diferentes encabezados (capa 2, 3 o 4) de una trama. A partir de esta identificación es entonces posible aplicar reglas para tomar acciones sobre ese tráfico.

Formalmente una ACL es una lista de sentencias que permiten o deniegan determinado tipo de tráfico.

Se suelen utilizar ACLs para:

- Limitar el tráfico de la red para mejorar su performance.

- Implementar controles para el flujo de tráfico.

- Brindar un nivel de seguridad básico.

- Especificar que determinado tipo de tráfico (aplicación o protocolo) sea reenviado o bloqueado en una interfaz de un dispositivo.

- Definir el rango de direcciones IP privadas que deben ser traducidas a IP públicas por un servicio de NAT.

- Definir flujos de tráfico a los que se han de aplicas políticas de calidad de servicio (QoS) o seguridad.

Reglas de funcionamiento de las ACL

En IOS las ACLs están sometidas a un conjunto de reglas básicas de operación:

- Cada lista de acceso es identificada por un ID único localmente (numérico o alfanumérico).
  En el caso de las listas numeradas este ID además de diferenciar la lista de otras existentes en el mismo dispositivo, permite identificar el tipo de lista de acceso.

- La lista de acceso está compuesta por una serie de sentencias que permiten o deniegan un tipo de tráfico específico.

- Se puede aplicar una sola lista en cada interfaz, según sentido del tráfico (entrante / saliente), por protocolo (IPv4, IPv6, etc.).
  Esta regla suele denominarse como la regla de las 3 Ps:

    o Por protocolo.

    o Por interfaz.

    o Por dirección del flujo de tráfico.

- Cada paquete que ingresa o sale a través de una interfaz que tiene asociada una lista de acceso es comparado con cada sentencia de la ACL secuencialmente, en el mismo orden en que fueron ingresadas y ordenadas según número de secuencia, comenzando por la primera y hasta lograr una coincidencia.

Es muy importante el orden en el que se ingresan las sentencias. Ese mismo es el orden en que será revisado cada paquete.

- La comparación se sigue realizando hasta tanto se encuentre una coincidencia. Una vez que el paquete cumple la condición de una sentencia (la primera coincidencia), se ejecuta la acción indicada y no se sigue comparando.
  Un ejemplo básico:

```
access-list 1 permit any
access-list 1 deny any
access-list 1 deny host 172.16.1.1
```

  Dado que en esta lista la primera sentencia permite que pase todo el tráfico, las sentencias deny que están luego no tendrán efecto ya que cualquier paquete cumple la primera sentencia y en consecuencia es todo paquete es permitido.

- Hay un `deny ip any any` (denegación de todo tráfico) implícito al final de cada lista de acceso, que no es visible.
  Por lo tanto, si un paquete no coincide con alguna sentencia que permite tráfico, será descartado.
  Un ejemplo:

```
access-list 1 deny host 10.1.1.1
access-list 1 deny 192.168.1.0 0.0.0.255
```

  En este caso, esta lista de acceso no permite tráfico de ningún tipo y bloquea la interfaz ya que actúa el "deny all" implícito al final de la lista.

- Los filtros que se aplican sobre el tráfico saliente no afectan el tráfico originado en el mismo dispositivo.

- Las listas de acceso IP al descartar un paquete envían al origen un mensaje ICMP de "nodo de destino inalcanzable".

Tipos de listas de acceso IP

- Listas de acceso estándar.
  Permiten filtrar únicamente verificando la dirección IP de origen.

- Listas de acceso extendidas.
  Verifican múltiples elementos del encabezado tales como: direcciones IP de origen y destino, protocolo de capa 3 o 4 y puerto de capa 4. Permiten un control más flexible.

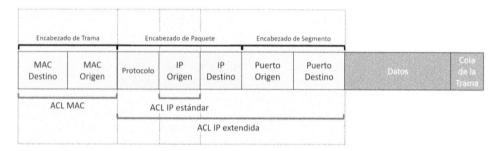

Paralelamente, hay 2 métodos diferentes para identificar las listas de acceso sean estándar o extendidas:

- Listas de acceso IP numeradas.
  Se identifican con un ID numérico.
  En este caso, el ID numérico identifica simultáneamente el tipo de lista de acceso de que se trata:

  - ACL estándar numeradas   1 a 99 y 1300 a 1999

  - ACL extendidas numeradas   100 a 199 y 2000 a 2699

- Listas de acceso IP nombradas.
  Se identifican con una cadena de caracteres alfanuméricos. Se configuran en un submodo específico y son editables.

El ID de las listas de acceso numeradas

En el caso de las listas de acceso numeradas, el tipo de lista de acceso (estándar o extendida) y el protocolo de capa 3 que filtra se especifica a partir del número que utiliza como ID de la lista de acceso.

El listado completo de IDs numerados de listas de acceso y su significado se puede consultar en la misma CLI de IOS a partir del modo configuración utilizando la ayuda contextual de IOS:

```
Router(config)#access-list ?
```

```
1-99         IP standard
100-199      IP extended
700-799      48 bit MAC address standard
1100-1199    48 bit MAC address extendida
1300 - 1999  IP estándar   (a partir de IOS 12.0.1)
2000 - 2699  IP extendida  (a partir de IOS 12.0.1)
```

 En IOS no hay listas de acceso numeradas para IPv6.

Aplicación de la ACL a la interfaz

Un uso primario de las ACLs es su implementación como filtros de tráfico en la red para permitir o prohibir determinados tipos de paquetes. En las interfaces las listas de acceso pueden implementarse para filtrar tanto tráfico entrante como saliente:

- ACLs entrantes
  El tráfico que ingresa al dispositivo es procesado a través de la lista de acceso en la interfaz de entrada antes de ser procesado y reenviado o no hacia la interfaz de salida.
  Son consideradas como más eficientes dado que evitan la carga de procesamiento que significa el enrutamiento de paquetes que luego pueden ser descartados. Solo son procesados los paquetes que están permitidos por la ACL.

- ACLs salientes
  El tráfico ingresa al dispositivo, es reenviado hacia la interfaz de salida y antes de ser copiado al medio se procesa a través de la lista de acceso saliente para definir si es tráfico permitido o no.
  Si el paquete coincide con una sentencia de permiso, entonces es copiado al medio; si coincide con una sentencia de denegación es descartado.

 Cuando se indica tráfico entrante o saliente el punto de referencia es el dispositivo en el que se realiza el filtrado. Es entrante o saliente al dispositivo.

La máscara de wildcard

En la definición de los criterios de filtrado de direcciones IP en las listas de acceso el Administrador requiere de una herramienta que le permita definir conjuntos de direcciones IP, subredes o redes completas, etc. Esta herramienta es la máscara de wildcard.

La máscara de wildcard es una secuencia de 32 bits divididas en 4 octetos de 8 bits cada uno (el mismo formato que una dirección IP o una máscara de subred) utilizada para generar filtros de direcciones IP. Se utiliza siempre en combinación con una dirección IP.

En las máscaras de wildcard los unos y ceros de la máscara indican cómo se deben considerar los bits de la dirección IP correspondiente. El dígito en 0 (cero) indica una posición binaria que debe ser comprobada, mientras que el dígito en 1 (uno) indica una posición que carece de importancia y por lo tanto no se considera en el filtro.

 Las máscaras de wildcard no tienen ninguna relación funcional con las máscaras de subred, son dos entidades absolutamente independientes entre sí.

La máscara de wildcard se aplica siempre a una dirección IP específica contenida en la declaración de la ACL junto a la máscara, y a la dirección (origen y/o destino según se defina) de los paquetes a evaluar. Si ambos resultados son iguales, entonces se aplica al paquete la política de permiso o denegación enunciada en la sentencia correspondiente.

Algunos ejemplos:

IP: 172.16.14.33   wildcard: 0.0.0.0
                        00000000.00000000.00000000.00000000

                        Todos los bits en 0 en la máscara de wildcard, indican que la dirección IP completa es relevante.
                        Indica que se debe seleccionar únicamente la dirección IP declarada ya que deben coincidir los 32 bits de la dirección.

IP: 172.16.14.44   wildcard: 0.0.0.255
                        00000000.00000000.00000000.11111111

                        En este caso, se consideran relevantes los 3 primeros octetos, y el cuarto no tiene importancia.
                        Selecciona todas las direcciones IP comprendidas entre 172.16.14.0 y 172.16.14.255 (no discrimina respecto del cuarto octeto).

IP: 172.16.14.44   wildcard: 0.0.255.255
                        00000000.00000000.11111111.11111111

                        Realizará el filtrado en función de la coincidencia solamente con los 2 primeros octetos (en cero).
                        Selecciona todas las direcciones IP de la red 172.16.0.0 comprendidas entre 172.16.0.0 y 172.16.255.255 (no discrimina respecto de los dos últimos octetos).

¿Cómo funciona la máscara de wildcard?

La máscara de wildcard siempre opera asociada a una dirección IP de referencia permitiendo de esta manera obtener un valor de comparación que opera como criterio de selección para evaluar las direcciones IP de los paquetes que llegan a la interfaz y determinar si esos paquetes deben ser sometidos a la acción que indica la sentencia o no.

Tomemos como base un ejemplo para comprender con mayor facilidad. Supongamos que se ha implementado una lista de acceso que incluye la siguiente sentencia:

```
access-list 10 permit 172.16.10.3 0.0.255.255
```

¿Cómo se obtiene el valor de comparación para evaluar los paquetes que debe filtrar?

Dirección IP de referencia	172	.	16	.	10	.	3
Dirección binaria	10101100	.	00010000	.	00001010	.	00000011
Máscara de wildcard	00000000	.	00000000	.	11111111	.	11111111
Valor de comparación	10101100	.	00010000	.	XXXXXXXX	.	XXXXXXXX

Supongamos ahora que ingresa a la interfaz a la que se ha asociado la lista de acceso anterior un paquete cuya dirección IP de origen es 172.17.12.10.

¿Cómo opera la máscara de wildcard?

Dirección IP de origen	172	.	17	.	12	.	10
Dirección binaria	10101100	.	00010001	.	00001100	.	00001010
Máscara de wildcard	00000000	.	00000000	.	11111111	.	11111111
	10101100	.	00010001	.	XXXXXXXX	.	XXXXXXXX
Valor de comparación	10101100	.	00010000	.	XXXXXXXX	.	XXXXXXXX
	coincide		no coincide		---		---

Como consecuencia, no se aplica a este paquete el criterio definido en la sentencia de la lista de acceso propuesta.

Ingresa ahora a la interfaz un paquete con la dirección IP de origen 172.16.15.31. Trabajará de la siguiente forma:

Dirección IP de origen	172	.	16	.	15	.	31
Dirección binaria	10101100	.	00010000	.	00001111	.	00011111
Máscara de wildcard	00000000	.	00000000	.	11111111	.	11111111
	10101100	.	00010000	.	XXXXXXXX	.	XXXXXXXX
Valor de comparación	10101100	.	00010000	.	XXXXXXXX	.	XXXXXXXX
	coincide		coincide		---		---

En consecuencia, esta dirección IP de origen coincide con la dirección IP de referencia y por lo tanto se le aplica el criterio establecido en la sentencia, para el caso, lo permite.

Algunas reglas prácticas de cálculo

Cuando contamos con una máscara de subred como punto de partida (porque deseamos filtrar una red o subred completa), la máscara de wildcard es el "complemento" de esa máscara de subred. Al decir complemento me refiero al valor necesario para obtener una dirección IP de broadcast:

IP de Broadcast:	255.255.255.255
Máscara de subred:	255.255.224.000
Máscara de wildcard:	000.000.031.255

Cuando se desea filtrar una red completa, la máscara de wildcard es el complemento de la máscara de subred por defecto:

Dirección de red:	172.016.000.000 /16
Máscara de subred:	255.255.000.000
Máscara de wildcard:	000.000.255.255

Cuando se desea filtrar una subred completa, la máscara de wildcard es el complemento de la máscara de subred que se esté aplicando:

Dirección de subred:	172.016.030.000 /24
Máscara de subred:	255.255.255.000
Máscara de wildcard:	000.000.000.255
Dirección de subred:	172.016.032.000 /20
Máscara de subred:	255.255.240.000
Máscara de wildcard:	000.000.015.255

Cuando se desea filtrar un conjunto de direcciones de nodo o subredes, tenga en cuenta las siguientes pautas:

- La amplitud del rango de direcciones a filtrar, expresado en valores decimales, es siempre una potencia de 2.

- El valor inicial del rango decimal a filtrar es un múltiplo de la potencia de 2 utilizada como amplitud del rango.

- En este caso el valor del octeto crítico de la máscara de wildcard será igual a la amplitud del rango menos uno.

Un ejemplo:

Filtrar las direcciones de nodo desde la 192.168.1.32 a la 192.168.1.47
Se trata de un grupo de 16 direcciones IP de la red 192.168.1.0/24

- Amplitud del rango: 16 (2^4) direcciones IP.

- Valor del inicio del rango: 32 = 2 x 16

- Valor del octeto crítico de la máscara de wildcard: 16 – 1 = 15

- Solución: 192.168.1.32 0.0.0.15

Casos especiales

En algunos casos especiales, un comando puede reemplazar una máscara de wildcard, con el mismo efecto:

`xxx.xxx.xxx.xxx 0.0.0.0 =`   `host xxx.xxx.xxx.xxx`

El término "host" reemplaza a una máscara de wildcard que tiene todos sus bits en cero y que por lo tanto indica un host específico.

`0.0.0.0 255.255.255.255 =`   `any`

El término "any" reemplaza a una máscara de wildcard que tiene todos sus bits en uno, de modo que refiere a toda dirección IP posible (cualquier IP).

`remark [comentario]`

Utilizado en lugar de la opción `permit/deny`, permite insertar comentarios entre las sentencias de una lista de acceso para facilitar su comprensión.
Permite un máximo de 100 caracteres en el comentario.

Si no se especifica una máscara de wildcard el sistema operativo (IOS) asume la máscara de wildcard por defecto que es 0.0.0.0. En consecuencia, las siguientes formas son equivalentes:

```
Router(config)#access-list 10 permit 172.16.10.3 0.0.0.0
Router(config)#access-list 10 permit host 172.16.10.3
Router(config)#access-list 10 permit 172.16.10.3
```

Configuración de las listas de acceso

En el proceso de configuración de las listas de acceso se distinguen 2 etapas:

- La creación de la lista de acceso en modo configuración global.

- La asignación de la lista de acceso a una o más interfaces para que filtre tráfico entrante o saliente, en modo configuración de la interfaz correspondiente.

Listas de acceso IP estándar numeradas.

```
Router(config)#access-list [ID] [permit|deny] [IP origen]
```
> Crea una sentencia que compone la lista de acceso identificada con el ID que se referencia.
>
> El ID que identifica listas de acceso IP estándar tiene un valor decimal entero entre 1 y 99 o entre 1300 y 1999.
>
> En el área de permiso o denegación se puede utilizar la opción `remark` para ingresar un comentario.

```
Router(config)#no access-list [ID]
```
> Borra todas las sentencias correspondientes a la lista de acceso cuyo número se especifica.

 Las listas de acceso numeradas no pueden ser editadas o borradas parcialmente.

```
Router(config)#interface serial 0/0/1
Router(config-if)#ip access-group [ID] [in|out]
```
> Asocia la lista de acceso cuyo ID se especifica a la interfaz para que filtre tráfico entrante (`in`) o saliente (`out`) a través de esa interfaz.

 Una lista de acceso ya configurada no es operativa hasta tanto sea aplicada a una interfaz o utilizada en otro proceso.

Un ejemplo:

```
Router#configure terminal
Router(config)#access-list 1 permit 192.168.1.0 0.0.0.255
Router(config)#access-list 1 deny 172.16.1.0 0.0.0.255
Router(config)#access-list 1 permit 172.16.0.0 0.0.255.255
Router(config)#interface GigabitEthernet 0/0
Router(config-if)#ip access group 1 in
```

Aplicación de filtros de tráfico a puertos virtuales.

Se pueden utilizar ACLs para filtrar cuáles son las direcciones IP de origen que tienen permitido acceder por Telnet o SSH a los dispositivos a través de los puertos virtuales.

```
Router(config)#access-list 10 permit host 172.16.10.3
```

 ¡Atención!: Sólo se pueden utilizar listas de acceso numeradas.

```
Router(config)#line vty 0 4
Router(config-line)#access-class 10 in
```

Listas de acceso extendidas

Las listas de acceso estándar tienen limitaciones para el filtrado de tráfico ya que solo analizan la dirección IP de origen de los paquetes. Para un filtrado de tráfico más específico o granular pueden utilizarse las listas de acceso extendidas.

Tipo de ACL	Filtra por...
Estándar	Dirección IP de origen
Extendidas	Dirección IP de origen
	Dirección IP de destino
	Protocolo (ip, icmp, ospf, tcp, udp, etc.)
	Puerto de origen (tcp, udp)
	Puerto de destino (tcp, udp)

Como ocurre con las listas de acceso estándar aquí también es posible contar con listas de acceso numeradas (100 a 199 y 2000 a 2699) o nombradas.

Listas de acceso IP extendida numeradas.

```
Router(config)#access-list [ID] [permit|deny] [protocolo] [IP
origen] [pto. origen] [IP destino] [pto. destino] [log]
```

El ID para las listas de acceso IP extendidas numeradas debe ser un número entero entre 100 y 199 o entre 2000 y 2699.

En el área de permiso o denegación se puede utilizar la opción `remark` para ingresar un comentario.

En el parámetro protocolo se ingresa el protocolo que se desea revisar: `ip, tcp, udp, eigrp, icmp, ospf`.

En los parámetros IP origen e IP destino se ingresa la dirección IP correspondiente con su máscara de wildcard o equivalente. El puerto de origen y el de destino son opcionales, si no se especifican se considera la dirección IP completa.

La opción `log` no es obligatoria. Genera mensajes de notificación de eventos respecto de los paquetes que coinciden con el criterio de selección de esa sentencia.

```
Router(config)#no access-list [ID]
Router(config)#interface serial 0/0/1
Router(config-if)#ip access-group [ID] [in|out]
```

Un ejemplo:

```
Router#configure terminal
Router(config)#access-list 100 deny tcp any host 172.16.100.5 80
Router(config)#access-list 100 permit tcp any any 80
```

```
Router(config)#access-list 100 deny udp any any
Router(config)#access-list 100 permit icmp any any echo
Router(config)#interface GigabitEthernet 0/0
Router(config-if)#ip access-group 100 in
```

Listas de acceso IP nombradas.

Las listas de acceso nombradas son esencialmente iguales a las numeradas, aunque su configuración tiene algunas ligeras diferencias.

- El comando con el que se inicia la configuración es ligeramente diferente.

- Al crear una lista de acceso se ingresa a un submodo de configuración de esa lista de acceso.

- Estas listas de acceso son editables aprovechando el número de secuencia.

```
Router(config)#ip access-list [standard|extended] [nombre]
```

Las listas de acceso nombradas se configuran en un submodo específico. Este comando crea la lista de acceso nombrada e ingresa al submodo de configuración correspondiente. En ese submodo se ingresan o editan cada una de las sentencias que compondrán la ACL.

El comando define si se tratará de una lista de acceso estándar o extendida. Tenga en cuenta que si en un dispositivo hay listas de acceso nombradas estándar y extendidas no pueden tener el mismo nombre.

El nombre es una cadena alfanumérica a elección, que debe ser única en este dispositivo. No se pueden utilizar espacios. Sí caracteres alfanuméricos.

```
Router(config-std-nacl)#[permit|deny] [IP origen]
```

Submodo de configuración de listas de acceso estándar nombradas.

```
Router(config-ext-nacl)#[permit|deny] [protocolo][IP origen] [pto.
origen] [IP destino] [pto. destino]
```

Submodo de configuración de listas de acceso extendidas nombradas.

```
Router(config)#interface serial 0/0/1
Router(config-if)#ip access-group [nombre] [in|out]
```

Para aplicar la lista de acceso nombrada a un puerto se utiliza el mismo comando que en el caso de las listas de acceso numeradas salvo que en este caso se utiliza el nombre para referenciarla.

Un ejemplo de ACL estándar nombrada:

```
Router#configure terminal
Router(config)#ip access list standard Prueba
Router(config-std-nacl)#10 permit 192.168.1.0 0.0.0.255
```

```
Router(config-std-nacl)#20 deny 172.16.1.0 0.0.0.255
Router(config-std-nacl)#30 permit 172.16.0.0 0.0.255.255
Router(config-std-nacl)#exit
Router(config)#interface GigabitEthernet 0/0
Router(config-if)#ip access group Prueba in
```

 En este ejemplo empleo el número de secuencia al inicio de cada sentencia, lo que permite forzar (si es necesario) el orden en que se ejecutarán las sentencias.
El uso de número de secuencia es opcional.
Si no se asigna número de secuencia IOS asigna por defecto un número de secuencia de 10 en 10.

Un ejemplo de ACL extendida nombrada:

```
Router#configure terminal
Router(config)#ip access-list extended Prueba2
Router(config-ext-nacl)#deny tcp any host 172.16.100.5 80
Router(config-ext-nacl)#permit tcp any any 80
Router(config-ext-nacl)#deny udp any any
Router(config-ext-nacl)#permit icmp any any echo
Router(config-ext-nacl)#exit
Router(config)#interface GigabitEthernet 0/0
Router(config-if)#ip access-group Prueba2 in
```

Edición de una lista de acceso

Es posible editar las listas de acceso nombradas utilizando el sub-modo de configuración de las mismas.

El submodo de configuración de listas de acceso nombradas permite agregar, modificar o borrar sentencias individuales dentro de la lista de acceso. El número de secuencia nos permite insertar las nuevas sentencias en el punto que sea más conveniente.

El número de secuencia es un elemento que facilita la edición de las ACLs ya que permite reordenar la secuencia en la que se ejecutan las diferentes sentencias que componen la lista independientemente del orden en el que se han ingresado en la línea de comando.

 Las listas de acceso numeradas pueden ser editadas si se tratan como nombradas, es decir, utilizando el comando `ip access-list` y referenciando su ID como un nombre.
Sobre este modelo desarrollo el ejemplo a continuación.

```
Router#show ip access-lists
```

El comando nos permite verificar la configuración, número de secuencia y orden de cada una de las sentencias que componen las ACLs (o una ACL en particular) configuradas en el dispositivo.

```
Extended IP access list 110
    10 permit tcp any host 172.16.1.14 eq www
    20 permit tcp any host 172.16.1.15 eq ftp
    30 deny tcp any 172.16.1.0 0.0.0.255 eq www
    40 deny tcp any 172.16.1.0 0.0.0.255 eq ftp
    50 permit ip any any
```

Cada sentencia se muestra precedida por un número de secuencia, aun cuando no se haya definido durante la configuración.

IOS asigna por defecto los números de secuencia de 10 en 10.

```
Router#configure terminal
Enter configuration commands, one per line.  End with CNTL/Z.
Router(config)#ip access-list extended 110
```

Ingresa al submodo de configuración de la ACL cuyo ID se indica.

```
Router(config-ext-nacl)#45 deny icmp any 172.16.1.0 0.0.0.255 echo
```

Inserta una sentencia entre las identificadas con los números de secuencia 40 y 50 de la ACL original.

```
Router(config-ext-nacl)#^Z
Router#show ip access-lists
Extended IP access list 110
    10 permit tcp any host 172.16.1.14 eq www
    20 permit tcp any host 172.16.1.15 eq ftp
    30 deny tcp any 172.16.1.0 0.0.0.255 eq www
    40 deny tcp any 172.16.1.0 0.0.0.255 eq ftp
    45 deny icmp any 172.16.1.0 0.0.0.255 echo
    50 permit ip any any
Router#_
```

Monitoreo de las listas de acceso.

```
Router#show access-list [#]
```

Muestra las listas y el contenido de todas las ACLs configuradas en el dispositivo o una en particular, independientemente de que estén en uso o no.

 No permite verificar a qué interfaz están aplicadas.

```
Router#show ip access-lists
```

Muestra solamente la configuración de ACLs IP.

```
Extended IP access list 110
    10 permit tcp any host 172.16.1.14 eq www (20 matches)
    20 permit tcp any host 172.16.1.15 eq ftp
    30 deny tcp any 172.16.1.0 0.0.0.255 eq www
    40 deny tcp any 172.16.1.0 0.0.0.255 eq ftp
    50 permit ip any any
```

Indica que hay configurada una lista de acceso IP extendida identificada con el número 110

A continuación se detallan una a una las sentencias que componen esa lista de acceso encabezadas por un número de secuencia.

La secuenciación de las sentencias permite la borrar selectivamente una sentencia en particular o insertar sentencias nuevas entre las existentes.

Las cifras entre paréntesis indican que 20 paquetes han coincidido con el criterio de esa sentencia y en consecuencia, en este caso, han sido permitidos.

```
Router#show ip interfaces serial 0/0/0
```

Muestra los puertos que tienen aplicadas ACLs IP.

```
Serial0/0/0 is up, line protocol is up
Internet address is 172.16.10.2
Broadcast address is 255.255.255.255
Address determined by non-volatile memory
MTU is 1500 bytes
Helper address is not set
Directed broadcast forwarding is disabled
Outgoing access list is not set
Inbound access list is 110
```

Indica la presencia o no de una ACL asociada a la interfaz como entrante o saliente, y cuando hay una ACL asociada, el ID de la misma.

```
Proxy ARP is enabled
Security level is default
Split horizon is enabled
ICMP redirects are always sent
ICMP unreachables are always sent
ICMP mask replies are never sent
IP fast switching is enabled
IP fast switching on the same interface is disabled
IP Fast switching turbo vector
IP multicast fast switching is enabled
IP multicast distributed fast switching is disabled
IP route-cache flags are Fast
Router Discovery is disabled
IP output packet accounting is disabled
IP access violation accounting is disabled
TCP/IP header compression is disabled
RTP/IP header compression is disabled
Probe proxy name replies are disabled
Policy routing is disabled
Network address translation is disabled
Web Cache Redirect is disabled
BGP Policy Mapping is disabled
```

```
Router#show running-config
```

Muestra tanto las listas de acceso configuradas como las interfaces a las que se encuentran asociadas.

	ACL	Interfaz
show access-list	Si	No
show ip interfaces	No	Si
show running-config	Si	Si

Tips de aplicación

- Cada vez que agrega una línea a la lista de acceso, si no se le asigna un número de secuencia, la línea nueva se ubicará a continuación de las líneas ya existentes, al final.

- Organice su lista de acceso de modo que los criterios más específicos estén al comienzo de la misma, y a continuación las premisas más generales.

- Coloque primero los permisos y luego los bloqueos.

- Toda lista debe incluir al menos una sentencia permit.
  Si no es así el efecto de la aplicación de esa ACL es el bloqueo en esa interfaz de todo el tráfico en el sentido en que haya sido aplicada la ACL debido a la presencia del deny any any implícito al final de la misma.

- Las listas de acceso aplicadas sobre interfaces para filtrar el tráfico saliente a través de las mismas no filtran el tráfico originado en el mismo dispositivo en el que están aplicadas.

- Una misma lista de acceso puede ser asignada a varias interfaces distintas en el mismo dispositivo, tanto en modo entrante como saliente.

- Antes de comenzar a trabajar sobre una lista de acceso existente desvincúlela preventivamente de todas las interfaces a las que se encuentre asociada. Terminada la tarea, vuelva a vincularla.

- Las listas de acceso estándar deben colocarse lo más cerca posible del destino del flujo de tráfico que se desea filtrar.

- Las listas de acceso extendidas deben colocarse lo más cerca posible del origen del flujo de tráfico que desea denegar.

Un ejemplo de configuración de ACL

Creación de Listas de Acceso IP.

```
LAB_A#config t
Enter configuration commands, one per line.  End with CNTL/Z.
LAB_A(config)#access-list 101 permit tcp any host 205.7.5.10 eq 21
```

Crea un filtro que permite el tráfico de solicitudes de servicios FTP (puerto destino 21) de cualquier dispositivo que quiera acceder al servidor cuya dirección IP es 205.7.5.10.

En IOS muchos servicios pueden ser identificados indistintamente por el número de puerto o por la sigla que los identifica. En este caso, puerto 21 o ftp.

```
LAB_A(config)#access-list 101 permit tcp any host 205.7.5.10 eq 80
```

Crea un filtro que permite el tráfico de solicitudes de servicios HTTP de cualquier dispositivo que quiera acceder al servidor web ubicado en la dirección IP 205.7.5.10.

```
LAB_A(config)#access-list 101 deny ip any 205.7.5.0 0.0.0.255
```

Crea un filtro que deniega todo el tráfico IP que esté dirigido específicamente a la red 205.7.5.0/24, cualquiera sea su dirección IP de origen.

De este modo y hasta este punto, se ha generado un filtro que sólo permite el acceso a un nodo de la red 205.7.5.0, que actúa como servidor web y FTP, y filtra todo otro tráfico IP hacia esa red.

```
LAB_A(config)#access-list 101 deny tcp any any eq 23
```

Crea un filtro que deniega todo el tráfico de paquetes Telnet, cualquiera sea su origen o destino.

```
LAB_A(config)#access-list 101 deny icmp any any echo
```

Crea un filtro que deniega todo el tráfico de ping (ICMP / echo) cualquiera sea su origen o destino.

```
LAB_A(config)#access-list 101 permit ip any any
```

Crea un filtro que permite todo otro tráfico IPv4 que no esté especificado en las sentencias precedentes.

Asignación de la Lista de Acceso a un puerto.

```
LAB_A(config)#interface GigabitEthernet 0/0
LAB_A(config-if)#ip access-group 101 in
```

Asigna la lista de acceso 101 a la interfaz GigabitEthernet 0/0, de modo que filtre todo tráfico entrante al dispositivo a través de esa interfaz.

Listas de acceso IPv6

En IOS para IPv6 utilizamos listas de acceso extendidas. Su estructura, configuración y principios básicos son semejantes a las listas de acceso nombradas extendidas IPv4.

- Cada lista de acceso es identificada por un ID único.
  En el caso de las listas de acceso IPv6 todas ellas son listas nombradas, si bien el nombre puede estar compuesto únicamente por números.

- La lista de acceso está compuesta por una serie de sentencias que permiten o deniegan un tipo de tráfico específico.

- Se puede aplicar una sola lista en cada interfaz, según sentido del tráfico (entrante / saliente), por protocolo.

- Cada paquete que ingresa o sale a través de una interfaz que tiene asociada una lista de acceso es comparado con cada sentencia de la ACL secuencialmente, en el mismo orden en que fueron ingresadas y ordenadas según número de secuencia hasta lograr una coincidencia.

- En el caso de IPv6 hay 3 sentencias implícitas al final de toda ACL IPv6:

```
permit icmp any any nd-ns
permit icmp any any nd-na
deny ip any any
```

- Dado que permanece el `deny ip any any` implícito al final de cada lista de acceso, si un paquete no coincide con alguna sentencia que permite tráfico, será descartado.

- Los filtros que se aplican sobre el tráfico saliente no afectan el tráfico originado en el mismo dispositivo.

```
Router(config)#ipv6 access-list [nombre]
```

Este comando crea la lista de acceso e ingresa al modo de configuración de la ACL que se referencia.

El nombre es una cadena alfanumérica a elección, que debe ser única en este dispositivo. También es posible utilizar un número como nombre.

```
Router(config-ipv6-acl)#[permit|deny] [protocolo][IPv6 origen]
[pto. origen] [IPv6 destino] [pto. destino]
```

Ya dentro del modo de configuración de la ACL se crean las sentencias de modo directo.

Opcionalmente se puede iniciar la sentencia indicando el número de secuencia. Luego, las sentencias pueden ser removidas de a una identificándolas por el número de secuencia.

```
Router(config)#interface serial 0/0/1
Router(config-if)#ip traffic-filter [nombre] [in|out]
```

Aplica la lista de acceso a un puerto para filtrar el tráfico entrante o saliente según se indique.

 En el caso de las listas de acceso IPv6 las reglas implícitas que se agregan al final son más complejas ya que se incluyen permisos de algunos procesos ICMP:
```
permit icmp any any nd-na
permit icmp any any nd-ns
deny ipv6 any any
```

Un ejemplo:

```
Router#configure terminal
Router(config)#ipv6 access-list Prueba3
```

```
Router(config-ipv6-acl)#deny tcp any host 2001:db8:0:1::5 80
Router(config-ipv6-acl)#permit tcp 2001:db8:100.5::/64 any 80
Router(config-ipv6-acl)#deny udp any any
Router(config-ipv6-acl)#permit icmp any any echo
Router(config-ipv6-acl)#exit
Router(config)#interface GigabitEthernet 0/0
Router(config-if)#ipv6 traffic-filter Prueba3 in
```

Verificación

```
Router#show ipv6 access-list
IPv6 access list Prueba3
    deny tcp any host 2001:db8:0:1::5 80 (2 matches) sequence 10
    permit tcp 2001:db8:100.5::/64 any 80 sequence 20
    deny udp any any sequence 30
    permit icmp any any echo sequence 40
```

```
Router#show ipv6 interface GigabitEthernet 0/0
```

A diferencia del comando semejante de IPv4, la sección referida a las listas de acceso aparece únicamente cuando hay listas de acceso IPv6 aplicadas a la interfaz.

Verificación de ACLs utilizando APIC-EM

En redes con una capa de control centralizada que implementan APIC-EM como controlador es posible utilizar la herramienta Path Trace para verificar la operación de las ACLs.

Path Trace permite verificar la ruta que sigue un paquete atravesando la red y, si en algún punto de esa ruta hay una ACL aplicada, monitorear el punto de aplicación de la ACL y el resultado de la misma para un destino y origen específicos.

Network Address Translation (NAT)

Procedimiento estándar que modifica la dirección IP de origen de los paquetes IP, "traduciéndola" por otra dirección IP compatible con la red de destino. Se encuentra definido, entre otros, en el RFC 2633.

En la práctica se utiliza para permitir que terminales configuradas con direcciones IP privadas (RFC 1918) puedan establecer comunicaciones sobre Internet, o para reducir la cantidad de direcciones IP públicas que es necesario disponer para establecer comunicaciones a través de la red pública (Internet).

En su implementación, Cisco IOS utiliza algunos conceptos y terminología que es preciso conocer antes de abordar el proceso de configuración propiamente dicho

En primer lugar, esta traducción se realiza en un dispositivo NAT también denominado NAT box, que opera típicamente en el borde de un área stub y es el responsable de traducir las direcciones IP y mantener las tablas de traducción respectivas. Un dispositivo NAT puede ser:

- Un router.

- Un firewall.

- Un sistema UNIX.

- Otro tipo de dispositivo.

 Generalmente el dispositivo NAT está ubicado en el punto de salida de la red hacia Internet.

 Una red stub es una red con una única puerta de entrada y de salida.

Entre otras prestaciones NAT permite que terminales con direccionamiento privado puedan acceder a Internet utilizando direccionamiento público o global. Sin embargo NAT es indiferente a la convención de direcciones públicas/privadas por lo que es necesario, al configurar, indicar cuáles son las direcciones que deben ser traducidas.

Ventajas de NAT

- Elimina la necesidad de reconfigurar terminales que utilizan direccionamiento privado cuando es necesario conectarlas a Internet.

- Permite reducir la cantidad de direcciones IP públicas necesarias para dar conectividad a múltiples terminales a Internet.

- Se constituye en un nivel adicional de seguridad ya que permite mantener oculta a Internet la estructura de direccionamiento utilizada en la LAN.

- Algunas aplicaciones dependen de poder establecer una comunicación extremo a extremo, lo que es interrumpido por NAT.

- Se pierde la posibilidad de trazabilidad extremo a extremo de las rutas, lo que hace más complejo el diagnóstico de problemas

- Se complica la operación de protocolos de tunelizado como IPsec.

- Algunos protocolos de aplicación que desdoblan su operación en múltiples sesiones pueden ver interrumpida su operación.

- Se incrementa el delay en el reenvío de los paquetes ya que es preciso traducir paquete por paquete.

Terminología NAT

Al implementar y analizar NAT es fundamental tener presente una terminología que es propia de esta implementación. El punto de referencia es primariamente el mismo NAT server.

- Red inside.
  Red que se encuentra del lado "interno" del dispositivo NAT, y cuyas direcciones requieren traducción.
  Habitualmente coincide con la red LAN que utiliza direccionamiento privado.

- Red outside.
  Red del lado "externo" del dispositivo NAT que requiere direcciones IP públicas.
  Habitualmente coincide con la red WAN o Internet.

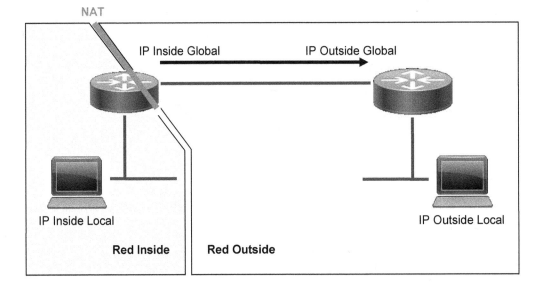

A partir de esta división en red inside y red outside se distinguen 4 diferentes direcciones IP vinculadas a una comunicación extremo a extremo:

- Inside Local Address.
  Direcciones que tienen configuradas los dispositivos que se encuentran conectados a la red Inside y que utilizan para sus comunicaciones locales.
  Típicamente, es una dirección IP privada.

- Inside Global Address.
  Direcciones válidas en la red Outside que han de utilizar los dispositivos de la red Inside para establecer comunicaciones con dispositivos que se encuentran en la red Outside.
  Es la dirección que representa a una terminal de la red Inside en la red Outside.
  Típicamente es la dirección IP pública que se asigna a la terminal de la red Inside.

- Outside Local Address.
  Dirección configurada en los dispositivos que se encuentran conectados a la red Outside.

- Outside Global Address.
  Dirección que representa a un dispositivo de la red Outside en la red Inside.
  Típicamente es la dirección IP pública del dispositivo destino.
  Si el dispositivo de la red Outside también atraviesa un sistema NAT, entonces la dirección Outside Global y la Outside Local serán diferentes aunque el dispositivo de la red Inside no podrá diferenciarlo.

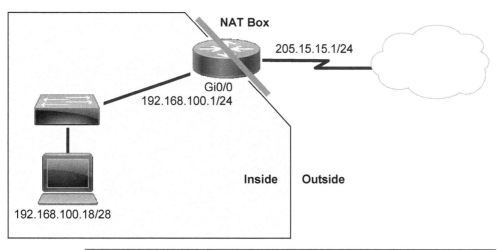

Inside Local	Inside Global	Outside Local	Outside Global
192.168.100.18	205.15.15.2	10.0.0.14	67.96.15.128

Además, hay diferentes modalidades de NAT:

- NAT estático.
  La traducción se define manualmente de IP local a IP global.

Se asegura de este modo que un nodo alojado en la red inside esté siempre representado por la misma dirección global en la red outside. Genera en la tabla de traducciones NAT un registro estático y permanente que relaciona la dirección local con su dirección global correspondiente. Generalmente es utilizado para habilitar el acceso desde la red global a un servidor alojado en la red inside ya que a diferencia de las formas de NAT dinámico, al estar la entrada definida de modo estático en la tabla de traducciones es posible que la sesión se inicie en la red outside.

- NAT dinámico.
  No hay una asignación estática uno a uno de IP local a IP global sino que se define un conjunto de direcciones locales de origen que se traducen dinámicamente utilizando un conjunto de direcciones globales.
  Se asigna dinámicamente una IP global para cada IP local que atraviesa el dispositivo NAT.

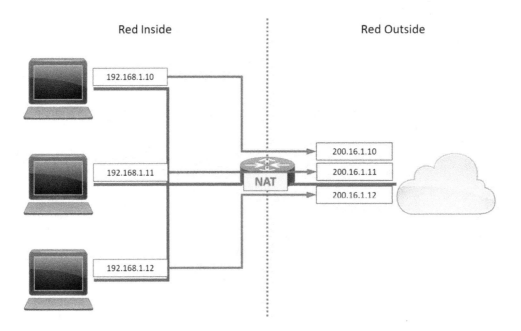

- NAT overload o PAT.
  La asignación dinámica se realiza ahora por conversación (sesión TCP o UDP), no por IP. El origen de cada conversación generada en la red Inside (IP local: Puerto origen) se traduce por una IP y puerto aptos para ser enrutados en la red Outside (IP global: Puerto).
  La combinación IP: Puerto es única para cada conversación, de manera que se puede distinguir cada traducción realizada.

📝 NAT: Traducción de una IP privada a una IP pública.

📝 PAT: Traducción de varias IP privadas a una IP pública.

En la configuración de un dispositivo NAT se pueden aplicar una o más de estas modalidades simultáneamente.

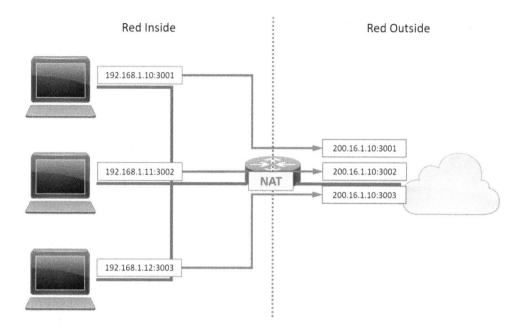

En la práctica se suele implementar una solución mixta:

- NAT estático para identificar dispositivos que deben ser accedidos desde la red pública tales como servidores.

- PAT para las terminales de la red inside que necesitan acceder a Internet.

Configuración de NAT:

Procedimiento para la configuración de NAT en IOS:

1. Identificación de la interfaz que conecta a la red Inside para NAT.

2. Identificación de la interfaz que conecta a la red Outside de NAT.

3. Definición de los parámetros de traducción.

```
Router#configure terminal
Router(config)#interface GigabitEthernet 0/0
Router(config-if)#ip nat inside
```
                        Define la interfaz que conecta a la red Inside.

```
Router(config-if)#interface serial 0/0/0
Router(config-if)#ip nat outside
```
                        Define la interfaz que conecta a la red Outside.

```
Router(config-if)#exit
```

Definición de traducción de NAT estática

Los paquetes que llegan a la interfaz inside y cuya dirección IP origen coincide con la definida como IP local serán traducidos utilizando la IP global.

```
Router(config)#ip nat inside source static [ip local] [ip global]
```
Define la traducción estática de una dirección IP local a una dirección IP pública.

Un ejemplo:

```
Router(config)#ip nat inside source static 172.16.1.10 25.1.1.16
```

Definición de la traducción de NAT dinámica

En este caso es necesario agregar 2 definiciones:

- Cuáles son las direcciones locales a traducir (las direcciones locales que no se incluyan en esta definición no serán traducidas).

- Cuál es el conjunto de direcciones globales que se han de utilizar para esa traducción.

Estas 2 definiciones deben ser luego asociadas en el comando que implementa el protocolo de traducción.

```
Router(config)#access-list [1-99] permit [ip local]
```
Para definir una implementación de NAT dinámico en primer lugar es necesario definir el conjunto de direcciones locales que se han de traducir utilizando una ACL.

Con este propósito se utiliza una lista de acceso IP estándar (numerada o nombrada) para definir el conjunto de direcciones IP locales.

 Las listas de acceso estándar requieren menos procesamiento que las listas de acceso extendidas, y son perfectas para este propósito.

```
Router(config)#ip nat pool [name] [ip inicial] [ip final] netmask X.X.X.X
```
En segundo lugar, debemos definir el pool (conjunto) de direcciones globales a utilizar en el proceso de traducción. Con este propósito indicamos la dirección inicial del pool, la dirección final y la máscara de subred que les corresponde.

```
Router(config)#ip nat inside source list [X] pool [name]
```
Finalmente se define el mecanismo de traducción. En este caso definimos un mecanismo de traducción tipo NAT dinámico una a una.

El comando asocia la lista de acceso creada antes [X] para definir las direcciones locales a traducir con el pool de direcciones públicas que se debe utilizar.

Un ejemplo:

```
Router(config)#access list 10 permit 172.16.1.64 0.0.0.15
Router(config)#ip nat pool CCNA 25.1.1.17 25.1.1.32 netmask
255.255.0.0
Router(config)#ip nat inside source list 10 pool CCNA
```

Definición de traducción PAT utilizando una sola dirección IP pública

En este caso cada conversación iniciada en la red interna o local (IP local : Puerto) es traducida utilizando un puerto de la IP global asignada a la interfaz de salida (IP global : Puerto).

Esto permite utilizar una misma dirección IP para múltiples conversaciones iniciadas localmente por diferentes terminales de la red inside.

En IOS inicialmente el proceso de NAT intenta preservar el puerto de origen que utilizó originalmente la conversación; si ese puerto ya está siendo ocupado por otra conversación entonces busca asignar el primer puerto disponible del mismo grupo de puertos. Si no hay puerto disponible y hay más de una dirección IP global asignada para la traducción, se pasa a la siguiente IP disponible y nuevamente se intenta utilizar el mismo ID de puerto que con la IP local.

```
Router(config)#ip nat inside source list [X] interface [int]
overload
```

Para implementar PAT se requiere el mismo comando de traducción pero asociando ahora las direcciones inside definidas en la lista de acceso con la interfaz outside (se usará como dirección global la de la interfaz).

El keyword "overload" indica que se realizará una traducción tipo PAT.
IP:Puerto a IP:Puerto.

Un ejemplo:

```
Router(config)#access list 10 permit 172.16.1.64 0.0.0.15
Router(config)#ip nat inside source list 10 interface S0/0 overload
```

Definición de traducción PAT utilizando más de una dirección IP pública

```
Router(config)#ip nat inside source list [X] pool [name] overload
```

Finalmente, otra opción es traducir un conjunto de direcciones IP locales utilizando un conjunto de direcciones IP globales, pero en modo PAT. Con este propósito utilizamos el mismo comando que ya conocemos para hacer NAT dinámico pero agregando el keyword "overload".

Un ejemplo:

```
Router(config)#access list 10 permit 172.16.1.64 0.0.0.15
Router(config)#ip nat pool CCNA 25.1.1.17 25.1.1.32 netmask
255.255.0.0
Router(config)#ip nat inside source list 10 pool CCNA overload
```

Comandos adicionales

```
Router#clear ip nat translation *
```

Borra las entradas generadas dinámicamente en la tabla de NAT. Por defecto se borran automáticamente después de 24 hs. de inactividad.

```
Router(config)#ip nat translation timeout [segundos]
```

Define el tiempo en segundos que mantiene una entrada de NAT dinámico en la tabla de traducciones. Valor por defecto 86400 (24 horas).

Comandos de monitoreo de NAT

```
Router#show ip nat translation
```

Muestra la tabla de traducción generada y utilizada por el proceso de NAT.

```
Pro   Inside global   Inside local   Outside local   Outside global
---   25.1.1.16       172.16.1.10    ---             ---
icmp  25.1.1.15:4     172.16.1.65:4  201.100.1.15:4  201.100.1.15:4
```

La primera entrada de la tabla (25.1.1.16) muestra el resultado de una traducción estática. Esta entrada se genera en el momento de ingresar el comando de traducción y no tiene período de envejecimiento. La encontraremos en la tabla aun cuando no tenga actividad.

La segunda entrada corresponde a una traducción dinámica de PAT. Indica el protocolo del paquete que generó la traducción, y los puertos origen y destino del paquete, tanto los originales como los utilizados en la traducción. Esta entrada se genera a partir de tráfico "interesante" y tiene por defecto un período de envejecimiento de 24 hs.

```
Router#show ip nat statistics
```

Muestra la información referida al número de traducciones activas en el momento, los parámetros configurados, la cantidad de direcciones contenidas en el pool y el número de direcciones utilizadas.

```
Router#debug ip nat
```

Muestra la información correspondiente a cada paquete que se traduce.

```
Router#debug ip nat detailed
```
Genera una descripción de cada paquete que se
evalúa para la traducción.

Diagnóstico de fallos de NAT

Cuando se trabaja en un entorno de implementación de NAT es particularmente
complicado el diagnóstico de problemas de conectividad IP. Por eso es importante
en primer lugar eliminar el proceso de NAT como posible origen del inconveniente.

1. Verifique que se esté realizando la traducción IP.

   o Verifique que la traducción está incluida en la tabla de
      traducciones de NAT: `show ip nat translations`.

   o Verifique que se esté traduciendo en este momento, utilizando
      `show ip nat statistics` y `debug ip nat`.

   o Verifique que la ACL asociada esté permitiendo las direcciones
      locales que deben traducirse: `show access-list`.

   o Verifique que las interfaces inside y outside están correctamente
      definidas.

2. Si la traducción se está realizando pero aún no hay conectividad, verifique
   que haya una ruta de regreso hacia la dirección traducida.

Mitigación de amenazas en el acceso

Los riesgos potenciales a los que están sometidas las redes de datos han
experimentado en los últimos años una complejidad y sofisticación crecientes. La
red está expuesta no sólo a amenazas externas (un atacante ajeno a la propia
empresa u organización), sino también internas. Por esto la preocupación por la
seguridad debe estar presente aún en el caso de redes que no tienen conexión
con redes externas o con Internet.

- Amenazas Internas.
  Amenazas a la seguridad de la red originadas al interior de la
  organización. Son las más serias.
  La principal contramedida para responder a este tipo de amenazas son las
  políticas de seguridad.
  Son particularmente importantes porque:

  o El usuario de la red tiene conocimientos de la red y los recursos
     disponibles.

  o El usuario típicamente tiene algún nivel de acceso relacionado con
     la naturaleza de su tarea.

  o Los mecanismos de seguridad tradicionales suelen no ser
     efectivos contra el potencial uso abusivo de un permiso de acceso
     legítimo.

- Muchas veces no tienen un origen malicioso sino la falta de observación de las políticas de seguridad corporativas por desconocimiento, impericia o pereza.

- **Amenazas Externas.**
  Son ataques de naturaleza más técnica, que se inician con menor conocimiento del interior de la red.
  A estas amenazas se responde principalmente implementando defensas técnicas.

La protección del acceso a los recursos de red tiene un rol fundamental para proteger a otros usuarios, a las aplicaciones y a la red misma de posibles errores humanos o ataques maliciosos.

Hay diferentes mecanismos de seguridad que se pueden implementar en el acceso para mitigar las principales amenazas:

- **DHCP Snooping.**
  Previene la implementación de servidores DHCP intrusos o no autorizados dentro de la red.

- **DAI**
  Dynamic ARP Inspection.
  Previene la posibilidad de ataques basados en la operación del protocolo ARP.

- **Port Security.**
  Su propósito principal es restringir el número de MACs asociadas a un puerto de un switch.

- **Identity-Based Networking**
  Permite proteger recursos soportando la movilidad de los usuarios.

DHCP Snooping

Feature de seguridad de capa 2 que restringe la circulación de respuestas a solicitudes DHCP (DHCP Offer) generadas por dispositivos no autorizados o intrusos. De esta manera se constituye en una barrera para la introducción de servidores DHCP por parte de un posible atacante.

Cataloga los puertos del switch como:

- **Trusted (confiable).**
  Los dispositivos conectados a estos puertos pueden enviar todo tipo de tráfico DHCP.
  Es típicamente el puerto que permite establecer conexión con los servidores DHCP (puertos troncales o puertos de acceso a los que se encuentran conectados los servidores).

- **Untrusted (no confiable).**
  Los dispositivos conectados a estos puertos pueden enviar paquetes DHCP Discovery pero no DHCP Offer.

Una vez activada esta función (se hace a nivel de configuración global) todos los puertos del switch son untrusted salvo aquellos que sean explícitamente declarados como trusted.

Como consecuencia de la activación de esta prestación el switch confecciona una tabla en la que se mantienen registros que asocian Dirección IP del cliente | MAC address | tiempo de cesión | tipo de asignación | VLAN | ID del puerto. Esta información es utilizada como base para otros features de seguridad.

Dynamic ARP Inspection

El protocolo ARP es esencial para la operación de las redes IPv4 y al mismo tiempo es un camino posible para atacantes que desean interceptar comunicaciones en la red LAN para desplegar ataques tipo man-in-the-middle.

Una herramienta para proteger la operación de ARP es Dynamic ARP inspection. Esta función nos permite validar cada una de las respuestas de ARP que atraviesan un switch:

- Verifica la valides de la asociación MAC-IP de cada respuesta ARP antes de reenviarla.

- Para esta validación utiliza la tabla de información generada por DHCP snooping que asocia dirección MAC con dirección IP asignada.

- Las respuestas ARP inválidas son descartadas.

Las acciones básicas del switch son:

- Los paquetes ARP recibidos en interfaces trusted, no son verificados.

- Se interceptan todas las respuestas ARP que ingresan en interfaces untrusted.

- Cada respuesta ARP interceptada es verificada antes de ser reenviado utilizando la información generada por la tabla de DHCP snooping.

- Se eliminan y/o registran los paquetes que presentan asociaciones IP-MAC inválidas.

Identity-Based Networking

Concepto de seguridad que reúne un conjunto de mecanismos de autenticación, control de acceso y reglas para implementar políticas de seguridad en el acceso de usuarios a los recursos de red que corresponden.

- Permite brindar al usuario independencia respecto del punto físico de conexión a la red (las políticas se aplican en función del usuario y no del lugar en el que el usuario se conecta).

- Verifica la identidad del usuario cuando se conecta al puerto del switch y lo coloca en la red (VLAN) correcta.

- Si un usuario falla al identificarse la solicitud de acceso puede ser rechazada o el usuario puede ser colocado en una VLAN para invitados.

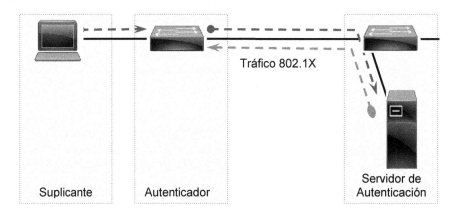

De esta manera la política de seguridad en el acceso que se aplica ya no depende de dónde se conecta el usuario sino de quién es el usuario que se conecta. Cuando un usuario requiere acceso a la red se le solicita que se identifique utilizando diferentes tipos de credenciales y en función de su identidad (una vez verificada) se lo coloca en la VLAN correcta; si la autenticación falla por el motivo que sea la solicitud de acceso puede ser rechazada o simplemente se coloca al usuario en una VLAN para invitados.

La clave para esta implementación es el protocolo IEEE 802.1X que define 3 roles en el proceso o capas en el proceso de autenticación:

- Cliente o suplicante.
  Estación terminal (PC, laptop, teléfono, etc.) con un cliente de software 802.1X que utiliza el usuario para acceder a la red.

- Autenticador.
  Dispositivo que controla el acceso físico a la red, generalmente un switch para conexiones cableadas o un access point para conexiones inalámbricas.

- Servidor de autenticación.
  Servidor responsable de verificar las credenciales de usuario con las que se identificará cada cliente que desea conectarse a la red.

Opciones de autenticación externa

La verificación de credenciales puede realizarse sobre una base de datos local en los dispositivos de red. Pero este tipo de implementación no resulta escalable en redes con múltiples dispositivos, caso en el que conviene en cambio implementar un servidor de autenticación externo en el que se centralice la gestión de credenciales de usuarios y que brinde servicios de verificación de credenciales centralizado en toda la red. Esta implementación se realiza sobre la base de un marco de referencia que recibe la denominación de AAA.

AAA es el acrónimo de Authentication, Authorization and Accounting, una arquitectura de seguridad con sistemas distribuidos que permite controlar el acceso de los usuarios.

Cuando se implementan servidores de autenticación externos, los servicios más implementados en infraestructuras Cisco se basan en 2 protocolos de intercambio de información de autenticación:

- RADIUS
  Protocolo estándar de la IETF que combina servicios de autenticación y autorización en un único proceso. El servicio de registro (accounting) se despliega por separado.
  Utiliza UDP para el transporte del intercambio de información.

- TACACS+
  Protocolo propietario de Cisco que separa los diferentes servicios (autenticación, autorización y registro) en diferentes procesos.
  Utiliza TCP para el transporte del intercambio de información.

 Hay 3 protocolos de denominación semejante. TACACS y XTACACS que son diferentes de TACACS+ que es el protocolo al que me refiero en estas líneas y que se considera en el examen de certificación CCNA R&S 200-125.

Cuando se implementa un servidor de autenticación externo en una arquitectura de IBN es este servidor el que valida las credenciales del usuario y consecuentemente acepta o rechaza la conexión de un usuario en función de la información con la que cuenta.

Si bien el temario del examen de certificación incluye ambos protocolos (RADIUS y TACACS+), la implementación de 802.1X utiliza solamente RADIUS.

Parámetro	RADIUS	TACACS+
Protocolo de transporte	UDP	TCP
Puerto por defecto	Autenticación: 1645/1812 Accounting: 1646/1813	49
Operación	Autenticación y autorización en un mismo proceso.	Separa cada uno de los 3 procesos comprendidos en AAA.

El proceso de autenticación

1. Una terminal se conecta a la red. El dispositivo autenticador le requiere el ingreso de credenciales (usualmente usuario y clave).

2. El dispositivo autenticador hace una solicitud de validación de las credenciales al servidor de autenticación utilizando el protocolo elegido (RADIUS o TACACS+).

3. El servidor de autenticación utiliza la información que posee en su base de datos para validar las credenciales del usuario.

4. El servidor de autenticación le envía su respuesta (aceptación o rechazo) al autenticador para que aplique la decisión.

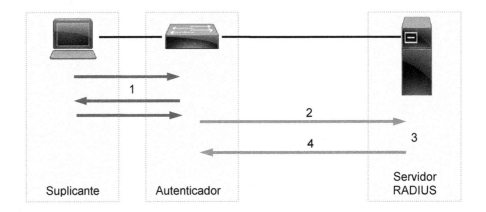

Configuración de autenticación en el acceso con RADIUS

```
Router(config)#username Admin password C1sc0123
```

Crea un usuario en una base de datos local (en el mismo dispositivo) para poder utilizarlo cuando el método de autenticación es local.

```
Router(config)#aaa new-model
```

Habilita la operación utilizando el modelo Authentication, Authorization, Accounting.

Aplica por defecto autenticación local a todas las interfaces excepto la consola

Antes de utilizar un servidor de autenticación es necesario establecer una asociación entre el servidor y el dispositivo que utilizará sus servicios.

```
Router(config)#radius-server Server1
```

Define un servidor RADIUS identificado con un nombre, en este caso "Server1", e ingresa al submodo de configuración de este servidor.

```
Router(config-radius-server)#address ipv4 192.168.100.50
```

Asocia al servicio que se acaba de crear un servidor RADIUS que en este caso utiliza la dirección IP 192.168.100.50. El servidor se puede identificar también por nombre (requiere DNS).

Opcionalmente se puede indicar un número de puerto UDP si no se utilizan los puertos por defecto (1812).

```
Router(config-radius-server)#key ServerRadius1
```

Asocia la clave pre-compartida del servidor que se está asociando de modo tal que el dispositivo y el servidor puedan autenticarse recíprocamente. Esta clave debe coincidir con la definida en el servidor para este dispositivo (cliente para el servidor).

En este ejemplo la llave de autenticación es "ServerRadius1".

```
Router(config-radius-server)#exit
Router(config)#aaa group server radius RadiusGroup
```

Para que el servidor sea operativo debe asociarse ahora a un grupo de servidores RADIUS que se utilicen para tareas de AAA. En este caso se crea un grupo de servidores RADIUS identificado con el nombre "RadiusGroup".

```
Router(config-sg-radius)#server name Server1
```

Incorpora al grupo que se acaba de crear el servidor que se asoció antes utilizando como identificador el nombre que se le asignó.

A un grupo de servidores se pueden incorporar múltiples servidores que utilizan el mismo protocolo.

```
Router(config-sg-radius)#exit

Router(config)#aaa authent login default group RadiusGroup local
```

Define la utilización de autenticación AAA en el acceso al dispositivo (login).

Para validar las credenciales de autenticación de los usuarios se utilizará una lista de métodos de autenticación identificada con el nombre "default". Esta lista está creada por defecto, el Administrador puede crear sus propias listas utilizando otros nombres.

Esta lista "default" establece que en primer lugar utilizará los servicios del grupo de servidores "RadiusGroup". Si no contesta ninguno de los servidores de ese grupo, entonces utilizará la base de datos creada localmente en el dispositivo (local).

La política definida se aplica por defecto a todas las interfaces.

```
Router(config)#exit
```

Configuración de autenticación en el acceso con TACACS+

```
Router(config)#username Admin password C1sc0123
Router(config)#aaa new-model
```

Antes de utilizar un servidor de autenticación TACACS+ es necesario establecer una asociación entre el servidor y el dispositivo que utilizará sus servicios.

```
Router(config)#tacacs server ServerTac1
```

> Define un servidor TACACS+ identificado con un nombre, en este caso "ServerTac1", e ingresa al submodo de configuración de este servidor.

```
Router(config-server-tacacs)#address ipv4 192.168.100.51
Router(config-server-tacacs)#port 49
```

> Cuando el servicio de TACACS+ no utiliza el puerto TCP por defecto, la referencia del puerto utilizado se hace en un comando aparte.
>
> En este caso se marca puerto 49, que es el puerto del servicio por defecto.

```
Router(config-server-tacacs)#key ServerTACACS1
Router(config-radius-server)#exit
Router(config)#aaa group server tacacs+ TACACSGroup
Router(config-sg-radius)#server name ServerTac1
Router(config-sg-radius)#exit
Router(config)#aaa authent login default group TACACSGroup local
```

> Define la utilización de autenticación AAA en el acceso al dispositivo.
>
> Para validar las credenciales de autenticación de los usuarios se utilizará una lista de métodos de autenticación identificada con el nombre "default".
>
> La lista "default" establece que en primer lugar utilizará los servicios del grupo de servidores "TACACSGroup". Si no contesta ninguno de los servidores de ese grupo, entonces utilizará la base de datos creada localmente en el dispositivo.
>
> La política definida se aplica por defecto a todas las interfaces.

```
Router(config)#exit
```

Seguridad de dispositivos Cisco IOS

Cisco IOS provee un conjunto de prestaciones que permiten asegurar también los planos de control y gestión de los dispositivos.

Algunas best practices a implementar en dispositivos nuevos son:

- El management out-band es más difícil de vulnerar por parte de un atacante.

- Utilice protocolos de management encriptados (SSH y HTTPS).

- Implemente múltiples cuentas de usuarios con diferentes niveles de privilegios para asignar a cada miembro del staff técnico solamente los privilegios que son necesarios para cumplir su tarea.

- La administración centralizada de las credenciales de usuarios facilita la tarea.

- Almacenar los registros de eventos (logs) en servidores remotos para poder analizar los eventos en caso de incidentes de seguridad en la red.

- Utilizar claves protegidas por hash (MD5 o mejor SHA) incrementa significativamente el tiempo necesario para romperlas por fuerza bruta.

- La implementación de SNMPv3 con cuentas de usuario y autenticación HMAC mejora significativamente la seguridad cuando se implementa gestión con SNMP.

Bloqueo de servicios no utilizados

Una regla básica de seguridad es desactivar aquellos servicios que no se utilizan. Esa regla, que se aplica a servidores y terminales, puede aplicarse también a dispositivos de red los cuáles tienen múltiples servicios habilitados por defecto (Telnet, HTTP, CDP, etc.).

Desactivar servicios que no se utilizan elimina potenciales brechas de seguridad al mismo tiempo que permite preservar recursos del sistema que pueden aplicarse a funciones que sí son necesarias.

¿Cómo identificar los puertos abiertos o servicios activos?

```
Router#show control-plane host open-ports
```

Permite verificar los puertos UDP y TCP abiertos a nivel de la interfaz virtual que da acceso al plano de control del dispositivo.

Buenas prácticas generales

```
Router(config)#no cdp run
```

Desactive globalmente CDP en el dispositivo cuando este protocolo no ha de emplearse en absoluto.

Cuando no se requiere CDP es recomendable desactivarlo ya que publica de modo inseguro información sensible sobre el dispositivo y el sistema operativo que implementa.

```
Router(config)#interface GigabitEthernet 0/0
Router(config-if)#no cdp enable
```

Cuando CDP ha de utilizarse en algunos enlaces este comando nos permite desactivar CDP solamente en una interfaz mientras permanece activo globalmente y en las otras interfaces.

```
Router(config-if)#exit
Router(config)#no ip http server
```

Desactiva el servicio HTTP que está activo por defecto. Si ha de usarse una interfaz gráfica se sugiere utilizar HTTPS que es un protocolo seguro.

```
Router(config)#ip http secure-server
```

Habilita el servicio HTTPS en caso de que se desee utilizar interfaz gráfica.

Network Time Protocol

NTP es un mecanismo esencial para la sincronización de los relojes de los diferentes dispositivos que operan en la red. La sincronización de los relojes es un requerimiento, entre otras operaciones, para:

- Asegurar la correcta verificación del período de validez de los certificados digitales.

- Lograr una correcta interpretación de los registros de eventos.

Hay diferentes alternativas para implementar una fuente de sincronización central en la red. Puede implementarse un master clock local, utilizar uno de los ya disponibles en Internet, o utilizar un cliente GPS para tomar sincronía del sistema de satélites de geoposicionamiento global.

La recomendación es implementar un servidor NTP máster interno que permita dar sincronía a los relojes de todos los dispositivos de la red. Los routers Cisco IOS pueden actuar como clientes y servidores NTP.

Configuración de un cliente NTP

```
Router(config)#ntp server 192.168.115.20
```

Activa en el dispositivo el cliente NTP y lo asocia al servidor cuya dirección IP se indica en el comando.

Al estar operando como cliente NTP el dispositivo puede automáticamente brindar información de fecha y hora a otros clientes NTP que se lo soliciten.

```
Router(config)#ntp master 2
```

Activa un dispositivo Cisco IOS como servidor NTP. El número al final indica el número de estrato (un valor de 1 a 15) dentro de la jerarquía de servidores NTP. Cuanto menor el ID de estrato mayor es la prioridad del servidor.

Este comando debe ser utilizado con cuidado ya que sobrescribe información de fecha y hora tomada de otro servidor que puede ser válida.

 La presencia de múltiples servidores NTP en una misma red puede provocar inestabilidad en caso de que los dispositivos no tengan sus relojes adecuadamente sincronizados.

```
Router#show ntp associations
```

Permite verificar la operación de NTP. Muestra los servidores peer con los que se encuentra asociado, si esa asociación es estática y el estrato al que pertenece el peer.

```
Router#show ntp status
```

Permite verificar el estado de operación del protocolo: si el reloj está sincronizado, en qué estrato NTP se encuentra el dispositivo y la dirección IP del peer con el que ha sincronizado.

Implementación de un registro de eventos

Todos los dispositivos de red generan mensajes de eventos que envían por defecto a un proceso interno llamado logging que es el responsable de distribuir esos mensajes a diferentes destinos para su visualización o almacenamiento.

En los dispositivos Cisco IOS los mensajes que genera el sistema de mensajes de estado y eventos pueden ser enviados a distintas posiciones:

- A la pantalla de la consola (console), es la opción por defecto.

- A una sesión remota de Telnet o SSH (monitor).

- A una consola SNMP en la red (trap)

- A un servidor Syslog alojado en la red.

- A un buffer de memoria local (buffered).
  Esta instancia de almacenamiento está habilitada por defecto, con una capacidad de 4096 bytes y recibe mensajes hasta de nivel 7.

Los mensajes de eventos que se generan utilizan un formato básico establecido por el estándar y que debe ser conocido para lograr una adecuada comprensión de los mensajes:

```
*Dec 18 17:10:15.079: %LINEPROTO-5-UPDOWN: Line protocol on
Interface FastEthernet0/0, changed state to down
```

- El registro de fecha y hora.
  `Dec 18 17:10:15.079`

- La porción del dispositivo que genera el mensaje.
  `%LINEPROTO`

- Nivel de severidad del evento que genera el mensaje:
  `-5-`

- Clave nemotécnica.
  `UPDOWN`

- Descripción del evento objeto del mensaje.
  `Line protocol on Interface FastEthernet0/0...`

- Es posible también agregar un número de secuencia en el inicio del mensaje, si así se requiere.

Los mensajes de logging se clasifican sobre la base de 8 niveles de severidad:

0	Emergency	El sistema está inutilizado.
1	Alert	Requiere atención inmediata.
2	Critical	Notifica de una condición crítica.
3	Error	Notifica una condición de error.
4	Warning	
5	Notification	Condición normal pero significativa.
6	Informational	
7	Debugging	

Los niveles 0 a 4 representan eventos que pueden tener serio impacto en la operación del dispositivo. El Administrador tiene la posibilidad de definir hasta qué nivel de severidad desea recibir mensajes en cada una de las diferentes posiciones (servidor, consola, etc.). Por ejemplo, almacenar hasta nivel 5 en el servidor de Syslog y recibir hasta nivel 7 en la terminal de consola.

 Por defecto se envían todos los mensajes hasta nivel 7 al puerto de consola.

El protocolo Syslog

Syslog es un protocolo de comunicaciones que permite transportar mensajes de notificación de eventos a través de una red IP hacia un colector o repositorio de mensajes. De esta manera es posible que múltiples dispositivos que operan en una red generen mensajes de estado y que se almacenen en un dispositivo (servidor) centralizado que actúa como repositorio único para su posterior revisión por el Administrador.

Syslog utiliza UDP como protocolo de capa de transporte (puerto 514) por lo que no hay mecanismo para recuperar mensajes perdidos durante el transporte.

Configuración de los registros

```
Router(config)#service timestamps
```
Implementa la inclusión de fecha y hora en el encabezado de los mensajes de eventos.

```
Router(config)#service sequence-numbers
```
Implementa la inclusión de un número de secuencia en el encabezado de los mensajes de eventos.

```
Router(config)#logging on
```
Activa el proceso de logging (se encuentra activo por defecto.

```
Router(config)#logging buffered 200000
```
> Establece el tamaño del buffer de memoria que ha de dedicarse a retener localmente mensajes de syslog. Los mensajes almacenados en este buffer se pueden revisar con el comando `show logging`.
>
> El tamaño de este buffer se establece en bytes. Por defecto, el tamaño es 4096 bytes y el nivel de severidad es debugging (7).

```
Router(config)#logging 172.16.1.2
```
> Asigna un servidor de syslog como destino para almacenar los mensajes que se transportarán utilizando el protocolo syslog.
>
> El comando puede ser utilizado repetidamente para definir una lista de varios servidores que se utilizarán como repositorios.

```
Router(config)#logging trap warnings
```
> Limita los mensajes enviados al servidor de syslog en base al nivel de severidad.
>
> El nivel de severidad también puede expresarse en forma numérica, en este caso: 4.

 En la CLI de IOS el nivel de severidad de los mensajes de eventos puede ser definido utilizando el número que lo identifica o el keyword correspondiente.

```
Router(config)#logging monitor notifications
```
> Limita los mensajes que se enviará a las terminales virtuales (Telnet, SSH) en base al nivel de severidad, en este caso se limita hasta mensajes de nivel 5.

```
Router(config)#logging console
```
> Habilita los mensajes de syslog en la terminal de consola. Estos mensajes están habilitados por defecto.

Monitoreo

```
Router#show logging
```
> Muestra el estado del sistema de syslog y los mensajes almacenados en el buffer de memoria local.

Simple Network Management Protocol (SNMP)

Protocolo de capa de aplicación que proporciona un servicio de mensajería entre dispositivos (agentes SNMP) y una consola de gestión (SNMP Manager). SNMP permite desarrollar una estructura de administración (NMF) basada en estándares elaborados a partir de múltiples RFCs.

- SNMP Manager.
  Aplicación de gestión de red que proporciona funcionalidades de

monitoreo, almacenamiento y gestión al Administrador.
También denominado NMS (Network Management System).

- Agente SNMP.
  Software que opera en un dispositivo de red que se desea gestionar.
  Recoge información en una base de datos (MIB – Management
  Information Base) que contienen variables de estadística y configuración
  del dispositivo y utiliza SNMP para enviar y recibir información de un NMS.

- MIB.
  Almacenamiento virtual de información de gestión del dispositivo
  organizada como base de datos de objetos que representan parámetros
  de configuración y contadores de actividad.

SNMP Manager

Dispositivo con
Agente SNMP

MIB

El SNMP Manager periódicamente consulta al Agente SNMP para recolectar
información sobre la que luego realiza análisis; también puede realizar
modificaciones en la configuración a través del Agente SNMP, si esto se permite.

Se utilizan diferentes tipos de mensajes:

- Mensajes GET.
  Get Request y Get Response.
  Permiten que el SNMP Manager requiera y obtenga información que los
  Agentes SNMP almacenan en su base de datos (MIB) para luego poder
  analizarla o consultarla.
  La mayoría de las consolas SNMP permiten que el Administrador configure
  intervalos de tiempo para que la consulta se realice de modo automático y
  también a demanda del operador.

- Mensajes GET-next.
  Utilizado para solicitar al agente SNMP el próximo objeto de la MIB.

- Mensajes GET-bulk.
  Permite al SNMP manager requerir un conjunto de objetos que componen
  una tabla con una sola solicitud.

- Mensajes SET.
  Mensajes SNMP que envían modificaciones en los parámetros de
  configuración que se almacenan en la MIB para que luego se modifique la
  configuración del dispositivo.

- Mensajes Trap.
  Notificaciones generadas por el mismo Agente SMNP que se envían al NMS sin que haya consulta previa para informar algún evento en particular.
  Estos mensajes pueden desencadenar algún proceso conexo tal como mostrar una alarma en pantalla o disparar la notificación por SMS del evento al Administrador de la red.

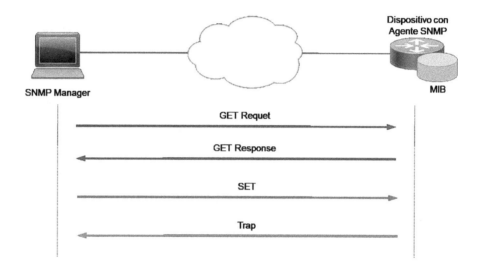

- Mensajes Inform.
  Mensaje semejante al mensaje trap con información adicional.

Versiones

Hay 3 versiones principales de SNMP en uso:

- SNMPv1 con control de acceso basado en el concepto de comunidad (conjunto de dispositivos que conforman un mismo dominio de gestión).

  - El nombre de comunidad opera como una clave de autenticación que viaja en texto plano en los mensajes SNMP por lo que su nivel de seguridad es bajo y lo hace susceptible de ataques tipo man-in-the-middle.

  - Hay 3 tipos de comunidades:
    - Read-only (RO) – Permite solamente el monitoreo del dispositivo.
    - Read-write (RW) – Permite acceso de lectura y escritura.
    - Trap.

- SNMPv2c.
  Introduce mejoras en el sistema de mensajes lo que permite obtener mayor cantidad de información del dispositivo de modo más eficiente. Utiliza el mismo sistema de autenticación basado en el nombre de comunidad que la versión 1: el nombre de comunidad opera como una clave de autenticación que viaja en texto plano, por lo que su nivel de seguridad es bajo y también es susceptible de ataques tipo man-in-the-

middle
Hay 2 tipos de comunidades:

- o Read-only (RO) – Permite solamente el monitoreo del dispositivo.
- o Read-write (RW) – Permite acceso de lectura y escritura.

- SNMPv3 incorpora autenticación de usuario y cifrado.
De esta manera, agrega prestaciones de seguridad: Integridad, autenticación y encriptación.

El protocolo versión 3 permite 3 variantes de seguridad:

Nivel	Keyword	Autenticación	Cifrado
NoAuthNoPriv	noaut	Username	---
AuthNoPriv	auth	MD5 o SHA	---
AuthPriv	pri	MD5 o SHA	DES o AES

Configuración de SNMP v2c

 Dada la vulnerabilidad de la versión 2c de SNMP, generalmente es implementado exclusivamente en modalidad read-only.

```
Router(config)# ip access-list standard SNMP
Router(config-std-nacl)#permit host 172.16.10.101
Router(config-std-nacl)#exit
Router(config)#ip access-list standard SNMP2
Router(config-std-nacl)#permit host 172.16.20.54
```
Se puede asociar una ACL para limitar la dirección IP desde la que el agente SNMP recibe consultas.

```
Router(config-std-nacl)#exit
Router(config)#snmp-server community LabCisco ro SNMP
```
Define un nombre de comunidad read-only (ro), en este caso "LabCisco", y limita el acceso exclusivamente al host permitido en la lista de acceso "SNMP".

```
Router(config)#snmp-server location BuenosAires
```
Identifica la ubicación física del dispositivo gestionado.

```
Router(config)#snmp-server contact oscargerometta@edubooks.com
```
Permite identificar una persona de contacto para tareas relacionadas con el dispositivo.

 Los 3 objetos básicos de información que deben configurarse son el nombre del sistema, el contacto y la ubicación. Solamente los 2 últimos necesitan ser definidos, el primero se toma del hostname.

```
Router(config)#snmp-server community LabCisco2 rw SNMP2
```
Define un nombre de comunidad con permiso de escritura ("LabCisco2"). En este caso se trata de una comunidad read and write (RW), y limita el acceso al host permitido en la lista de acceso "SNMP2".

```
Router(config)#snmp-server host 172.16.1.10 LabCisco3
```
Define la dirección IP del host al cual se deben enviar los mensajes trap, y el nombre de la community de intercambio de traps (LabCisco3).

```
Router(config)# end
```

Verificación y monitoreo

```
Router#show snmp community
```
Permite verificar los nombres de las comunidades que se encuentran definidas en el dispositivo y el estado de cada una de ellas

Al ejecutar este comando se visualiza una community que no ha sido definida en la configuración (ILMI). Es una comunidad red-only asociada con el protocolo LMI que se utiliza con switches ATM.

```
Router#show snmp location
Router#show snmp contact
Router#show snmp host
```
Muestra los detalles correspondientes al host que recibe los mensajes trap.

```
Router(config)#end
```

Diagnóstico de conectividad en redes IPv4

No es posible generar un modelo único de diagnóstico de redes IPv4 que responda a todas las posibilidades que se pueden dar en la operación día a día de las redes IPv4. Los problemas pueden corresponder a motivos muy variados como variada también puede ser la complejidad de cada red.

Cuando se informa un problema de conectividad extremo a extremo, un posible flujo de análisis a realizar es el siguiente:

1. Verificar si la conectividad extremo a extremo es posible.

    o Si la respuesta es SI, entonces no hay problema por resolver.

    o Si la respuesta es NO, se debe pasar a la siguiente instancia.

2. Verificar si hay un problema de conexión física.

    o Si lo hay, entonces se debe resolver el problema físico en primer lugar.

    o Si no lo hay, se debe pasar a la siguiente instancia.

3. Verificar si la ruta actual es o no la ruta deseada.

   ○ Si no es la ruta deseada, resolver el problema de selección de la ruta.

   ○ Si es la ruta deseada, pasar a la siguiente instancia.

4. Verificar si el default gateway es el correcto.

   ○ Si no es el default gateway correcto, se debe corregir.

   ○ Si es el correcto, pasar a la siguiente instancia.

5. Verificar si se ha configurado correctamente el servicio DNS.

   ○ Si la configuración no es correcta, corregirla.

   ○ Si la configuración es correcta, pasar a la siguiente instancia.

6. Verificar si una ACL está bloqueando el tráfico.

   ○ Corregir la ACL.

IP SLA como herramienta de diagnóstico

La prueba IP SLA echo es una herramienta incluida en Cisco IOS que permite verificar la conectividad extremo a extremo entre dispositivos. Permite obtener varias mediciones sobre la operación de la red:

- Disponibilidad de ruta para el transporte extremo a extremo (a partir de la pérdida de paquetes).

- Performance de la red (a partir de los tiempos de respuesta).

- Conectividad extremo a extremo.

Configuración de una prueba IP SLA ICMP echo

IP SLA permite realizar varias pruebas diferentes con diferentes tipos de paquetes; entre las posibles la prueba de ICMP echo es una de las más utilizadas para detectar disponibilidad de rutas y conectividad.

```
Router(config)#ip sla 1
```
Crea una sonda IP SLA a la que le asigna un ID (en este caso "1") e ingresa al modo de configuración de la sonda.

```
Router(config-ip-sla)#icmp-echo 192.168.100.50
```
Configura la sonda. En este caso la sonda utilizará paquetes ICMP echo request dirigidos a la dirección IP que se indica en el comando.

```
Router(config-ip-sla)#frequency 30
```
Define la frecuencia con la cual se realizará la prueba. Por defecto se efectúa cada 60 segundos, en este caso se modifica el valor por defecto para llevarlo a 30 segundos.

```
Router(config-ip-sla)#exit
```
Una vez creada la sonda es necesario activarla.

```
Router(config)#ip sla schedule 1 life forever start-time now
```
Activa la sonda definiendo el tiempo de duración de la prueba.

Identifica la sonda utilizando su ID (en este caso "1"). A continuación el parámetro "life" define la duración de la prueba (en este caso "forever" indica que no tiene pautada una finalización) y "start-time" define a partir de qué momento se desea activar la sonda (en el ejemplo "now" hace que se active inmediatamente concluido el ingreso del comando).

Verificación de los resultados de la prueba IP SLA

```
Router#show ip sla configuration
```
Permite verificar la configuración de las diferentes sondas que se han creado en el dispositivo.

```
Router#show ip sla statistics
```
Muestra el resultado de las pruebas que se encuentran activas en el dispositivo.

Diagnóstico de las interfaces

Una herramienta esencial para el diagnóstico de las interfaces (además de los LEDs que solo pueden verificarse estando físicamente en el lugar) es el comando show interfaces.

```
Router#show interfaces  GigabitEthernet 0/1
GigabitEthernet0/1 is administratively up, line protocol is up
```
La línea de estado nos da la referencia más cierta respecto del estado operativo de la interfaz.

Indica el estado de la interfaz al nivel de capa 1 (GigabitEthernet0/1 is up) y 2 (line protocol is up).

La porción de capa 2 (line protocol is up) indica que el protocolo implementado ha evaluado la línea utilizable.

```
  Hardware is CN Gigabit Ethernet, address is 00d0.bcb2.c002 (bia
00d0.bcb2.c002)
  Internet address is 172.16.10.2/30
  MTU 1500 bytes, BW 1000000 Kbit, DLY 10 usec,
```
MTU: Unidad máxima de transmisión utilizada por la interfaz. El valor por defecto es de 1500 bytes.

BW: Valor de ancho de banda declarado para esta interfaz expresado en Kbps. El valor por defecto depende del puerto y se modifica por configuración utilizando el comando `bandwidth`. En interfaces seriales sueles ser el de una línea T1 1544 Kbps.

DLY: Delay de la interfaz expresado en microsegundos.

```
reliability 255/255, txload 1/255, rxload 1/255
```

reliability: Confiabilidad de la operación de la interfaz sobre la base de que 255/255 = 100%, calculada como un promedio sobre los últimos 5 minutos.

txload, rxload: carga de trabajo o saturación de la interfaz considerando transmisión (tx) y recepción (rx) sobre la base de que 255/255 = 100%, calculada como un promedio sobre los últimos 5 minutos.

```
Encapsulation ARPA, loopback not set
Keepalive set (10 sec)
Full-duplex, 100Mb/s, media type is RJ45
output flow-control is unsupported, input flow-control is
unsupported
ARP type: ARPA, ARP Timeout 04:00:00,
Last input 00:00:08, output 00:00:05, output hang never
Last clearing of "show interface" counters never
```

Tiempo desde que se los contadores de tráfico de la interfaz fueron colocados en cero.

```
Input queue: 0/75/0 (size/max/drops); Total output drops: 0
Input queue drops.
```

Estadísticas de operación de la cola de entrada de la interfaz.

size: cantidad de paquetes actualmente en la cola de memoria.

max: tamaño máximo de la cola de memoria.

drops: cantidad de paquetes descartados por una cola de memoria llena.

Total output drops: cantidad total de paquetes descartados porque la interfaz está llena.

Indica que en algún momento la interfaz ha recibido mayor cantidad de tráfico de la que estaba en capacidad de procesar.
Esto podría deberse sencillamente a un pico de tráfico normal, o también una indicación de que el procesador opera cerca de su límite. Por esto es importante determinar en qué momentos se produce este problema.

```
Output queue drops.
```

Indica que los paquetes se han descartado como consecuencia de una congestión de la interfaz.

Esto es común cuando la cantidad de tráfico que ingresa al dispositivo es mayor que la que puede sacar la interfaz; esto puede provocar que aplicaciones sensibles (p.e. VoIP) tengan problemas de performance. Si el problema persiste en conveniente considerar la implementación de QoS.

```
Queueing strategy: fifo
Output queue:0/40 (size/max)
5 minute input rate 31000 bits/sec, 33 packets/sec
5 minute output rate 28000 bits/sec, 31 packets/sec
   11379 packets input, 12356882 bytes, 0 no buffer
   Received 345 broadcasts, 0 runts, 0 giants, 0 throttles
```

broadcast: paquetes de broadcast o multicast recibidos en la interfaz.

runts: cantidad de paquetes descartados por tener un tamaño inferior al mínimo permitido por el medio de trasmisión.

giants: cantidad de paquetes descartados por exceder el tamaño máximo del paquete permitido por el medio de transmisión.

throttles: cantidad de veces que se ha desactivado la recepción en el puerto, posiblemente por sobre carga del bugger o del procesador.

```
0 input errors, 0 CRC, 0 frame, 0 overrun, 0 ignored, 0 abort
```

Indica errores que se experimentan durante la recepción de las tramas.

CRC: paquetes descartados por errores en el cálculo de redundancia cíclica. Esto suele deberse a ruido en el medio o problemas en la transmisión.

frame: cantidad de paquetes recibidos incorrectamente, con errores de CRC o un número de octetos no íntegro. Usualmente son resultado de colisiones o mal funcionamiento de las interfaces.

overrun: cantidad de veces que el receptor no ha podido procesar la información recibida porque se excede la capacidad de recepción de datos de la interfaz.

ignored: cantidad de paquetes recibidos que han sido ignorados por falta de recursos. Este tipo de errores es generalmente provocado por tormentas de broadcast y ráfagas de ruido.

```
0 watchdog, 1017 multicast, 0 pause input
0 input packets with dribble condition detected
21586 packets output, 2568278 bytes, 0 underruns
0 output errors, 0 collisions, 1 interface resets
```

Indican problemas durante la transmisión de las tramas.

outupt errors: cantidad total de paquetes cuya
transmisión no ha podido completarse.

collisions: cantidad de paquetes retransmitidos debido
a colisiones.

interface resets: cantidad de veces que la interfaz ha
sido reiniciada. Puede deberse a un exceso de tiempo
en espera para poder transmitir.

```
0 unknown protocol drops
0 babbles, 0 late collision, 0 deferred
0 lost carrier, 0 no carrier
```

SPAN como herramienta de diagnóstico

Una herramienta muy valiosa en el desarrollo de tareas de monitoreo y diagnóstico
de la red son los sniffers o analizadores de tráfico. Para que esta herramienta
tenga impacto y genere información útil que refleje la actividad de la red, su
ubicación es un punto esencial.

Las redes actuales son básicamente redes completamente conmutadas (utilizan
switches como dispositivos de acceso). Dado que el switch reenvía tramas en
función de su dirección MAC de destino, capturar tráfico que tiene un destino
específico requiere estar en la ruta directa a ese destino; y el desafío es aún mayor
cuando se desea capturar el tráfico que tiene como destino un conjunto de
terminales.

La utilización de puertos definidos como SPAN en los swtiches viene a solucionar
esas situaciones.

- El puerto SPAN recibe una copia de cada trama que recibe el puerto del
  switch que se desea monitorear.

- El puerto SPAN se utiliza para conectar la herramienta de análisis de
  tráfico que se desea implementar.

- El puerto SPAN recibe una copia del tráfico que ingresa o sale de un
  determinado puerto, sin afectar el reenvío del tráfico de la red.

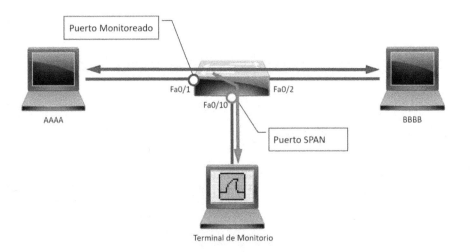

```
Switch(config)#monitor session 1 source interface Ethernet0/1 both
```

Crea una sesión SPAN identificada con un ID (en este caso "1") y define cuál es el tráfico que se desea monitorear.

En este ejemplo se define monitorear la interfaz Ethernet0/1, tanto el tráfico que ingresa como el que egresa (both). Puede especificarse únicamente el tráfico que ingresa (rx) o el que egresa (tx). Por defecto se monitorea tanto el tráfico entrante como el saliente.

```
Switch(config)#monitor session 1 destination interface Ethernet0/10
```

Define a qué Puerto ha de enviarse la copia de las tramas que atraviesan el Puerto definido como "source". En este puerto deberá colocarse el analizador de tráfico.

```
Switch(config)#exit
Switch#show monitor
Session 1
---------
Type              : Local Session
Source Ports      :
    Both          : Eth0/1
Destination Ports : Eth0/10
    Encapsulation : Native
```

- El puerto destino no puede ser un puerto origen.

- El puerto destino deja de ser un puerto de switch normal. Sólo permite monitorear tráfico que atraviesa ese puerto.

Introducción a QoS

Sobre las redes corporativas convergentes actuales se ofrecen multiplicidad de servicios y operan diferentes aplicaciones, todo sobre una única infraestructura. Es por esto que en las actuales redes convergentes es posible que coexisten simultáneamente diferentes tipos de tráfico. Cada uno de esos tipos de tráfico genera flujos de información que tienen tiene características y requerimientos específicos.

Es de suma importancia tener presentes las características de cada tipo de tráfico para poder responder adecuadamente a los requerimientos de cada flujo de tráfico comenzando por una definición de políticas de tráfico adecuada.

Si bien la variedad de aplicaciones y protocolos es muy amplia y depende inicialmente de opciones diferentes en cada organización, hay servicios que tienden a implementarse en la mayoría de las redes corporativas y que generan patrones de tráfico específicos que vamos a encontrar en las redes actuales.

En una primera aproximación se pueden diferenciar 3 tipos básicos de tráfico que debemos considerar en las redes convergentes actuales:

	Voz	**Video**	**Datos**
Latencia	< 150 mseg.	< 150 mseg.	Se trata en general de un tráfico benigno e irregular (por ráfagas) a pesar de lo cual diferentes aplicaciones tienen diferentes requerimientos.
Jitter	< 30 mseg.	< 30 mseg.	
Pérdida Paquetes	< 1 %	0,1 a 1 %	
Características	Tráfico UDP-RTP de paquetes pequeños. Es un tráfico benigno para la red, previsible, que requiere asignación de ancho de banda constante. Tiene poco impacto en otras aplicaciones. Se debe considerar también el tráfico de señalización y control.	Tráfico UDP-RTP de paquetes medianos o grandes. Hay diferentes subtipos con requerimientos muy diversos. Se debe considerar también el tráfico de señalización y control.	Las aplicaciones sobre TCP son tolerantes a la pérdida de paquetes y no son sensibles al delay. Requiere clasificación según requerimientos y criticidad: * Misión crítica. * Transaccional. * Best-effort.

La respuesta: QoS

La complejidad y requerimientos de las redes actuales exigen ir más allá de la simple preocupación por la conectividad extremo a extremo con el propósito de garantizar las condiciones en que el flujo de información de las diferentes aplicaciones circulará sobre la red una vez establecida esa conexión entre origen y destino.

El objetivo de implementar calidad de servicio es garantizar condiciones específicas de disponibilidad de ancho de banda, delay y pérdida de paquetes para cada uno de esos diferentes tipos de tráfico.

Con este objetivo se utiliza una metodología que puede ser descripta en un esquema de 3 pasos:

1. Identificar los diferentes tipos de tráfico que conviven en la red y analizar los requerimientos específicos de cada uno de estos tipos de tráfico.

2. Agrupar los diferentes tipos de tráfico en clases considerando aquellas aplicaciones o servicios que tienen requerimientos semejantes.
Esto permitirá luego aplicar a cada clase mecanismos o políticas de calidad de servicios apropiadas.

3. Definir las políticas que se aplicarán a cada clase de tráfico.
Para esto se deben especificar los diferentes niveles de servicio: ancho de banda mínimo y máximo garantizado, prioridad y otros features de management de las colas de memoria para administrar la congestión.

Mecanismos de QoS

Hay diferentes categorías de herramientas que se utilizan en la implementación de QoS:

- Herramientas de clasificación y marcado.
  Son mecanismos que analizan el tráfico para agruparlo en diferentes clases.
  La clasificación es una tarea que requiere recursos de procesamiento, por lo que se procura realizarla la menor cantidad de veces posible y lo más cerca posible del origen; por esto, luego de clasificar el tráfico se lo marca, lo más cerca posible del acceso a la red.

- Herramientas de policing, shaping y remarcado.
  Son herramientas que permite asignar recursos a diferentes tipos de tráfico. Cuando los requerimientos comienzan a saturar los recursos disponibles estas herramientas permiten definir qué tráfico se descarta o se demora o se remarca para evitar la congestión de los enlaces.

- Herramientas de gestión de la congestión y scheduling.
  Cuando el tráfico excede la capacidad de la red el tráfico es colocado en colas de memoria a la espera de contar con suficientes recursos. Estas herramientas permiten gestionar ese tráfico según parámetros definidos.

- Herramientas específicas de los enlaces.
  Sobre enlaces WAN es posible aplicar herramientas especiales de calidad de servicio, como es el caso de la fragmentación e intercalado.

Frontera de confianza

En la definición del lugar en el que ha de realizarse la clasificación y marcado del tráfico es importante el concepto de "frontera de confianza". La frontera de confianza es el punto de la red en el que los paquetes son marcados; en este punto se puede incluir nuevas marcas, remover las existentes o cambiarlas.

Como consecuencia surgen algunos conceptos adicionales:

- Dominio no confiable (untrusted).
  Se trata de dispositivos con acceso de usuarios sobre los cuales no se tiene gestión completa.
  El tráfico generado en este dominio es reclasificado y remarcado en la frontera de confianza para asegurar las políticas de la red.

- Dominio de confianza (trusted).
  Porción de la red sobre la cual se tiene control completo, integrado solamente con dispositivos gestionados por el Administrador.

- Frontera de confianza.
  Punto de la red que separa el dominio no confiable del confiable en el que los paquetes son clasificados y marcados.
  También hay una frontera de confianza en el punto de conexión de la red corporativa con la red del proveedor de servicios.

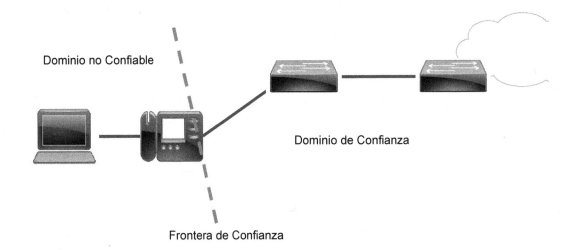

Dominio no Confiable

Dominio de Confianza

Frontera de Confianza

Herramientas de marcado

Un marcador es una herramienta que impone (escribe) un valor específico en un campo de alguno de los encabezados de capa 2 o 3 con el propósito de que la clasificación realizada sea luego reconocida y utilizada por todos los dispositivos del dominio de confianza.

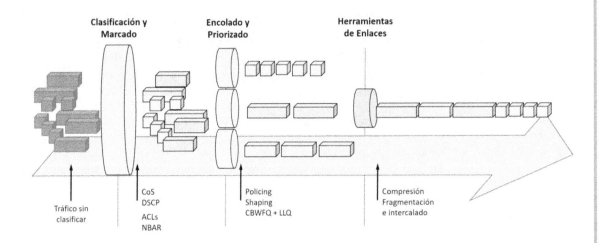

Hay varios mecanismos de marcado posibles:

- Marcado en capa 2.

  - CoS.
    Marcado de tramas Ethernet 802.1Q.

  - TID.
    Marcado de tramas 802.11 (WiFi).

- Marcado en capa 3.

  - ToS.
    3 bits de un Campo del encabezado IPv4 aplicado a este propósito.

  - DSCP.
    Es el mismo campo del encabezado IPv4/IPv6, pero en este caso se utilizan 6 bits para el marcado de tráfico.

A estos mecanismos se suman otros semejantes que permiten realizar esta tarea sobre paquetes GRE, MPLS, IPsec, etc.

Herramientas de clasificación

Un clasificador es una herramienta que inspecciona los paquetes con el propósito de determinar de qué tipo de tráfico se trata a fin de darle el tratamiento correspondiente.

La práctica recomendada es que esta tarea se realice lo más cerca posible del acceso.

Hay 3 mecanismos básicos de clasificación:

- En base a la marca.
  Si el paquete ha sido previamente marcado, el paquete se clasifica tomando como referencia la marca que se porta en el encabezado de capa 2 o capa 3.

- En base al direccionamiento.
  Para clasificar se toma como referencia algún elemento de direccionamiento: interfaz de origen o destino, direcciones de capa 3 o puertos de capa 4 de origen o destino.

- En base a las aplicaciones.
  La clasificación se realiza tomando como referencia el contenido del paquete.

Una mención aparte merece NBAR. Se trata de una herramienta de clasificación que considera la información de capa 4 a 7 de cada paquete.

- Requiere más procesamiento que una clasificación realizada en base a listas de acceso.

- Reconoce los paquetes utilizando la porción de datos de los paquetes que son comparados con información contenida en los PDLM (una base de datos de firmas).

- Dos modos de operación:

  - Modo pasivo.
    Proporciona estadísticas de tráfico en tiempo real.

o Modo activo.
Clasifica las aplicaciones en base a las marcas.

Policing, shaping y remarcado

Una vez clasificado el tráfico se le pueden aplicar diferentes acciones:

- Los mecanismos de policing permiten descartar o remarcar paquetes que exceden un determinado ancho de banda que se define como límite.
Se pueden aplicar tanto sobre tráfico entrante como saliente del dispositivo.
No introduce delay en la comunicación sino que solo verifica que se cumpla con la política.

- Los mecanismos de shaping, en cambio, limitan las tasas de transmisión de tráfico en las interfaces salientes haciendo buffering (almacenamiento temporal en la memoria) de los paquetes que exceden el límite definido.
Dado que opta por mantener en la cola de memoria el tráfico excedente, se introduce delay variable en la comunicación.

Policing	Shaping
Se puede aplicar tanto al tráfico entrante como al saliente.	Se aplica únicamente sobre el tráfico saliente.
Los paquetes que se encuentran fuera del perfil son descartados o remarcados.	Los paquetes que se encuentran fuera del perfil son bufferizados hasta el límite de la cola de memoria.
El descarte de paquetes provoca el reenvío en aplicaciones TCP.	La bufferización del excedente minimiza el reenvío de TCP.
Soporta el marcado o remarcado de paquetes.	No soporta marcado o remarcado de paquetes.
Utiliza menor cantidad de memoria RAM.	Permite interacción con interfaces Frame Relay para permitir control de congestión.
No introduce delay en la comunicación.	Introduce delay variable en la comunicación.

Herramientas para gestionar la congestión

Se produce congestión en una interfaz siempre que el tráfico arriba al dispositivo a una tasa superior a aquella a la cual puede re-enviarlo a través de la interfaz de salida.

- Mientras no hay congestión el tráfico se reenvía tan rápido como se recibe.

- Cuando se produce congestión, entonces se aplican las herramientas de gestión de esa situación.

Hay diferentes mecanismos que permiten gestionar la congestión.

- Queuing (encolado de paquetes).
  Los paquetes que se reciben y no se pueden reenviar son temporalmente almacenados en un buffer de memoria.
  Este mecanismo se activa solamente cuando ocurre una congestión.

- Scheduling.
  Proceso que define el orden en el cual los paquetes almacenados en los buffers de memoria deben ser re-enviados a través de la interfaz.
  Los mecanismos 3 básicos son:

  - Prioridad estricta.
    Las colas de memoria de menor prioridad solo podrán enviar tráfico una vez que las colas de mayor prioridad se hayan vaciado.

  - Round-robin.
    Las colas de memoria son atendidas en manera secuencial una tras la otra, sin ninguna prioridad.

  - Weighted fair.
    Se asigna a cada cola un "peso" en función del cual unas colas de memoria son más atendidas (tienen mayor prioridad) que otras.

Los mecanismos de scheduling aplicados en la actualidad, en general, son el resultado de diferentes combinaciones de estos 3 mecanismos básicos. Entre los mecanismos resultado de combinar los anteriores se pueden mencionar:

- FIFO.
  Una única cola de memoria de la cual los paquetes salen en el mismo orden en que ingresan.

- PQ.
  Conjunto de 4 colas de memoria que son atendidas en un esquema de prioridad estricta.

- CQ.
  Conjunto de 16 colas de memoria que son atendidas en un esquema de round-robin.

- WFQ.
  Algoritmo que divide la capacidad de la interface sobre la base de la cantidad de flujos (comunicaciones, flows) que busca asegurar una distribución adecuada del ancho de banda a todas las aplicaciones.

En redes que transportan tráfico multimedia que opera en tiempo real, se aplican nuevos mecanismos:

- CBWFQ.
  Combinación de un mecanismo que garantiza ancho de banda con el reparto equitativo entre múltiples flujos.
  No garantiza latencia y por lo tanto es aplicable a aplicaciones que transportan datos.

- LLQ.
  Derivación de CBWFQ que incluye una cola de prioridad estricta. De esta

manera se tiene un mecanismo óptimo para redes convergentes que transportan voz y datos.

Herramientas para evitar la congestión

Aún las colas de memoria de las interfaces tienen una capacidad limitada. Si una cola de memoria se completa el dispositivo comenzará a descartar paquetes indiscriminadamente. Esta acción recibe el nombre de "tail drop".

- Cuando se produce tail drop esto es un problema para las sesiones TCP que se ven interrumpidas, pudiendo provocar un desperdicio notorio de ancho de banda.

- Cuando se pierden paquetes de una sesión TCP se reduce drásticamente la tasa de transmisión de esa sesión.

- Adicionalmente se puede producir una sincronización de las sesiones TCP que atraviesan una ruta, lo cual genera un aprovechamiento sub-óptimo del ancho de banda disponible con una baja performance de los enlaces.

Las técnicas para evitar la congestión se asientan en la implementación de un descarte selectivo de los paquetes.

- Consiste en un descarte al azar de paquetes antes de que la cola de memoria llegue a su capacidad máxima para aprovechar el mecanismo interno de TCP que reduce la tasa de transmisión de la sesión afectada cuando se detecta una pérdida de paquetes.
  Esto evita la sincronización de sesiones.

Los algoritmos utilizados son:

- RED.
  Descarta paquetes al azar a medida que se va completando la cola de memoria.

- WRED.
  Como RED hace un descarte temprano al azar de paquetes, pero en este caso la agresividad del descarte es en función del "peso" definido.

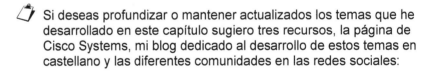 Si deseas profundizar o mantener actualizados los temas que he desarrollado en este capítulo sugiero tres recursos, la página de Cisco Systems, mi blog dedicado al desarrollo de estos temas en castellano y las diferentes comunidades en las redes sociales:

http://www.cisco.com
http://librosnetworking.blogspot.com
https://www.facebook.com/groups/librosnetworking/

D. Prácticas de laboratorios

A continuación propongo algunos ejercicios prácticos que pueden resultarle útiles para fijar o revisar los contenidos planteados en la sección anterior.

Para el desarrollo de estas prácticas utilizo como base la maqueta de trabajo que detallo en el capítulo "La preparación para el examen" al inicio de este manual.

Laboratorio 6.1: Direccionamiento IP asignado por el proveedor

 Para la realización de los laboratorios de esta Guía he diseñado la topología de una maqueta única que permite cubrir todos los ejercicios propuestos.
Para este ejercicio debe concentrarse solamente en una parte de esa maqueta, a la que denominamos "Topología a utilizar".

En este laboratorio adelantamos un tema que se desarrolla con más detalle en el capítulo de tecnologías WAN para preparar nuestra maqueta de modo que pueda realizar adecuadamente los ejercicios siguientes. Esencialmente se trata de activar el servicio DHCP y el cliente DHCP en sistemas IOS, en la frontera entre la red del cliente y la del proveedor de servicios.

Topología a utilizar

Es este laboratorio nos vamos a concentrar específicamente en dos dispositivos de la maqueta: los routers CE y PE.

Direccionamiento IP inicial

Dispositivo	Interfaz	IP	Máscara de Subred
CE	Gi0/1	Cliente DHCP	
PE	Gi0/1	200.1.1.1	255.255.255.0

Configuración de un servicio DHCP en IOS

1. Ingrese a la consola del router PE que actuará como servidor DHCP y acceda al modo de configuración global.

```
PE>enable
PE#configure terminal
PE(config)#_
```

2. Defina un pool de direcciones DHCP llamado "CCNA" que utilice la red 200.1.1.0/24 y la interfaz G0/1 de PE como default gateway. El tiempo de sesión de las direcciones debe ser de 7 días.

```
PE(config)#ip dhcp pool CCNA
PE(dhcp-config)#network 200.1.1.0 /24
PE(dhcp-config)#default-router 200.1.1.1
PE(dhcp-config)#lease 7
PE(dhcp-config)#exit
PE(config)#_
```

3. Excluya del pool de direcciones DHCP (que por definición incluye todas las direcciones de host de la red 200.1.1.0/24) todas las direcciones comprendidas entre la 200.1.1.0 y la 200.1.1.100 (incluidas ambas).

```
PE(config)#ip dhcp excluded-address 200.1.1.1 200.1.1.100
```

4. Antes de concluir la tarea en PE suprima el intercambio de enrutamiento dinámico a través de la interfaz G0/1.

```
PE(config)#router rip
PE(config-router)#no network 200.1.1.0 255.255.255.0
PE(config-router)#end
PE#_
```

Configuración de un cliente DHCP en IOS

1. Acceda a la consola del router CE y verifique el estado de la interfaz Gi0/1. El resultado del comando show debe mostrar la dirección IP configurada estáticamente (Method = NVRAM).

```
CE>enable
CE#show ip interface brief
```

2. Desactive todo protocolo de enrutamiento que se esté intercambiando con PE y elimine (si existe) la ruta por defecto.

```
CE#configure terminal
CE(config)#router rip
CE(config-router)#no network 200.1.1.0
CE(config-router)#exit
CE(config)#no ip route 0.0.0.0 0.0.0.0 200.1.1.1
```

3. Reconfigure la interfaz G0/1 para que obtenga configuración IP del servicio DHCP que se ha creado en PE.

```
CE(config)#interface GigabitEthernet 0/1
CE(config-if)#ip address dhcp
CE(config-if)#end
CE#_
```

4. Aguarde unos minutos en la consola. Observará en pantalla un mensaje de evento (DHCP-6_ADDRESS ASSIGN) que indica que se ha recibido una dirección IP vía DHCP.

5. Verifique ahora nuevamente el estado de la interfaz Gi0/1. Ahora el comando show mostrará la dirección IP asignada y que se ha recibido vía DHCP (Method = DHCP).

```
CE#show ip interface brief
```

6. Verifique también que ha recibido una ruta por defecto que apunta al router PE.

```
CE#show ip route
```

 De esta manera concluye este laboratorio.

Laboratorio 6.2: Configuración de listas de control de acceso

📓 Para la realización de los laboratorios de esta Guía se ha diseñado la topología de una maqueta única que permite cubrir todos los ejercicios propuestos.
Para este ejercicio debe concentrarse solamente en una parte de esa maqueta, a la que denominamos "Topología a utilizar".

Topología a utilizar

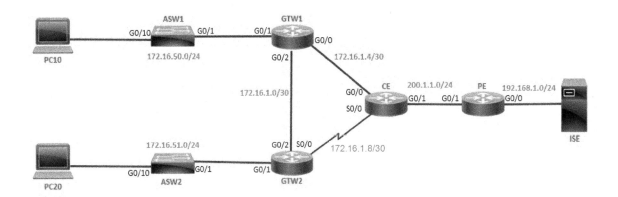

Consideraciones a tener en cuenta para este ejercicio:

- La terminal ISE se utiliza solamente como terminal, no publica ningún servicio en este ejercicio.

- Las claves de acceso son las mismas en todos los dispositivos.

   o Clave de acceso a modo enable: Cisco

   o Clave de acceso por Telnet: Cisco

Direccionamiento IP inicial

Dispositivo	Interfaz	IP	Máscara de Subred
PC10	Gi	172.16.50.10	255.255.255.0
PC20	Gi	172.16.51.20	255.255.255.0
ISE	Gi	192.168.1.10	255.255.255.0
ASW1	VLAN1	172.16.50.101	255.255.255.0
ASW2	VLAN1	172.16.51.102	255.255.255.0
GTW1	G0/0	172.16.1.5	255.255.255.252
	G0/1	172.16.50.1	255.255.255.0

Dispositivo	Interfaz	IP	Máscara de Subred
	G0/2	172.16.1.1	255.255.255.252
GTW2	G0/1	172.16.51.2	255.255.255.0
	G0/2	172.16.1.2	255.255.255.252
	S0/0	172.16.1.9	255.255.255.252
	S0/1	172.16.1.13	255.255.255.252
CE	G0/0	172.16.1.6	255.255.255.252
	S0/0	172.16.1.10	255.255.255.252
	S0/1	172.16.1.14	255.255.255.252
	G0/1	200.1.1.10	255.255.255.0
PE	G0/0	192.168.1.1	255.255.255.0
	G0/1	200.1.1.1	255.255.255.0

Configuración de listas de acceso estándar numeradas

Un punto muy importante es asegurar el acceso a la gestión de los dispositivos de red. Un recurso para esto es la aplicación de una ACL que permita filtrar las terminales que pueden acceder utilizando Telnet o SSH para acceso remoto a la CLI.

Es por esto que vamos a utilizar una ACL estándar para definir, a partir de la dirección IP de origen, cuáles son las terminales con acceso remoto autorizado a la gestión de los equipos.

1. Cree una lista de acceso estándar que permita específicamente las direcciones IPs de las terminales PC10 y PC20, agregue una sentencia que permita tener registro de los intentos de acceso de direcciones no autorizadas y aplíquela a línea de terminal virtual de ASW1, ASW2, GTW1, GTW2 y CE

```
ASW1#configure terminal
ASW1(config)#access-list 1 permit host 172.16.50.10
ASW1(config)#access-list 1 permit host 172.16.50.20
ASW1(config)#access-list 1 deny any log
ASW1(config)#line vty 0 4
ASW1(config-line)#access-class 1 in
ASW1(config-line)#end

ASW2#configure terminal
ASW2(config)#access-list 1 permit host 172.16.50.10
ASW2(config)#access-list 1 permit host 172.16.50.20
ASW2(config)#access-list 1 deny any log
ASW2(config)#line vty 0 4
ASW2(config-line)#access-class 1 in
ASW2(config-line)#end
```

```
GTW1#configure terminal
GTW1(config)#access-list 1 permit host 172.16.50.10
GTW1(config)#access-list 1 permit host 172.16.50.20
GTW1(config)#access-list 1 deny any log
GTW1(config)#line vty 0 4
GTW1(config-line)#access-class 1 in
GTW1(config-line)#end

GTW2#configure terminal
GTW2(config)#access-list 1 permit host 172.16.50.10
GTW2(config)#access-list 1 permit host 172.16.50.20
GTW2(config)#access-list 1 deny any log
GTW2(config)#line vty 0 4
GTW2(config-line)#access-class 1 in
GTW2(config-line)#end

CE#configure terminal
CE(config)#access-list 1 permit host 172.16.50.10
CE(config)#access-list 1 permit host 172.16.50.20
CE(config)#access-list 1 deny any log
CE(config)#line vty 0 4
CE(config-line)#access-class 1 in
CE(config-line)#end
```

2. Verifique desde PC10 que puede acceder utilizando Telnet a GTW1.

```
C:\>telnet 172.16.50.1
Trying 172.16.50.1 ... Open
```

3. Complete el acceso a la consola de GTW1, acceda a modo privilegiado y verifique la actualización del contador de coincidencias en la ACL.

```
GTW1>enable
GTW1#show access-list 1
```

4. Salga de la conexión Telnet a GTW1.

```
GTW1#exit
C:\>_
```

5. Acceda a la consola del router CE y desde la CLI pruebe la conectividad a GTW1 con un ping. La respuesta debe ser exitosa.

```
CE>ping 172.16.1.5
```

6. Intente ahora acceder desde CE utilizando Telnet a GTW1. El intento debe ser rechazado por la ACL configurada en el dispositivo pues la dirección IP de origen no es una de las permitidas.

```
CE>enable
CE#telnet 172.16.1.5
Trying 172.16.1.5 ...
% Connection refused by remote host
```

7. Acceda ahora a la consola de GTW1 y verifique nuevamente la actualización del contador de la ACL.

```
GTW1>enable
GTW1#show access-list 1
```

 De esta manera concluye este laboratorio.

Laboratorio 6.3: Configuración de NAT

La realización de este laboratorio tiene múltiples supuestos previos. En primer lugar supone la realización de los laboratorios anteriores en esta Guía y su punto de partida es la configuración de los dispositivos en el laboratorio 6.2 y particularmente la configuración realizada en el laboratorio 6.1.

 Para la realización de los laboratorios de esta Guía he diseñado la topología de una maqueta única que permite cubrir todos los ejercicios propuestos.
Para este ejercicio debe concentrarse solamente en una parte de esa maqueta, a la que denominamos "Topología a utilizar".

Topología a utilizar

Es este laboratorio vamos a concentrar específicamente en un dispositivo de la maqueta que es el router CE.

Direccionamiento IP inicial

Dispositivo	Interfaz	IP	Máscara de Subred
CE	Gi0/1	Cliente DHCP	
PE	Gi0/1	200.1.1.1	255.255.255.0

Configuración de NAT estático

1. En primer lugar, antes de configurar NAT, verifique si la red privada tiene acceso a la red pública. El resultado debe ser negativo ya que no hay enrutamiento entre la red pública y la privada. Ejecute un ping desde la terminal PC10.

```
C:\>ping 200.1.1.1
```

2. Ingrese al modo de configuración global de CE.

```
CE#configure terminal
CE(config)#_
```

3. Defina las interfaces Gi0/0 y S0/1 como interfaces NAT inside y la interfaz Gi0/1 como interfaz NAT outside.

```
CE(config)#interface GigabitEthernet 0/0
CE(config-if)#ip nat inside
CE(config-if)#interface Serial 0/0
CE(config-if)#ip nat inside
CE(config-if)#interface GigabitEthernet 0/1
CE(config-if)#ip nat outside
CE(config-if)#exit
CE(config)#_
```

4. Configure una traducción estática de la dirección IP 172.16.50.10 a la 200.1.1.10.

```
CE(config)#ip nat inside source static 172.16.50.10 200.1.1.10
```

5. Regrese a modo privilegiado y active un registro de debugs de eventos de NAT.

```
CE(config)#exit
CE#debug ip nat
```

6. Mantenga abierta la ventana de la consola de CE.

7. Abra una ventana de símbolo del sistema en la PC 10. Desde el prompt del sistema operativo ejecute un ping a la interfaz Gi0/1 de PE. Puede que el primer paquete no tenga respuesta, pero luego debe ser exitoso.

```
C:\>ping 200.1.1.1
```

8. Observe la consola de CE. Debe observar el registro de la traducción en ambos sentidos de los mensajes ICMP.

```
CE#
NAT*: s=172.16.50.10->200.1.1.10, d=200.1.1.1 [112]
NAT*: s=172.16.50.10->200.1.1.10, d=200.1.1.1 [113]
NAT*: s=200.1.1.1, d=200.1.1.10->172.16.50.10 [113]
NAT*: s=172.16.50.10->200.1.1.10, d=200.1.1.1 [114]
NAT*: s=200.1.1.1, d=200.1.1.10->172.16.50.10 [114]
NAT*: s=172.16.50.10->200.1.1.10, d=200.1.1.1 [115]
NAT*: s=200.1.1.1, d=200.1.1.10->172.16.50.10 [115]
NAT*: s=172.16.50.10->200.1.1.10, d=200.1.1.1 [116]
NAT*: s=200.1.1.1, d=200.1.1.10->172.16.50.10 [116]
```

9. Verifique la tabla de traducciones de NAT de CE.

```
CE#show ip nat translations
Pro Inside global    Inside local     Outside local    Outside global
--- 200.1.1.50       172.16.50.10     ---              ---
```

10. Concluidas las verificaciones suprima el debug y elimine la instrucción de traducción estática.

```
CE#undebug all
CE#configure terminal
CE(config)#no ip nat inside source static 172.16.50.10 200.1.1.10
```

Configuración de NAT dinámico

Este ejercicio es una evolución del anterior por lo que tiene como punto de partida la configuración final del ejercicio precedente.

En toda configuración de NAT es necesario definir las áreas inside y outside de la implementación, en este caso no lo haremos ya que esa definición se ha realizado en el ejercicio anterior.

1. Configure una traducción dinámica de la red inside. Para esta configuración tenga en cuenta que:

   o Se debe traducir solamente la subred 172.16.50.0/24.

   o Para el proceso de traducción se utilizarán las direcciones 200.1.1.10 a 200.1.1.20/24.

```
CE(config)#access-list 2 permit 172.16.50.0 0.0.0.255
CE(config)#ip nat pool CCNA 200.1.1.10 200.1.1.20 net 255.255.255.0
CE(config)#ip nat inside source list 2 pool CCNA
```

2. Regrese a modo privilegiado y active un registro de debugs de eventos de NAT.

```
CE(config)#exit
CE#debug ip nat
```

3. Mantenga abierta la ventana de la consola de CE.

4. Abra una ventana de símbolo del sistema en la PC 10. Desde el prompt del sistema operativo ejecute un ping a la interfaz Gi0/1 de PE. Puede que el primer paquete no tenga respuesta, pero luego debe ser exitoso.

```
C:\>ping 200.1.1.1
```

5. Observe la consola de CE. Debe observar el registro de la traducción en ambos sentidos de los mensajes ICMP.

```
CE#
NAT*: s=172.16.50.10->200.1.1.10, d=200.1.1.1 [117]
NAT*: s=172.16.50.10->200.1.1.10, d=200.1.1.1 [118]
NAT*: s=200.1.1.1, d=200.1.1.10->172.16.50.10 [118]
NAT*: s=172.16.50.10->200.1.1.10, d=200.1.1.1 [119]
NAT*: s=200.1.1.1, d=200.1.1.10->172.16.50.10 [119]
NAT*: s=172.16.50.10->200.1.1.10, d=200.1.1.1 [120]
NAT*: s=200.1.1.1, d=200.1.1.10->172.16.50.10 [120]
NAT*: s=172.16.50.10->200.1.1.10, d=200.1.1.1 [121]
```

```
NAT*: s=200.1.1.1, d=200.1.1.10->172.16.50.10 [121]
```

6. Mantenga la consola de CE abierta por unos minutos. Observará un mensaje indicando que caduca la entrada generada dinámicamente en la tabla de traducciones para la sesión de ICMP que se inició.

```
CE#
NAT: expiring 200.1.1.10 (172.16.50.10) icmp 24 (24)
```

7. Desde la PC 10 repita el ping.

```
C:\>ping 200.1.1.1
```

8. Verifique ahora la tabla de traducciones de NAT de CE.

```
CE#show ip nat translations
Pro Inside global    Inside local      Outside local   Outside global
icmp 200.1.1.10:26   172.16.50.10:26   200.1.1.1:26    200.1.1.1:26
---  200.1.1.10       172.16.50.10      ---             ---
```

9. Concluidas las verificaciones suprima el debug y elimine las instrucciones de la traducción.

```
CE#undebug all
CE#configure terminal
CE(config)#no access-list 2 permit 172.16.50.0 0.0.0.255
CE(config)#no ip nat pool CCNA 200.1.1.10 200.1.1.20 net
255.255.255.0
CE(config)#no ip nat inside source list 2 pool CCNA
```

Configuración de PAT

Este ejercicio es una evolución del anterior por lo que tiene como punto de partida la configuración final del ejercicio precedente.

En toda configuración de NAT es necesario definir las áreas inside y outside de la implementación, en este caso no lo haremos ya que esa definición se ha realizado en el ejercicio anterior. Nos centraremos específicamente en la definición de PAT.

1. Configure una traducción dinámica de la red inside. Para esta configuración tenga en cuenta que:

   o Se debe traducir solamente la subred 172.16.50.0/24.

   o Para el proceso de traducción se utilizará solamente la dirección IP asignada dinámicamente por PE al puerto Gi0/1 de CE.

```
CE(config)#access-list 2 permit 172.16.50.0 0.0.0.255
CE(config)#ip nat inside source list 2 interface Gi0/1 overload
```

2. Regrese a modo privilegiado y verifique la dirección IP asignada al puerto Gi0/1.

```
CE(config)#exit
```

```
CE# show ip interface brief
```

3. Active en CE el registro de debugs de eventos de NAT.

```
CE#debug ip nat
```

4. Mantenga abierta la ventana de la consola de CE.

5. Abra una ventana de símbolo del sistema en la PC 10. Desde el prompt
   del sistema operativo ejecute un ping a la interfaz Gi0/1 de PE. Puede que
   el primer paquete no tenga respuesta, pero luego debe ser exitoso.

```
C:\>ping 200.1.1.1
```

6. Observe la consola de CE. Debe observar el registro de la traducción en
   ambos sentidos de los mensajes ICMP.

```
CE#
NAT*: s=172.16.50.10->200.1.1.101, d=200.1.1.1 [132]
NAT*: s=200.1.1.1, d=200.1.1.101->172.16.50.10 [132]
NAT*: s=172.16.50.10->200.1.1.101, d=200.1.1.1 [133]
NAT*: s=200.1.1.1, d=200.1.1.101->172.16.50.10 [133]
NAT*: s=172.16.50.10->200.1.1.101, d=200.1.1.1 [134]
NAT*: s=200.1.1.1, d=200.1.1.101->172.16.50.10 [134]
NAT*: s=172.16.50.10->200.1.1.101, d=200.1.1.1 [135]
NAT*: s=200.1.1.1, d=200.1.1.101->172.16.50.10 [135]
NAT*: s=172.16.50.10->200.1.1.101, d=200.1.1.1 [136]
NAT*: s=200.1.1.1, d=200.1.1.101->172.16.50.10 [136]
```

7. Mantenga la consola de CE abierta por unos minutos. Observará un
   mensaje indicando que caduca la entrada generada dinámicamente en la
   tabla de traducciones para la sesión de ICMP que se inició.

```
CE#
NAT: expiring 200.1.1.101 (172.16.50.10) icmp 27 (27)
```

8. Desde la PC 10 repita el ping.

```
C:\>ping 200.1.1.1
```

9. Verifique ahora la tabla de traducciones de NAT de CE.

```
CE#show ip nat translations
Pro Inside global    Inside local     Outside local    Outside global
icmp 200.1.1.101:28  172.16.50.10:28  200.1.1.1:28     200.1.1.1:28
```

10. Concluidas las verificaciones suprima el debug y elimine las instrucciones
    de la traducción.

```
CE#undebug all
CE#configure terminal
CE(config)#no access-list 2 permit 172.16.50.0 0.0.0.255
CE(config)#no ip nat inside source list 2 interface Gi0/1 overload
```

De esta manera concluye este laboratorio.

Laboratorio 6.4: Implementación de autenticación externa con RADIUS y TACAC+

 Para la realización de los laboratorios de esta Guía se ha diseñado la topología de una maqueta única que permite cubrir todos los ejercicios propuestos.
Para este ejercicio debe concentrarse solamente en una parte de esa maqueta, a la que denominamos "Topología a utilizar".

Topología a utilizar

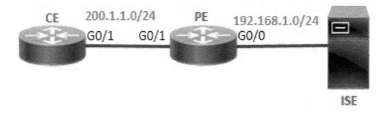

 Antes de iniciar el ejercicio asegúrese de desactivar los puertos que no participan de esta topología para tener lecturas más claras de los comandos show.

 Para la asignación de direcciones de cada puerto y terminal diríjase a la tabla "Direccionamiento IP inicial" al inicio de la Guía.

Consideraciones a tener en cuenta para este ejercicio:

* En este ejercicio se utilizan solamente los routers CE y PE.

* Las interfaces seriales y la interfaz Gi0/0 de CE no se utilizan en este ejercicio por lo que pueden ser desactivadas.

* Antes de iniciar asegúrese de que en la tabla de enrutamiento de CE haya una ruta válida a la red 192.168.1.0/24.

* En este ejercicio se utilizarán los servicios RADIUS y TACACS+ del servidor ISE de nuestra topología. Para eso es necesario que en el servidor Ud. se asegure de que:

    o El router PE debe estar incorporado como cliente del servidor RADIUS:
      IP: 192.168.1.1
      Clave: ClaveRADIUS

    o El router PE debe estar incorporado como cliente del servidor TACACS+:

IP:	192.168.1.1	
Clave:	ClaveTACACS	

○ Haya creado un usuario con las siguientes credenciales:
Usuario: Admin
Clave: Cisco123

Direccionamiento IP inicial

Dispositivo	Interfaz	IP	Máscara de Subred
ISE	Gi	192.168.1.10	255.255.255.0
CE	G0/1	200.1.1.10	255.255.255.0
PE	G0/0	192.168.1.1	255.255.255.0
	G0/1	200.1.1.1	255.255.255.0

Configuración de RADIUS para el acceso por consola y terminal virtual

1. Acceda al modo de configuración de PE y cree un usuario en la base de credenciales de usuario local para tener credenciales válidas para el acceso por consola luego de activado AAA.

```
PE#configure terminal
PE(config)#username admin password CCNA123
```

 Al activar AAA se aplica automáticamente autenticación usando la base de datos local en todas las líneas excepto la consola. Para evitar posibles inconvenientes es conveniente configurar usuario y clave antes de activar AAA.

2. Habilite el marco de trabajo AAA.

```
PE(config)#aaa new-model
```

3. Asocie PE con el servicio RADIUS. Puede asignar cualquier nombre para identificar el servidor que asocia, en este caso utilice "SrvRADIUS" y ClaveRADIUS como clave.

```
PE(config)#radius server SrvRADIUS
PE(config-radius-server)#address ipv4 192.168.1.10
PE(config-radius-server)#key ClaveRADIUS
PE(config-radius-server)#exit
```

 Si está utilizando Packet Tracer para los ejercicios, algunas versiones no soportan estos comandos, deberá revisar cuáles son los comandos aceptados en su versión.

4. Agregue el servidor que acaba de asociar a un grupo de servidores RADIUS que llamaremos "GrupoRADIUS".

```
PE(config)#aaa group server radius GrupoRADIUS
PE(config-sg-radius)#server name SrvRADIUS
PE(config-sg-radius)#exit
```

5. Especifique ahora que desea utilizar el grupo de servidores RADIUS que acaba de crear para la autenticación en el acceso al dispositivo. Agregaremos como respaldo que, si la conexión con el servidor RADIUS falla, utilice la base de credenciales local que se creó en el inicio.

```
PE(config)#aaa authentication login default group GrupoRADIUS local
PE(config)#end
```

6. Acceda a la consola de CE y verifique la configuración realizada intentando iniciar una sesión Telnet en PE utilizando las credenciales del servidor RADIUS (user: Admin, clave: Cisco123).

```
CE#Telnet 200.1.1.1
```

7. Verificado el acceso, salga de la sesión Telnet.

Configuración de TACACS+ para el acceso por consola y terminal virtual

En este caso no necesitamos crear un usuario local y habilitar el marco AAA pues ya lo hemos hecho en el ejercicio anterior.

1. Asocie PE con el servicio TACACS+. Puede asignar cualquier nombre para identificar el servidor que asocia, en este caso utilice "SrvTACACS" y ClaveTACACS como clave.

```
PE(config)#tacacs server SrvTACACS
PE(config-server-tacacs)#address ipv4 192.168.1.10
PE(config-server-tacacs)#key ClaveTACACS
PE(config-server-tacacs)#exit
```

 Si está utilizando Packet Tracer para los ejercicios, algunas versiones no soportan estos comandos, deberá revisar cuáles son los comandos aceptados en su versión.

2. Agregue el servidor que acaba de asociar a un grupo de servidores TACACS+ que llamaremos "GrupoTACACS".

```
PE(config)#aaa group server tacacs+ GrupoTACACS
PE(config-sg-tacacs+)#server name SrvTACACS
PE(config-sg-tacacs+)#exit
```

3. Especifique ahora que desea utilizar el grupo de servidores TACACS que acaba de crear para la autenticación en el acceso al dispositivo.

Agregaremos como respaldo que, si la conexión con el servidor TACACS falla, utilice la base de credenciales local que se creó en el inicio.

```
PE(config)#aaa authentication login default group GrupoTACACS local
PE(config)#end
```

4. Acceda a la consola de CE y verifique la configuración realizada intentando iniciar una sesión Telnet en PE utilizando las credenciales del servidor TACACS (user: Admin, clave: Cisco123).

```
CE#Telnet 200.1.1.1
```

5. Verificado el acceso, salga de la sesión Telnet.

6. Antes de concluir este laboratorio elimine la configuración de AAA en PE a fin de evitar inconvenientes en los laboratorios siguientes.

```
PE#configure terminal
PE(config)#no aaa new-model
```

 De esta manera concluye este laboratorio.

Laboratorio 6.5: Configuración y monitoreo de NTP

 Para la realización de los laboratorios de esta Guía se ha diseñado la topología de una maqueta única que permite cubrir todos los ejercicios propuestos.
Para este ejercicio debe concentrarse solamente en una parte de esa maqueta, a la que denominamos "Topología a utilizar".

Topología a utilizar

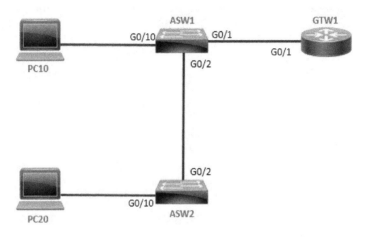

 Antes de iniciar el ejercicio asegúrese de desactivar los puertos que no participan de esta topología para tener lecturas más claras de los comandos show.

 Para la asignación de direcciones de cada puerto y terminal diríjase a la tabla "Direccionamiento IP inicial" al inicio de la Guía.

Consideraciones a tener en cuenta para este ejercicio:

- Si previamente realizó el laboratorio de RIPv2 sobre la maqueta, debe volver a su configuración IP inicial la PC20, el switch ASW2 y el router GTW2.

- Se utiliza un único enlace que conecta ASW1 con ASW2. Los otros puertos deben desactivarse utilizando el comando shutdown.

- No se utiliza ningún dispositivo de enrutamiento que no sea el router GTW1, por lo tanto los puertos de GTW1 que conectan con GTW2 y con CE deben desactivarse.

Direccionamiento IP inicial

Dispositivo	Interfaz	IP	Máscara de Subred
PC10	Gi	172.16.50.10	255.255.255.0
PC20	Gi	172.16.50.20	255.255.255.0
ASW1	VLAN1	172.16.50.101	255.255.255.0
ASW2	VLAN1	172.16.50.102	255.255.255.0
GTW1	G0/1	172.16.50.1	255.255.255.0

Configurar y verificar NTP

1. Revise los relojes de ASW1, ASW2 y GTW1

```
ASW1#show clock

ASW2#show clock

GTW1#show clock
```

2. Ajuste el reloj (hora y fecha) de GTW1.

3. Acceda a la consola de GTW1 y configúrelo como servidor NTP activándolo como máster.

```
GTW1#configure terminal
GTW1(config)#ntp master
GTW1(config)#end
```

4. Configure ASW1 y ASW2 de modo tal que utilicen GTW1 como NTP server.

```
ASW1#configure terminal
ASW1(config)#ntp server 172.16.50.1
ASW1(config)#end

ASW2#configure terminal
ASW2(config)#ntp server 172.16.50.1
ASW2(config)#end
```

5. Verifique la asociación con el servidor y su estado en ASW2. Debe aparecer como asociado y sincronizado con GTW1.

```
ASW2#show ntp associations
ASW2#show ntp status
```

6. Verifique en cada uno de los dispositivos fecha y hora. Deben aparecer ahora sincronizados sobre la base de la configuración de GTW1. Las diferencias en minutos o segundos se deben exclusivamente al tiempo necesario para pasar de una consola a la otra.

```
GTW1#show clock

ASW1#show clock

ASW2#show clock
```

Con esta verificación se concluye este laboratorio.

 De esta manera concluye este laboratorio.

Laboratorio 6.6: Configuración de Syslog

 Para la realización de los laboratorios de esta Guía se ha diseñado la topología de una maqueta única que permite cubrir todos los ejercicios propuestos.
Para este ejercicio debe concentrarse solamente en una parte de esa maqueta, a la que denominamos "Topología a utilizar".

Topología a utilizar

 Para la asignación de direcciones de cada puerto y terminal diríjase a la tabla "Direccionamiento IP inicial" al inicio de la Guía.

Direccionamiento IP inicial

Dispositivo	Interfaz	IP	Máscara de Subred
ISE	Gi	192.168.1.10	255.255.255.0
PE	Gi0/0	192.168.1.1	255.255.255.0

Definición de Syslog

1. Ingrese a la consola del router PE y acceda al modo de configuración global.

```
PE>enable
PE#configure terminal
PE(config)#_
```

2. Defina la terminal ISE como servidor Syslog al que deben enviarse los mensajes de eventos para ser almacenados. El nivel de severidad mínimo de los mensajes que deben enviarse al servidor es 6 - informacional.

```
PE(config)#logging 192.168.1.10
PE(config)#logging trap informational
```

3. Verifique el estado de operación del servicio y el buffer de mensajes almacenado en la memoria RAM de PE.

```
PE(config)#exit
PE#show logging
```

 De esta manera concluye este laboratorio.

E. Síntesis

Asignación automática de direcciones IP

Mecanismos de asignación de configuración IPv4:

- Configuración estática.

- Asignación automática utilizando DHCP.

Mecanismos de asignación de configuración IPv6:

- Asignación estática definiendo manualmente el ID de interfaz.

- Asignación estática definiendo el ID de interfaz por EUI-64.

- Asignación dinámica utilizando autoconfiguración stateless.

- Asignación dinámica utilizando DHCPv6.

Dynamic Host Configuration Protocol – DHCPv4

Opera sobre los puertos UDP 67 y 68.

Los parámetros de configuración:

- Dirección IP / Máscara de Subred.

- Default Gateway.

- Nombre de dominio.

- Servidor de nombres de dominio (DNS).

- Time Servers.

- WINS Server.

- Duración de la asignación.

- Información opcional.

Modalidades de asignación de las direcciones IP:

- Asignación dinámica.

- Asignación automática.

- Asignación estática.

El procedimiento para obtener la configuración IP es el siguiente:

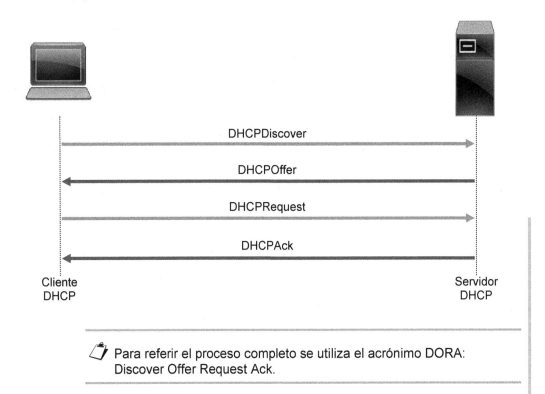

DHCPDiscover

DHCPOffer

DHCPRequest

DHCPAck

Cliente
DHCP

Servidor
DHCP

Para referir el proceso completo se utiliza el acrónimo DORA:
Discover Offer Request Ack.

Configuración de servicios DHCP en IOS

- Crear un pool DHCP.

- Asignar los parámetros de DHCP correspondientes al pool.

- Excluir las direcciones IP que no deben ser asignadas por DHCP.

```
Router#configure terminal
Router(config)#ip dhcp pool CCNA
Router(dhcp-config)#network 172.16.1.0/24
Router(dhcp-config)#default-router 172.16.1.1
```

```
Router(dhcp-config)#domain-name prueba.com
Router(dhcp-config)#dns-server 172.16.1.3
Router(dhcp-config)#lease 12 30
Router(dhcp-config)#exit
Router(config)#ip dhcp excluded-address 172.16.1.1 172.16.1.3
```

Comandos para verificar el servicio DHCP

```
Router#debug ip dhcp server packet
Router#show ip dhcp pool
Router#show ip dhcp binding
```

DHCP Relay

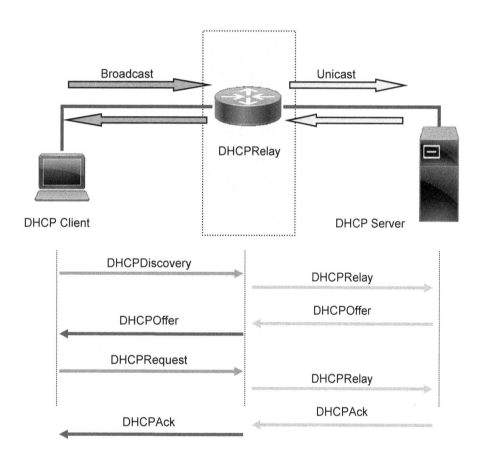

Configuración de un router como DHCP relay

```
Router#configure terminal
Router(config)#interface GigabitEthernet 0/0
Router(config-if)#ip helper-address 172.16.100.50
```

Domain Name System - DNS

Protocolo que permite reemplazar el uso por parte del usuario final de direcciones IP por nombres para identificar los nodos.

Utiliza el puerto 53 tanto TCP como UDP.

DNS utiliza una estructura jerárquica de dominios de red, completamente independiente de la estructura propia del direccionamiento IP.

Consulta DNS no autoritativa o interna

- La terminal realiza una consulta al servidor DNS que tiene en su configuración IP utilizando un query de DNS.

- El servidor DNS local recibe la consulta y busca en su tabla de resolución de nombres.

- El servidor DNS encapsula la información en un paquete IP y lo envía de regreso a la terminal que dio origen a la consulta.

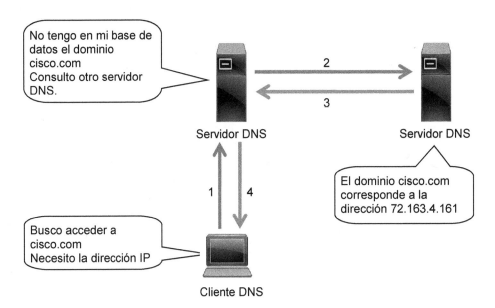

Cuando el servidor DNS local no tiene en su tabla de nombres los nombres consultados entra en juego la estructura autoritativa del sistema de dominios de nombre. La consulta se encadena hasta obtener la respuesta que requiere el cliente DNS:

- La terminal realiza una consulta al servidor DNS que tiene en su configuración IP.

- Si el servidor DNS local tiene esta búsqueda en su tabla de resolución de nombre, responderá directamente la consulta.

- Si el servidor DNS local no tiene una entrada para este dominio realiza una consulta a un servidor regional que tenga en su configuración. Si no cuenta con un servidor regional, o si la consulta llega al servidor regional y este no tiene la información, la misma se reenvía al servidor raíz.

- Si el servidor raíz no tiene este dominio en su caché, reenvía a su vez la consulta al servidor que tiene la delegación país.

- El servidor del domino país, reenvía la consulta al servidor que tiene la delegación de tipo de dominio (.com, .org, etc.).

- El proceso continúa de esta manera hasta que el cliente recibe la respuesta solicitada.

Listas de Control de Acceso

Permiten identificar tráfico en función de la información contenida en los diferentes encabezados de una trama.

Es una lista de sentencias que permiten o deniegan determinado tipo de tráfico.

Reglas de funcionamiento de las ACL

- Cada lista de acceso es identificada por un ID único localmente.

- Está compuesta por una serie de sentencias que permiten o deniegan un tipo de tráfico específico.

- Cada paquete que ingresa o sale a través de una interfaz que tiene asociada una lista de acceso es comparado con cada sentencia de la ACL secuencialmente.

- La comparación se sigue realizando hasta tanto se encuentre una coincidencia.

- Hay un `deny any any` implícito al final de cada lista de acceso.

- Los filtros que se aplican sobre el tráfico saliente no afectan el tráfico originado en el mismo router.

- Sólo se puede aplicar una única ACL en cada interfaz, por sentido del tráfico (entrante / saliente), por protocolo (IPv4, IPv6, etc.).

Tipos de listas de acceso IP

- Listas de acceso estándar.

- Listas de acceso extendidas.

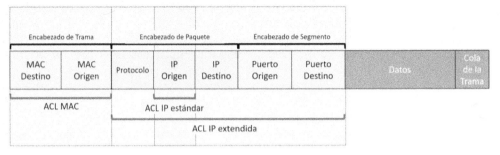

Métodos para identificar las listas de acceso:

- Listas de acceso IP numeradas.

  - ACL estándar numeradas   1 a 99 y 1300 a 1999

  - ACL extendidas numeradas   100 a 199 y 2000 a 2699

- Listas de acceso IP nombradas.

Aplicación de la ACL a la interfaz

Un uso primario de las ACLs es su implementación como filtros de tráfico en la red. Pueden implementarse para filtrar tanto tráfico entrante como saliente:

- ACLs salientes.

- ACLs entrantes.

La máscara de wildcard

Secuencias de 32 bits divididas en 4 octetos de 8 bits cada uno.

- El dígito en 0 (cero) indica una posición que debe ser comprobada.

- El dígito 1 (uno) indica una posición que carece de importancia.

Algunas reglas prácticas de cálculo

La máscara de wildcard es el "complemento" de esa máscara de subred. Al decir complemento me refiero al valor necesario para obtener una dirección IP de broadcast:

IP de Broadcast: 255.255.255.255
Máscara de subred: 255.255.224.000
Máscara de wildcard: 000.000.031.255

Cuando se desea filtrar un conjunto de direcciones, tenga en cuenta las siguientes pautas:

- La amplitud del rango de direcciones a filtrar es siempre una potencia de 2.

- El valor inicial del rango decimal a filtrar es un múltiplo de la potencia de 2 utilizada como amplitud del rango.

- En este caso el valor del octeto crítico de la máscara de wildcard será igual a la amplitud del rango menos uno.

Casos especiales

```
xxx.xxx.xxx.xxx 0.0.0.0 =  host xxx.xxx.xxx.xxx

0.0.0.0 255.255.255.255 =  any
```

Configuración de las listas de acceso

Listas de acceso IP estándar numeradas.

```
Router#configure terminal
Router(config)#access-list 1 permit 192.168.1.0 0.0.0.255
Router(config)#access-list 1 deny 172.16.1.0 0.0.0.255
Router(config)#access-list 1 permit 172.16.0.0 0.0.255.255
Router(config)#interface GigabitEthernet 0/0
Router(config-if)#ip access group 1 in
```

Aplicación de filtros de tráfico a puertos virtuales.

```
Router(config)#access-list 10 permit host 172.16.10.3
Router(config)#line vty 0 4
Router(config-line)#access-class 10 in
```

Listas de acceso extendidas

Tipo de ACL	Filtra por...
Estándar	Dirección IP de origen
Extendidas	Dirección IP de origen
	Dirección IP de destino
	Protocolo (ip, icmp, ospf, tcp, udp, etc.)
	Puerto de origen (tcp, udp)
	Puerto de destino (tcp, udp)

Configuración ACL extendidas

```
Router#configure terminal
Router(config)#access-list 100 deny tcp any host 172.16.100.5 80
Router(config)#access-list 100 permit tcp any any 80
Router(config)#access-list 100 deny udp any any
Router(config)#access-list 100 permit icmp any any echo
Router(config)#interface GigabitEthernet 0/0
Router(config-if)#ip access-group 100 in
```

Listas de acceso IP nombradas.

```
Router#configure terminal
Router(config)#ip access list standard Prueba
Router(config-std-nacl)#10 permit 192.168.1.0 0.0.0.255
Router(config-std-nacl)#20 deny 172.16.1.0 0.0.0.255
Router(config-std-nacl)#30 permit 172.16.0.0 0.0.255.255
Router(config-std-nacl)#exit
Router(config)#interface GigabitEthernet 0/0
Router(config-if)#ip access group Prueba in
```

Un ejemplo de ACL extendida nombrada:

```
Router#configure terminal
Router(config)#ip access-list extended Prueba2
Router(config-ext-nacl)#deny tcp any host 172.16.100.5 80
Router(config-ext-nacl)#permit tcp any any 80
Router(config-ext-nacl)#deny udp any any
Router(config-ext-nacl)#permit icmp any any echo
Router(config-ext-nacl)#exit
Router(config)#interface GigabitEthernet 0/0
Router(config-if)#ip access-group Prueba2 in
```

Edición de una lista de acceso

```
Router#show access lists
Standard IP access list Prueba
  10 permit 192.168.1.0 0.0.0.255 (10 matches)
  20 deny 172.16.1.0 0.0.0.255
  30 permit 172.16.0.0 0.0.255.255
Router#configure terminal
Router(config)#ip access list standard Prueba
Router(config-std-nacl)#5 deny host 192.168.1.100
Router(config-std-nacl)#no 20
Router(config-std-nacl)#end
Router#show access lists
Standard IP access list Prueba
   5 deny host 192.168.1.100
  10 permit 192.168.1.0 0.0.0.255 (10 matches)
  30 permit 172.16.0.0 0.0.255.255
```

Monitoreo de las listas de acceso

```
Router#show access lists
Router#show ip access-lists
Router#show ip interfaces serial 0/0/0
Router#show running-config
```

	ACL	Interfaz
show access-list	Si	No
show ip interfaces	No	Si
show running-config	Si	Si

Listas de acceso IPv6

 En el caso de las listas de acceso IPv6 las reglas implícitas que se agregan al final son más complejas ya que se incluyen permisos de algunos procesos ICMP:
permit icmp any any nd-na
permit icmp any any nd-ns
deny ipv6 any any

```
Router#configure terminal
Router(config)#ipv6 access-list Prueba3
Router(config-ipv6-acl)#deny tcp any host 2001:db8:0:1::5 80
Router(config-ipv6-acl)#permit tcp 2001:db8:100.5::/64 any 80
Router(config-ipv6-acl)#deny udp any any
Router(config-ipv6-acl)#permit icmp any any echo
Router(config-ipv6-acl)#exit
Router(config)#interface GigabitEthernet 0/0
Router(config-if)#ipv6 traffic-filter Prueba3 in
```

Verificación

```
Router#show ipv6 access-list
Router#show ipv6 interface GigabitEthernet 0/0
```

Network Address Translation (NAT)

Procedimiento estándar que modifica la dirección IP de origen de los paquetes IP, traduciéndola por otra dirección IP compatible con la red de destino.

Terminología NAT

- Red inside.

- Red outside.

Se distinguen 4 tipos de direcciones IP:

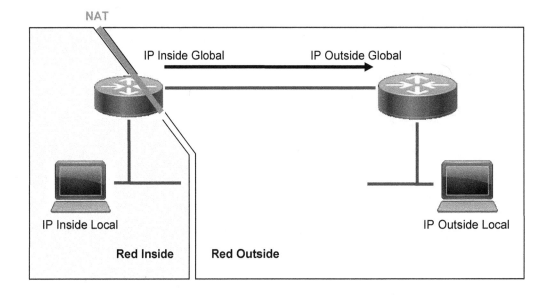

Hay diferentes modalidades de NAT:

- NAT estático.

- NAT dinámico.

- NAT overload o PAT.

Configuración de NAT:

1. Definición de la interfaz que conecta a la red Inside para NAT.

2. Definición de la interfaz que conecta a la red Outside de NAT.

3. Definición de los parámetros de traducción.

```
Router#configure terminal
Router(config)#interface GigabitEthernet 0/0
Router(config-if)#ip nat inside
Router(config-if)#interface serial 0/0/0
Router(config-if)#ip nat outside
Router(config-if)#exit
Router(config)#
```

Definición de traducción de NAT estática

```
Router(config)#ip nat inside source static 172.16.1.10 25.1.1.16
```

Definición de la traducción de NAT dinámica

```
Router(config)#access list 10 permit 172.16.1.64 0.0.0.15
```

```
Router(config)#ip nat pool CCNA 25.1.1.17 25.1.1.32 netmask
255.255.0.0
Router(config)#ip nat inside source list 10 pool CCNA
```

Definición de traducción PAT utilizando una sola dirección IP pública

```
Router(config)#access list 10 permit 172.16.1.64 0.0.0.15
Router(config)#ip nat inside source list 10 interface S0/0 overload
```

Definición de traducción PAT utilizando más de una dirección IP pública

```
Router(config)#access list 10 permit 172.16.1.64 0.0.0.15
Router(config)#ip nat pool CCNA 25.1.1.17 25.1.1.32 netmask
255.255.0.0
Router(config)#ip nat inside source list 10 pool CCNA overload
```

Comandos adicionales

```
Router#clear ip nat translation *
Router(config)#ip nat translation timeout [segundos]
```

Comandos de monitoreo de NAT

```
Router#show ip nat translations
Router#show ip nat statistics
Router#debug ip nat
Router#debug ip nat detailed
```

Mitigación de amenazas en el acceso

- Amenazas Internas. Son particularmente importantes porque:

    o El usuario de la red tiene conocimientos de la red y los recursos disponibles.

    o El usuario típicamente tiene algún nivel de acceso.

    o Los mecanismos de seguridad tradicionales suelen no ser efectivos.

- Amenazas Externas.

Hay diferentes mecanismos de seguridad que se pueden implementar en el acceso:

- DHCP Snooping.
  Previene la implementación de servidores DHCP intrusos dentro de la red.

- DAI
  Dynamic ARP Inspection.
  Previene la posibilidad de ataques basados en ARP.

- Port Security.
  Para restringir el número de MACs asociadas a un puerto.

- Identity-Based Networking
  Permite proteger recursos y dejar movilidad a los usuarios.

DHCP Snooping

Restringe la circulación de respuestas a solicitudes DHCP generadas por dispositivos no autorizados o intrusos.

Identifica los puertos del switch como:

- Trusted (confiable).

- Untrusted (no confiable).

Todos los puertos del switch son untrusted salvo aquellos que sean explícitamente declarados como trusted.

Se crea una tabla en la que se mantienen registros que asocian Dirección IP del cliente | MAC address | tiempo de cesión | tipo de asignación | VLAN | ID del puerto.

Dynamic ARP Inspection

Permite validar las respuestas de ARP:

- Los paquetes ARP recibidos en interfaces trusted, no son verificados.

- Se interceptan todas las respuestas ARP de interfaces untrusted.

- Cada paquete ARP interceptado es verificado antes de ser reenviado.

- Se eliminan y/o registran los paquetes que presentan asociaciones IP-MAC inválidas.

Identity-Based Networking

- Permite brindar al usuario independencia respecto del punto físico de conexión a la red.

- Verifica la identidad del usuario cuando se conecta al puerto del switch y lo coloca en la red (VLAN) correcta.

- Si un usuario falla al identificarse el acceso puede ser rechazado o el usuario puede ser colocado en una VLAN para invitados.

Implementa el protocolo IEEE 802.1x que define 3 roles en el proceso:

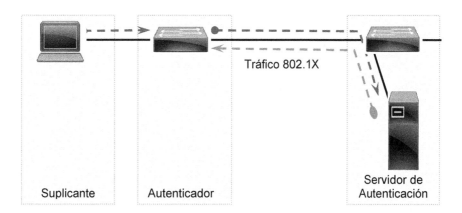

Tráfico 802.1X

Suplicante   Autenticador   Servidor de Autenticación

Opciones de autenticación externa

- AAA es el acrónimo de Authentication, Authorization and Accounting

- Arquitectura de seguridad con sistemas distribuidos que permite controlar el acceso de los usuarios.

Servidores de autenticación externos:

- RADIUS.

- TACACS+.

El proceso de autenticación

- Una terminal se conecta a la red y se le requiere el ingreso de usuario y clave.

- El dispositivo autenticador hace una solicitud de validación de las credenciales al servidor de autenticación.

- El servidor de autenticación utiliza la información que posee para validar las credenciales del usuario.

- El servidor de autenticación le envía su respuesta al autenticador para que aplique la decisión.

Configuración de autenticación en el acceso con RADIUS

```
Router(config)#username Admin password C1sc0123
Router(config)#aaa new-model
Router(config)#radius-server Server1
Router(config-radius-server)#address ipv4 192.168.100.50
Router(config-radius-server)#key ServerRadius1
Router(config-radius-server)#exit
Router(config)#aaa group server radius RadiusGroup
```

```
Router(config-sg-radius)#server name Server1
Router(config-sg-radius)#exit
Router(config)#aaa authentication login default group RadiusGroup
local
Router(config)#exit
```

Configuración de autenticación en el acceso con TACACS+

```
Router(config)#username Admin password C1sc0123
Router(config)#aaa new-model
Router(config)#tacacs server ServerTac1
Router(config-server-tacacs)#address ipv4 192.168.100.51
Router(config-server-tacacs)#port 49
Router(config-server-tacacs)#key ServerTACACS1
Router(config-radius-server)#exit
Router(config)#aaa group server tacacs+ TACACSGroup
Router(config-sg-radius)#server name ServerTac1
Router(config-sg-radius)#exit
Router(config)#aaa authentication login default group TACACSGroup
local
Router(config)#exit
```

Seguridad de dispositivos Cisco IOS

Best practices:

- El management out-band es más difícil de vulnerar por parte de un atacante.

- Utilice protocolos de management encriptados (SSH y HTTPS).

- Implemente múltiples cuentas de usuarios con diferentes niveles de privilegio para asignar al staff técnico solamente los privilegios que son necesarios para cumplir su tarea.

- La administración centralizada de los usuarios facilita la tarea.

- Almacenar los registros de eventos (logs) en servidores remotos para poder analizar los eventos en caso de incidentes de seguridad en la red.

- Utilizar claves protegidas por hash incrementa significativamente el tiempo necesario para romperlas por fuerza bruta.

- La implementación de SNMPv3 con cuentas de usuario y autenticación HMAC mejora significativamente la seguridad.

Bloqueo de servicios no utilizados

¿Cómo identificar los puertos abiertos?

```
Router#show control-plane host open-ports
```

```
Router(config)#no cdp run
Router(config)#interface GigabitEthernet 0/0
Router(config-if)#no cdp enable
Router(config-if)#exit
Router(config)#no ip http server
Router(config)#ip http secure-server
```

Network Time Protocol

La sincronización se requiere para:

- Asegurar la correcta validación del período de validez de los certificados digitales.

- Lograr una correcta interpretación de los registros de eventos.

Configuración de un cliente NTP

```
Router(config)#ntp server 192.168.115.20
Router(config)#ntp master 2

Router#show ntp associations
Router#show ntp status
```

Implementación de un registro de eventos

Los mensajes de eventos pueden ser enviados a distintas posiciones:

- A la pantalla de la consola (console), es la opción por defecto.

- A la pantalla de una sesión telnet o SSH (monitor).

- A una consola SNMP en la red (trap).

- A un buffer de memoria local (buffered).

Formato de los mensajes

```
*Dec 18 17:10:15.079: %LINEPROTO-5-UPDOWN: Line protocol on
Interface FastEthernet0/0, changed state to up
```

- El registro de fecha y hora.

- La porción del dispositivo que genera el mensaje.

- Nivel de severidad del evento que genera el mensaje:

- Clave mnemotécnica.

- Descripción del evento objeto del mensaje.

8 niveles de severidad:

0	Emergency	El sistema está inutilizado.
1	Alert	Requiere atención inmediata.
2	Critical	Notifica de una condición crítica.
3	Error	Notifica una condición de error.
4	Warning	
5	Notification	Condición normal pero significativa.
6	Informational	
7	Debugging	

El protocolo Syslog

Es un protocolo que permite enviar mensajes de notificación de eventos a través de una red IP hacia un colector o repositorio de mensajes.

Utiliza UDP para el transporte.

Configuración de los registros

```
Router(config)#service timestamps
Router(config)#service sequence-numbers
Router(config)#logging buffered 200000
Router(config)#logging 172.16.1.2
Router(config)#logging trap warnings
Router(config)#logging monitor notifications
```

Monitoreo

```
Router#show logging
```

Simple Network Management Protocol (SNMP)

Proporciona un servicio de mensajería entre dispositivos (agentes SNMP) y una consola de gestión (SNMP Manager).

El SNMP Manager periódicamente consulta al Agente SNMP para recolectar información sobre la que luego realiza análisis.

Tipos de mensajes:

- Mensajes GET.

- Mensajes GET-next.

- Mensajes GET-bulk.

- Mensajes SET.

- Mensajes Trap.

- Mensaje Inform.

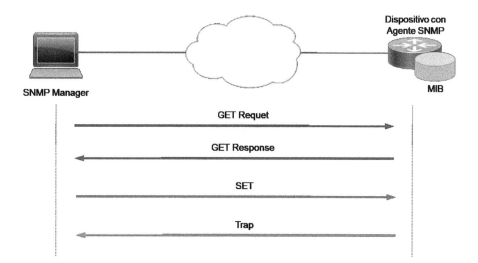

Versiones

Hay 3 versiones:

- SNMPv1 con control de acceso basado en la comunidad.

- SNMPv2c.

- SNMPv3 con autenticación de usuario y encriptación.
  El protocolo versión 3 permite 3 variantes de seguridad:

Nivel	Keyword	Autenticación	Encriptación
NoAuthNoPriv	noaut	Username	---
AuthNoPriv	auth	MD5 o SHA	---
AuthPriv	pri	MD5 o SHA	DES o AES

Configuración de SNMP v2c

```
Router(config)#ip access-list standard SNMP
Router(config-std-nacl)#permit host 172.16.10.101
Router(config-std-nacl)#exit
Router(config)#ip access-list standard SNMP2
Router(config-std-nacl)#permit host 172.16.20.54
Router(config-std-nacl)#exit
Router(config)#snmp-server community LabCisco ro SNMP
Router(config)#snmp-server location BuenosAires
```

```
Router(config)#snmp-server contact oscargerometta@edubooks.com
Router(config)#snmp-server community LabCisco2 rw SNMP2
Router(config)#snmp-server host 172.16.1.10 LabCisco3
```

Verificación y monitoreo

```
Router#show snmp community
Router#show snmp location
Router#show snmp contact
Router#show snmp host
```

Diagnóstico de conectividad en redes IPv4

Un posible flujo de análisis a realizar es el siguiente:

1. Verificar si la conectividad extremo a extremo es posible.

2. Verificar si hay un problema de conexión física.

3. Verificar si la ruta actual es o no la ruta deseada.

4. Verificar si el default gateway es el correcto.

5. Verificar si se ha configurado correctamente el servicio DNS.

6. Verificar si una ACL está bloqueando el tráfico.

IP SLA como herramienta de diagnóstico

Útil para verificar la conectividad extremo a extremo entre dispositivos. Permite obtener varias mediciones:

*   Disponibilidad del transporte extremo a extremo.

*   Performance de la red.

*   Conectividad extremo a extremo.

Configuración de una prueba IP SLA ICMP echo

```
Router(config)#ip sla 1
Router(config-ip-sla)#icmp-echo 192.168.100.50
Router(config-ip-sla)#frequency 30
Router(config-ip-sla)#exit
Router(config)#ip sla schedule 1 life forever start-time now
```

Verificación de los resultados de la prueba IP SLA

```
Router#show ip sla configuration
Router#show ip sla statistics
```

Diagnóstico de las interfaces

```
Router#show interfaces  GigabitEthernet 0/1
```

SPAN como herramienta de diagnóstico

- El puerto SPAN recibe una copia de cada trama que recibe el puerto del switch que se desea monitorear.

- El puerto SPAN se utiliza para conectar la herramienta de análisis de tráfico que se desea implementar.

- El puerto SPAN recibe una copia del tráfico que ingresa o sale de un determinado puerto, sin afectar el reenvío del tráfico de la red.

Configuración de SPAN

```
Switch(config)#monitor session 1 source interface Ethernet0/1 both
Switch(config)#monitor session 1 destination interface Ethernet0/10
Switch(config)#exit
Switch#show monitor
Session 1
---------
Type              : Local Session
Source Ports      :
    Both          : Eth0/1
Destination Ports : Eth0/10
    Encapsulation : Native
```

Introducción a QoS

En una primera aproximación se pueden diferenciar 3 tipos básicos de tráfico que debemos considerar en las redes convergentes actuales:

	Voz	Video	Datos
Latencia	< 150 mseg.	< 150 mseg.	Se trata en general de un tráfico benigno e irregular. Diferentes aplicaciones tienen diferentes requerimientos.
Jitter	< 30 mseg.	< 30 mseg.	
Pérdida Paquetes	< 1 %	0,1 a 1 %	

La respuesta: QoS

Esquema de 3 pasos:

1. Individualizar los diferentes tipos de tráfico que conviven en la red e identificar los requerimientos específicos de cada uno de ellos.

2. Agrupar los diferentes tipos de tráfico en clases.

3. Definir las políticas que se aplicarán a cada clase de tráfico.

Mecanismos de QoS

- Herramientas de clasificación y marcado.

- Herramientas de policing, shaping y remarcado.

- Herramientas de gestión de la congestión y scheduling.

- Herramientas específicas de los enlaces.

Frontera de confianza

Punto de la red en el que los paquetes son marcados; en este punto se puede incluir nuevas marcas, remover las existentes o cambiarlas.

Conceptos adicionales:

- Dominio no confiable (untrusted).

- Dominio de confianza (trusted).

- Frontera de confianza.

Herramientas de marcado

- Marcado en capa 2.

  o CoS.

  o TID.

- Marcado en capa 3.

  o ToS.

  o DSCP.

Herramientas de clasificación

- En base a la marca.

- En base al direccionamiento.

- En base a las aplicaciones.

NBAR: herramienta de clasificación que considera la información de capa 4 a 7 de cada paquete.

Dos modos de operación:

- o   Modo pasivo.

- o   Modo activo.

Policing, shaping y remarcado

Policing	Shaping
Se puede aplicar tanto en el tráfico entrante como en el saliente.	Se aplica únicamente sobre el tráfico saliente.
Los paquetes que se encuentran fuera del perfil son descartados o remarcados.	Los paquetes que se encuentran fuera del perfil son bufferizados hasta el límite de la cola de memoria.
El descarte de paquetes provoca el reenvío en aplicaciones TCP.	La bufferización del excedente minimiza el reenvío de TCP.
Soporta el marcado o remarcado de paquetes.	No soporta marcado o remarcado de paquetes.
Utiliza menor cantidad de memoria RAM.	Permite interacción con interfaces Frame Relay para permitir control de congestión.
No introduce delay en la comunicación.	Introduce delay variable en la comunicación.

Herramientas para gestionar la congestión

- • Queuing (encolado de paquetes).

- • Scheduling.

  - o   Prioridad estricta.

  - o   Round-robin.

  - o   Weighted fair.

Mecanismos combinados:

- • FIFO.

- • PQ.

- • CQ.

- • WFQ.

- • CBWFQ.

- LLQ.

Herramientas para evitar la congestión

- Cuando se produce tail drop es un problema para las sesiones TCP.

- Se reduce drásticamente la tasa de transmisión de esa sesión.

- Se puede generar una sincronización de las sesiones TCP.

Los algoritmos utilizados son:

- RED.

- WRED.

F. Cuestionario de repaso

Estos cuestionarios han sido diseñados teniendo en cuenta dos objetivos: permitir un repaso del tema desarrollado en el capítulo a la vez que introducir al estudiante en la metodología de las preguntas del examen de certificación.

Por este motivo los cuestionarios tienen una metodología propia. Además de estar agrupados según ejes temáticos los he graduado según su dificultad de acuerdo a tres categorías básicas de preguntas:

- Preguntas de respuesta directa.

- Preguntas de tipo reflexivo.

- Preguntas basadas en la resolución de situaciones problemáticas.

Estas preguntas son una herramienta de repaso, no se trata de preguntas del examen de certificación sino de una herramienta para revisar los conocimientos adquiridos. No lo aborde hasta haber estudiado el contenido del capítulo.

Por favor, tenga en cuenta que:

 Los cuestionarios son una excelente herramienta para realizar un repaso, autoevaluarse y verificar los conocimientos adquiridos.

 Los cuestionarios NO son una herramienta de estudio. No es aconsejable utilizar estos cuestionarios si aún no ha estudiado y comprendido el contenido del capítulo; no han sido elaborados con ese objetivo.

 Las respuestas a este cuestionario las encuentra en la sección siguiente: Respuestas al cuestionario de repaso.

Dynamic Host Configuration Protocol – DHCP

1. Cuando se configura un servidor DHCP, ¿Cuáles son las 2 direcciones IP que no son asignables a hosts?
(Elija 2)

> A. La dirección IP de red o subred.
>
> B. La dirección de broadcast de la red.
>
> C. La dirección IP cedida a la LAN.
>
> D. Las direcciones IP utilizada por las interfaces.
>
> E. Las direcciones IP asignadas manualmente a los clientes.
>
> F. La dirección IP asignada al servidor DHCP.

2. ¿Cuál de las siguientes afirmaciones describe correctamente el proceso de asignación dinámica de direcciones IP utilizando un servidor DHCP?

    A. Las direcciones son asignadas luego de una negociación entre el servidor y el host para acordar un período de duración de la cesión de la dirección.

    B. Las direcciones son asignadas permanentemente de modo que los terminales utilizan la misma dirección en todo momento.

    C. Las direcciones son asignadas por períodos de tiempo fijos, al final de ese período el servidor debe realizar una reasignación de dirección.

    D. Las direcciones son cedidas por el servidor a las terminales, las que periódicamente contactan al servidor DHCP para renovar esa cesión.

3. ¿Cuáles de las siguientes son 2 tareas que realiza Dynamic Host Configuration Protocol? (Elija 2)

    A. Configura la IP del gateway que utilizará la red.

    B. Realiza un descubrimiento de terminales utilizando mensajes DHCP Discovery.

    C. Configura parámetros de direccionamiento IP desde un servidor DHCP a terminales.

    D. Facilita la gestión de dispositivos de capa 3.

    E. Monitorea la performance IP utilizando el servidor DHCP.

    F. Asigna y renueva direcciones IP tomadas de un pool de direcciones definido.

4. Considere la siguiente información:

```
Router#show ip dhcp conflict
IP address        Detection method      Detection time
172.16.1.32       Ping                  Feb 16 2015 12:40 PM
172.16.1.64       Gratuitous ARP        Feb 25 2015 08:30 AM
```

¿Qué regla aplicará el servidor DHCP cuando se verifican conflictos de direccionamiento IP como los que refleja el comando?

    A. Las direcciones en conflicto son removidas del pool de direcciones hasta que el conflicto sea resuelto.

    B. La dirección permanece en el pool hasta que el conflicto sea resuelto.

    C. Solamente la dirección IP detectada a través de gratuitous ARP es removida del pool de direcciones.

    D. Solamente la dirección IP detectada a través del ping es removida del pool de direcciones.

5. ¿Cuál de las siguientes afirmaciones es correcta respecto de la operación de DHCP?

A. Los clientes DHCP utilizan un ping para detectar conflictos de direcciones.

B. Un servidor DHCP utiliza gratuitous ARP para detectar clientes DHCP.

C. Los clientes DHCP utilizan gratuitous ARP para detectar un servidor DHCP.

D. Si se detecta un conflicto de direccionamiento la dirección es removida del pool de direcciones a asignar y el administrador deberá resolver el conflicto.

E. Si se detecta un conflicto de direcciones, a dirección es removida del pool de direcciones a asignar por un período de tiempo configurable por el administrador.

F. Si se detecta un conflicto de direcciones, la dirección es removida del pool de direcciones a asignar y no será reutilizada hasta que el servidor sea reiniciado.

Domain Name System – DNS

6. ¿Cuál de los siguientes es el comando correcto para crear una tabla que mapee nombres de hosts a direcciones IP en un router Cisco?

A. `Router(config)#Cordoba ip host 172.16.10.1`

B. `Router(config)#host 172.16.10.1 Cordoba`

C. `Router(config)#ip host Cordoba 172.16.10.1 172.16.15.1`

D. `Router(config)#host Cordoba 172.16.10.1`

Listas de Control de Acceso – ACL

7. ¿Cuáles de los siguientes son los rangos de ID numéricos que identifican una lista de acceso IP extendida?
(Elija 2)

A. 1-99.

B. 200-299.

C. 1000-1999.

D. 100-199.

E. 1300 – 1999.

F. 2000 – 2699.

8. De acuerdo a las recomendaciones de diseño realizadas por Cisco ¿Dónde debería colocar las listas de acceso estándar en una red?

   A. En el switch más cercano.

   B. Lo más cercano posible al origen.

   C. Lo más cercano posible al destino.

   D. En la Internet.

9. ¿Cuál de los siguientes elementos es utilizado por las listas de acceso IP extendidas como base para permitir o denegar paquetes?

   A. Dirección de origen.

   B. Dirección de destino.

   C. Protocolo.

   D. Puerto.

   E. Todas las anteriores.

10. Luego de estar revisando una serie de publicaciones de tecnología su gerente le pregunta acerca de la utilidad de las listas de control de acceso.
    ¿Cuáles de las siguientes serían respuestas posibles?
    (Elija 3)

   A. Proteger los nodos de virus.

   B. Detectar escaneo masivo de puertos.

   C. Asegurar alta disponibilidad de los recursos de la red.

   D. Identificar tráfico interesante para DDR.

   E. Filtrar tráfico por dirección IP.

   F. Monitorear el número de bytes y paquetes que atraviesan una interfaz.

11. Para especificar todos los nodos en la red IP Clase B 172.16.0.0, ¿qué máscara de wildcard utilizaría?

   A. 255.255.0.0

   B. 255.255.255.0

   C. 0.0.255.255

   D. 0.255.255.255

   E. 0.0.0.255

12. ¿Qué wildcard utilizaría para filtrar las redes 172.16.16.0 / 24 a 172.16.23.0 / 24?

        A. 172.16.16.0 0.0.0.255

        B. 172.16.255.255 255.255.0.0

        C. 172.16.0.0 0.0.255.255

        D. 172.16.16.0 0.0.8.255

        E. 172.16.16.0 0.0.7.255

        F. 172.16.16.0 0.0.15.255

13. ¿Qué wildcard utilizaría para filtrar el siguiente conjunto de redes? 172.16.32.0 a 172.16.63.0

        A. 172.16.0.0 0.0.0.255

        B. 172.16.255.255 0.0.0.0

        C. 0.0.0.0 255.255.255.255

        D. 172.16.32.0 0.0.0.255

        E. 172.16.32.0 0.0.0.31

        F. 172.16.32.0 0.0.31.255

        G. 172.16.32.0 0.31.255.255

        H. 172.16.32.0 0.0.63.255

14. La red corporativa de su empresa ha sido dividida en subredes utilizando una máscara de subred de 29 bits. ¿Qué máscara de wildcard deberá utilizar para configurar una lista de acceso extendida para permitir o denegar acceso a una subred entera?

        A. 255.255.255.224

        B. 255.255.255.248

        C. 0.0.0.224

        D. 0.0.0.8

        E. 0.0.0.7

        F. 0.0.0.3

15. ¿Cuáles de las afirmaciones que se presentan a continuación son características propias de las listas de acceso nombradas?
(Elija 3)

    A. Se pueden borrar sentencias individuales en una lista de acceso nombrada.

    B. Las listas de acceso nombradas utilizan un rango de ID entre 1000 y 1099.

    C. Las listas de acceso nombradas deben ser definidas como estándar o extendidas.

    D. Se utiliza el comando `ip access-list` para crear listas de acceso IPv4 nombradas.

    E. No se pueden borrar sentencias individuales en una lista de acceso nombrada.

    F. Se utiliza el comando `ip name-group` para aplicar las listas de acceso nombradas a una interfaz.

16. Sobre la interfaz serial de un router se ha aplicado una lista de acceso para denegar específicamente el tráfico entrante dirigido a los puertos UDP y TCP 21, 23 y 25.
Basados en esta información, ¿qué tráfico, del que se menciona más abajo, estará permitido en esta interfaz?
(Elija 3)

    A. SMTP.

    B. DNS.

    C. FTP.

    D. Telnet.

    E. HTTP.

    F. POP3.

17. En el diagrama de la imagen de abajo se muestra la red de una empresa.
    La Administración está preocupada por un posible acceso no autorizado al servidor de
    Personal. Los únicos hosts que deberían tener acceso, son Adm1, Adm2, Prog1 y Tec1. ¿Qué
    dos tecnologías deberían implementarse para prevenir el acceso no autorizado al servidor?
    (Elija 2)

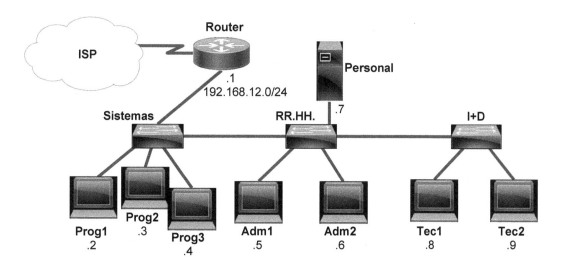

A. Listas de acceso.

B. Passwords encriptadas en el router.

C. STP.

D. VLANs.

E. VTP.

18. Considere la siguiente lista de acceso:

```
access-list 10 permit 172.29.16.0 0.0.0.255
access-list 10 permit 172.29.17.0 0.0.0.255
access-list 10 permit 172.29.18.0 0.0.0.255
access-list 10 permit 172.29.19.0 0.0.0.255
```

Una lista de acceso ha sido creada escribiendo las cuatro sentencias que se muestran arriba.
¿Cuál sería el modo de sintetizar esta lista de acceso en una única sentencia que combine las
cuatro que se muestran, obteniendo exactamente el mismo efecto?

A. `access-list 10 permit 172.29.16.0 0.0.0.255`

B. `access-list 10 permit 172.29.16.0 0.0.1.255`

C. `access-list 10 permit 172.29.16.0 0.0.3.255`

D. `access-list 10 permit 172.29.16.0 0.0.15.255`

E. `access-list 10 permit 172.29.0.0 0.0.255.255`

19.

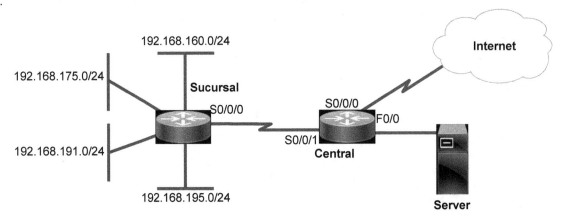

Usted necesita colocar una lista de acceso en la interfaz F0/0 del router Central para que deniegue el acceso a todos los nodos que provengan de cualquiera de las redes que están dentro del rango 192.168.160.0 a 192.168.191.0. Los nodos de la red 192.168.195.0 deben tener acceso pleno.
¿Cuál de las siguientes sentencias cubre completamente estas necesidades?

A. `access-list 1 deny 192.168.163.0 0.0.0.255`

B. `access-list 1 deny 192.168.128.0 0.0.127.255`

C. `access-list 1 deny 192.168.160.0 0.0.255.255`

D. `access-list 1 deny 192.168.160.0 0.0.31.255`

20. ¿Cuáles de las siguientes son formas válidas de referirse sólo al nodo 172.16.30.55 en la lista de acceso IP 119?
(Elija 2)

A. `172.16.30.55 0.0.0.255`

B. `172.16.30.55 0.0.0.0`

C. `any 172.16.30.55`

D. `host 172.16.30.55`

E. `0.0.0.0 172.16.30.55`

F. `ip any 172.16.30.55`

21. ¿Cuál de los siguientes comandos es válido para crear una sentencia de lista de acceso IP extendida que filtre el tráfico FTP?

> A. `access-list 101 permit ip host 172.16.30.0 any eq 21`
>
> B. `access-list 101 permit tcp host 172.16.30.0 any eq 21 log`
>
> C. `access-list 101 permit icmp host 172.16.30.0 any ftp log`
>
> D. `access-list 101 permit ip any eq 172.16.30.0 21 log`

22. Ud. tiene una lista de acceso con una única consigna que se muestra a continuación. ¿Qué significa en este comando la palabra "any" que aparece en la consigna?

`access-list 131 permit ip any 131.107.7.0 0.0.0.255 eq tcp`

> A. Verifica cualquiera de los bits en la dirección IP de origen.
>
> B. Permite cualquier máscara de wildcard para la dirección.
>
> C. Acepta cualquier dirección IP de origen.
>
> D. Verifica cualquier bit en la dirección IP de destino.
>
> E. `permit 255.255.255 0.0.0.0`
>
> F. Acepta cualquier dirección IP de destino.

23. ¿Cuál de los siguientes comandos le permite aplicar una lista de acceso para filtrar tráfico Telnet que accede a la línea de terminal virtual de un router?

> A. `Router_1(config-line)#access-class 10 in`
>
> B. `Router_1(config-if)#ip access-class 23 out`
>
> C. `Router_1(config-line)#access-list 150 in`
>
> D. `Router_1(config-if)#ip access-list 128 out`
>
> E. `Router_1(config-line)#access-group 15 out`
>
> F. `Router_1(config-if)#ip access-group 110 in`

24. ¿Cuál de las que se presentan a continuación es una interpretación correcta del siguiente comando?

```
access-list 110 permit ip any 0.0.0.0 255.255.255.255
```

        A. Es una lista de acceso IP estándar que permite tráfico con origen sólo en la red 0.0.0.0.

        B. Es una lista de acceso IP extendida que permite tráfico con destino sólo hacia la red 0.0.0.0.

        C. Es una lista de acceso IP extendida que permite tráfico desde cualquier nodo hacia a cualquier nodo o red.

        D. Es inválido.

25. ¿Cuál de los comandos que se proponen a continuación deberá seguir a esta línea de comandos considerando que serán las dos únicas sentencias que compondrán la ACL?

```
access-list 110 deny tcp any any eq ftp
```

        A. `access-list 110 deny ip any any`

        B. `access-list 110 deny tcp any any`

        C. `access-list 110 permit ip any`

        D. `access-list 110 permit ip any any`

26. `access-list 122 permit ip 131.107.30.0 0.0.0.255 any`

Si Ud. aplica esta lista de acceso. ¿Cuál es el efecto?

        A. Permite todos los paquetes cuyos 3 primeros octetos de la dirección IP de origen coinciden con la IP de referencia (131.107.30.x), sin importar cuál es el destinatario o el protocolo de aplicación.

        B. Permite todos los paquetes cuyos 3 primeros octetos de la dirección IP de destino coinciden con la IP de referencia (131.107.30.x), y acepta todas las direcciones de origen.

        C. Permite todos los paquetes que se originan en la tercera subred de la dirección de red, a todos los destinatarios.

        D. Permite todos los paquetes cuyos bits de nodo de la dirección IP de origen coinciden con la IP de referencia, a cualquier destinatario.

27. ¿Cuál de las siguientes listas de acceso permitirá sólo tráfico http con destino a la red 196.15.7.0?

    A. `access-list 100 permit tcp any 196.15.7.0 0.0.0.255 eq www`

    B. `access-list 10 deny tcp any 196.15.7.0 eq www`

    C. `access-list 100 permit 196.15.7.0 0.0.0.255 eq www`

    D. `access-list 110 permit ip any 196.15.7.0 0.0.0.255`

    E. `access-list 110 permit www 196.15.7.0 0.0.0.255`

28. ¿Qué configuración utilizando listas de acceso permite que sólo el tráfico proveniente de la red 172.16.0.0 entre al router a través de la interfaz serial 0/0/0?

    A. `access-list 10 permit 172.16.0.0 0.0.255.255`
       `interface serial 0/0/0`
       `ip access-list 10 in`

    B. `access-group 10 permit 172.16.0.0 0.0.255.255`
       `interface serial 0/0/0`
       `ip access-list 10 out`

    C. `access-list 10 permit 172.16.0.0 0.0.255.255`
       `interface serial 0/0/0`
       `ip access-group 10 in`

    D. `access-list 10 permit 172.16.0.0 0.0.255.255`
       `interface serial 0/0/0`
       `ip access-group 10 out`

29. Su Gerente está preocupado respecto de la seguridad de la subred 10.0.1.0/24 que contiene al servidor de contaduría. Desea estar seguro de que los usuarios no podrán conectarse utilizando Telnet a ese servidor y le ha consultado en orden a incorporar una sentencia a la lista de acceso existente para prevenir que los usuarios puedan acceder a la subred utilizando Telnet. ¿Cuál de las siguientes sentencias debería Ud. agregar?

    A. `access-list 15 deny tcp 10.0.1.0 255.255.255.0 eq telnet`

    B. `access-list 115 deny tcp any 10.0.1.0 255.255.255.0 eq telnet`

    C. `access-list 115 deny udp any 10.0.1.0 eq 23`

    D. `access-list 115 deny tcp any 10.0.1.0 0.0.0.255 eq 23`

    E. `access-list 15 deny telnet any 10.0.1.0 0.0.0.255 eq 23`

30. Teniendo en cuenta los siguientes criterios para permitir el acceso desde sitios remotos a su LAN:

    Restringir el acceso en la interfaz FastEthernet 0/1
    FastEthernet 0/1 = 207.87.81.173
    Denegar el acceso a Telnet, FTP, SNMP
    Permitir todo otro tipo de operaciones.

    ¿Cuál de las siguientes debiera ser la última sentencia en ingresar en su lista de acceso?

    A. `access-list 101`

    B. `access-list 101 deny Fa0 telnet ftp`

    C. `access-list 101 allow all except ftp telnet`

    D. `access-list 101 permit ip 0.0.0.0 255.255.255.255 any`

    E. `access-list 101 deny ip 207.87.81.173 tcp eq 20 21 23`

31. Usted es el Administrador de la red corporativa que se muestra en el gráfico.

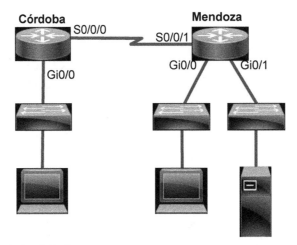

    Las direcciones IP de las interfaces son:

    Córdoba   Gi0/0   192.168.35.17/28
              S0/0/0   192.168.35.33/28
    Mendoza   Gi0/0   192.168.35.49/28
              Gi0/1   192.168.35.65/28
              S0/0/1   192.168.35.34/28
    La dirección del servidor de Contaduría es: 192.168.35.66

    A partir de esta información ordene en la tabla de más abajo los comandos necesarios para cumplir los objetivos de diseño que se enuncian en la columna de la derecha.

deny ip 192.168.35.55 0.0.0.0 host 192.168.35.66	Bloquear solamente el acceso al servidor de Contaduría de los usuarios conectados a la interfaz Gi0/0 de Córdoba.
deny ip 192.168.35.16 0.0.0.15 host 192.168.35.66	
permit ip any any	Bloquear un usuario conectado a la Gi0/0 de Mendoza hacia el servidor de Contaduría.
permit ip 192.168.35.0 0.0.0.255 host 192.168.35.66	
deny ip host 192.168.35.66 192.168.35.55 0.0.0.0	Prevenir cualquier acceso al servidor de Contaduría de usuarios de fuera de la red corporativa.
deny ip 192.168.35.16 0.0.0.31 host 192.168.35.66	
deny ip host 192.168.35.66 192.168.35.16 0.0.0.31	

32. Ud. es el Administrador de la red que se muestra a continuación. Se ha configurado una lista de acceso nombrada "research_block" para prevenir que usuarios de la red de Investigación y otros que accedan desde Internet puedan acceder al servidor de Soporte. Todos los demás usuarios de la empresa pueden tener acceso a este servidor.

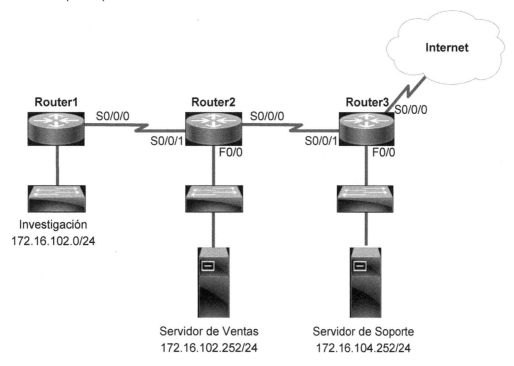

La lista de acceso contiene las siguientes sentencias:

```
deny 172.16.102.0 0.0.0.255 172.16.104.252 0.0.0.0
permit 172.16.0.0 0.0.255.255 172.16.104.252  0.0.0.0
```

¿Cuál de las siguientes secuencias de comandos permitirán colocar esta lista de modo tal que se cumplan los requerimientos enunciados?

A. `Router_1(config)#interface F0/0`
`Router_1(config-if)#ip access-group research_block in`

B. `Router_1(config)#interface S0/0/0`
`Router_1(config-if)#ip access-group research_block out`

C. `Router_2(config)#interface S0/0/0`
`Router_2(config-if)#ip access-group research_block out`

D. `Router_2(config)#interface S0/0/1`
`Router_2(config-if)#ip access-group research_block in`

E. `Router_3(config)#interface S0/0/1`
`Router_3(config-if)#ip access-group research_block in`

F. `Router_3(config)#interface F0/0`
`Router_3(config-if)#ip access-group research_block out`

33. En orden a prevenir que el web server de la empresa reciba solicitudes de tráfico Telnet desde usuarios del Departamento Gráfico, se ha creado una lista de acceso extendida denegando este tráfico.

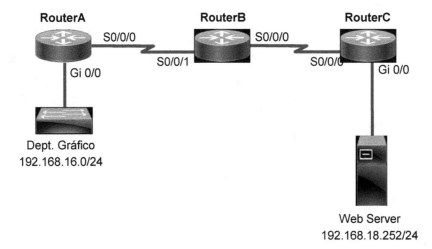

¿Sobre qué router, en qué interfaz y en qué dirección sugeriría usted instalar la lista de acceso para tener la mayor eficiencia?
(Elija 3)

    A. RouterA

    B. RouterC

    C. Serial 0/0/0

    D. GigabitEthernet 0/0

    E. In

    F. Out

34. El que se exhibe más abajo es el esquema de la red corporativa de la empresa en la que Ud. se desempeña como Administrador de la red.

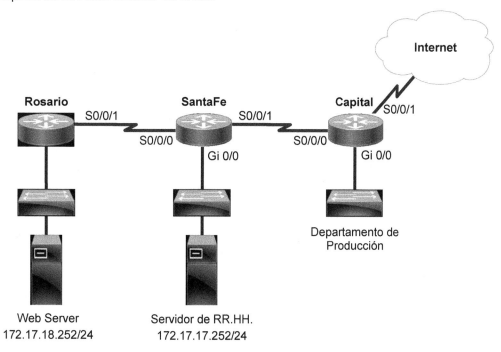

Se ha requerido la instalación sobre el router Capital de una lista de acceso que cumpla con las siguientes premisas:

1. Permitir una conexión Telnet al Servidor de Recursos Humanos a través de Internet.
2. Permitir que se acceda al web server desde Internet.
3. Bloquear cualquier otro tráfico desde Internet a cualquier punto de la red.

¿Cuáles de las siguientes sentencias de lista de acceso permitirían cumplir con estos tres objetivos?
(Elija 2)

A. access-list 101 permit tcp any 172.17.18.252 0.0.0.0 eq 80

B. access-list 1 permit tcp any 172.17.17.252 0.0.0.0 eq 23

C. access-list 101 permit tcp 172.17.17.252 0.0.0.0 any eq 23

D. access-list 101 deny tcp any 172.17.17.252 0.0.0.0 eq 23

E. access-list 101 deny tcp any 172.17.18.252 0.0.0.0 eq 80

F. access-list 101 permit tcp any 172.17.17.252 0.0.0.0 eq 23

35.

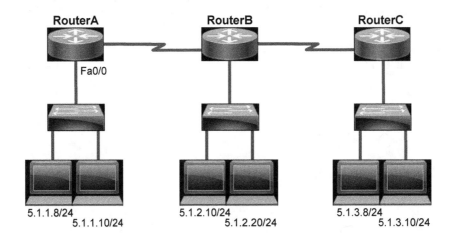

Usted es el administrador de sistemas de la red corporativa y ha creado la siguiente lista de control de acceso:

```
access-list 101 deny tcp 5.1.1.10 0.0.0.0 5.1.3.0 0.0.0.255 eq telnet
access-list 101 permit ip any any
```

A continuación se ingresó el comando `ip access-group 101 in` para aplicar la ACL en la interfaz F0/0 del Router_A.
¿Cuál de las siguientes sesiones telnet estará bloqueada como consecuencia de esta lista de acceso?
(Elija 2)

        A. Sesión Telnet desde 5.1.3.8 a 5.1.1.10

        B. Sesión Telnet desde 5.1.1.8 a 5.1.3.10

        C. Sesión Telnet desde 5.1.1.10 a 5.1.2.10

        D. Sesión Telnet desde 5.1.1.10 a 5.1.3.8

        E. Sesión Telnet desde 5.1.3.10 a 5.1.1.10

        F. Sesión Telnet desde 5.1.1.10 a 5.1.3.10

36.

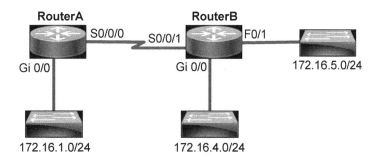

```
access-list 10 permit host 172.16.1.5
access-list 10 deny 172.16.1.0 0.0.0.255
access-list 10 permit ip any any
```

La lista de acceso que se muestra debe denegar el tráfico originado en todos los nodos de la red 172.16.1.0 excepto el que genera el nodo 172.16.1.5 cuando intentan acceder a la red 172.16.4.0.
Todas las demás redes deben permanecer accesibles.
¿Qué secuencia de comandos le permitirá aplicar correctamente esta lista de acceso?

A. Router_A(config)#interface Gi0/0
   Router_A(config-if)#ip access-group 10 in

B. Router_A(config)#interface S0/0/0
   Router_A(config-if)#ip access-group 10 out

C. Router_B(config)#interface Gi0/1
   Router_B(config-if)#ip access-group 10 out

D. Router_B(config)#interface Gi0/0
   Router_B(config-if)#ip access-group 10 out

E. Router_B(config)#interface S0/0/1
   Router_B(config-if)#ip access-group 10 out

37. El Administrador de la red que se muestra desea prevenir que las terminales conectadas a la red 192.168.23.64/26 puedan acceder a la subred 192.168.23.128/26 utilizando FTP. Todo otro tráfico debe estar permitido.
¿Qué comando deberá ingresar en el router para realizar esta tarea?

192.168.23.64/26   192.168.23.128/26

A. ```
    Rtr(config)#access-list 101 deny tcp 192.168.23.64 0.0.0.63
    192.168.23.128 0.0.0.63 eq ftp
    Rtr(config)#access-list 101 permit ip any any
    Rtr(config)#interface FastEthernet 0/0
    Rtr(config-if)#ip access-group 101 in
    ```

B.  ```
    Rtr(config)#access-list 101 deny tcp 192.168.23.64 0.0.0.63
    192.168.23.128 0.0.0.63 eq ftp
    Rtr(config)#access-list 101 permit ip any any
    Rtr(config)#interface FastEthernet 0/0
    Rtr(config-if)#ip access-group 101 out
    ```

C. ```
    Rtr(config)#access-list 101 deny tcp 192.168.23.64 0.0.0.255
    192.168.23.128 0.0.0.255 eq ftp
    Rtr(config)#access-list 101 permit ip any any
    Rtr(config)#interface FastEthernet 0/1
    Rtr (config-if)#ip access-group 101 in
    ```

D.  ```
    Rtr(config)#access-list 101 deny tcp 192.168.23.64 0.0.0.63
    192.168.23.128 0.0.0.63 eq ftp
    Rtr(config)#access-list 101 permit ip any any
    Rtr(config)#interface FastEthernet 0/1
    Rtr(config-if)#ip access-group 101 in
    ```

E. ```
    Rtr(config)#access-list 101 deny tcp 192.168.23.64 0.0.0.255
    192.168.23.128 0.0.0.255 eq ftp
    Rtr(config)#access-list 101 permit ip any any
    Rtr(config)#interface FastEthernet 0/1
    Rtr(config-if)#ip access-group 101 in
    ```
    ```

38. Se le ha solicitado que incremente la seguridad en el acceso a todos los routers de la empresa.
¿Qué puede hacer para asegurar las interfaces de acceso por terminal virtual en los routers?
(Elija 2)

        A. Desactivar administrativamente la interfaz.

        B. Asegurar físicamente la interfaz.

        C. Crear una lista de acceso y aplicarla a la interfaz de terminal virtual con el comando `ip access-group`.

        D. Configurar un mecanismo de registro de eventos y una clave de acceso a la terminal virtual.

        E. Crear una lista de acceso y aplicarla a la interfaz de terminal virtual con el comando `access-class`.

39. Teniendo en cuenta la red del diagrama, se ha configurado una lista de acceso que filtra el tráfico saliente a través de la interfaz Serial0/0/1 del Router2. ¿Qué paquetes enrutados a través de dicha interfaz serán bloqueados?
(Elija 2)

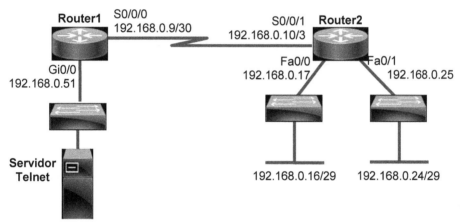

```
access-list 101 deny tcp 192.168.0.16 0.0.0.15 any eq telnet
access-list 101 permit ip any any
```

        A. Dirección IP origen: 192.168.0.30; puerto destino 23.

        B. Dirección IP origen: 192.168.0.32; puerto destino 23.

        C. Dirección IP origen: 192.168.0.18; puerto destino 23.

        D. Dirección IP origen: 192.168.0.41; puerto destino 21.

        E. Dirección IP origen: 192.168.0.5; puerto destino 21.

        F. Dirección IP origen: 192.168.0.28; puerto destino 21.

40. Se ha diseñado una lista de acceso para evitar que el tráfico HTTP del Departamento de Cuentas, llegue al Servidor HR conectado al Router2. ¿Cuál de las siguientes listas de acceso es la más adecuada para realizar la tarea descrita, si es aplicada a la interfaz Fa0/0 del Router1?

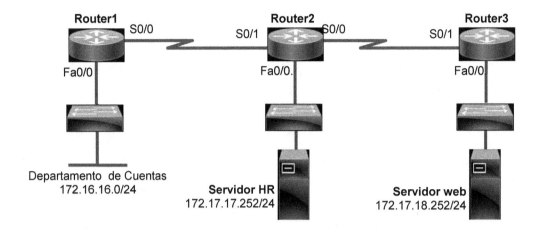

```
Router1            Router2            Router3
        S0/0            S0/1  S0/0            S0/1
Fa0/0              Fa0/0.            Fa0/0.
```

Departamento de Cuentas
172.16.16.0/24

Servidor HR
172.17.17.252/24

Servidor web
172.17.18.252/24

A. `permit ip any any`
   `deny tcp 172.16.16.0 0.0.0.255 172.17.17.252 0.0.0.0 eq 80`

B. `permit ip any any`
   `deny tcp 172.17.17.252 0.0.0.0 172.16.16.0 0.0.0.255 eq 80`

C. `deny tcp 172.17.17.252 0.0.0.0 172.16.16.0 0.0.0.255 eq 80`
   `permit ip any any`

D. `deny tcp 172.16.16.0 0.0.0.255 172.17.17.252 0.0.0.0 eq 80`
   `permit ip any any`

41. ¿Cuáles de los siguientes comandos mostrarán las interfaces que tienen aplicadas listas de acceso IP?
(Elija 2).

A. `show ip port`

B. `show access-lists`

C. `show ip interfaces`

D. `show access-lists interface`

E. `show running-config`

F. `show ip access-lists`

42. ¿Cuál de los siguientes comandos mostrará la lista de acceso extendida 187? (Elija 2)

      A. `show ip interfaces`

      B. `show ip access-lists`

      C. `show access-lists 187`

      D. `show access-lists 187 extended`

43. El Administrador de la red ha configurado la lista de acceso 172 para bloquear el tráfico Telnet e ICMP que intente alcanzar el servidor cuya dirección es 192.168.13.26.
¿Qué comandos, de los que se presentan a continuación, permitirán al administrador verificar que la lista de acceso está trabajando adecuadamente?
(Elija 2)

      A. `Router#ping 192.168.13.26`

      B. `Router#debug access-list 172`

      C. `Router#show open ports 192.168.13.26`

      D. `Router#show access-list`

      E. `Router#show ip interfaces`

44.
```
Router#show access-lists

Extended IP access list 135
   deny tcp any 131.107.0.0 0.0.255.255 eq 25
   deny tcp any any eq telnet

Router#show ip interface FastEthernet0/0
FastEthernet0/0 is up, line protocol is up
 Internet address is 172.17.9.60/24
 Broad address is 255.255.255.255
Address determined by setup command
 MTU is 1500 bytes
 Helper address is not set
 Directed broadcast forwarding is enabled
 Outgoing access list is 135
 Inbound access list is not set
 Proxy ARP is enabled
 Security level is default
 Split horizon is enabled
 [Se ha omitido el resto del comando]
```

Ud. ha creado la lista de acceso IP extendida que se muestra arriba y la ha aplicado a la interfaz FastEthernet0/0 como se puede verificar.
¿Cuál es el resultado de esta acción?

A. Solo se permite la salida por FastEthernet 0/0 al correo electrónico y los accesos vía telnet.

B. Todos los nodos en la red 172.30.24.64 tendrán permitido el correo electrónico y el acceso por telnet.

C. Todos los protocolos TCP tienen permitido salir por FastEthernet 0/0 excepto el correo electrónico y telnet.

D. Todo el tráfico IP que quiera salir por FastEthernet 0/0 será denegado.

E. La lista de acceso está numerada incorrectamente y fallará.

Network Address Translation – NAT

45. En un sistema que está implementando NAT (Network Address Translation), ¿Cuál es la dirección IP global inside?

A. La dirección sumarizada de todas las direcciones de subred internas.

B. Una dirección IP privada asignada a un nodo en el interior de la red.

C. Una dirección registrada que representa un nodo interior en la red externa.

D. Una única dirección IP utilizada en una red interna.

46. ¿Cuál de las siguientes variedades de NAT utiliza diferentes puertos para mapear múltiples direcciones IP internas a una única dirección IP global registrada?

A. NAT estático.

B. Port loading.

C. NAT overloading.

D. NAT dinámico.

47. Un router Cisco ISR ha sido configurado con el siguiente comando:

```
ip nat pool nat-test 190.168.6.16 190.168.6.31 netmask 255.255.255.0
```

¿Qué tipo de NAT requiere la definición de un pool de direcciones como el que se presenta en el ejemplo?

A. NAT estático.

B. NAT dinámico.

C. PAT sobre una única dirección IP.

D. NAT global.

E. Ninguna de las anteriores.

48. Como Administrador a cargo de la red que se muestra en el esquema, usted debe implementar NAT.

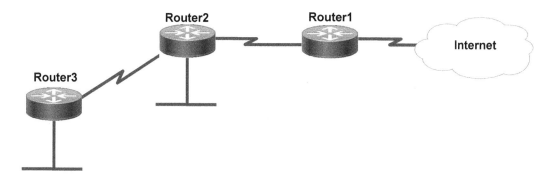

Para permitir que los nodos que están conectados a las diferentes LANs de la red corporativa utilicen direccionamiento privado y accedan a Internet. ¿Dónde deberá configurar NAT?

    A. En el Router 1.

    B. En el Router 2.

    C. En el Router 3.

    D. En todos los routers.

    E. En todos los routers y switches de la red.

49. Se ha decidido implementar NAT en la red corporativa que se muestra en el esquema.

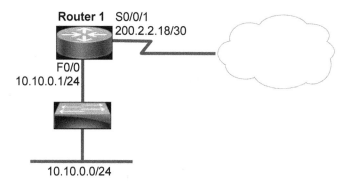

¿Cuáles de los siguientes conjuntos de comandos se deberá utilizar para aplicar NAT en la interfaz adecuada?
(Elija 2)

A. Router_1(config)#interface serial0/0/1
    Router_1(config-if)#ip nat inside

B. Router_1(config)#interface serial0/0/1
    Router_1(config-if)#ip nat outside

C. Router_1(config)#interface fastethernet0/0
    Router_1(config-if)#ip nat inside

D. Router_1(config)#interface fastethernet0/0
    Router_1(config-if)#ip nat outside

E. Router_1(config)#interface serial0/0/1
    Router_1(config-if)#ip nat outside source pool 200.2.2.18
    255.255.255.252

F. Router_1(config)#interface serial0/0/1
    Router_1(config-if)#ip nat inside source pool 10.10.0.0
    255.255.255.0

50. En referencia a la configuración que se muestra a continuación. ¿Qué modificación debería hacer el Administrador de la red en esta configuración para lograr que los hosts conectados a la interfaz Fa0/0 obtengan una dirección IP y puedan navegar Internet?

```
Router1#show running-config
Current configuration
!
version 15.0
hostname Router1
!
ip subnet-zero
ip name-server 192.168.0.1
ip dhcp excluded-address 10.0.12.1
!
ip dhcp pool DHCP
 network 10.0.12.0 255.255.255.0
 default-router 10.0.12.1
 dns-server 192.15.0.150
!
interface FastEthernet0/0
 no ip directed-broadcast
 ip nat inside
!
interface Serial0/0/0
 description Enlace WAN
 ip address 192.15.0.201 255.255.255.252
 ip nat outside
!
ip nat inside source list 12 interface serial 0/0/0 overload
ip classless
ip route 0.0.0.0 0.0.0.0 192.15.0.202
!
access-list 12 permit 10.0.12.0 0.0.0.255
!
```

A. Configurar la dirección IP de la interfaz Fa0/0 como 10.0.12.1.

B. Añadir la línea "access-list 12 permit any any" a la configuración de la lista de acceso.

C. Aplicar el access-group 12 a la interfaz Fa0/0.

D. Añadir una descripción a la configuración de la interfaz Fa0/0.

51. Considere la topología y la configuración que se muestran parcialmente más abajo.

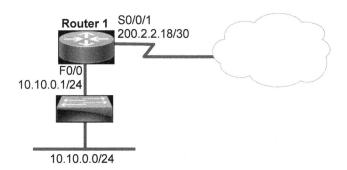

```
interface serial0/0/1
 ip address 200.2.2.18 255.255.255.252
 ip nat outside
!
interface fastethernet0/0
 ip address 10.10.0.1 255.255.255.0
 ip nat inside
 speed auto
!
ip nat pool test 199.99.9.40 199.99.9.62 netmask 255.255.255.224
ip nat inside source list 1 pool test
!
ip route 0.0.0.0 0.0.0.0 200.2.2.17
!
access-list 1 10.10.0.0 0.0.0.255
```

Tenga en cuenta también que se ha utilizado el comando `ip subnet-zero`. Después de que el router realiza la traducción de direcciones, ¿Cuál es una dirección "inside global address" válida?

A. 10.10.0.1

B. 10.10.0.17

C. 200.2.2.17

D. 200.2.2.18

E. 199.99.9.33

F. 199.99.9.57

52. Considere la siguiente información:

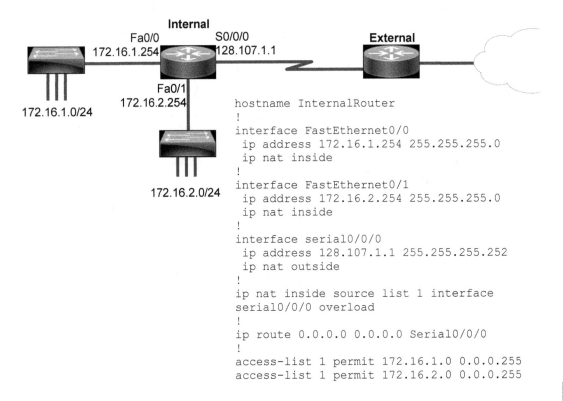

```
hostname InternalRouter
!
interface FastEthernet0/0
 ip address 172.16.1.254 255.255.255.0
 ip nat inside
!
interface FastEthernet0/1
 ip address 172.16.2.254 255.255.255.0
 ip nat inside
!
interface serial0/0/0
 ip address 128.107.1.1 255.255.255.252
 ip nat outside
!
ip nat inside source list 1 interface
serial0/0/0 overload
!
ip route 0.0.0.0 0.0.0.0 Serial0/0/0
!
access-list 1 permit 172.16.1.0 0.0.0.255
access-list 1 permit 172.16.2.0 0.0.0.255
```

¿Cuál de las siguientes afirmaciones es verdadera respecto de la configuración de la red?

A. La configuración que se muestra proporciona un espacio de direccionamiento outside inadecuado para la cantidad de direcciones inside a las que se da servicio.

B. Debido a la dirección IP de la interfaz FastEthernet0/1 la dirección de la interfaz Serial 0/0/0 no soportará una configuración de NAT como la que se propone.

C. El número 1 incluido en el comando `ip nat inside source` hace referencia a la lista de acceso 1.

D. El router External debe ser configurado con rutas estáticas hacia la red 172.16.1.0/24 y la 172.16.2.0/24.

Mitigación de amenazas en el acceso

53. ¿Qué es posible hacer para asegurar las interfaces de terminal virtual de un router Cisco IOS? (Elija 2)

        A. Desactivar administrativamente las interfaces.

        B. Asegurar físicamente las interfaces.

        C. Crear una lista de acceso y aplicarla a las interfaces de terminal virtual utilizando el comando `ip access-group`.

        D. Configurar una clave de terminal virtual y habilitar el procedimiento de login.

        E. Incorporar una lista de acceso y aplicarla a las interfaces de terminal virtual con el comando `access-class`.

54. Considere la información que se muestra a continuación:

```
line vty 0 4
 password 7 0300725638522
 login
 transport input ssh
```

¿Cuál es el efecto de esta configuración?

        A. Configura globalmente SSH para todos los accesos.

        B. Le indica al router o switch que debe intentar establecer una conexión SSH primero, y si el intento falla utilizar Telnet.

        C. Configura las líneas de interfaz virtual con la clave 0300725638522.

        D. Configura un dispositivo de red Cisco para utilizar el protocolo SSH en las comunicaciones entrantes a través de los puertos de terminal virtual.

        E. Permite hasta 7 intentos fallidos de conexión antes de que las líneas VTY sean temporalmente desactivadas.

55. Un administrador de red necesita permitir únicamente una conexión Telnet a la vez a un router. Adicionalmente es necesario que si alguien revisa la configuración utilizando el comando `show running-config` la clave del acceso por Telnet esté cifrada.
¿Cuál de los siguientes conjuntos de comandos cubre estos requerimientos?

A. ```
service password-encryption
access-list 1 permit 192.168.1.0 0.0.0.255
line vty 0 4
  login
  password cisco
  access-class 1
```

B. ```
enable password secret
line vty 0
  login
  password cisco
```

C. ```
service password-encryption
line vty 1
  login
  password cisco
```

D. ```
service password-encryption
line vty 0 4
  login
  password cisco
```

56. Por defecto, ¿Para qué nivel de severidad Cisco IOS genera mensajes de eventos (logs)?

A. 0 – Emergency

B. 5 – Notification

C. Todos los niveles de severidad

D. 4 – Warning

E. 1 – Alert

57. Asocie los features de seguridad que se enumeran en la columna de la izquierda al riesgo de seguridad específico sobre el que ofrece protección ese feature, que se mencionan en la columna de la derecha.
   (No todas las opciones de la izquierda tienen coincidencias)

Access-group
Clave de consola
Enable secret
Clave de VTY
Service password-encryption

Acceso remoto a la consola del dispositivo
Acceso a través del puerto consola
Passwords visible en texto plano
Acceso al modo privilegiado

Simple Network Management Protocol – SNMP

58. Se le ha requerido que implemente SNMP para gestionar una red corporativa. ¿Cuáles son los 3 elementos que componen el sistema SNMP?
   (Elija 3)

   A. Algoritmo SNMP.

   B. MIB.

   C. Agente SNMP.

   D. Collector.

   E. Servidor Syslog.

   F. NMS.

59. ¿Cuáles de los siguientes son mensajes utilizados por el protocolo SNMP?
   (Elija 3)

   A. Discovery.

   B. Get.

   C. Alert.

   D. Trap.

   E. Set.

   F. Hello.

   G. Ack.

60. Usted se encuentra configurando SNMPv1/v2c en una red corporativa. ¿Cuál de las siguientes acciones le permitirían mejorar en algo la seguridad de esta implementación?

    A. Remover la comunidad por defecto de SNMPv1.

    B. Remover las comunidades por defecto de SNMPv1 y SNMPv2c.

    C. Remover la comunidad por defecto de SNMPv2.

    D. Remover los usuarios por defecto de SNMPv3

61. ¿Cuál es el mecanismo de autenticación implementado por SNMP v2c?

    A. HMAC-MD5

    B. Community string

    C. HMAC-SHA

    D. RADIUS

62. ¿Cuáles de las siguientes afirmaciones sosn verdaderas respecto de SNMP v2c y SNMP v3? (Elija 3)

    A. SNMP v3 mejora las seguridad del intercambio de información de SNMP v2c.

    B. SNMP v3 agrega los mensaje inform a la operación del protocolo

    C. SNMP v2c agrega los mensajes inform a la operación del protocolo.

    D. SNMP v3 agrega los mensajes getbulk a la operación del protocolo.

    E. SNMP v2c agrega los mensajes getbulk a la operación del protocolo.

Diagnóstico de conectividad en redes IPv4

63. ¿Cuál de los siguientes parámetros puede ser medido por un IP SLA ICMP?

    A. Pérdida de paquetes

    B. Congestión de las colas de memoria.

    C. Cantidad de saltos entre origen y destino.

    D. Causa de un descarte de paquetes.

64. ¿Cuáles de las siguientes afirmaciones describen adecuadamente un IP SLA ICMP?
(Elija 2)

A. Sólo se puede implementar entre dispositivos Cisco IOS.

B. Proporciona estadísticas que se pueden almacenar en un servidor de Syslog.

C. Puede medir delay, jitter y pérdida de paquetes.

D. Sólo es útil para monitorear tráfico de voz.

E. Es una herramienta de monitoreo activo.

Introducción a QoS

65. ¿Cuál de las que se menciona a continuación es una herramienta avanzada incluida en IOS que puede ser utilizada para clasificar el tráfico perteneciente a diferentes aplicaciones a fin de aplicar QoS?

A. DSCP

B. PDLM

C. NBAR

D. ToS

E. NetFlow

F. Capture

66. ¿Cuántos bits componen el campo DSCP del encabezado IPv4 utilizado en los procesos de marcado de tráfico?

A. 3 bits.

B. 4 bits.

C. 6 bits.

D. 8 bits.

E. 12 bits.

F. 16 bits

Las respuestas a este cuestionario las encuentra en la sección siguiente: Respuestas al cuestionario de repaso.

G. Respuestas al cuestionario de repaso

Dynamic Host Configuration Protocol – DHCP

Pregunta 1

A y B – Las direcciones reservadas de red (o subred) y las de broadcast no se deben utilizar en host ya que son direcciones reservadas.
Este es un ejemplo de pregunta en la que el enunciado puede confundirnos ya que parece una pregunta sobre DHCP cuando en realidad es simplemente de subredes.

Pregunta 2

D – Si bien es posible asignar direcciones de modo permanente a un host utilizando DHCP, no es esa la implementación típica. En general una asignación permanente se hace utilizando configuración estática.
Por lo tanto, la definición primaria de DHCP hace referencia a la cesión por un período de tiempo de una dirección IP.
Por otra parte, esta sesión de la dirección no es renovada automáticamente por el servidor, sino que se renueva a solicitud del host.

Pregunta 3

C y F – El protocolo DHCP utiliza un servidor DHCP para asignar configuración IP a las terminales que lo requieran. Para esto, utiliza direcciones IP que toma a partir de un pool de direcciones previamente definido por el administrador.

Pregunta 4

A – Mientras dure el conflicto de direcciones IP el servidor DHCP excluye del pool de direcciones disponibles para asignar a las direcciones en conflicto.

Pregunta 5

D – Cuando se detecta un conflicto de direcciones la dirección en cuestión es removida del pool de direcciones disponibles hasta que se resuelva el problema.
Respecto de los mecanismos para detectar ese conflicto, el servidor DHCP de IOS utiliza ping antes de proponer una dirección para verificar su disponibilidad. Gratuitous ARP es generado por las terminales cuando se modifica su configuración IP a fin de actualizar las tablas ARP de los dispositivos conectados en el dominio de broadcast.

Domain Name System – DNS

Pregunta 6

C – El comando que permite mapear nombres a direcciones IP correspondientes es el comando

```
ip host [nombre] [dirección IP]
```

Permite mapear un nombre con hasta a 8 direcciones IP diferentes.

Listas de Control de Acceso – ACL

Pregunta 7

D y F – Las listas IP numeradas se identifican por el ID de la ACL.
Las listas de acceso IP extendidas utilizan 2 rangos de IDs numéricos: de 100 a 199 y de 2000 a 2699.

 Es importante que memorice los principales rangos de ID de listas de acceso numeradas.

Pregunta 8

C – La regla empírica de Cisco establece que las listas IP estándar deben colocarse lo más cerca posible del destino, y las listas de acceso IP extendidas deben colocarse lo más cerca posible del origen.

Pregunta 9

E – Las listas de acceso IP extendidas utilizan como criterio base para el análisis de los paquetes tanto direcciones IP de origen y destino, como el protocolo de la capa de red o de capa de transporte, y el campo de puerto de origen y destino del encabezado de capa de transporte.

Pregunta 10

C, D y E – Las listas de control de acceso permiten realizar filtrado de paquetes en base a una variedad de criterios diferentes definidos por el Administrador.
El objetivo de este filtrado puede ser prevenir tráfico no deseado en la red por motivos de seguridad o de optimización de recursos disponibles.
También pueden ser utilizadas para filtrar actualizaciones de enrutamiento, priorizar tráfico e implementar facilidades de calidad de servicio.
Otra implementación que requiere listas de acceso es DDR, es decir, la activación de enlaces bajo demanda en función de la detección de determinado tipo de tráfico.

Pregunta 11

C – La máscara 0.0.255.255 indica al router que haga coincidir los primeros dos octetos y que los dos últimos octetos pueden tener cualquier valor. Es lo que corresponde para filtrar una dirección clase B completa.
A y B no son máscaras de wildcard, sino máscaras de subred.

Pregunta 12

E – Las redes 172.16.16.0 a 172.16.23.0 constituyen un bloque de 8 redes. Este bloque de direcciones cumple con los requisitos de aplicación del

método de cálculo rápido:
16 hasta 23: $8 = 2^3$
$16 = 8 \times 2$
Por lo tanto, si aplicamos el método de cálculo rápido que propuse en las notas preliminares, la máscara de wildcard será:
0.0.x.255
Donde x ha de ser
$x = 8 - 1 = 7$
En consecuencia, la máscara de wildcard será 0.0.7.255.

 Tenga presente que esta regla de cálculo sólo funciona con algunos bloques de direcciones muy específicos, no lo use indiscriminadamente para cualquier cálculo.

 Verifique las reglas de aplicación en las notas preliminares del capítulo.

Pregunta 13

F – El bloque que comprende las redes 172.16.32.0 a 172.16.63.0 comprende un total de 32 dígitos decimales en el octeto crítico, y cumple con las condiciones para realizar un cálculo rápido.
De allí que la máscara de wildcard será:
0.0.x.255
$x = 32 - 1 = 31$
Por lo tanto, la máscara de wildcard es 0.0.31.255.

Pregunta 14

E – Si la subred es /29, la máscara de subred en notación decimal es 255.255.255.248.
En este caso, la máscara de wildcard es el complemento de la máscara de subred: 0.0.0.7
En este caso es evidente que la máscara de wildcard depende básicamente de la máscara de subred, independientemente de la red que se trate.

Pregunta 15

A, C y D – Una de las ventajas tradicionalmente reconocidas de las listas de acceso nombradas es que permiten borrar una sentencia individual sin necesidad de borrar la lista de acceso completa. Esto también puede hacerse hoy aprovechando el número de secuencia de las listas de acceso para identificar cada sentencia individualmente.
Las ACL nombradas se crean con el comando `ip access-list`, especificando si se trata de una lista de acceso estándar o extendida.

Pregunta 16

B, E y F – Partiendo de la premisa de que se está denegando tráfico específico, todo el tráfico que no está denegado está permitido. En consecuencia los únicos protocolos denegados son los que corresponden a los puertos enunciados:

SMTP	puerto 25.
FTP	puerto 21.
Telnet	puerto 23.

De este modo, los protocolos permitidos entre los que se mencionan son:

DNS	puerto 53.
HTTP	puerto 80.
POP3	puerto 110.

Pregunta 17

A y D – Cuando es necesario segmentar el tráfico y restringir acceso en redes conmutadas, un recurso simple es la división de la red conmutada en diferentes VLANs que puedan rutearse a través de un dispositivo de capa 3; y ACLs en el dispositivo de capa 3 para definir permisos y restricciones de acceso.

Pregunta 18

C – Las 4 subredes que se quieren filtrar son consecutivas, por lo que puede utilizarse una única sentencia con una máscara de wildcard más amplia. Teniendo presente el método de cálculo rápido que se describió en las notas previas observamos que entre el inicio y el final del grupo, hay 4 dígitos decimales en el octeto crítico: 16, 17, 18 y 19.
Estos 4 dígitos decimales cumplen con todas las condiciones para la aplicación del método rápido. En consecuencia, si son 4 dígitos, el valor de la máscara de wildcard para el octeto crítico es 4 – 1 = 3.
Una sola de las respuestas propuestas tiene un valor 3 para el octeto crítico de la máscara de wildcard.

Pregunta 19

D – Aquí se trata de calcular una máscara de wildcard que permita agrupar el conjunto de subredes que en el tercer octeto tiene un valor decimal de 160 a 191 y que excluya en tercer octeto con valor 195.
Tomando como base que es posible filtrar sólo un grupo, y que lo demás debe quedar permitido, si se filtra solamente ese rango de valores (160 a 191) la subred 192.168.195.0 quedará permitida.
El rango de valores decimales a filtrar cumple con los requisitos del método de cálculo rápido, en consecuencia son 32 dígitos decimales y esto requiere una máscara de wildcard con valor 31 (32 – 1 = 31) en el octeto crítico, el tercero.

Pregunta 20

B, D – Para identificar un nodo específico, se requiere que la ACL verifique los 32 bits de la dirección IP de referencia.
Para lograr esto se puede utilizar la máscara de wildcard 0.0.0.0 que le indica al router que busque una coincidencia completa de los bits de los cuatro octetos de la dirección IP. Esta máscara wildcard también puede reemplazarse por el keyword host.

Pregunta 21

B – Ante una pregunta de este tipo con ACL numeradas, verifique en primer lugar los números de lista de acceso. En este caso todas las listas de acceso utilizan el 101, por lo que están todas correctamente definidas como listas de acceso IP extendidas.
En segundo lugar verifique el protocolo. Para filtrar ftp se requiere que la ACL filtre tráfico TCP. Sólo una sentencia de las propuestas está filtrando TCP.

Pregunta 22

C – La palabra `permit`, indica que permite tráfico.
La palabra `any` reemplaza a la dirección IP `0.0.0.0 255.255.255.255` que significa "cualquier dirección IP"; esto significa que cualquier dirección IP de origen es permitida.

Pregunta 23

A – Para asignar una lista de acceso (se utilizan ACLs estándar) a una línea de terminal virtual se debe ingresar en el modo de configuración de la línea de terminal virtual y utilizar el comando `ip access-class`.

Pregunta 24

C – El comando `access-list 110 permit ip any any` (`any` es la keyword para indicar 0.0.0.0 255.255.255.255) es una sentencia que permite tráfico con origen y destino en cualquier nodo o red.

Pregunta 25

D – Uno de los tips básicos de configuración indica que toda ACL debe contener al menos una premisa de permiso (`permit`).
Cuando una lista de acceso tiene solo premisas de denegación (`deny`), es preciso concluir con una cláusula permisiva (`permit`); de lo contrario se bloqueará el puerto debido a la denegación total que está implícita al final de cada lista.

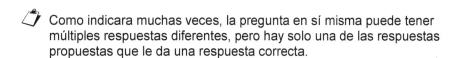 Como indicara muchas veces, la pregunta en sí misma puede tener múltiples respuestas diferentes, pero hay solo una de las respuestas propuestas que le da una respuesta correcta.

Tenga presente este tip: primero lea la premisa y las respuestas propuestas, luego deténgase a analizar.

Pregunta 26

A – Esta es una lista de acceso extendida que permite todos los paquetes IP cuya dirección de origen coinciden con los 3 primeros octetos de la dirección 131.107.30.0. Además, la palabra "any" indica que se aceptan todas las direcciones IP de destino.

Pregunta 27

A – Considerando la premisa, se debe tratar de una lista de acceso extendida ya que se requiere filtrar protocolo y red de destino.

Lo primero a verificar entonces en una pregunta de este tipo es el número de la lista de acceso. Como pide reconocer un protocolo, debe ser una lista extendida, es decir ID 100 a 199. Inmediatamente se puede ver que la Respuesta B es incorrecta porque está utilizando un número de lista de acceso IP estándar.

Lo segundo a verificar es el protocolo. Si está filtrando por un protocolo de capa superior (se pide filtrar http), entonces debe estar utilizando UDP o TCP. Esto deja solamente la opción A ya que la opción B, entre otros problemas, es una sentencia que bloquea tráfico, no que lo permite.

Pregunta 28

C – Para responder a la consigna se requiere una lista de acceso IP estándar ya que sólo pide filtrar direcciones IP de origen.

El rango de IDs para la lista de acceso IP estándar es 1-99.

Para filtrar la red clase B completa, el detalle de dirección IP de origen es 172.16.0.0 0.0.255.255.

El comando para asignar una lista de acceso IP en una interfaz es `ip access-group`, esto descarta las opciones A y B.

Puesto que la premisa especificaba tráfico entrante, sólo es correcta la Respuesta C.

Pregunta 29

D – Para resolver la solicitud se requiere una lista de acceso extendida (las opciones A y E no pueden ser pues se trata de un ID de ACL estándar), que filtre tráfico TCP (esto descarta la opción C), cualquiera sea su origen.

Entre la opción B y la D, la B es descartada pues la máscara que aplica es una máscara de subred, no de wildcard.

Pregunta 30

D – Ud. debe recordar que cuando utiliza listas de acceso, todo lo que no coincida con los criterios enunciados en cada una de las sentencias será descartado. Eso significa que si se ingresan solamente restricciones nada pasará a través de esa interfaz.

Por lo tanto, si se define como premisa permitir todo otro tipo de operaciones salvo las explícitamente prohibida, esto requiere que luego de las restricciones debemos permitir todo el tráfico que no está bloqueado.

Como en la premisa se nos solicita que "todo otro tipo de operaciones" sea permitido, la última consigna de la lista de acceso se debe reflejar en una sentencia que permita todo el tráfico que no está prohibido.

Pregunta 31

El resultado final de la lista según la secuencia de consignas enunciadas en la columna de la derecha debe ser entonces.

```
deny ip 192.168.35.16 0.0.0.15 host 192.168.35.66
deny ip 192.168.35.55 0.0.0.0 host 192.168.35.66
```

```
permit ip 192.168.35.0 0.0.0.255 host 192.168.35.66
```

La última consigna (prevenir cualquier acceso de fuera de la red corporativa) supone 2 consideraciones. En primer lugar que si se expresara como otra sentencia deny produciría un bloqueo de la interfaz ya que la ACL no incluiría ningún permiso; en segundo, que otra manera de enunciar la política sería que solamente debe accederse desde la red corporativa. Consecuentemente, de las opciones disponibles, solamente el permiso a toda la red corporativa cubre el requerimiento ya que en conjunto con la denegación implícita al final de la lista de acceso provocará que ningún usuario de fuera de la red pueda acceder al servidor.

Pregunta 32

F – La ACL que se presenta es muy simple y solamente se ocupa de definir los accesos y bloqueos que están referidos a la red corporativa. No incluye una definición para los usuarios de Internet sino que descansa en la denegación implícita final.

Por otra parte, el servidor a proteger está en el Router3 que recibe el tráfico de Internet por la interfaz S0/0/0 y el tráfico corporativo por la S0/0/1. Consecuentemente, el punto para aplicar esa ACL es la interfaz F0/0 de Router3, para que opere sobre el tráfico saliente.

Para aplicar una lista de acceso ip a una interfaz es preciso utilizar el comando `ip access-group` en el modo de configuración de la interfaz y especificando si se desea revisar el tráfico entrante o saliente.

Al estar filtrando el tráfico saliente solo afecta el tráfico dirigido a la subred en la que está el servidor que se desea proteger.

No hace falta una sentencia que filtre el tráfico originado en Internet, ya que la sentencia implícita final es denegar todo otro tráfico.

Pregunta 33

A, D y E – En este caso no se indica la configuración de la lista de acceso y se pregunta directamente por su ubicación. Por lo tanto se está preguntando sobre las recomendaciones de diseño para la aplicación de ACLs extendidas.

En consecuencia, de acuerdo a las recomendaciones de diseño de Cisco para la aplicación de ACL, para tener la mejor performance se debe ubicar lo más cerca posible del origen del tráfico que se desea filtrar. Esto es en el gateway del segmento origen, filtrando el tráfico entrante.

Pregunta 34

A y F – Las 2 sentencias señaladas como correctas reflejan puntualmente los requerimientos expresados en las premisas 1 y 2 del enunciado.

La premisa 3 no requiere de una sentencia adicional ya que se cuenta con la presencia del `deny ip any any` implícito al final de la lista de acceso.

Pregunta 35

D y F – La lista de acceso presentada filtra específicamente el tráfico Telnet originado en un nodo específico (5.1.1.10) y que tiene como destino una subred completa (5.1.3.0/24).

Consecuentemente se bloquea toda sesión Telnet originada en 5.1.1.10 que tiene como destino cualquier nodo de la subred 5.1.3.0/24.

Pregunta 36

D – Dado que el objetivo es denegar únicamente el acceso a la subred 172.16.4.0, y que se está utilizando una lista de acceso estándar, esta lista debe ser aplicada en la interfaz más cercana al destino, es decir, la interfaz a la cual está conectada la subred cuyo acceso desea protegerse.
Es un ejemplo de la premisa de diseño que indica que las listas de acceso estándar deben aplicarse lo más cerca posible del destino.

Pregunta 37

A – En esta pregunta hay varios detalles a atender.
Primero, la lista se debe colocar en la interfaz F0/0 (la más cercana al origen) para filtrar tráfico entrante (in). Esto reduce las elecciones posibles a las opciones A y B.
Segundo, la máscara de wildcard correcta para filtrar esa subred específica es 0.0.0.63. En consecuencia, hay una sola opción posible.

Pregunta 38

D y E – Desactivar la interfaz no es una opción de segurización del acceso, sino simplemente elimina la posibilidad de acceso.
Tanto la implementación de una lista de acceso como la configuración de una clave de acceso, son técnicas que permiten asegurar un acceso por terminal virtual.
El comando para aplicar la lista de acceso a la terminal virtual es access-class.

Pregunta 39

A y C – Esta ACL deniega exclusivamente tráfico Telnet, por lo tanto las opciones D, E y F están descartadas.
El rango de direcciones que define la máscara de wildcard utilizada va desde la 192.168.0.16 a la 192.168.0.31. Eso descarta también la opción B.

Pregunta 40

D – La lista debe comenzar por denegar lo que está prohibido y luego permitir. Eso descarta las opciones A y B.
Luego, las tramas a descartar son las que tienen como origen la subred 172.16.16.0/24. Esto nos deja exclusivamente con la opción D.

Pregunta 41

C y E – Sólo los comandos `show ip interfaces` y `show running-config` permiten verificar qué puertos tienen aplicadas listas de acceso.

 Atención:
El comando `show access-list` sólo le muestra las listas de

acceso configuradas en el router pero no los puertos en los que están aplicadas.

El comando `show interfaces` no permite ver información referida a listas de acceso.

Pregunta 42

B y C – Se pueden ver las sentencias que componen las listas de acceso con los comandos `show access-lists`, `show ip access-lists` o más específicamente con el `comando show access-lists #`.

Pregunta 43

A y D – El comando `ping` permitirá verificar si es posible acceder por ICMP hasta el servidor. En este caso como la política es filtrar ese tráfico se debería recibir un mensaje de destino inalcanzable, esto mostraría que se cumple una de las premisas.

Por su parte, el comando `show access-list` mostrará todas las sentencias de listas de acceso configuradas y cuantos paquetes de los que han arribado a la interfaz en la que se encuentra aplicada la lista de acceso han coincidido con cada sentencia.

De este modo podemos verificar que las sentencias están filtrando el tráfico especificado utilizando el contador de coincidencias.

Pregunta 44

D – Por lo que se puede ver esta lista de acceso está compuesta de 2 sentencias que prohíben tráfico de paquetes y carece de una consigna de permiso (`permit`) al final. Por lo tanto funciona la consigna de denegación implícita de todo el tráfico al final de la ACL.

En consecuencia, al no tener ninguna sentencia de permiso todo el tráfico que pasa por esta interfaz, en el sentido en que está aplicada la ACL, está bloqueado.

Aquí estaría quizás faltando una sentencia `access-list 135 permit ip any any` u otro permiso.

Network Address Translation – NAT

Pregunta 45

C – Se definen 4 direcciones diferentes que intervienen en un proceso de NAT:

- o Dirección local inside: la dirección IP privada asignada a un nodo en la red interna.

- o Dirección global inside: Una dirección IP pública que representa una o más direcciones IP locales internas en la red pública.

- o Dirección local outside: La dirección IP privada que representa a un nodo externo, tal como la conocen los nodos en la red de origen.

o   Dirección global outside: Dirección IP pública asignada a un nodo de la red externa.

Pregunta 46

C – NAT overloading también es conocido como PAT (Port Address Translation). Utiliza la información de los puertos de capa de transporte para crear entradas dinámicas de NAT para múltiples direcciones IP internas sobre una misma dirección IP pública.
También se suelen referir a esta técnica como traducción de una a muchas direcciones de red.

Pregunta 47

B – La sentencia de configuración del ejemplo es la que define un pool de direcciones IP que se utiliza cuando se implementa NAT dinámico o PAT sobre múltiples direcciones públicas.

Pregunta 48

A – NAT siempre se implementa en el dispositivo de borde que separa la red privada de la red pública (Internet en este caso). Puede ser en un router u otro dispositivo.

Pregunta 49

B y C – Los comandos que se muestran son los que definen las interfaces outside e inside que están afectadas al proceso de traducción de direcciones.
En este caso, la interfaz serial es la outside (conecta a la red pública), y la FastEthernet la inside ya que es la que conecta con la red LAN privada.

Pregunta 50

A – Si bien se trata de una configuración compleja, con DHCP y NAT, lo que está faltando en realidad es lo más básico: asignar una dirección IP a la interfaz FastEthernet 0/0. A partir de que se complete esta tarea el servicio DHCP comenzará a asignar IP privada a los hosts y podrán salir a Internet a través de NAT.

Pregunta 51

F – Una dirección "inside global", es una dirección IP pública (o registrada) que representa una o más direcciones IP locales (privadas) en la red pública.
En este caso es una dirección IP de las que componen el conjunto de direcciones definido por el comando `ip nat pool`.

Pregunta 52

C – La configuración que se muestra corresponde a una implementación de NAT overload o PAT.
Teniendo en cuenta esta configuración, la opción C es la única correcta. El comando `ip nat inside` asocia la lista de acceso 1 con la dirección de la interfaz Serial 0/0/0 para hacer PAT.

Mitigación de amenazas en el acceso

Pregunta 53

D y E – Las interfaces de terminal virtual pueden ser aseguradas de varias formas diferentes. Entre ellas 2 que se mencionan entre las opciones propuestas: habilitar el requerimiento de clave de acceso (está habilitado por defecto) y asignar una clave de acceso; y asociar una lista de acceso utilizando el comando `access-class`.

El comando `ip access-group` asocia la ACL a interfaces de datos, pero no a las interfaces de terminal virtual. Desactivar las interfaces de terminal virtual no es un modo de asegurarlas.

Preguntan 54

D – El comando `transport input ssh` define que el único protocolo habilitado para recibir solicitudes de conexión a través de los puertos de interfaz virtual es SSH.

El comando `password` que se muestra indica que la clave ha sido encriptada utilizando el `service password-encryption` (MD5, referencia 7).

 Atención.
La configuración presentada en la pregunta no es la sugerida por Cisco para la implementación de SSH.

Pregunta 55

C – Para cubrir el requerimiento es necesario, por un lado, activar el servicio de cifrado de claves (`service password-encryption`), lo que descarta la opción B; y por otro, habilitar una única línea de terminal virtual (line vty 1).

 Atención.
Una pregunta de este tipo exige que consideremos la metodología para responder. Hay que leer como una unidad la consigna y las respuestas posibles.
No se pregunta cuál es una manera, o la mejor forma de hacer una tarea; sino cuál de las opciones que se muestran como posibles cumplen la consigna.

Pregunta 56

C – Cisco IOS, por defecto, envía al puerto consola los mensajes de evento hasta nivel 7, que es lo mismo que decir que envía todos los niveles.

Pregunta 57

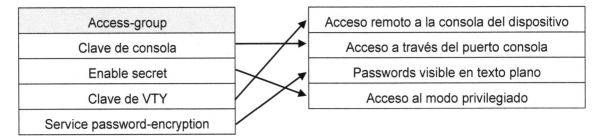

Access-group		Acceso remoto a la consola del dispositivo
Clave de consola		Acceso a través del puerto consola
Enable secret		Passwords visible en texto plano
Clave de VTY		Acceso al modo privilegiado
Service password-encryption		

Simple Network Management Protocol – SNMP

Pregunta 58

B, C y F – La arquitectura SNMP supone 3 elementos básicos: un agente SNMP en el que residen las MIBs que colectan la información y una consola SNMP o Network Management System (NMS) que colecta esta información, la almacena y la analiza.

Pregunta 59

B, D y E – Los tres tipos básicos de mensajes SNMP son get, set y trap. Algunos de esos mensajes tienen subtipos tales como get request y get reply.

Pregunta 60

B – La práctica recomendada por condiciones de seguridad es utilizar SNMPv3. Sin embargo la consigna indica que se ha decidido implementar SNMPv1/2c, por lo tanto la opción D no es elegible. Por otra parte, en IOS no hay usuario por defecto para SNMPv3.
En el caso de SNMPv1/2c, la práctica de seguridad es eliminar las comunidades por defecto, no utilizarlas, y generar nuevas comunidades tanto para lectura como para escritura.

Pregunta 61

B – SNMP v2c utiliza solamente el nombre de la comunidad SNMP (community string) como verificador del origen de los mensajes SNMP. No se implementa ningún protocolo seguro para esta tarea.

Pregunta 62

A, C y E – SNMP v3 mejora sensiblemente la seguridad de SNMP v2c incorporando mecanismos de autenticación robusta y cifrado de la información.
La mejora quizás más notoria en la operación del sistema de mensajes de SNMP introdujo con la versión 2 del protocolo, con la cual se incorporaron mecanismos optimizados de intercambio de información, entre otros, los mensajes informa y getbulk.

Diagnóstico de conectividad en redes IPv4

Pregunta 63

A – IP SLA tiene varios formatos diferentes, el más simple es el ICMP que utiliza paquetes ICMP echo y echo replay para verificar la accesibilidad de un destino específico.
Entre la información estadística que brinda la herramienta se encuentra la pérdida de paquetes o mejor de respuestas ICMP.

Pregunta 64

C y E – IP SLA ICMP es una herramienta de monitoreo activo y en línea de la operación de la red que está en capacidad de medir delay, jitter y pérdida de paquetes..
Los resultados de su operación pueden ser verificados a través de la línea de comando (CLI) o por SNMP si se cuenta con una consola SNMP. No se trata de eventos de operación, por lo que no genera mensajes de eventos que puedan almacenarse en un servidor de Syslog.
Puede implementarse entre dispositivos Cisco o no Cisco.

Introducción a QoS

Pregunta 65

C – La consigna interroga acerca de una "herramienta avanzada incluida en IOS". De las opciones presentadas solamente NBAR y NetFlow pueden ser consideradas tales... y quizás capture.
DSCP y ToS son 2 mecanismos de marcado de tráfico en base a encabezados de capa 3.
NetFlow, por su parte, es una herramienta que permite detectar y monitorear flujos o comunicaciones en base a la información de los encabezados de capa 3 y 4. No es una herramienta de clasificación de tráfico.

Pregunta 66

C – En la estructura del encabezado IPv4 el campo ToS puede ser utilizado para el marcado de tráfico a nivel de encabezado IP cuando se implementa calidad de servicio u otra técnica que requiera el etiquetado de tráfico en capa 3.
De ese campo de 8 bits, 6 reciben el nombre de DSCP permitiendo sistemas más complejos de marcado.

7. Tecnologías WAN

A. Mapa conceptual

Terminología WAN.

Topologías WAN.

Conectividad a Internet.

- Con direccionamiento IP asignado por el ISP.

- Con direccionamiento IP propio.

- Opciones de configuración:

    o Configuración de direccionamiento estático.

    o Configuración de direccionamiento dinámico.

Tipos de conexión

- Redes WAN privadas.

- Redes WAN públicas.

- Acceso a Internet.

- Interfaces WAN en routers Cisco.

Líneas punto a punto

- Conexión a través de una interfaz serial.

- Protocolos de encapsulación WAN para líneas punto a punto.

    o HDLC.

    o PPP.

- PPP.

    o Encapsulación.

    o Configuración.

    o Autenticación.

    o Multilink PPP.

      ○ PPP over Ethernet (PPPoE).

Túneles GRE

   ● Concepto de túnel

   ● Encapsulación GRE.

   ● Configuración de un túnel GRE.

iWAN

B. Notas previas

El tema de las tecnologías WAN es particularmente complejo. En este sentido requiere atención y tiempo para nuestro estudio a fin de lograr conceptos claros que permitan evaluar con claridad cada pregunta que sobre este punto pudiera surgir en el desarrollo del examen de certificación.

Sin embargo, la actual versión del examen de certificación (200-125) ha reducido sensiblemente el alcance del temario referido a tecnologías WAN, lo que simplifica sensiblemente su estudio.

Este capítulo tiene marcadas diferencias respecto de los anteriores: se trata de un área en la que se incluyen una multiplicidad de tecnologías diferentes tanto a nivel físico como en capa de enlace de datos. Y cada una de estas tecnologías tiene su propio esquema conceptual y terminología que hay que conocer adecuadamente. Sin embargo la reducción del temario a la que aludí antes simplifica este punto y le quita complejidad.

Dado que en el desarrollo del examen de certificación las preguntas sobre estas tecnologías aparecen de modo disperso, entre temas diferentes, es importante ganar claridad en el manejo del vocabulario para facilitar y acelerar la comprensión de las preguntas correspondientes a este eje.

Entre los temas que merecen especial atención destaco:

- Es importante familiarizarse con la terminología propia de cada tecnología, esto permite comprender rápidamente cada pregunta en el transcurso del examen.

- Tenga en cuenta que en este capítulo hay términos específicos y siglas: hacer el propio "glosario" es una excelente práctica para retener y ordenar estos términos.

- El tema de las tecnologías WAN y las redes de transporte es amplio, rico, y en permanente cambio. No olvide que usted está preparando específicamente un examen de certificación: no se deje tentar. No se desvíe de los objetivos del examen.

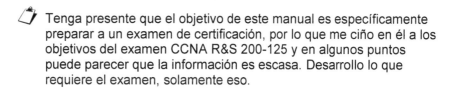 Tenga presente que el objetivo de este manual es específicamente preparar a un examen de certificación, por lo que me ciño en él a los objetivos del examen CCNA R&S 200-125 y en algunos puntos puede parecer que la información es escasa. Desarrollo lo que requiere el examen, solamente eso.

No encontrará en este texto la totalidad de las tecnologías en uso en la actualidad. Para profundizar en tecnologías de acceso WAN y de transporte deberá acudir a bibliografía complementaria.

C. Desarrollo temático

 Las abreviaturas y siglas utilizadas en este manual se encuentran desarrolladas en el Glosario de Siglas y Términos de Networking que está disponible en la Librería en Línea de EduBooks: https://es.scribd.com/document/292165924/Glosario-de-Siglas-y-Terminos-de-Networking-version-1-2

Las redes LAN están diseñadas para asegurar servicios de conectividad confiable en distancias reducidas. Las redes LAN pueden establecer conexión entre sí utilizando tecnologías diferentes a las que denominamos "tecnologías WAN".

La diferencia más sobresaliente en la actualidad entre redes LAN y redes WAN es el hecho de que en términos generales las redes LAN son propiedad (su infraestructura) de la empresa u organización que las utilizan, mientras que al hablar de servicios WAN nos referimos a servicios contratados a terceros, a empresas que tienen montadas sus propias redes WAN y que brindan el servicio de conectividad sobre largas distancias a diferentes redes LAN y que reciben la denominación de Service Providers.

Como consecuencia de esto, pero de ninguna manera en modo absoluto, las redes WAN cubren distancias mucho más amplias que las redes LAN y brindan un servicio de ancho de banda por lo general más reducido que el de las redes LAN.

 En términos generales, las tecnologías WAN operan a nivel de capa 1 y capa 2 del modelo OSI.

Desde la perspectiva del examen de certificación es preciso tener presente que un técnico CCNA es básicamente un administrador de redes LAN, no WAN. Por lo tanto el perfil de un CCNA requiere conocimientos básicos de las tecnologías disponibles pero de ninguna manera habilidades de diseño y configuración de las mismas redes WAN.

 Es tarea propia de un CCNA elegir la tecnología WAN a utilizar y administrar el acceso de su red LAN a los recursos WAN.

En síntesis, una WAN es una red de comunicaciones de datos que opera cubriendo áreas geográficas extensas utilizando la infraestructura de proveedores de servicios o carriers. Permite conectar las redes LAN de diferentes instalaciones de una organización o con otras organizaciones y usuarios remotos.

Sus características principales son:

- Generalmente conectan dispositivos separados por distancias importantes.

- Utiliza los servicios de un carrier.

- Utiliza conexiones de diferente tipo.

Para comprender el funcionamiento de las redes WAN es fundamental, en primera instancia, comprender el vocabulario propio de estas tecnologías.

Terminología WAN

Las redes WAN tienen una terminología específica que es necesario tener presente al momento de abordar el tema.

- Punto de demarcación.
  Lugar en el que el CPE se conecta con el bucle local o última milla del proveedor de servicios WAN. Marca el último punto de responsabilidad del proveedor de servicios.

- Bucle local o última milla.
  Conecta el punto de demarcación en las instalaciones de la red LAN, con el switch del proveedor de servicios WAN.

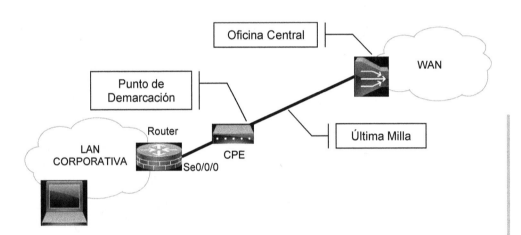

- POP – Punto de presencia.
  Punto de ingreso de la línea que proviene del proveedor de servicio a las instalaciones de la red local.

- CO – Central Office.
  Instalación local del proveedor de servicios a la cual todos los bucles locales de un área están conectados y en la cual se conmuta el circuito del suscriptor.

- CPE – Customer Premises Equipment.
  Dispositivo ubicado en las instalaciones del suscriptor de servicios (nuestra LAN), al que se conecta el bucle local del proveedor de servicio.

    o Cuando se trata de una línea digital el CPE recibe la denominación de CSU/DSU.

o Cuando se trata de una última milla analógica, el CPE recibe la denominación de módem.

Normalmente (aunque no es así en todos los casos) el CPE conecta la red WAN a la red LAN a través de un router. Para este propósito utilizamos los puertos seriales de los routers. Las conexiones a través de puertos seriales son conexiones sincrónicas. En todo enlace sincrónico se requiere que un extremo establezca la sincronización mientras que el otro la recibe pasivamente.

El extremo que establece la sincronización es el que está fijando la duración de cada bit enviado sobre el enlace, y consecuentemente la cantidad de bits que circulan por el enlace en la unidad de tiempo (bits por segundo), en otros términos, lo que habitualmente llamamos ancho de banda.

Cada uno de los extremos del enlace recibe entonces una denominación específica:

- DCE.
  Data Circuit Equipment.
  Es el extremo de la conexión responsable de establecer la sincronización activamente.
  Típicamente el DCE es el proveedor de servicios WAN (CSU/DSU o módem).

- DTE.
  Data Terminal Equipment.
  Extremo de la conexión que recibe sincronía del extremo DCE.
  Es dispositivo adjunto a la red LAN, generalmente un router.

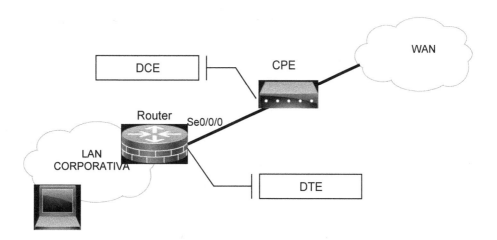

El punto de demarcación

Representa el punto en el cual terminan las responsabilidades del proveedor de servicio y empiezan las del Administrador de la red corporativa. Usualmente es el punto de conexión que entrega el proveedor que permite la conexión física con la red WAN, generalmente será un conector RJ-45 o serial.

El bucle local

También llamado "última milla". Se trata del enlace que conecta físicamente el punto de demarcación con la red del proveedor de servicio.

Este bucle local puede analógico o digital y utilizar diferentes tecnologías tales como DSL, DOCSIS, líneas punto a punto u otras.

Routers

Como dispositivo de acceso es el responsable de proveer interfaces de acceso que permitan la conexión a la red del proveedor de servicios. Pueden ser interfaces seriales o Ethernet. En algunos casos la interfaz requiere la implementación de un CSU/DSU (líneas digitales) o un módem (líneas analógicas) para conectar al POP del proveedor.

Los routers de core son los que componen el backbone de la red WAN. Se caracterizan por brindar diversidad de interfaces para diferentes tipos de conexiones y la alta velocidad para el reenvío de tráfico.

El router corporativo que se conecta a la red WAN comúnmente opera como DTE.

CPE

Es el dispositivo instalado en el punto de demarcación. Es el que actúa como interfaz entre la red corporativa y la red del proveedor, y puede ser propiedad de la organización o del service provider.

CSU/DSU

Dispositivo que permite conectar un DTE a un circuito digital provisto por el proveedor de servicios. Se trata en realidad de 2 dispositivos en una caja: el CSU es el terminador de la señal digital proveniente de la red WAN y asegura la integridad de la conexión; el DSU convierte la línea del carrier en tramas que la red receptora puede interpretar.

En algunos casos puede encontrarse implementado como un módulo dentro del mismo router.

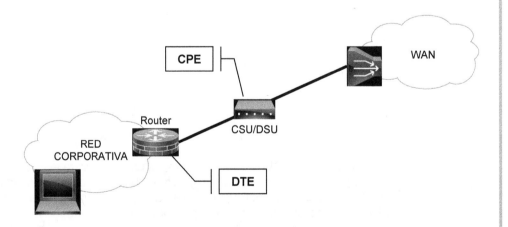

También es referenciado como DCE; esta es una denominación más general y que hace alusión a que provee una interfaz a la cual conectar un DTE. Cuando se trata de una línea digital el DCE es una CSU/DSU, en el caso de líneas telefónicas (analógicas) el DCE es en realidad un módem.

Módem

Dispositivo capaz de interpretar señales digitales y analógicas lo que permite la transmisión sobre líneas telefónicas de voz convencionales. Puede tomar una señal digital y modularla sobre una línea analógica, y a la inversa, convertir una señal analógica en digital.

Hay diferentes tipos de módems según la línea de conexión hacia el service provider: módem telefónico, módem DSL, cable módem, etc. También es posible que el módem se encuentre integrado en el router como un módulo.

DTE

Dispositivo que es origen o destino de información en formato digital. Puede tratarse de una terminal, un servidor o un router.

Conversor de fibra óptica

Es utilizado para terminar un enlace de fibra óptica y convertir las señales ópticas en eléctricas y viceversa. También es posible que el conversor esté integrado como un módulo en el router o switch.

Topologías posibles

- Estrella o hub and spoke.
  Es la forma más simple de conexión y la que requiere menor cantidad de circuitos.
  Permite de modo sencillo que múltiples sitios tengan acceso a un conjunto de recursos centralizados. Todas las comunicaciones WAN atraviesan el core o hub.
  Tiene desventajas claras: el punto central representa un único punto de fallos y limita la performance del acceso a los recursos.

- Malla completa.
  En este esquema todos los puntos se conectan con todos lo que permite que cada posición tenga conexión directa con cualquier otra. Es el diseño que proporciona mayor nivel de redundancia, sin embargo tiende a no ser posible en despliegues de envergadura ya que requiere una cantidad muy elevada de conexiones y su configuración tiende a ser compleja de modo creciente.

- Malla parcial.
  Permite reducir el número de conexiones directas necesarias para brindar una conexión satisfactoria respecto de una topología de malla completa. En este caso no todos los puntos se conectan contra todos sino que se elaboran esquemas de interconexión regional que permitan reducir la cantidad de enlaces necesarios.

La conectividad a Internet

Hay 3 mecanismos tradicionales para conectar pequeñas redes a Internet:

- Medios de cobre.
  Usualmente se trata de par trenzado telefónico (sistemas DSL), cableado UTP (Ethernet) o cable coaxial (DOCSIS).
  Ofrece mejor control y seguridad, es un medio confiable que permite enlaces de alta velocidad a un costo reducido.

- Medios de fibra óptica.
  Es la mejor opción para ambientes agresivos ya que es un medio inmune a diferentes interferencias (EMI y RFI).

- Medios inalámbricos.
  En este punto hay varias posibilidades de conexión: WiMAX, 3G, 4G, 5G e incluso el acceso satelital.
  Es ventajoso ya que ofrece la posibilidad de movilidad, rápido despliegue, no requiere de cableado previo, pero es considerado en general menos estable y seguro.

Direccionamiento IP asignado por el proveedor de servicio

En la conexión hacia un proveedor de servicio de acceso a Internet en redes domiciliarias o pequeñas suele operarse utilizando direccionamiento IP asignado por el ISP. Se utilizan direcciones IP del espacio de direccionamiento asignado al proveedor de servicios.

Este direccionamiento se debe aplicar a la interfaz que conecta hacia el ISP y puede aplicarse de modo estático o automático.

La utilización de espacio de direccionamiento asignado al ISP simplifica la conexión a Internet ya que no es necesario ningún trámite ante organismos reguladores como IANA o LACNIC.

Configuración de direccionamiento estático

En muchos casos el ISP provee direccionamiento estático para la conexión a Internet. Esto permite asociar esa dirección IP a un dominio para que los servidores públicos o privados puedan ser accedidos desde Internet utilizando el servicio de DNS.

Esto no requiere procedimientos especiales ni complejos. En general supone la configuración estática de la dirección IP en la interfaz y la definición de una ruta por defecto para encaminar todo el tráfico saliente hacia la red del ISP. Para esta tarea debe utilizarse la información provista por el ISP con ese propósito.

```
Router(config)#interface GigabitEthernet0/0
Router(config-if)#ip address 201.170.15.17 255.255.255.252
Router(config-if)#no shutdown
Router(config-if)#exit
Router(config)#ip route 0.0.0.0 0.0.0.0 201.170.15.18
```

Configuración de direccionamiento dinámico

La implementación de DHCP permite, del lado del service provider, simplificar las tareas de gestión a la vez que asegurar el aprovisionamiento de una configuración IP completa. Es el mecanismo preferido para servicios de banda ancha.

Hay 3 modalidades básicas a considerar:

- Asignación dinámica.
  Es la modalidad más frecuente.
  La configuración IP se asigna por un tiempo determinado y limitado (leased time), cuando este tiempo expira el servidor puede asignar esa misma configuración a otro nodo.

- Asignación automática.
  En este caso, el tiempo de asignación de la configuración IP no tiene límite como resultado de lo cual el nodo queda asociado siempre a la misma dirección IP.

- Asignación estática.
  Es una alternativa para aquellos dispositivos en los que la asignación de direccionamiento IP debe ser permanente y conocida. En este caso se mapea la dirección IP que se desea asignar a la dirección MAC del cliente que solicitará configuración.

Cuando el ISP utiliza DHCP no se ingresan datos manualmente del lado del cliente (ni aún la ruta por defecto es necesaria) sino que solamente es necesario activar el cliente DHCP en la interfaz.

```
Router(config)#interface GigabitEthernet0/0
Router(config-if)#ip address dhcp
```
                        Activa el cliente DHCP en esta interfaz.

Tipos de conexión WAN

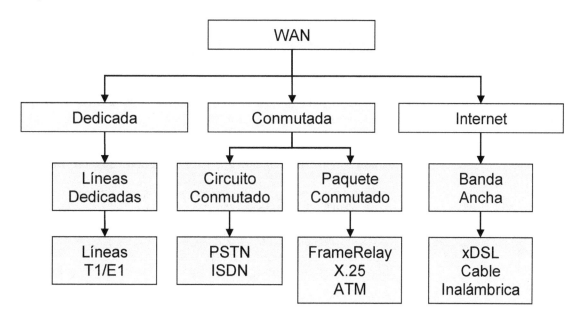

Redes WAN privadas

Líneas Dedicadas.

Se denomina línea dedicada a un enlace de comunicación WAN establecido de modo estable y permanente desde el CPE local (un CSU/DSU) hasta el CPE remoto a través de una nube DCE. Brinda servicios full-time, sin requerir procedimientos de inicialización del enlace antes de iniciar la transmisión de datos.

Brindan conexión permanente punto a punto. Están limitadas únicamente por la capacidad de la capa física. Brindan mayor control, ancho de banda dedicado, aunque con un costo alto.

- No está sometida a latencia ni fluctuaciones de fase.

- Utilizan enlaces de acceso de capacidad variable: T1/E1 y siguientes.

- Interfaz del router a conectar: Serial.

- Protocolos de encapsulación: HDLC, PPP.

- Estos servicios hoy están siendo reemplazadas por diferentes tipos de VPNs dado su alto costo.

Redes Conmutadas.

- Servicios de circuito conmutado.
  Operan sobre la base del establecimiento de circuitos virtuales que se generan dinámicamente para definir circuitos temporales dedicados ente origen y destino.

- Servicios de paquete conmutado.
  Estos servicios apuntan a un manejo más eficiente del ancho de banda disponible en la red del proveedor de servicios considerando que el volumen de los flujos de datos es fluctuante. En estas redes capa paquete se identifica como perteneciente a un cliente en particular y reenviado hacia el destino en función de esa etiqueta.
  Las tramas son transportadas a través de la red WAN basándose en un ID ubicado en el encabezado de cada una de las tramas ya que la transmisión se realiza sobre una infraestructura física compartida estableciendo circuitos virtuales conmutados. Esto permite brindar servicios de modo simultáneo a diferentes clientes utilizando la misma infraestructura física de líneas y switches.
  El proveedor debe configurar sus equipos de modo tal que se genera un circuito virtual (VC – virtual circuit) diferente que asegura conectividad end-to-end a cada usuario. Una misma interfaz física puede soportar múltiples VC.
  Operan sobre la base del establecimiento de circuitos virtuales permanentes (PVC) o conmutados (SVC).

  - SVC – Switched Virtual Circuit.
    Conforman una red también llamada "sin conexión".
    Los circuitos se establecen a petición, se negocian en el momento

y son mantenidos mientras la comunicación se mantiene activa. Terminada la transmisión se cierra el circuito y se liberan los recursos.

- o PVC – Permanent Virtual Circuit.
  Conforman una red llamada "orientada a la conexión".
  Los circuitos se establecen en el momento de inicialización del switch del proveedor de servicios y se mantienen estén en uso o no.

- Tecnologías de paquete conmutado:

  - o X.25.
    Servicio con bajo control, ancho de banda compartido y costo variable.
    Puede presentar latencia y fluctuaciones de fase.
    Se aplica a servicios de uso limitado que requieren alta confiabilidad.
    Generalmente se presenta como un servicio de SVC.

  - o Frame Relay.
    Servicio de control medio, ancho de banda compartido de hasta 8 Mbps, costo medio.
    Puede presentar latencia y fluctuaciones de fase.
    Enlace de acceso: T1, E1 y siguientes.
    Interfaz del router: Serial.
    Protocolo de encapsulación: Frame Relay.
    Normalmente es ofrecido como un servicio de PVC.

  - o ATM.
    Propiamente es una tecnología de celda conmutada, no paquete conmutado.
    Ancho de banda compartido, de baja latencia y ancho de banda de hasta 155 Mbps (cuando se trata de ATM puro).
    Puede transmitir tanto tráfico de voz y video digitales como de datos. Presenta baja latencia y fluctuación de fase.
    Sobre la red ATM se establecen circuitos virtuales identificados por un VPI/VCI.

Redes Ethernet WAN.

Redes de fibra óptica, de largo alcance que utilizan tecnología Ethernet. Los enlaces de acceso: pueden llegar a brindar 100 Mbps a 10 Gbps.

- Interfaz del router: Ethernet.

- Protocolo de encapsulación: Ethernet.

- Diferentes servicios:

  - o Ethernet over MPLS (EoMPLS).

  - o Metropolitan Ethernet (MetroE)

- Virtual Private LAN Service (VPLS)

Multiprotocol Label Switching (MPLS)

Red de servicios basada en la utilización de rutas IP a través de la red compartida del proveedor de servicios. Las rutas IP se "traducen" en etiquetas que se agregan a las tramas (capa 2) para definir su tránsito dentro de la red MPLS.

La red MPLS y su estructura basada en etiquetas permite a los proveedores de servicios montar diversos tipos de servicio para ofrecer a sus clientes. Permite conectar múltiples sitios a una nube MPLS que se ocupa de reenviar el tráfico a los diferentes destinos utilizando rutas IP en base a las etiquetas de las tramas. Se basa en la entrega de paquetes IP, no ya de tramas.

Características:

- Es mucho más flexible que otros servicios WAN.

- Enlace de acceso: Cualquiera que soporte IP.

- Interfaz del router: Cualquiera que soporte IP.

- Protocolo de encapsulación: Cualquiera que soporte IP.

Redes WAN públicas y acceso a Internet

Las conexiones públicas utilizan la infraestructura global de Internet. A través de Internet es posible mantener también comunicaciones privadas utilizando servicios de VPNs, sean gestionados por el proveedor de servicio o por la propia organización.

Cada tecnología WAN utilizada en redes WAN privadas puede ser también utilizada para brindar acceso a Internet.

Redes de Circuitos Conmutados

Se trata de un circuito físico dedicado que se establece temporalmente para cada sesión de comunicación. Consecuentemente este tipo de servicios típicamente se establecen bajo demanda, es decir, no son circuitos permanentes sino que se establecen en función del requerimiento de un circuito para iniciar la comunicación origen – destino, y mientras dura esa comunicación.

Requiere un proceso inicial de negociación y configuración del circuito para lo cual necesita determinar el ID del origen, el ID del destino y el tipo de conexión; a partir de este proceso (que se denomina señalización) se establece el circuito. Una señal indica cuándo cesa la transmisión de datos, y el circuito se cierra liberando los recursos que estaban dedicados para esta comunicación.

La transferencia de datos se inicia solamente después de que está establecida la conexión extremo a extremo. Una vez establecido el circuito este está dedicado exclusivamente a atender esa comunicación y si bien se comparte una infraestructura conmutada, una vez establecido el circuito éste es dedicado, no compartido.

Este tipo de servicios es típicamente utilizado cuando se requiere realizar transferencias de información de bajo ancho de banda.

- Dial up asincrónico
  Bajo control, costo del servicio variable y bajo costo de implementación.
  Para uso limitado en conexiones DDR.
  Utiliza líneas telefónicas analógicas y un módem telefónico para modular la señal digital de una terminal sobre la línea analógica.
  Presentan poca latencia y fluctuaciones de fase. Tienen una capacidad máxima (teóricamente) de 56 Kbps.
  Enlace de acceso: línea telefónica.

 La red ISDN es también un sistema de circuitos conmutados. Sin embargo, ISDN no está incluida en el temario del examen CCNA R&S 200-125.

 La implementación de un servicio bajo demanda se denomina DDR: Dial-on Demand Routing.

xDSL

Tecnología de banda ancha que utiliza líneas telefónicas para transportar datos con alto ancho de banda en frecuencias superiores a los 4 KHz.

Permiten superar las limitaciones de ancho de banda de los servicios de circuito conmutado, a la vez que implementan múltiples servicios (telefonía y datos) sobre el mismo enlace de acceso.

- ADSL – Asimétrico.

- SDSL – Simétrico.

- HDSL – De alta velocidad

Cable módem

Servicio de acceso a redes por tecnología de banda ancha que utiliza cable coaxial de televisión para proveer alto ancho de banda de 1 o 2 vías a frecuencias de 6 MHz. Se encuentra definido en la familia de estándares DOCSIS.

VPNs gestionadas por el proveedor

Los proveedores de servicios ofrecen conectividad VPN sobre capa 2 o capa 3 sobre redes MPLS que es una tecnología diseñada para soportar de modo eficiente el reenvío de paquetes a través del core de la red del proveedor de servicios.

- VPNs MPLS capa 2.
  Son útiles para quienes corren su propia infraestructura de red capa 3 y requieren consiguientemente conectividad capa 2 entre sitios remotos. De esta manera el cliente gestiona su propia información de enrutamiento y

puede implementar sobre la WAN aplicaciones que requieren que los nodos remotos se encuentren en el mismo dominio de broadcast.
Son ejemplos de este tipo de VPNs: VPLS y VPWS.
Desde la perspectiva del cliente la red WAN opera como un gran switch virtual.

- VPNs MPLS capa 3
En este caso se utiliza una subred IP específicamente para asegurar la conectividad WAN sobre la red del proveedor de servicio. En este caso es necesario que la red del proveedor participe del intercambio de información de enrutamiento con la red del cliente ya que la adyacencia de enrutamiento se establece entre el CE del cliente y el PE del proveedor.
Son una implementación adecuada para quienes desean delegar en el proveedor el enrutamiento.
Desde la perspectiva del cliente la red WAN opera como un gran router virtual.

VPNs gestionadas por la empresa

Son un mecanismo adecuado para que la propia empresa logre una conectividad WAN segura, confiable y efectiva en costo. En este caso la VPN es un túnel que suele desplegarse sobre Internet o una red WAN que permite conectar 2 redes LAN.

Tipos básicos de VPNs:

- VPN site-to-site.
Se trata de una red privada virtual que conecta redes LAN remotas a través de una conexión sitio a sitio. A la VPN se accede a través de un dispositivo (router o firewall) que se ocupa de encriptar el tráfico saliente y encapsularlo para que sea enviado a través de un túnel hasta el otro extremo de la VPN.
En el otro extremo el dispositivo que recibe el tráfico lo des-encapsula y lo des-encripta para enviarlo hacia la terminal de destino.

- VPN de acceso remoto.
Diseñada para responder a las necesidades del teletrabajo y los usuarios móviles.
En este caso cada terminal tiene un cliente de software instalado que es el responsable de levantar el túnel encriptado contra un dispositivo que actúa como terminador de estos túneles.

Este tipo de VPNs proporciona múltiples ventajas a la empresa:

- Se reducen los costos de conectividad remota.

- Aseguran alta escalabilidad al poder aprovechar la capilaridad de Internet.

- Compatibilidad con las tecnologías de banda ancha.

- Un alto grado de seguridad a través de la implementación de algoritmos de cifrado y autenticación avanzados.

Hay diferentes mecanismos disponibles para el despliegue de estas VPNs.

- Túnel IPsec.
  Es el modelo básico de implementación de VPNs IPsec. Provee un túnel punto a punto para la conexión directa entre sitios agregando confidencialidad, control de la integridad de los datos, autenticación y protección anti-replay.

- Túnel GRE sobre IPsec
  Si bien los túneles IPsec tienen múltiples ventajas, también tienen limitaciones: no soportan broadcast ni multicast lo que complica la operación de los protocolos de enrutamiento y otros que se basan en multicast.
  GRE es un protocolo de tunelizado que permite transportar múltiples protocolos (incluso no IP), multicast y broadcast. La combinación de túneles GRE con IPsec permite transportar entonces protocolos de enrutamiento o tráfico de múltiples protocolos a través de la red.
  Es generalmente utilizado para desplegar topologías hub and spoke empleando túneles estáticos. Una solución adecuada para redes WAN que interconectan un número limitado de sitios.

- DMVPN
  Mecanismo propietario de Cisco que permite mejorar la escalabilidad en redes que emplean túneles IPsec. Facilita el aprovisionamiento de múltiples dispositivos peer permitiendo incluso el uso de direccionamiento dinámico. Se sugiere utilizar PKI como mecanismo de autenticación aunque también puede aplicarse PSK.
  Permite configurar una única interfaz túnel mGRE y un único perfil IPsec en el dispositivo central (hub) y desde allí gestionar los múltiples dispositivos remotos (spoke).
  Presenta diversas ventajas, la más destacable es la escalabilidad ya que con una misma configuración se pueden conectar múltiples dispositivos remotos. También permite montar inmediatamente conexiones IPsec punto a punto sobre los túneles GRE multipunto sin necesidad de configurar peers IPsec.

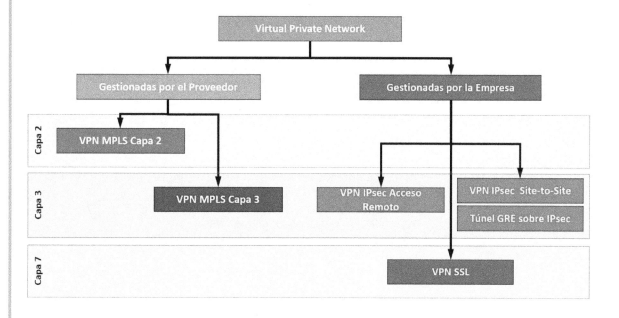

- IPsec VTI
  Método diseñado específicamente para simplificar la configuración de IPsec.
  Hay 2 tipos de interfaces VTI: estáticas y dinámicas. Permiten implementar la sesión IPsec como si se tratara de una interfaz. Es de configuración muy simple. Soporta multicast y broadcast aunque sin el requerimiento de GRE y la carga de encabezados que esto supone.

Interfaces WAN de los routers Cisco

Las interfaces WAN de los routers usualmente se conectan a un CSU/DSU externo utilizando un cable serial a la interfaz serial del router.

Los diferentes tipos de interfaces WAN describen la forma de proporcionar conexión eléctrica, mecánica, operativa y funcional a los servicios de comunicaciones.

Hay básicamente 2 tipos de interfaces WAN en los routers Cisco:

- Serial asincrónica.
  Utilizan un conector RJ-45, con capacidad de soportar conexiones asincrónicas dial up utilizando un módem telefónico.

- Serial sincrónica.
  En el caso de routers Cisco estas interfaces están integradas en una WIC (WAN Interface Cards). Soportan líneas dedicadas, Frame Relay y X.25.

Del lado de la interfaz del router, en el caso de interfaces seriales sincrónicas, hay 2 tipos de conectores:

- Conector DB-60.

- Conector Smart-Serial.
  Utiliza un conector de 26 pins.

En un cable serial, cualquiera de estos 2 tipos de conectores se conecta en el otro extremo del cable con diferentes tipos de conectores en el CSU/DSU:

- EIA/TIA 232.
  Permite conexiones seriales de hasta 115200 bps, utilizando conectores de 25 pines en distancias muy cortas.

EIA/TIA-232 Macho

EIA/TIA-232 Hembra

- EIA/TIA 449/530.
  Soporta circuitos de hasta 2 Mbps utilizando conectores de 36 pines, permitiendo mayores longitudes de cable.

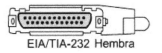
EIA/TIA-449 Macho

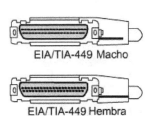
EIA/TIA-449 Hembra

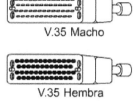

V.35 Macho

V.35 Hembra

o V.35.
Estándar ITU-T para comunicaciones sincrónicas de hasta 2,048 Mbps con conectores de 34 pines.

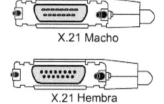

X.21 Macho

X.21 Hembra

o X-21.
Estándar ITU-T para comunicaciones digitales sincrónicas con conectores de 15 pines.

También se cuenta con placas WIC que integran el CSU/DSU en cuyo caso el cable serial no es necesario y el cable que viene de la oficina central del proveedor de servicio se conecta directamente al puerto del router sin necesidad de una CSU/DSU externa.

Líneas punto a punto

Las líneas punto a punto proporcionan comunicaciones preestablecidas en amplias áreas geográficas. Una línea serial permite conectar 2 sitios geográficamente separados.

Cuando son contratadas a un proveedor de servicios se dedica capacidad de transporte fija y recursos de hardware asignados para sostener esa línea de comunicación aunque el carrier puede aún utilizar multiplexación dentro de la red.

Sus características principales son:

- Alto costo.

- Muy baja latencia y jitter.

- Alta disponibilidad.

- Ancho de banda dedicado.

- Requieren un puerto serial dedicado en el router por cada línea.

- Conecta con la red del proveedor a través de un CSU/DSU.

Bases de una conexión serial

La capacidad de las líneas dedicadas sigue las definiciones que se generaron en su momento en base al estándar de las líneas telefónicas. La base de definición de la capacidad de estas líneas es la de una línea telefónica digital o DS0 que es de 64 Kbps. (volumen de tráfico generado por una línea telefónica convencional al ser digitalizada). De ahí que la asignación de ancho de banda de estas líneas es siempre un múltiplo de 64:

Denominación	T-Carrier	E-Carrier
DSO	0,064 Mbps	0,064 Mbps
DS1	T1 - 1,544 Mbps	E1 – 2,048 Mbps
DS2	T2 – 6,312 Mbps	E2 – 8,448 Mbps
DS3	T3 – 44,736 Mbps	E3 – 34,368 Mbps
DS4	T4 – 274,176 Mbps	E4 – 139,264 Mbps
DS5	T5 – 400,352 Mbps	E5 – 565,148 Mbps

 ¡Atención!: El examen de certificación CCNA R&S toma como referencia los estándares comerciales estadounidenses también conocidos como sistemas T-Carrier: T1, T3 y siguientes.
Las referencias a E-Carrier las he incluido solamente a modo ilustrativo.

La línea del proveedor de servicios, típicamente se conecta a un CSU/DSU, que a través de una conexión serial es conectado al router de borde de la red corporativa. Este dispositivo opera en la capa física y actúa como intermediario entre la red del service provider y el router.

La conexión entre la CSU/DSU y el router es una conexión serial sincrónica. Como toda conexión sincrónica tiene un extremo DCE (el CSU/DSU) que controla la velocidad de la conexión, y otro extremo DTE (el router) cuya sincronía es controlada desde el extremo DCE. De este modo el router envía y recibe bits solamente cuando el DCE genera el pulso eléctrico (clocking) correcto en el cable que envía señal de clock.

 El extremo DCE de la conexión es el que define la velocidad o capacidad de la misma.

Sobre ese enlace físico debe implementarse un protocolo de capa de enlace de datos apto para transportar los paquetes a través de la red de transporte del proveedor de servicios.

Protocolos WAN de capa de enlace de datos

Los protocolos de capa de enlace de datos son los que definen la forma en que se negocia la conexión, se encapsulan los datos para su transmisión sobre la WAN, y los mecanismos de transferencia que se utilizan en cada caso.

Todas las encapsulaciones de tramas WAN tienen una estructura semejante, en términos generales derivada de la definida para el protocolo HDLC estándar definido por la ISO.

Encabezado			
Dirección	Control	Datos	FCS

Sin embargo, a pesar de esta similitud de origen cada tipo de trama es incompatible con los demás. Las tramas más frecuentemente utilizadas son

- HDLC.
  High-level Data Link Control.
  En su versión propietaria, es el protocolo por defecto de Cisco para enlaces seriales.

- PPP.
  Point to Point Protocol.
  Protocolo de capa de enlace estándar para enlaces seriales.

- Frame Relay.
  Formato de trama utilizado en redes Frame Relay.

> Hay otros formatos de trama WAN (SDLC, LAPB, SLIP, etc.). Sin embargo, los mencionados son los que se deben tener en cuenta al momento de preparación del examen de certificación CCNA R&S 200-120.

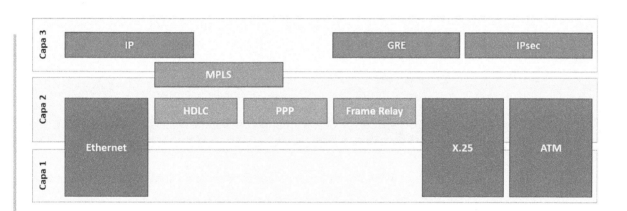

Encapsulación HDLC

Protocolo estándar desarrollado por ISO y aprobado en 1979 que inicialmente fue implementado de diferentes formas por cada fabricante dando lugar a múltiples formatos de encapsulación propietarios. De hecho, Cisco desarrolló un formato de trama propietario que es el que implementan por defecto los puertos seriales.

Especifica un formato de encapsulación de trama para enlaces de datos sincrónicos, orientado a la conexión. Utilizado para trabajar sobre líneas punto a punto dedicadas.

En su versión estándar no admite múltiples protocolos de capa 3 sobre un mismo enlace ya que carece de la posibilidad de identificar el protocolo de capa de red que transporta.

- Protocolo de encapsulación de capa de enlace de datos.

- Proporciona servicios de encapsulación de tramas en enlaces sincrónicos punto a punto.

- Incluye un preámbulo que indica la recepción a continuación de una trama, y un FCS para verificar posibles errores en la transmisión.

- No proporciona autenticación u otros servicios adicionales.

- La versión propietaria de Cisco agrega un campo tipo que le permite soportar múltiples protocolos de capa de red. Esto permite, por ejemplo, transportar IPv4 e IPv6 sobre el mismo enlace.

Flag	Direc	Ctrl	Tipo	Datos	FCS

- El campo de control indica el tipo de trama, que puede ser: de información, de supervisión o con mensajes de configuración.

- El campo FCS puede tener 2 o 4 bytes de longitud y se utiliza para realizar una prueba de redundancia cíclica.

- Es la opción de encapsulación por defecto en enlaces seriales con IOS.

- Dado que es un protocolo propietario, no puede utilizarse en enlaces que unen dispositivos que no son Cisco.

 Atención:
Hay 2 formatos de HDLC a considerar. El estándar y el propietario de Cisco.
En dispositivos Cisco, cuando hablamos de encapsulación HDLC, siempre nos referimos a la versión propietaria.

 A los fines del examen de certificación considere solamente la forma propietaria de HDLC.

Configuración de HDLC

```
Router(config)#interface Serial0/0/0
Router(config)#encapsulation hdlc
```

HDLC es la opción por defecto en interfaces seriales. Si hay otro protocolo configurado, se puede utilizar este comando (no está soportado en todas las plataformas) o se puede negar el protocolo ya configurado, por ejemplo: `no encapsulation ppp`

Habitualmente no es necesario ejecutar el comando ya que es el formato de encapsulación por defecto.

```
Router(config)#ip address 192.168.2.1 255.255.255.0
```

```
Router(config)#clock rate 2000000
```

Cuando la interfaz del router debe operar como DCE (para esto es necesario que se haya conectado un cable DCE), se debe definir el clocking de la interfaz.

La tasa de transferencia del enlace se expresa en bits por segundo. En este caso se trata de un enlace de 2 Mbps. Los valores posibles dependen del hardware de la interfaz.

Este comando no se utiliza cuando el puerto está conectado a una DCU/CSU.

En el caso de enlaces seriales, cuando no se implementa un CSU/DTU, un extremo se comporta como DCE y el otro como DTE. Los routers Cisco son por defecto dispositivos DTE.

En los routers Cisco es el cable conectado a la interfaz el que define el rol DCE o DTE en la conexión.

```
Router(config)#no shutdown
```

Encapsulación PPP

PPP es un protocolo estándar de encapsulación de capa 2 que puede ser utilizado sobre diferentes tipos de enlaces. Originalmente fue desarrollado para operar en línea dedicadas punto a punto aunque hoy puede operar sobre una variedad muy amplia de tecnologías de capa física (enlaces sincrónicos y asincrónicos) y se convirtió en un estándar para la implementación de diversas prestaciones.

Propiamente hablando PPP es un conjunto de protocolos que brindan un servicio sólido y confiable, de fácil configuración y con prestaciones muy importantes. Su propósito básico es transportar paquetes de capa 3 a través de enlaces de datos punto a punto.

- Provee conexiones router a router o terminal a red.

- Sobre circuitos sincrónicos o asincrónicos.

- Es estándar.

- Incluye prestaciones importantes como gestión de calidad del enlace, detección de errores y autenticación.

- Permite transportar múltiples protocolos de capa de red.

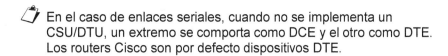

Flag	Direc	Ctrl	Protocolo	Datos	Flag

Componentes de capa física.

- EIA/TIA 232 C.
  Estándar de capa física para comunicaciones seriales.
  Más allá del estándar, PPP puede operar sobre una variedad muy amplia de tecnologías de capa física.

Componentes de capa de enlace de datos.

- LCP.
  Protocolo que establece los mecanismos necesarios para negociar, configurar, mantener y terminar los enlaces punto a punto.
  Permite definir y negociar un conjunto de prestaciones opcionales tales como compresión de datos, autenticación, etc.

- NCP.
  Protocolo que define el mecanismo utilizado para negociar los diferentes protocolos de capa de red (IP, IPX, Apple Talk, etc.) que se transportarán sobre el enlace establecido. De este modo es posible el uso simultáneo de múltiples protocolos de capa 3 sobre un mismo enlace PPP.
  Para cada protocolo de capa de red hay una trama NCP diferente: IPCP para IP, IPXCP para IPX de Novell, CDPCP para Cisco Discovery Protocol, etc.

- HDLC.
  PPP utiliza como método de encapsulación para el transporte de los datos sobre el enlace PPP la encapsulación HDLC estándar de ISO.

Se utiliza una instancia de LCP por cada enlace, y una instancia de NCP por cada protocolo de capa 3 que se negocia en cada enlace.

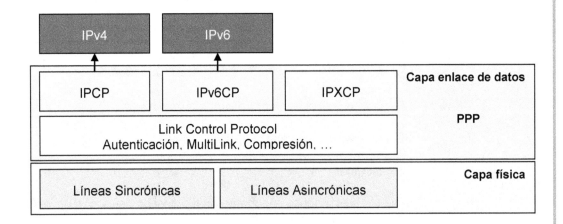

LCP permite negociar entre ambos extremos de la conexión punto a punto una serie de opciones de operación del enlace. Entre las opciones posibles, destaco:

- Autenticación.
  PPP permite autenticar uno o ambos extremos del enlace punto a punto.
  Si esta opción está habilitada PPP requiere que el dispositivo que establece la llamada se autentique para verificar que se trata de una

conexión autorizada.
PPP permite optar entre 2 protocolos de autenticación:

- ○ PAP.
  Envía usuario y clave para la autenticación en texto plano.
  El nodo remoto tiene control de la frecuencia y temporización de los intentos de conexión.
  Sólo autentica durante el proceso de establecimiento de la sesión.

- ○ CHAP.
  Autentica en el establecimiento de la sesión y periódicamente durante la sesión envía un valor de desafío (hash) que si no es respondido correctamente cancela la sesión.
  El valor de desafío es cifrado por el otro extremo del enlace y enviado de regreso para su evaluación. Para este intercambio utiliza un mecanismo de intercambio de triple vía cifrando el valor de desafío con MD5. Para este intercambio utiliza un mecanismo de intercambio de información encriptada utilizando MD5.

- Compresión.
  La implementación de compresión sobre el enlace permiten aumentar la tasa de transferencia efectiva. No se aconseja su implementación si el tráfico está compuesto mayoritariamente por archivos comprimidos, ya que utilizará procesamiento sin reportar un beneficio significativo.
  PPP permite optar entre 2 protocolos de compresión:

  - ○ Stacker.

  - ○ Predictor.

- Detección de errores.
  Otra característica opcional que se puede utilizar en enlaces PPP es la activación de métodos de detección de fallas en la transmisión de las tramas. PPP ofrece 2 métodos de detección de fallos:

  - ○ Quality.

  - ○ Magic Number.

- Multilink.
  Se trata de una funcionalidad soportada a partir de Cisco IOS 11.1.
  Proporciona balanceo de carga entre varias interfaces que utilizan PPP.
  Permite consolidar múltiples enlaces físicos que implementan PPP como un único enlace lógico, mejorando la tasa de transferencia y reduciendo la latencia entre routers pares.

El establecimiento de un enlace PPP pasa por varias etapas:

1. Fase de establecimiento de la conexión.
   Se utilizan tramas LCP para configurar y probar el enlace. Se aprovecha el campo configuración de las tramas para negociar las opciones, si no hay opciones en el campo se utilizan las opciones por defecto.

2. Fase de autenticación (opcional).
   Se ejecuta si se seleccionó PAP o CHAP como procedimientos de autenticación.
   LCP también permite en esta fase realizar una prueba opcional de determinación de la calidad del enlace.

3. Fase de protocolo de red.
   Se utilizan tramas NCP para seleccionar y configurar uno o varios protocolos de capa de red sobre el enlace.

4. Transferencia de datos.

5. Fase de cierre de la sesión.
   Para esto se utilizan tramas LCP de terminación del enlace.

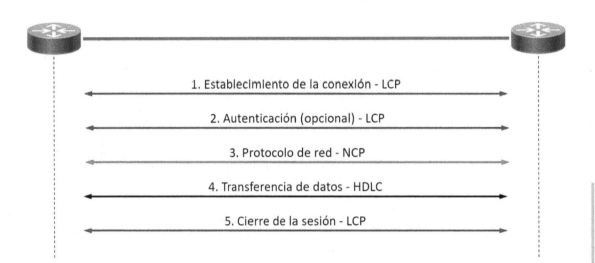

Estructura de la trama PPP

Para la transmisión de datos PPP utiliza tramas HDLC estándar de ISO versión 2. En consecuencia, la trama de datos PPP es una trama HDLC cuyo campo dirección está completo en 1, y cuyo campo de control es 00000011:

Dirección	Control	Protocolo	Datos	FCS
11111111	00000011	2 Bytes		2 Bytes

La longitud máxima por defecto del campo de datos de la trama HDLC de PPP es 1500 Bytes.

Configuración de PPP

```
Router#config terminal
Router(config)#interface serial 0/0/0
```

```
Router(config-if)#encapsulation ppp
```

Activa PPP como protocolo de encapsulación del enlace. Modifica la opción por defecto de la interfaz que es HDLC.

El protocolo de encapsulación debe coincidir en ambos extremos del enlace.

Verificación y monitoreo

```
Router#show controllers Serial0/0/0
```

Muestra información de la interfaz física y el tipo de cable que tiene conectado.

Es el comando que debemos utilizar para verificar si el cable conectado a la interfaz es DCE o DTE.

```
Router#show interfaces serial 0/0/0
Serial0/0/0 is up, line protocol is up
  Hardware is HD64570
Internet address is 192.168.13.1/24
MTU 1500 bytes, BW 64Kbit, DLY 20000 usec, rely 255/255, load 1/255
Encapsulation PPP, loopback not set, keepalive set (10 sec)
LCP Open
```

Indica la encapsulación que está utilizando actualmente el enlace (PPP) y el estado de negociación de LCP (Open indica que se encuentra operativo).

```
Open: IPCP, CDPCP
[Continúa...]
```

Muestra las instancias de NCP que han negociado. En este caso se ha negociado IPv4 (IPCP) y CDP (CDPCP).

Autenticación con PPP

PPP ofrece una prestación opcional de autenticación que permite mejorar la seguridad de los enlaces. Cuando se encuentra activada los dispositivos que inician una sesión deben pasar el proceso de autenticación antes de que se establezca el enlace; si por algún motivo el proceso de autenticación falla, el enlace no se establece.

Si la autenticación falla, la interfaz queda en estado up/down.

PPP define 2 protocolos de autenticación:

- PAP

  o Es un mecanismo de intercambio de 2 vías simple.

  o El dispositivo que inicia la conexión solicita ser autenticado enviando la clave en texto plano. El dispositivo que recibe la clave confirma que es la correcta y envía un mensaje de acknowledgment para informar que la autenticación fue exitosa.

o El nodo remoto controla la frecuencia con la que se re-intenta el intercambio de credenciales cuando no se autentica en el intercambio inicial.

o El intercambio se realiza solamente en el momento previo al establecimiento del enlace y sin utilizar cifrado en las credenciales.

o Está en desuso porque el intercambio de la clave en texto plano lo hace muy vulnerable.

- CHAP

o Es la opción más segura, la preferida y más implementada.

o El dispositivo que requiere autenticación inicia un intercambio de triple vía enviando un texto de desafío (challenge) solicitando respuesta. El dispositivo que recibe el desafío devuelve el texto luego de pasarlo por un algoritmo de hash (MD5). Finalmente el que inició el proceso compara el hash recibido para verificar que sea el correcto, y si la comparación es exitosa envía al otro extremo el mensaje de confirmación.

o El valor de desafío que utiliza es único y seleccionado al azar.

o Las credenciales nunca se envían entre los dispositivos a través del enlace.

o Repite periódicamente el proceso de autenticación para asegurar que se mantiene la valides de la conexión. El período de tiempo para la repetición es seleccionado al azar por el autenticador.

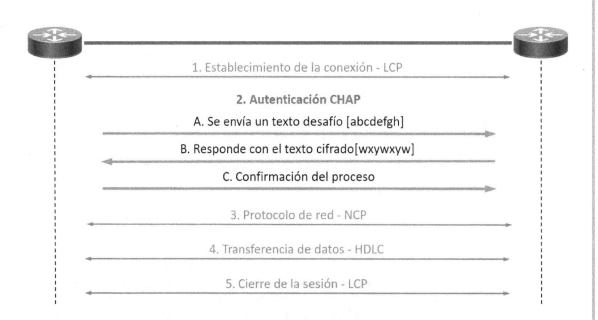

1. Establecimiento de la conexión - LCP

2. Autenticación CHAP

A. Se envía un texto desafío [abcdefgh]

B. Responde con el texto cifrado[wxywxyw]

C. Confirmación del proceso

3. Protocolo de red - NCP

4. Transferencia de datos - HDLC

5. Cierre de la sesión - LCP

Vamos a revisar el procedimiento de configuración de un enlace PPP con autenticación PAP/CHAP utilizando un ejemplo para facilitar su compresión. En el ejemplo vamos a implementar autenticación bidireccional, es decir, ambos routers van a requerir recíprocamente que el dispositivo en el otro extremo del enlace se autentique al momento de intentar establecer el enlace.

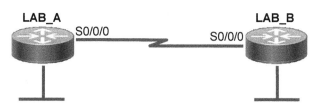

 Tenga en cuenta que la autenticación también podría ser unidireccional, para lo cual el requerimiento de autenticación se configura en uno solo de los extremos de la conexión.

```
LAB_A#configure terminal
LAB_A(config)#username LAB_B password cisco
```

Define las credenciales de autenticación que es necesario que envío el dispositivo en el otro extremo del enlace para que la autenticación sea exitosa.

Esto crea la base de datos de credenciales que se utilizará para validar las credenciales que se recibirán del otro extremo de la conexión.

```
LAB_A(config)#interface serial 0/0/0
LAB_A(config-if)#encapsulation ppp
LAB_A(config-if)#ppp authentication pap
```

Indica que esta interfaz requiere autenticación PAP sobre este enlace para identificar el dispositivo en el otro extremo.

El otro extremo deberá enviar las credenciales creadas antes en la base de datos local con el comando username.

```
LAB_A(config-if)#ppp pap sent-username LAB_A password cisco
```

Define las credenciales de autenticación que se han de enviar al dispositivo en el otro extremo del enlace.

```
LAB_A(config-if)#no shutdown

LAB_B#configure terminal
LAB_B(config)#username LAB_A password cisco
LAB_B(config)#interface serial 0/0/0
LAB_B(config-if)#encapsulation ppp
LAB_B(config-if)#ppp authentication pap
LAB_B(config-if)#ppp pap sent-username LAB_B password cisco
LAB_B(config-if)#no shutdown
```

Configuración de autenticación CHAP

```
Router#configure terminal
Router(config)#hostname LAB_A
```

En este caso es necesario configurar hostname ya que es utilizado como username para la autenticación con el peer.

```
LAB_A(config)#username LAB_B password cisco
```

Genera las credenciales de autenticación para el dispositivo remoto que solicitará conexión con este router. Ambos parámetros son sensibles a mayúsculas y minúsculas.

El username corresponde con el hostname del dispositivo que requerirá conexión

```
LAB_A(config)#interface serial 0/0/0
LAB_A(config-if)#encapsulation ppp
LAB_A(config-if)#ppp authentication chap
```

La sesión PPP que se inicie a través de esta interfaz será autenticada utilizando CHAP.

```
LAB_A(config-if)#no shutdown

Router#configure terminal
Router(config)#hostname LAB_B
LAB_B(config)#username LAB_A password cisco
LAB_B(config)#interface serial 0/0/0
LAB_B(config-if)#encapsulation ppp
LAB_B(config-if)#ppp authentication chap
LAB_B(config-if)#no shutdown
```

Verificación

```
LAB_A#show ppp all
```

Verifica las sesiones PPP establecidas y muestra la información de autenticación utilizada.

```
LAB_A#debug ppp negotiation
```

Permite monitorear el proceso de intercambio de tramas LCP y NCP durante la negociación del enlace.

```
LAB_A#debug ppp authentication
```

Muestra cada uno de los pasos del proceso de autenticación de PPP.

En este caso se trata de autenticación unidireccional utilizando CHAP, con lo que se puede visualizar el intercambio de triple vía implementado por el protocolo.

```
1d01h: %LINK-3-UPDOWN: Interface Serial0/0/0, changed state to up
1d01h: Se0/0/0 PPP: Testing connection as a dedicated line
1d01h: Se0/0/0 PPP: Phase is AUTHENTICATING, by both
```

```
1d01h: Se0/0/0 CHAP: O CHALLENGE id 2 len 28 from "LAB_B"
1d01h: Se0/0/0 CHAP: I RESPONSE id 2 len 28 from "LAB_A"
1d01h: Se0/0/0 CHAP: O SUCCESS id 2 len 4
1d01h: %LINEPROTO-5-UPDOWN: Line protocol on Interface
Serial0/0/0,change state to up
```

En este caso, el dispositivo con nombre de host "LAB_B" requiere al dispositivo de nombre "LAB_A" que se autentique.

```
LAB_A#debug ppp packet
```

Muestra los paquetes PPP que se envían y reciben.

Multilink PPP

Multilink PPP provee un método para distribuir el tráfico a través de múltiples conexiones PPP paralelas.

- Está descrito en el RFC 1990.

- Combina múltiples enlaces físicos en un conjunto lógico que recibe el nombre de "Multilink PPP".

- Aplicado sobre interfaces seriales provee algunas prestaciones:

  o Balanceo de carga sobre múltiples enlaces seriales.
    Idealmente los enlaces que componen el multilink debieran ser del mismo ancho de banda. Sin embargo también es posible mezclar enlaces de diferente ancho de banda.

  o Como es parte del estándar permite interoperabilidad entre múltiples fabricantes.

  o Mejora de la redundancia.
    Ante la caída de un enlace individual el tráfico se mantiene sobre los enlaces remanentes sin afectar la conexión (no es necesario renegociar rutas).

  o Posibilidad de fragmentación e intercalado (LFI).
    Este mecanismo intercala el envío de paquetes de aplicaciones de tiempo real con paquetes de aplicaciones que no operan en tiempo real para reducir la variación del delay al que se someten los paquetes de aplicaciones de tiempo real.

- Opera tanto sobre enlaces sincrónicos como asincrónicos, utilizando enlaces seriales con encapsulación PPP.

- El conjunto lógico MLP se presenta como una única interfaz virtual que conecta con el dispositivo remoto. Esto proporciona un único punto para aplicar las políticas de calidad de servicio.

- Todas las estadísticas de tráfico se registran sobre la interfaz virtual.

- Se pueden asociar hasta 10 enlaces seriales y hasta 8 enlaces PPPoE en un único multilink.

Configuración de un enlace multilink

1. Creación de la interfaz virtual

```
Router(config)#interface Multilink 1
```
Crea la interfaz virtual multilink y le asigna un identificador (en este ejemplo es "1"). Al mismo tiempo ingresa al submodo de configuración de la interfaz.

```
Router(config-if)#ip address 192.168.100.1 255.255.255.252
```
Se asigna una dirección IP a la interfaz virtual. La configuración de capa 3 se hace en la interfaz virtual, no en las interfaces físicas que luego se asociarán.

```
Router(config-if)#ppp multilink
```
Activa multilink PPP en la interfaz virtual.

```
Router(config-if)#ppp multilink group 1
```
Genera un ID de grupo para identificar cuáles son los enlaces físicos que estarán asociados a la interfaz virtual que se acaba de crear.

```
Router(config-if)#exit
```

2. Asociación de interfaces físicas a la interfaz virtual

```
Router(config)#interface serial0/0
Router(config-if)#no ip address
```
Remueve una posible configuración IP en la interfaz.

```
Router(config-if)#encapsulation ppp
```
Activa el protocolo PPP en la interfaz.

```
Router(config-if)#ppp multilink
```
Activa multilink PPP en la interfaz.

```
Router(config-if)#ppp multilink group 1
```
Define el conjunto de interfaces multilink al que ha de asociarse el puerto. Se utiliza el ID de grupo para asociar la interfaz física con el grupo multilink y la interfaz virtual.

```
Router(config-if)#exit
Router(config)#interface serial0/1
Router(config-if)#no ip address
Router(config-if)#encapsulation ppp
Router(config-if)#ppp multilink
Router(config-if)#ppp multilink group 1
Router(config-if)#exit
Router(config)#
```

```
Router#show ppp multilink
```
Permite verificar qué interfaces físicas están vinculadas a cuál interfaz virtual y desde qué momento. También muestra si hay interfaces multilink inactivas.

```
Router#show interfaces Multilink 1
```
Muestra el estado de la interfaz virtual que se indica, su operación, y las estadísticas de tráfico.

La interfaz permanecerá activa (up/up) mientras al menos uno de los enlaces físicos asociados se encuentre en ese estado.

PPP over Ethernet (PPPoE)

PPP ha sido desde los inicios de la implementación de Internet el protocolo preferido por los ISPs dado que es posible implementarlo tanto en líneas analógicas (dial-up telefónico), como digitales (ISDN), y posibilita la implementación de un método de autenticación como CHAP que permite verificar la información del usuario que se conecta. La autenticación constituyó desde el inicio un medio eficaz de control de los suscriptores por parte de los ISPs.

La introducción de conexiones ADSL generó en este punto una dificultad a resolver: la red sobre la que se establece la conexión ya no es un enlace punto a punto sino una red compartida; además, la conexión entre el módem ADSL y la PC o router conectados es FastEthernet.

En este punto es donde se introduce PPPoE, una tecnología de establecimiento de enlaces capa 2 que permite enviar tramas PPP encapsuladas en tramas Ethernet (lo que se llama propiamente un túnel), y de esta manera se pueden mantener los mecanismos de autenticación ya en uso.

PPPoE permite emular un enlace punto a punto sobre una red de medio compartido que típicamente es una red de banda ancha.

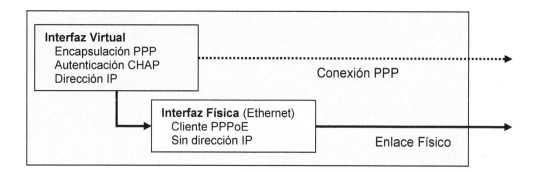

El escenario más frecuente supone correr un cliente PPPoE en la terminal o router que se conecta a un servidor PPPoE del lado del proveedor, servidor del cual obtiene su configuración.

Para esto se utiliza:

- Una interfaz virtual que utiliza la encapsulación PPP con autenticación CHAP que permite verificar usuario y clave.

- La interfaz virtual se asocia a la interfaz física que se utilizará como interfaz de salida.

- En la interfaz física se habilita el cliente PPPoE.

El cliente PPPoE

Cisco IOS incluye un cliente PPPoE que permite implementar esta solución del lado del cliente en un router IOS que puede operar como cliente PPPoE.

Es una implementación habitual en redes DSL los ISPs de servicios DSL suelen entregar un módem DSL que utiliza ATM o Ethernet para conectarse con el DSLAM.

- El módem DSL actúa como un bridge y el router como cliente PPPoE.

- El router opera como cliente PPPoE hacia la red del ISP para luego distribuir conectividad internamente en la LAN.

- En una implementación típica el router no sólo actúa como cliente PPPoE sino también como caja NAT y servidor DHCP.

- El cliente PPPoE es el que inicia la conexión y en caso de que se interrumpa intentará el restablecimiento de la misma.

La activación de la sesión PPPoE requiere completar un procedimiento de 4 pasos.

- El cliente envía un paquete PADI en formato broadcast.

- El servidor al recibir un PADI responde enviando un PADO al cliente.

- El cliente puede recibir varios PADOs. El cliente revisa los varios paquetes recibidos y elije uno de ellos. La elección puede hacerse en base al nombre del concentrador PPPoE o el servicio que ofrece.
Como respuesta el cliente envía un paquete PADR al servidor de su elección.

- El servidor o concentrador responde enviando un paquete PADS creando una interfaz virtual para luego negociar PPP, y la sesión PPPoE corre en esta interfaz virtual.

1. PPPoE Active Discovery Initiation

2. PPPoE Active Discovery Offer

3. PPPoE Active Discovery Request

4. PPPoE Active Discovery Session-confirmation

Si el cliente PPPoE no recibe respuesta de un servidor, entonces continuará enviando paquetes PADI en intervalos de tiempo crecientes hasta alcanzar el límite definido y detenerse.

Si la negociación de PPP fracasa, la sesión PPPoE y la interfaz virtual quedan en estado "down".

Configuración

En primer lugar es necesario crear una interfaz de discado (dialer interface).

```
Router(config)#interface Dialer1
```

Crea una interfaz virtual de discado (dialer), le asigna un ID (en este caso "1") e ingresa al modo de configuración de esta interfaz virtual.

Esta interfaz será la que utilizará la sesión PPPoE.

```
Router(config-if)#ip address negotiated
```

Indica que la dirección IP será asignada por el servidor como resultado de la negociación de PPP IPCP.

```
Router(config-if)#encapsulation ppp
```

Asigna encapsulación PPP para la interfaz. En esta interfaz se agrega el encabezado PPP.

```
Router(config-if)#dialer pool 1
```

Especifica un dialing pool para que la interfaz lo utilice para conectarse a una subred de destino específica.

Una vez creada la interfaz virtual hay que asociar esa interfaz creada a la interfaz Ethernet física que se utilizará para la conexión.

```
Router(config-if)#exit
Router(config)#interface GigabitEthernet0/1
Router(config-if)#no ip address
```

La interfaz física no debe contar con direccionamiento propio. La interfaz activa a nivel de capa 3 es la interfaz virtual asociada.

```
Router(config-if)#pppoe-client dial-pool-number 1
```
Vincula la interfaz virtual que se creó antes (cuyo ID es "1") con la interfaz Ethernet física que será la que agregue el encabezado Ethernet.

```
Router(config-if)#exit
Router(config)#
```

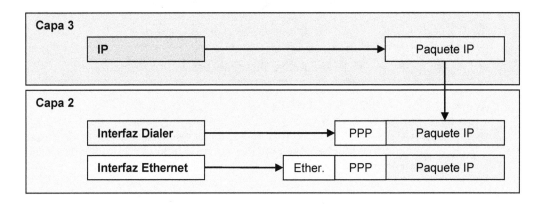

Verificación de la operación de PPPoE

```
Router#show ip interface brief
```
Permite verificar el estado y la dirección IP asignada a la interfaz virtual que se crea.

La interfaz física se debe ver activa pero sin dirección IP asignada.

```
Router#show pppoe session
```
Muestra las sesiones PPPoE y el puerto físico que utilizan.

Túneles GRE

GRE es un protocolo de tunelizado que permite crear una ruta para transportar paquetes sobre una red pública encapsulando los paquetes en un protocolo de transporte.

Es ampliamente utilizado y muy conocido en función de su versatilidad y posibilidad de implementación prácticamente en todos los entornos.

- Se identifica con el ID 47 del campo protocolo del encabezado IP.

- Está definido en los RFCs 1701, 1702 y 2784.

- Soporta múltiples protocolos de capa 3 (IP, IPX, etc.).

- Permite el uso de multicast y broadcast sobre el túnel.

- Agrega un encabezado IP de 20 bytes y un encabezado GRE de 4 bytes (24 bytes en total agregados).

Dado que el túnel agrega 24 bits al paquete original es necesario ajustar el MTU de las interfaces que atraviesa el túnel GRE.

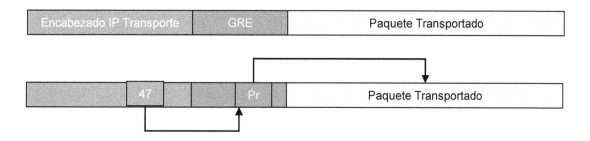

- El encabezado GRE incluye un campo protocolo para soportar el transporte de cualquier protocolo de capa 3.

- Puede incorporar un checksum del túnel, una llave y un número de secuencia.

- No encripta tráfico ni aplica otras medidas de seguridad robustas.

- GRE sobre IPsec es una implementación típica para redes hub and spoke para minimizar la cantidad de túneles que debe mantener cada router.

- No incluye ningún mecanismo de control de flujo.

La implementación de GRE requiere la creación de una interfaz de túnel, en la cual se aplican múltiples encabezados:

- El encabezado propio del "protocolo pasajero", es decir, el contenido transportado por el túnel. Por ejemplo IPv4 e IPv6.

- Un encabezado del protocolo de transporte: GRE.

- Un protocolo para la entrega del transporte, en este caso IPv4, que es el que transporta el protocolo de transporte.

Configuración de un túnel GRE

```
RouterA(config)#interface tunnel 1
```
Crea la interfaz de túnel, le asigna un ID (en este caso 1) e ingresa al modo de configuración de la interfaz túnel.

```
RouterA(config-if)#tunnel mode gre ip
```
Define que se trata de un túnel GRE. Es el modo por defecto de las interfaces túnel por lo que puede omitirse el comando.

```
RouterA(config-if)#ip address 192.168.100.49 255.255.255.252
```
Asigna una dirección IP para la interfaz de túnel.

```
RouterA(config-if)#tunnel source 10.1.1.10
```
Establece la IP de origen del túnel. Es la dirección IP origen del encabezado externo o encabezado para la entrega. Es la dirección IP de la interfaz física a través de la cual ha de salir el túnel.

```
RouterA(config-if)#tunnel destination 172.16.100.1
```
Define la dirección IP en la cual finaliza el túnel. Es la dirección IP de destino del encabezado para la entrega. Es la dirección IP de la interfaz física en la cual se ha de recibir el túnel.

```
RouterB(config)#interface tunnel 1
RouterB(config-if)#tunnel mode gre ip
RouterB(config-if)#ip address 192.168.100.50 255.255.255.252
RouterB(config-if)#tunnel source 172.16.100.1
RouterB(config-if)#tunnel destination 10.1.1.10
```

Verificación de la operación del túnel GRE

```
Router#show ip interface brief tunnel 1
```
Verifica el estado de la interfaz túnel.

```
Router#show interface tunnel 1
```
Permite verificar el estado del túnel GRE, la dirección IP asignada, las direcciones IP origen y destino definidas y el protocolo de transporte.

```
Router#show ip route
```
Permite verificar que la red del túnel aparezca como directamente conectada al dispositivo, y que se dispone de una ruta apta para alcanzar la IP de destino del túnel.

iWAN

El desarrollo de las redes actuales, entre otros elementos, está generando una mayor demanda de ancho de banda en las redes remotas. Paralelamente el acceso a Internet se ha hecho cada vez más confiable y económico. iWAN es una propuesta de diseño e implementación de redes WAN que permite tomar ventaja de estas conexiones más económicas sin comprometer la performance, disponibilidad y seguridad de las aplicaciones.

iWAN hace que el tráfico sea enrutado a través de conexiones WAN en base a múltiples factores: la aplicación, SLAs, tipo de terminales y condiciones de la red. El objetivo es asegurar la mejor experiencia posible.

Los componentes de la solución son:

- Transporte independiente de la conectividad.
  Se genera una red DMVPN a través de todos los sistemas de conectividad disponibles. De esta manera se tiene una única red con un único dominio de enrutamiento.

Esto da gran flexibilidad al uso de cualquier medio de conexión disponible y permite converger la red sin modificar la arquitectura subyacente.

- Control de ruta inteligente.
  Utilizando PfR (Performance Routing) mejora la entrega y eficiencia de las aplicaciones. Dinámicamente controla las decisiones de reenvío de los paquetes considerando tipo de aplicación, performance, políticas y estado de las rutas.

- Optimización de aplicaciones.
  AVC y WAAS brindan visibilidad y ayudan a optimizar la performance de las aplicaciones sobre los enlaces WAN.

- Conectividad muy segura.
  Toma ventaja de todas las prestaciones que pueden aportar las VPNs IPsec, los firewalls, la segmentación de la red y otros features de seguridad.

 Si deseas profundizar o mantener actualizados los temas que he desarrollado en este capítulo sugiero tres recursos, la página de Cisco Systems, mi blog dedicado al desarrollo de estos temas en castellano y las diferentes comunidades en las redes sociales:

> http://www.cisco.com
> http://librosnetworking.blogspot.com
> https://www.facebook.com/groups/librosnetworking/

D. Prácticas de laboratorio

A continuación propongo algunos ejercicios prácticos que pueden resultarle útiles para fijar o revisar los contenidos planteados en la sección anterior.

Para el desarrollo de estas prácticas utilizo como base la maqueta de trabajo que detallo en el capítulo "La preparación para el examen" al inicio de este manual.

Laboratorio 7.1: Configuración y verificación de enlaces PPP

 Para la realización de los laboratorios de esta Guía he diseñado la topología de una maqueta única que permite cubrir todos los ejercicios propuestos.
Para este ejercicio debe concentrarse solamente en una parte de esa maqueta, a la que denominamos "Topología a utilizar".

Topología a utilizar

Es este laboratorio nos vamos a concentrar específicamente en dos dispositivos de la maqueta: los routers CE y PE.

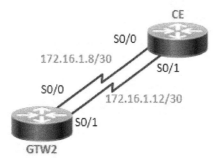

 Para la asignación de direcciones de cada puerto y terminal diríjase a la tabla "Direccionamiento IP inicial" al inicio de la Guía.

Consideraciones a tener en cuenta para este ejercicio:

- Si bien no se utiliza ningún enlace fuera de los seriales que conectan GTW2 con CE, mantenga operativos los demás puertos y el enrutamiento actual. Esto permitirá contar con una tabla de enrutamiento más nutrida.

- Ambos enlaces seriales deben utilizar encapsulación PPP.

- En ambos enlaces seriales el extremo DCE de la conexión es el router CE. Ambos enlaces tienen un ancho de banda de 4 Mbps.

Direccionamiento IP inicial

Dispositivo	Interfaz	IP	Máscara de Subred
GTW2	S0/0	172.16.1.9	255.255.255.252
	S0/1	172.16.1.13	255.255.255.252
CE	S0/0	172.16.1.10	255.255.255.252
	S0/1	172.16.1.14	255.255.255.252

Configuración y verificación de encapsulación PPP

En esta primera etapa hemos de trabajar sobre el enlace serial que une los routers GTW2 y CE a través de sus puertos Seriales 0/0-

1. Ingrese a la consola del router CE y configure el puerto de modo que utilice encapsulación PPP. Como consecuencia el puerto debe quedar inoperativo.

```
CE#configure terminal
CE(config)#interface serial0/0
CE(config-if)#encapsulation ppp
CE(config-if)#end
```

2. Repita la misma operación en el router GTW2. Al terminar el enlace volverá a estar operativo.

```
GTW2#configure terminal
GTW2(config)#interface serial0/0
GTW2(config-if)#encapsulation ppp
GTW2(config-if)#end
```

3. Verifique el cambio de encapsulación en la interfaz serial. En el resultado del comando show interfaces debe ver ahora, no solamente que la interfaz está up/up, sino también que la encapsulación es PPP, que el protocolo LCP ha negociado (LCP open), y que se han negociado los protocolos de capa de red transportados (IPCP).

```
GTW2#show interfaces Serial0/0
```

Implementación de autenticación PAP

1. Cree las credenciales que utilizaremos para la autenticación PAP en el enlace Serial 0/0 de los routers CE y GTW2. Para esta tarea utilice como credenciales las siguientes:

   o Usuario: Enlace1

   o Clave: cisco123

```
CE#configure terminal
CE(config)#username Enlace1 password cisco123
```

```
GTW2#configure terminal
GTW2(config)#username Enlace1 password cisco123
```

2. Configure el enlace Serial 0/0 del router CE para que utilice autenticación PAP con las credenciales que acaba de crear en el paso anterior. Observe que al agregar la autenticación el enlace sale de operación.

```
CE(config)#interface serial 0/0
CE(config-if)#ppp authentication pap
CE(config-if)#ppp pap sent-username Enlace1 password cisco123
CE(config-if)#end
```

3. Configure ahora el enlace Serial 0/0 del router GTW2 para que utilice autenticación PAP con las credenciales creadas antes. Ahora, al completar la tarea, el enlace debe regresar a operación.

```
GTW2(config)#interface serial 0/0
GTW2(config-if)#ppp authentication pap
GTW2(config-if)#ppp pap sent-username Enlace1 password cisco123
```

4. Verifique la sesión PPP. Debe observar que está operando sobre el puerto Serial 0/0, incluyendo los protocolos que se han negociado (incluyendo PAP), la identidad del dispositivo asociado y el usuario utilizado en la autenticación.

```
GTW2(config-if)#end
GTW2#show ppp all
```

Implementación de autenticación CHAP

Para la implementación de CHAP utilizaremos el enlace paralelo que tenemos entre CE y GTW2 a través de las interfaces Serial 0/1

1. Desde la consola de CE, verifique que el puerto Serial 0/1 es el extremo DCE de la conexión entre CE y GTW2.

```
CE#show controllers serial 0/1
```

2. En el modo de configuración global cree las interfaces que utilizará para la autenticación CHAP con el router GTW2. En este caso, el usuario es el hostname de GTW2.

```
CE#configure terminal
CE(config)#username GTW2 password cisco123
```

3. Ingrese a la configuración del puerto Serial 0/1 y ajuste su configuración siguiendo los siguientes parámetros:

- o Encapsulación: PPP
- o Autenticación: CHAP
- o Velocidad del enlace: 4 Mbps

| | o | IP: | 172.16.1.14/30 |

```
CE(config)#interface serial 0/1
CE(config-if)#clock rate 4000000
CE(config-if)#bandwidth 4000
CE(config-if)#encapsulation ppp
CE(config-if)#ppp authentication chap
CE(config-if)#ip address 172.16.1.14 255.255.255.252
CE(config-if)#end
```

4. Ingrese ahora en la consola de GTW2 y cree las credenciales necesarias para la autenticación.

```
GTW2#configure terminal
GTW2(config)#username CE password cisco123
```

5. Ingrese a la configuración del puerto Serial 0/1 y configúrelo de acuerdo a la siguiente información:

	o	Encapsulación:	PPP
	o	Autenticación:	CHAP
	o	Velocidad del enlace:	4 Mbps
	o	IP:	172.16.1.13/30

```
GTW2(config)#interface serial 0/1
GTW2(config-if)#bandwidth 4000
GTW2(config-if)#encapsulation ppp
GTW2(config-if)#ppp authentication chap
GTW2(config-if)#ip address 172.16.1.13 255.255.255.252
GTW2(config-if)#end
```

6. Terminada la operación el enlace debe volverse operativo.

7. Para visualizar el proceso de autenticación active ahora el debug de autenticación para tener las notificaciones en la pantalla de la consola de GTW2 he ingrese al modo de configuración de la interfaz Serial 0/1. Inhabilite la interfaz, aguarde la notificación de que el puerto ya no está operativo, y vuelva a habilitarlo.
De este modo PPP deberá volver a negociar, negociar la autenticación, y esto se reflejará en los mensajes de eventos.

```
GTW2#debug ppp authentication
GTW2#configure terminal
GTW2(config)#interface serial 0/1
GTW2(config-if)#shutdown

GTW2(config-if)#no shutdown
GTW2(config-if)#end
```

8. Finalmente, verifique la nueva sesión PPP.

```
GTW2#show ppp all
```

9. Antes de concluir el laboratorio dejaremos listos los dispositivos para el ejercicio siguiente.
   Asegúrese de eliminar la autenticación en ambos enlaces, dejando solamente la encapsulación PPP. Al terminar la operación ambos enlaces deben estar operativos.

```
GTW2#configure terminal
GTW2(config)#interface serial 0/0
GTW2(config-if)#no ppp authentication pap
GTW2(config-if)#no ppp pap sent-username Enlace1 password cisco123
GTW2(config-if)#interface serial 0/1
GTW2(config-if)#no ppp authentication chap
GTW2(config-if)#end
GTW2#show ip interface brief

CE#configure terminal
CE(config)#interface serial 0/0
CE(config-if)#no ppp authentication pap
CE(config-if)#no ppp pap sent-username Enlace1 password cisco123
CE(config-if)#interface serial 0/1
CE(config-if)#no ppp authentication chap
CE(config-if)#end
CE#show ip interface brief
```

De esta manera concluye este laboratorio.

Laboratorio 7.2: Configuración y verificación de MLPPP

> 📝 Para la realización de los laboratorios de esta Guía he diseñado la topología de una maqueta única que permite cubrir todos los ejercicios propuestos.
> Para este ejercicio debe concentrarse solamente en una parte de esa maqueta, a la que denominamos "Topología a utilizar".

Topología a utilizar

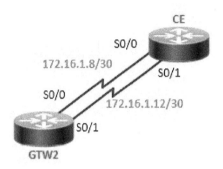

> 📝 Para la asignación de direcciones de cada puerto y terminal diríjase a la tabla "Direccionamiento IP inicial" al inicio de la Guía.

Consideraciones a tener en cuenta para este ejercicio:

- Si bien no se utiliza ningún enlace fuera de los seriales que conectan GTW2 con CE mantenga operativos los demás puertos y en el enrutamiento actual. Esto permitirá contar con una tabla de enrutamiento más nutrida.

- Asegúrese de inhabilitar el enlace que conecta de modo directo los routers GTW1 y GTW2 desactivando la interfaz Gi0/2 de GTW2.

- Ambos enlaces seriales deben utilizar encapsulación PPP.

- En ambos enlaces seriales el extremo DCE de la conexión es el router CE. Ambos enlaces tienen un ancho de banda de 4 Mbps.

Direccionamiento IP inicial

Dispositivo	Interfaz	IP	Máscara de Subred
GTW2	S0/0	172.16.1.9	255.255.255.252
	S0/1	172.16.1.13	255.255.255.252
CE	S0/0	172.16.1.10	255.255.255.252
	S0/1	172.16.1.14	255.255.255.252

Configuración de MLPP

1. Acceda a través de la consola a ambos routers y verifique el estado de las interfaces seriales. Ambas interfaces debieran estar operativa en cada router, utilizando encapsulación PPP y con su configuración IP completa

```
GTW2#show interfaces Serial0/0
GTW2#show interfaces Serial 0/1

CE#show interfaces Serial 0/0
CE#show interfaces Serial 0/1
```

2. En el router CE implemente nuevamente OSPF.

```
CE#configure terminal
CE(config)#router ospf 1
CE(config-router)#network 201.1.1.10 0.0.0.255 area 1
CE(config-router)#network 172.16.1.4 0.0.0.3 area 0
CE(config-router)#network 172.16.1.8 0.0.0.3 area 0
CE(config-router)#network 172.16.1.12 0.0.0.3 area 0
CE(config-router)#end
```

3. En el router GTW2 incorpore el enlace del puerto Serial 0/1 al proceso de OSPF.

```
GTW2#configure terminal
GTW2(config)#router ospf 1
GTW2(config-router)#network 172.16.1.12 0.0.0.3 area 0
GTW2(config-router)#end
```

4. Verifique la tabla de enrutamiento del router GTW2. Encontrará 2 rutas con destino a la red 200.1.1.0/24 y otras 2 a la red 172.16.1.4/30.

```
GTW2#show ip route
```

5. Cree una interfaz multilink en el router GTW2 con los siguientes elementos:

    o   Número de grupo: 1

    o   Dirección IP: 172.16.2.1/30

```
GTW2#configure terminal
GTW2(config)#interface multilink1
GTW2(config-if)#ip address 172.16.2.1 255.255.255.252
GTW2(config-if)#ppp multilink
GTW2(config-if)#ppp multilink group 1
```

6. Ingrese la red 172.16.2.0/30 al proceso de OSPF de GTW2.

```
GTW2(config-if)#router ospf 1
GTW2(config-router)#network 172.16.2.0 0.0.0.3 area 0
GTW2(config-router)#end
```

7. Cree una interfaz multilink en el router CE con los siguientes elementos:

- Número de grupo: 1

- Dirección IP: 172.16.2.2/30

```
CE#configure terminal
CE#config)#interface multilink1
CE(config-if)#ip address 172.16.2.2 255.255.255.252
CE(config-if)#ppp multilink
CE(config-if)#ppp multilink group 1
```

8. Ingrese la red 172.16.2.0/30 al proceso de OSPF de CE.

```
CE(config-if)#router ospf 1
CE(config-router)#network 172.16.2.0 0.0.0.3 area 0
CE(config-router)#end
```

9. Remueva la configuración IP en las interfaces seriales de ambos dispositivos.

```
GTW2#configure terminal
GTW2(config)#interface Serial0/0
GTW2(config-if)#no ip address
GTW2(config-if)#exit
GTW2(config)#interface Serial0/1
GTW2(config-if)#no ip address
GTW2(config-if)#exit

CE#configure terminal
CE(config)#interface Serial0/0
CE(config-if)#no ip address
CE(config-if)#exit
CE(config)#interface Serial0/1
CE(config-if)#no ip address
CE(config-if)#exit
```

10. En el router GTW2 asocie ambas interfaces seriales a la interfaz multilink que creó antes.

```
GTW2#configure terminal
GTW2(config)#interface Serial0/0
GTW2(config-if)#ppp multilink
GTW2(config-if)#ppp multilink group 1
GTW2(config-if)#exit
GTW2(config)#interface Serial0/1
GTW2(config-if)#ppp multilink
GTW2(config-if)#ppp multilink group 1
GTW2(config-if)#exit
```

11. En el router CE asocie ambas interfaces seriales a la interfaz multilink que creó antes.

```
CE#configure terminal
CE(config)#interface Serial0/0
```

```
CE(config-if)#ppp multilink
CE(config-if)#ppp multilink group 1
CE(config-if)#exit
CE(config)#interface Serial0/1
CE(config-if)#ppp multilink
CE(config-if)#ppp multilink group 1
CE(config-if)#exit
```

Verificar la operación de MLPPP

1. Verifique en el router GTW2 la operación del enlace multilink. Debe mostrar que el enlace está operativo, con 2 miembros activos y sin interfaces inactivas.

```
GTW2#show ppp multilink
```

2. Desactive en GTW2 la interfaz serial 0/0 para simular una falla en el enlace y vuelva a verificar el estado del enlace multilink. Aún después de caída la interfaz serial 0/0 la interfaz multilink debe aparecer activa.

```
GTW2#configure terminal
GTW2(config)#interface serial0/0
GTW2(config-if)#shutdown
GTW2(config-if)#end
GTW2#show interface multilink1
```

3. Active nuevamente la interfaz Serial 0/0 y verifique ahora en el mismo router la tabla de enrutamiento. Encontrará que donde antes tenía 2 rutas al mismo destino ahora tiene una única ruta activa a través de la interfaz multilink.

```
GTW2#configure terminal
GTW2(config)#interface serial0/0
GTW2(config-if)#no shutdown
GTW2(config-if)#end
GTW2#show ip route
```

 De esta manera concluye este laboratorio.

Laboratorio 7.3: Configuración y verificación de un cliente PPPoE

 Para la realización de los laboratorios de esta Guía he diseñado la topología de una maqueta única que permite cubrir todos los ejercicios propuestos.
Para este ejercicio debe concentrarse solamente en una parte de esa maqueta, a la que denominamos "Topología a utilizar".

Topología a utilizar

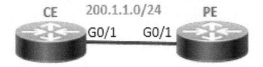

 Para la asignación de direcciones de cada puerto y terminal diríjase a la tabla "Direccionamiento IP inicial" al inicio de la Guía.

Consideraciones a tener en cuenta para este ejercicio:

- En este ejercicio se utilizarán solamente los routers CE y PE. Las interfaces que conectan a los demás dispositivos pueden ser desactivadas.

- En el esquema de direccionamiento sugiero la incorporación de 2 interfaces loopback en cada dispositivo para poder luego hacer pruebas. Para que esto funcione adecuadamente es preciso incluir las redes vinculadas a estas interfaces de loopback en el proceso de OSPF.

- En el ejercicio el router CE se comporta como cliente PPPoE y el router PE como servidor PPPoE.

- El ejercicio (y el temario del examen) se centra en la configuración del cliente PPPoE. Para que se pueda verificar su funcionamiento es necesario entonces que el router PE opere como servidor PPPoE. Para esto, ingrese la siguiente configuración en la consola de PE:

```
PE#configure terminal
PE(config)#bba-group pppoe global
PE(config-bba-group)#virtual-template 1
PE(config-bba-group)#exit
PE(config)#interface Virtual-Template1
PE(config-if)#mtu1492
PE(config-if)#ip unnumbered GigabitEthernet0/1
PE(config-if)#peer default ip address pool pppoepool
PE(config-if)#exit
PE(config)#ip local pool pppoepool 200.1.1.10 200.1.1.20
PE(config)#interface GigabitEthernet0/1
```

```
PE(config-if)#pppoe enable group global
PE(config-if)#exit
```

Direccionamiento IP inicial

Dispositivo	Interfaz	IP	Máscara de Subred
PE	G0/1	200.1.1.1	255.255.255.0
	Lo0	192.168.100.1	255.255.255.0
	Lo1	172.16.100.1	255.255.255.0
CE	G0/1	---	---
	Lo0	192.168.200.1	255.255.255.0
	Lo1	172.16.200.1	255.255.255.0

Configurar un cliente PPPoE

1. Cree una interfaz de discado (dialer) que utilice la conexión PPPoE, utilizando la siguiente información:

   o El cliente debe utilizar direccionamiento IP provisto por el servidor PPPoE.

   o Utiliza encapsulación PPP.

   o Utilizará el pool "1" para conectarse a una subred destino específica.

```
CE#configure terminal
CE(config)#interface Dialer1
CE(config-if)#ip address negotiated
CE(config-if)#encapsulation ppp
CE(config-if)#dialer pool 1
CE(config-if)#end
```

2. Asigne la interfaz G0/1 al dial group que se acaba de crear. Es necesario asegurarse de que no haya dirección IP asignada a la interfaz (la ha de recibir dinámicamente del servidor PPPoE).

```
CE#configure terminal
CE(config)#interface GigabitEthernet0/1
CE(config-if)#no ip address
CE(config-if)#pppoe-client dial-pool-number 1
CE(config-if)#end
```

Verificar la operación de PPPoE

1. Verifique que la sesión PPPoE se ha establecido en el router CE.

```
CE#show pppoe session
```

2. En el router CE verifique que la interfaz Dialer 1 haya obtenido una dirección IP del servidor PPPoE.

```
CE#show ip interface brief
```

3. Desde el router CE ejecute un ping a la interfaz loopback 0 del router PE.

```
CE#ping 192.168.100.1
```

Concluida la verificación elimine en ambos dispositivos (CE y PE) la configuración de PPPoE para dejar la maqueta en su estado inicial para los siguientes ejercicios.

```
PE#configure terminal
PE(config)#no bba-group pppoe global
PE(config)#no interface Virtual-Template1
PE(config)#no ip local pool pppoepool 200.1.1.10 200.1.1.20
PE(config)#interface GigabitEthernet0/1
PE(config-if)#no pppoe enable group global
PE(config-if)#end

CE#configure terminal
CE(config)#no interface Dialer1
CE(config)#interface GigabitEthernet0/1
CE(config-if)#ip address 200.1.1.10
CE(config-if)#no pppoe-client dial-pool-number 1
CE(config-if)#end
```

Verifique que se ha recuperado la conectividad inicial del laboratorio.

 De esta manera concluye este laboratorio.

Laboratorio 7.4: Configuración y verificación de un túnel GRE

 Para la realización de los laboratorios de esta Guía he diseñado la topología de una maqueta única que permite cubrir todos los ejercicios propuestos.
Para este ejercicio debe concentrarse solamente en una parte de esa maqueta, a la que denominamos "Topología a utilizar".

Topología a utilizar

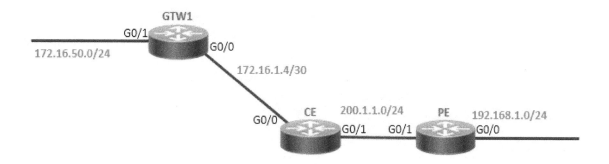

 Para la asignación de direcciones de cada puerto y terminal diríjase a la tabla "Direccionamiento IP inicial" al inicio de la Guía.

Consideraciones a tener en cuenta para este ejercicio:

- En este ejercicio se utilizarán solamente los routers GTW1, CE y PE. Las interfaces que conectan a los demás dispositivos pueden permanecer activas.

- Antes de iniciar el laboratorio verifique que hay conectividad entre GTW1 y PE ejecutando un ping desde GTW1 hacia la interfaz G0/0 del router PE.

Direccionamiento IP inicial

Dispositivo	Interfaz	IP	Máscara de Subred
GTW1	G0/0	172.16.1.5	255.255.255.252
	G0/1	172.16.50.1	255.255.255.0
	G0/2	172.16.1.1	255.255.255.252
CE	G0/0	172.16.1.6	255.255.255.252
	S0/0	172.16.1.10	255.255.255.252
	S0/1	172.16.1.14	255.255.255.252
	G0/1	200.1.1.10	255.255.255.0

Dispositivo	Interfaz	IP	Máscara de Subred
PE	G0/0	192.168.1.1	255.255.255.0
	G0/1	200.1.1.1	255.255.255.0

Configurar un túnel GRE

1. Verifique el estado inicial de la tabla de enrutamiento del router GTW1.

```
GTW1#show ip route
```

2. Verifique también la tabla de enrutamiento del router CE.

```
CE#show ip route
```

3. Desde la consola del router GTW1 cree la interfaz Tunnel 0 con las siguientes características:

   o Dirección IP: 172.30.1.1/24

   o Origen del túnel: Interfaz G0/0 del router GTW1.

   o Destino del túnel: Interfaz G0/1 del router PE.

```
GTW1#configure terminal
GTW1(config)#interface tunnel 0
GTW1(config-if)#ip address 172.30.1.1 255.255.255.0
GTW1(config-if)#tunnel source 172.16.1.5
GTW1(config-if)#tunnel destination 200.1.1.1
GTW1(config-if)#end
```

4. Acceda a la consola del router PE y cree una interfaz Tunnel 0 con las siguientes características:

   o Dirección IP: 172.30.1.2/24

   o Origen del túnel: Interfaz G0/1 del router PE.

   o Destino del túnel: Interfaz G0/0 del router GTW1.

```
PE#configure terminal
PE(config)#interface tunnel 0
PE(config-if)#ip address 172.30.1.2 255.255.255.0
PE(config-if)#tunnel source 200.1.1.1
PE(config-if)#tunnel destination 172.16.1.5
PE(config-if)#end
```

Verificar el túnel GRE que se acaba de crear

1. Verifique en el router GTW1 que la interfaz de túnel está operando correctamente.

```
GTW1#show ip interface brief Tunnel 0
```

2. Realice la misma verificación en el router PE.

```
PE#show interfaces Tunnel 0
```

3. Verifique la tabla de enrutamiento del router GTW1. En este caso ahora encontrará como red directamente conectada la red 172.30.1.0/24 a la interfaz Tunnel 0.

```
GTW1#show ip route
```

4. Desde el router GTW1 verifique la conectividad con el router PE a través del túnel ejecutando una prueba de ping.

```
GTW1#ping 172.30.1.2
```

Concluida la verificación elimine en ambos dispositivos (GTW1 y PE) la configuración de GRE para dejar la maqueta en su estado inicial para los siguientes ejercicios.

```
PE#configure terminal
PE(config)#no interface tunnel 0
PE(config-if)#end

GTW1#configure terminal
GTW1(config)#no interface tunnel 0
GTW1(config-if)#end
```

Verifique que se ha recuperado la conectividad inicial del laboratorio.

 con esta tarea se concluye este ejercicio.

E. Síntesis

Sus características principales de una WAN:

- Generalmente conectan dispositivos separados por distancias importantes.

- Utiliza los servicios de un carrier.

- Utiliza conexiones de diferente tipo.

Terminología WAN

El punto de demarcación

- Punto en el cual terminan las responsabilidades del proveedor de servicio y empiezan las del Administrador de la red corporativa.

El bucle local

- Enlace que conecta físicamente el punto de demarcación con la red del proveedor de servicio.

Routers

- Responsable de proveer interfaces de acceso que permiten la conexión a la red del proveedor de servicios. El router corporativo comúnmente opera como DTE.

CPE

- Dispositivo instalado en el punto de demarcación. Actúa como interfaz entre la red corporativa y la red del proveedor.

CSU/DSU

- Dispositivo que permite conectar un DTE a un circuito digital provisto por el proveedor de servicios.

DTE

- Dispositivo que es origen o destino de información en formato digital.

Módem

- Dispositivo capaz de interpretar señales digitales y analógicas lo que permite la transmisión sobre líneas telefónicas de voz convencionales.

Conversor de fibra óptica

- Utilizado para terminar un enlace de fibra óptica y convertir las señales ópticas en eléctricas y viceversa.

Topologías posibles

- Estrella o hub and spoke.

- Malla completa.

- Malla parcial.

La conectividad a Internet

Hay 3 mecanismos tradicionales para conectar pequeñas redes a Internet:

- Medios de cobre.

- Medios de fibra óptica.

- Medios inalámbricos.

Direccionamiento IP asignado por el proveedor de servicio

Este direccionamiento se debe aplicar a la interfaz que conecta hacia el ISP y puede aplicarse de modo estático o automático.

Configuración de direccionamiento estático

```
Router(config)#interface GigabitEthernet0/0
Router(config-if)#ip address 201.170.15.17 255.255.255.252
Router(config-if)#no shutdown
Router(config-if)#exit
Router(config)#ip route 0.0.0.0 0.0.0.0 201.170.15.18
```

Configuración de direccionamiento dinámico

Cuando el ISP utiliza DHCP no se ingresan datos manualmente (ni aún la ruta por defecto es necesaria) sino que solamente es necesario activar el cliente DHCP en la interfaz.

```
Router(config)#interface GigabitEthernet0/0
```

```
Router(config-if)#ip address dhcp
```

Opciones de conexión WAN

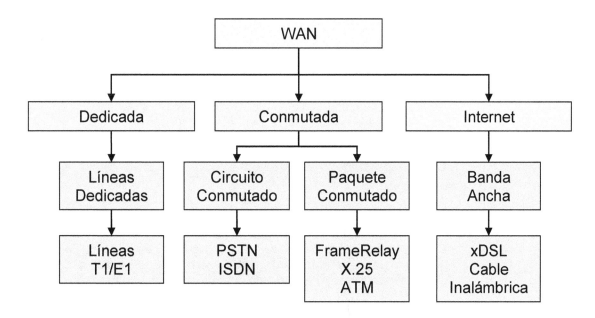

Redes WAN privadas

Líneas Dedicadas

- No está sometida a latencia ni fluctuaciones de fase.

- Utilizan enlaces de acceso: T1/E1 y siguientes.

- Interfaz del router a conectar: Serial.

- Protocolos de encapsulación: HDLC, PPP.

Redes Conmutadas.

- Servicios de circuito conmutado.

- Servicios de paquete conmutado.

  o X.25.

  o Frame Relay.

  o ATM.

Redes WAN públicas y acceso a Internet

A través de Internet es posible mantener comunicaciones privadas utilizando servicios de VPNs.

VPNs gestionadas por el proveedor

- VPNs MPLS capa 2.
  El cliente gestiona su propia información de enrutamiento y puede implementar sobre la WAN aplicaciones que requieren que los nodos se encuentren en el mismo dominio de broadcast.
  Son ejemplos de este tipo de VPNs: VPLS y VPWS.

- VPNs MPLS capa 3.
  En este caso es necesario que el service provider participe del intercambio de información de enrutamiento con el cliente ya que la adyacencia se establece entre el CE del cliente y el PE del proveedor.

VPNs gestionadas por la empresa

Tipos básicos de VPNs:

- VPN site-to-site.
  Conecta redes LAN a través de una conexión sitio a sitio. A la VPN se accede a través de un dispositivo (router o firewall) que se ocupa de encriptar el tráfico saliente y encapsularlo para que sea enviado a través de un túnel hasta el otro extremo de la VPN.

- VPN de acceso remoto.
  Diseñada para responder a las necesidades del teletrabajo y los usuarios móviles.
  En este caso cada terminal tiene un cliente de software instalado que es el responsable de levantar el túnel encriptado contra un dispositivo que actúa como terminador de estos túneles.

Hay diferentes mecanismos disponibles para el despliegue de estas VPNs.

- Túnel IPsec.

- Túnel GRE sobre IPsec.

- DMVPN.

- IPsec VTI.

Líneas punto a punto

- Alto costo.

- Muy baja latencia y jitter.

- Alta disponibilidad.

- Ancho de banda dedicado.

- Requiere un puerto serial en el router por cada línea.

- Conecta con la red del proveedor a través de un CSU/DSU.

Encapsulación HDLC

- Protocolo de encapsulación de capa de enlace de datos.

- Provee servicios de encapsulación de tramas en enlaces sincrónicos punto a punto.

- La versión propietaria de Cisco agrega un campo tipo que le permite soportar múltiples protocolos de capa de red.

- En IOS es la opción de encapsulación por defecto.

Encapsulación PPP

- PPP es un protocolo estándar de encapsulación de capa 2.

- Puede ser utilizado sobre diferentes tipos de enlaces.

- Provee conexiones router a router o terminal a red.

- Sobre circuitos sincrónicos o asincrónicos.

- Incluye prestaciones importantes como gestión de calidad del enlace, detección de errores y autenticación.

- Permite transportar múltiples protocolos de capa de red.

PPP tiene 3 componentes principales:

- LCP.
  Negocia las condiciones de establecimiento y cierre del enlace.

- NCP.
  Permite detectar y operar simultáneamente con múltiples protocolos de capa 3.

- HDLC.
  Se utiliza para el transporte de datos.

El protocolo incluye varias opciones de configuración:

- Autenticación: PAP / CHAP.

- Compresión.

- Detección de errores.

- Multilink.

El establecimiento de un enlace PPP pasa por varias etapas:

1. Fase de establecimiento de la conexión.   LCP.

2. Fase de autenticación (opcional).   LCP.

3. Fase de protocolo de red.   NCP.

4. Transferencia de datos.   HDLC.

5. Fase de cierre de la sesión.   LCP.

Configuración de PPP

```
Router#configure terminal
Router(config)#interface serial 0/0/0
Router(config-if)#bandwidth 64
Router(config-if)#clock rate 64000
Router(config-if)#encapsulation ppp
```

Verificación y monitoreo

```
Router#show controllers Serial0/0/0
Router#show interfaces serial 0/0/0
Serial0/0/0 is up, line protocol is up
  Hardware is HD64570
Internet address is 192.168.13.1/24
MTU 1500 bytes, BW 64Kbit, DLY 20000 usec, rely 255/255, load 1/255
Encapsulation PPP, loopback not set, keepalive set (10 sec)
LCP Open
Open: IPCP, CDPCP
[Continúa...]
```

Autenticación con PPP

PPP define 2 protocolos de autenticación:

- PAP

  o Es un mecanismo de intercambio de 2 vías simple.

  o El intercambio se realiza solamente en el momento previo al establecimiento del enlace y sin utilizar cifrado en las credenciales.

- CHAP

  o Es la opción más segura, la preferida y más implementada.

  o Utiliza un intercambio de triple vía enviando un texto de desafío (challenge) solicitando respuesta.

  o El valor de desafío que utiliza es único y seleccionado al azar.

  o Las credenciales nunca se envían entre los dispositivos a través del enlace.

  o Repite periódicamente el proceso de autenticación.

Configuración de autenticación PAP

```
LAB_A#configure terminal
LAB_A(config)#username LAB_B password cisco
LAB_A(config)#interface serial 0/0/0
LAB_A(config-if)#encapsulation ppp
LAB_A(config-if)#ppp authentication pap
LAB_A(config-if)#ppp pap sent-username LAB_A password cisco
LAB_A(config-if)#no shutdown

Lab_B#configure terminal
LAB_B(config)#username LAB_A password cisco
LAB_B(config)#interface serial 0/0/0
LAB_B(config-if)#encapsulation ppp
LAB_B(config-if)#ppp authentication pap
LAB_B(config-if)#ppp pap sent-username LAB_B password cisco
LAB_B(config-if)#no shutdown
```

Configuración de autenticación CHAP

```
Router#configure terminal
Router(config)#hostname LAB_A
LAB_A(config)#username LAB_B password cisco
LAB_A(config)#interface serial 0/0/0
LAB_A(config-if)#encapsulation ppp
LAB_A(config-if)#ppp authentication chap
LAB_A(config-if)#no shutdown

Router#configure terminal
Router(config)#hostname LAB_B
LAB_B(config)#username LAB_A password cisco
LAB_B(config)#interface serial 0/0/0
LAB_B(config-if)#encapsulation ppp
LAB_B(config-if)#ppp authentication chap
LAB_B(config-if)#no shutdown
```

Verificación

```
LAB_A#show ppp all
LAB_A#debug ppp negotiation
LAB_A#debug ppp authentication
LAB_A#debug ppp packet
```

Multilink PPP

- Está descrito en el RFC 1990.

- Combina múltiples enlaces físicos en un conjunto lógico.

- Prestaciones:

  o Balanceo de carga sobre múltiples enlaces seriales.

- Permite interoperabilidad entre múltiples fabricantes.

- Mejora de la redundancia.

- Posibilidad de fragmentación e intercalado (LFI).

- Opera tanto sobre enlaces sincrónicos como asincrónicos.

- El conjunto lógico MLP se presenta como una única interfaz virtual que conecta con el dispositivo remoto.

- Todas las estadísticas de tráfico se registran sobre la interfaz virtual.

- Se pueden asociar hasta 10 enlaces seriales y hasta 8 enlaces PPPoE.

Configuración de un enlace multilink

1. Creación de la interfaz virtual

```
Router(config)#interface Multilink 1
Router(config-if)#ip address 192.168.100.1 255.255.255.252
Router(config-if)#ppp multilink
Router(config-if)#ppp multilink group 1
Router(config-if)#exit
```

2. Asociación de interfaces a la interfaz virtual

```
Router(config)#interface serial0/0
Router(config-if)#no ip address
Router(config-if)#encapsulation ppp
Router(config-if)#ppp multilink
Router(config-if)#ppp multilink group 1
Router(config-if)#exit
Router(config)#interface serial0/1
Router(config-if)#no ip address
Router(config-if)#encapsulation ppp
Router(config-if)#ppp multilink
Router(config-if)#ppp multilink group 1
Router(config-if)#exit
Router(config)#
```

Verificación de la operación de multilink

```
Router#show ppp multilink
Router#show interfaces Multilink 1
```

PPPoE

PPPoE permite emular un enlace punto a punto sobre una red de medio compartido que típicamente es una red de banda ancha.

El establecimiento de la sesión PPPoE requiere completar un procedimiento de 4 pasos.

- El cliente envía un paquete PADI en formato broadcast.

- El servidor al recibir un PADI responde enviando un PADO al cliente.

- El cliente puede recibir varios PADOs. El cliente elije uno de ellos. El cliente envía un paquete PADR al servidor de su elección.

- El servidor o concentrador responde enviando un paquete PADS creando una interfaz virtual para luego negociar PPP.

Configuración

```
Router(config)#interface Dialer1
Router(config-if)#ip address negotiated
Router(config-if)#encapsulation ppp
Router(config-if)#dialer pool 1
Router(config-if)#exit
Router(config)#interface GigabitEthernet0/1
Router(config-if)#no ip address
Router(config-if)#pppoe-client dial-pool-number 1
Router(config-if)#exit
Router(config)#
```

Verificación de la operación de PPPoE

```
Router#show ip interface brief
Router#show pppoe session
```

Túneles GRE

- Soporta múltiples protocolos de capa 3 (IP, IPX, etc.).

- Permite el uso de multicast y broadcast sobre el túnel.

- Agrega un encabezado IP de 20 bytes y un encabezado GRE de 4 bytes (24 bytes en total agregados).

- El encabezado GRE incluye un campo protocolo para soportar el transporte de cualquier protocolo de capa 3.

- Puede incorporar un checksum del túnel, una llave y un número de secuencia.

- No encripta tráfico ni aplica otras medidas de seguridad robustas.

- GRE sobre IPsec es una implementación típica para redes hub and spoke para minimizar la cantidad de túneles que debe mantener cada router.

- No incluye ningún mecanismo de control de flujo.

Configuración de un túnel GRE

```
RouterA(config)#interface tunnel 1
RouterA(config-if)#tunnel mode gre ip
RouterA(config-if)#ip address 192.168.100.49 255.255.255.252
RouterA(config-if)#tunnel source 10.1.1.10
RouterA(config-if)#tunnel destination 172.16.100.1

RouterB(config)#interface tunnel 1
RouterB(config-if)#tunnel mode gre ip
RouterB(config-if)#ip address 192.168.100.50 255.255.255.252
RouterB(config-if)#tunnel source 172.16.100.1
RouterB(config-if)#tunnel destination 10.1.1.10
```

Verificación de la operación del túnel GRE

```
Router#show ip interface brief tunnel 1
Router#show interface tunnel 1
Router#show ip route
```

iWAN

Brinda una manera de tomar ventaja de conexiones más económicas sin comprometer la performance, disponibilidad y seguridad de las aplicaciones.

Hace que el tráfico sea enrutado a través de conexiones WAN en base a múltiples factores: la aplicación, SLAs, tipo de terminales y condiciones de la red.

Los componentes de la solución son:

- Transporte independiente de la conectividad.
  Se genera una red DMVPN a través de todos los sistemas de conectividad disponibles.

- Control de ruta inteligente.
  Utilizando PfR (Performance Routing) mejora la entrega y eficiencia de las aplicaciones.

- Optimización de aplicaciones.
  AVC y WAAS brindan visibilidad y ayudan a optimizar la performance de las aplicaciones.

- Conectividad muy segura.

F. Cuestionario de repaso

Estos cuestionarios han sido diseñados teniendo en cuenta dos objetivos: permitir un repaso del tema desarrollado en el capítulo a la vez que introducir al estudiante en la metodología de las preguntas del examen de certificación.

Por este motivo los cuestionarios tienen una metodología propia. Además de estar agrupados según ejes temáticos los he graduado según su dificultad de acuerdo a tres categorías básicas de preguntas:

- Preguntas de respuesta directa.

- Preguntas de tipo reflexivo.

- Preguntas basadas en la resolución de situaciones problemáticas.

Estas preguntas son una herramienta de repaso, no se trata de preguntas del examen de certificación sino de una herramienta para revisar los conocimientos adquiridos. No lo aborde hasta haber estudiado el contenido del capítulo.

Por favor, tenga en cuenta que:

 Los cuestionarios son una excelente herramienta para realizar un repaso, autoevaluarse y verificar los conocimientos adquiridos.

 Los cuestionarios NO son una herramienta de estudio. No es aconsejable utilizar estos cuestionarios si aún no ha estudiado y comprendido el contenido del capítulo; no han sido elaborados con ese objetivo.

 Las respuestas a este cuestionario las encuentra en la sección siguiente: Respuestas al cuestionario de repaso.

Conceptos generales

1. Usted acaba de instalar un router que está conectado a un enlace WAN de Frame Relay, utilizando una interfaz serial DTE.
   ¿Cómo se determina el clock rate de la interfaz?

   A. Es determinado por el CSU/DSU.

   B. Es determinado por el dispositivo remoto en el otro extremo de la línea.

   C. Es especificado utilizando el comando `clock rate`.

   D. Está determinado por el temporizador del streaming de bits de capa 1.

2. Usted se está desempeñando como Administrador de la red de una empresa.
   Está configurando un enlace WAN utilizando un puerto serial. ¿Cuáles de las que se
   mencionan a continuación son formatos de encapsulación de capa 2 típicos para este tipo de
   interface?
   (Elija 2)

   A. Ethernet.

   B. POTS.

   C. HDLC.

   D. PPP.

   E. Token Ring.

3. ¿Cuál es la diferencia entre un CSU/DSU y un módem?

   A. Un CSU/DSU convierte la señal analógica de un router a una línea dedicada;
      un módem convierte la señal analógica de un router a una línea telefónica.

   B. Un CSU/DSU convierte la señal analógica de un router a una línea telefónica;
      un módem convierte la señal digital de un router a una línea dedicada.

   C. Un CSU/DSU convierte la señal digital de un router a una línea dedicada; un
      módem convierte la señal analógica de un router a una línea telefónica.

   D. Un CSU/DSU convierte la señal digital de un router a una línea dedicada; un
      módem convierte la señal digital de un router a una línea telefónica.

4. Considere el gráfico que se muestra más abajo.
   Complete el diagrama de red colocando en cada cuadro vacío el nombre de dispositivo o
   descripción correctos. No todos los nombres o descripciones que se muestran deben ser
   utilizados.

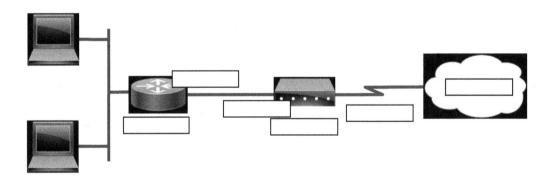

| Línea Digital | CSU/DSU | Módem | Red WAN SP |
| Router | Switch | DTE | DCE |

5. ¿Cuál de las siguientes afirmaciones describe los roles de los dispositivos en una red WAN?
   (Elija 3)

   A. Una CSU/DSU termina una última milla digital.

   B. Un módem termina una última milla digital.

   C. Una CSU/DSU termina una última milla analógica.

   D. Un módem termina una última milla analógica.

   E. Un router es considerado generalmente un dispositivo DTE.

   F. Un router es considerado generalmente un dispositivo DCE.

6. ¿Qué comando le permitirá verificar si el cable que se encuentra conectado a la interfaz serial0/0/0 del Router es DTE o DCE?

   A. `Router#show interfaces serial0/0/0`

   B. `Router(config)#show interfaces serial 0/0/0`

   C. `Router#show controllers serial 0/0/0`

   D. `Router(config)#show controllers serial 0/0/0`

   E. `Router#show interfaces status`

   F. `Router#show ip interfaces brief`

Tipos de conexión

7. ¿Cuáles de las siguientes son razones para que una organización con múltiples sucursales y usuarios móviles prefiera implementar una solución de VPNs antes que de enlaces WAN punto a punto?
   (Elija 3)

   A. Reducción de costos

   B. Mejorar el throughput

   C. Incompatibilidad con la banda ancha

   D. Aumento de la seguridad

   E. Escalabilidad

   F. Reducir la latencia

Líneas punto a punto

8.

```
RouterA# show interface s0/0/0
Serial0/0/ 0 is up, line protocol is down
   Hardware is HD64570
   Internet address 10.1.1.1
   Encapsulation HDLC, loopback not set, keepalive set(10sec)
```

El RouterA no logra conectarse con el RouterB, el cual es un dispositivo Nortel.
A partir del resultado del comando show que se muestra, ¿Qué debería cambiar en la interfaz
Serie 0/0/0 del RouterA para que line protocol cambie del estado de down a up?

A. no shutdown

B. encapsulation ppp

C. interface serial point-to-point

D. clock rate 56000

9.

```
RouterA#sh int s0/0/0
Serial0/0/0 is up line protocol is down
   Hardware is HD64570
   Internet address is 192.168.10.1/24
   MTU 1500 bytes, BW 1.433 Kbits, reliability 255/255
   Encapsulation HDLC, loopback not set, Keepalive set (10 sec)

RouterB#sh int s0/0/1
Serial0/0/1 is up line protocol is down
   Hardware is HD64570
   Internet address is 192.168.10.2/24
   MTU 1500 bytes, BW 1.433 Kbits, reliability 255/255
   Encapsulation PPP, loopback not set, Keepalive set (10 sec)
   LCP Listen
   Closed: IPCP, CDPCP
```

Los 2 routers que se muestran más arriba están conectados a través de sus interfaces seriales como se grafica, pero no logran establecer una comunicación entre ellos. Se sabe que el RouterA tiene la configuración correcta.
A partir de la información que se suministra, identifique el fallo en el RouterB que está causando esta pérdida de conectividad.

A. Una dirección IP incompleta.

B. Insuficiente ancho de banda.

C. Máscara de subred incorrecta.

D. Encapsulación incompatible.

E. Confiabilidad del enlace demasiado baja.

F. IPCP no activo.

PPP

10. ¿Cuáles de los siguientes protocolos están incluidos en la suite PPP?
(Elija 3)

A. HDLC.

B. LCP.

C. SDLC.

D. NCP.

E. LAPB.

F. LAPF.

11. ¿Cuáles de las siguientes son características de PPP?
(Elija 3)

A. Puede ser utilizado sobre circuitos asincrónicos.

B. Mapea capa 2 a direcciones de capa 3.

C. Encapsula diversos protocolos enrutados.

D. Soporta solamente IP.

E. Provee mecanismos de corrección de errores.

12. ¿Qué protocol de la suite PPP es el responsable de negociar opciones de autenticación del enlace?

     A. NCP

     B. ISDN

     C. SLIP

     D. LCP

     E. DLCI

13. ¿Cuál de las siguientes opciones puede ser negociada utilizando LCP durante el establecimiento de un enlace PPP?
(Elija 2)

     A. Q931.

     B. IPCP.

     C. CHAP.

     D. Multilink.

     E. TCP.

     F. Cisco.

14. ¿Cuáles de las siguientes son 2 afirmaciones correctas respecto del mecanismo de autenticación utilizado por CHAP sobre enlaces PPP?
(Elija 2)

     A. CHAP utiliza un intercambio de doble vía.

     B. CHAP utiliza un intercambio de triple vía.

     C. La autenticación con CHAP se repite periódicamente después del establecimiento del enlace.

     D. La clave de autenticación de CHAP se envía en texto plano.

     E. La autenticación con CHAP se realiza únicamente durante el proceso de establecimiento del enlace.

15. Se muestra a continuación parte de la configuración de 2 dispositivos:

```
hostname Router_1
!
username Router_2 password cisco
!
interface serial 0/0/0
  ip address 121.33.66.2 255.255.255.0
  encapsulation ppp
  clock rate 64000
!

hostname Router_2
!
username Router_1 password cisco
!
interface serial 0/0/0
  ip address 121.33.66.3 255.255.255.0
  encapsulation ppp
  ppp authentication chap
!
```

Teniendo en cuenta la información precedente, si se ingresa el comando `show interface serial0/0/0` en el Router_1,
¿Cuáles de las siguientes serían partes de la información que sería esperable encontrar?
(Elija 2)

A. `Serial 0 is down, line protocol is down`

B. `Serial 0 is up, line protocol is up`

C. `Open: IPXCP, CDPCP`

D. `LCP closed`

E. `LCP open`

16. El Administrador de la red necesita configurar un enlace serial entre la oficina central y una sucursal. El router en la oficina remota es un dispositivo no-Cisco.
¿Cómo debiera el Administrador de la red configurar la interfaz serial del router en la oficina central para poder establecer la conexión?

A. `Router(config)#interface serial0/0`
   `Router(config-if)#ip address 172.16.1.1 255.255.255.252`
   `Router(config-if)#no shutdown`

B. `Router(config)#interface serial0/0`
   `Router(config-if)#ip address 172.16.1.1 255.255.255.252`
   `Router(config-if)#encapsulation ppp`
   `Router(config-if)#no shutdown`

C. Router(config)#interface serial0/0
Router(config-if)#ip address 172.16.1.1 255.255.255.252
Router(config-if)#encapsulation frame-relay
Router(config-if)#authentication chap
Router(config-if)#no shutdown

D. Router(config)#interface serial0/0
Router(config-if)#ip address 172.16.1.1 255.255.255.252
Router(config-if)#encapsulation ietf
Router(config-if)#no shutdown

17. ¿Cuál de los siguientes comandos se utiliza para implementar autenticación CHAP con PAP como método de respaldo en una interfaz serial?

A. Router(config-if)#ppp authentication chap fallback pap

B. Router(config-if)#ppp authentication chap pap

C. Router(config-if)#authentication ppp chap fallback pap

D. Router(config-if)#authentication ppp chap pap

18. Router#debug ppp authentication
ppp serial0/0/1: send CHAP challenge id-47 to remote
ppp serial0/0/1: CHAP challenge from Router
ppp serial0/0/1: CHAP response received from Router
ppp serial0/0/1: CHAP response id=47 received from Route
ppp serial0/0/1: Send CHAP success id=47 to remote
ppp serial0/0/1: Remote passed CHAP authentication
ppp serial0/0/1: Passed CHAP authentication
ppp serial0/0/1: Passed CHAP authentication with remote

Ud. ingresó el comando debug ppp authentication en la CLI de un router, tomando en cuenta el resultado de la ejecución de ese comando que se muestra más arriba, ¿qué tipo de intercambio (handshaking) ha sido utilizado para esta sesión de PPP?

A. Una vía.

B. Doble vía.

C. Triple vía.

D. No se requiere

19. Examine la información que se muestra a continuación:

```
Bigtime(config)#username Littletime password little123
Bigtime(config)#interface serial0/0/0
Bigtime(config-if)#encapsulation ppp
Bigtime(config-if)#ppp authentication chap

Littletime(config)#username Bigtime password big123
Littletime(config)#interface serial0/0/0
Littletime(config-if)#encapsulation ppp
Littletime(config-if)#ppp authentication chap
```

El router Bigtime no puede autenticarse con el router Littletime.
¿Cuál es la causa de este problema?

      A. El username está configurado incorrectamente en los dos routers.

      B. Las claves no coinciden en los dos routers.

      C. La autenticación CHAP no puede ser utilizada en interfaces seriales.

      D. Los routers no pueden ser conectados desde una interfaz S0/0/0 a otra interfaz S0/0/0.

      E. Con autenticación CHAP un router debe ser autenticado por un router diferente. Los routers no pueden configurarse para autenticarse entre sí.

20. Después de conectarse por consola en el Router_B, usted ha ejecutado el comando `show interface serial0/0/0`, con el resultado que se muestra:

```
Router_B#show interfaces serial0/0/0
  Serial0/0/0 is up, line protocol is up
  Hardware is PowerQUICC Serial
  Internet address is 10.0.15.2/21
  MTU 1500 bytes, BW 128 Kbit, DLY 20000 usec, reliability 255/255,
  txload 1/255, rxload 1/255
 Encapsulation PPP, loopback not set, keepalive set (10 sec)
 LCP Open
  Closed:IPXCP
  Listen:CCP
  Open:IPCP,CDPCP
 Last input 00:00:00, output 00:03:11, output hang never
 Last clearing of "show interface" counters 00:52:06
 Input queue: 0/75/0/0 (size/max/drops/flushes): Total output drops: 0
 Queuing strategy: weighted fair
 Output queue: 0/1000/64/0 (size/max total/threshold/drops)
 --- se omite el resto de la salida ---
```

Considerando esta información, ¿Cuál de los siguientes protocolos está operacional en este enlace serial?
(Elija 2)

A. PPP.

B. IP.

C. Compression.

D. IPX.

E. Multilink.

F. ATX.

21. Revise la siguiente respuesta del comando `show interfaces` en una interfaz que está configurada con encapsulación PPP:

```
Router#show interfaces Serial0/0/1
Serial0/0/1 is up, line protocol is down
 Hardware is GT96K Serial
 Internet address is 10.0.2.1/30
```

Al ejecutar un ping a la dirección IP del otro extremo de la conexión, falla.
¿Cuáles de las siguientes opciones son razones posibles de este fallo, asumiendo que el problema que se menciona en cada opción es el único inconveniente en el enlace?
(Elija 2)

A. El CSU/DSU que está conectado al router en el otro extremo no está encendido.

B. La dirección IP en el router del otro extremo no pertenece a la subred 10.0.2.0/30

C. La autenticación CHAP ha fallado.

D. El router en el otro extremo del enlace está configurado con HDLC.

E. El puerto no recibe señal eléctrica del CSU/DSU.

GRE

22. Un túnel GRE está flapeando como resultado de lo cual se visualizan los siguientes mensajes:

```
%LINEPROTO-5-UPDOWN: Line protocol on Interface Tunnel0, changed state
to up
%TUN-5-RECURDOWN: Tunnel0 temporarily disabled due to recursive
routing
%LINEPROTO-5-UPDOWN: Line protocol on Interface Tunnel0, change estate
to down
%LINEPROTO-5-UPDOWN:
```

¿Cuál puede ser la causa de este flapeo del túnel?

A. El enrutamiento IP no ha sido activado en la interfaz de túnel.

B. Hay un problema con el MTU de la interfaz de túnel.

C. El router está intentando enrutar a la dirección de destino del túnel utilizando la misma interfaz de túnel.

D. Una lista de acceso bloquea el tráfico en la interfaz túnel.

23. ¿Cuál de estas afirmaciones es verdadera respecto del modo de túnel GRE?

A. GRE es el modo por defecto de las interfaces de túnel en Cisco IOS.

B. GRE en modo túnel es un protocolo que encapsula cualquier paquete de capa de red.

C. GRE en modo túnel opera encapsulando solamente carga de routers Cisco que necesita ser entregada a una red de destino específica.

D. En IOS el túnel GRE puede incluir cifrado de datos con 3DES.

24. ¿Cuáles de las que se mencionan a continuación son 2 características de los túneles GRE? (Elija 2)

A. El encabezado GRE incluye un campo tipo de protocolo que le permite encapsular cualquier protocolo de capa 3 del modelo OSI.

B. El protocolo GRE es stateful y por defecto incluye mecanismos de control de flujo.

C. GRE incluye mecanismos de seguridad robustos para proteger la carga del paquete.

D. El encabezado GRE junto con el encabezado IP del túnel crea una carga adicional de 24 bytes por cada paquete.

E. GRE permite implementar autenticación MD5 y cifrado AES-128.

25. ¿Cuáles de las siguientes son 3 circunstancias probables que pueden provocar que un túnel GRE se encuentre en estado up/down? (Elija 3)

A. La interfaz túnel no tiene una dirección IP configurada.

B. La interfaz túnel está caída.

C. No hay en la tabla de enrutamiento ruta para llegar a la dirección IP destino.

D. La dirección de destino del túnel está ruteada a través del túnel mismo.

E. El ISP está bloqueando el tráfico.

F. Una ACL está bloqueando el tráfico saliente.

iWAN

26. ¿Cuál de las siguientes afirmaciones es correcta, referida a iWAN?

    A. Permite conectividad WAN independientemente de las tecnologías de transporte.

    B. Sólo permite implementar enrutamiento estático.

    C. No proporciona visibilidad de las aplicaciones porque todo el tráfico se transporta encriptado.

    D. Requiere dispositivos de cifrado en orden a proporcionar un nivel de seguridad aceptable.

 Las respuestas a este cuestionario las encuentra en la sección siguiente: Respuestas al cuestionario de repaso.

G. Respuestas al cuestionario de repaso

Conceptos generales

Pregunta 1

A – En el caso de redes Frame Relay es el CSU/DSU instalado en las premisas del cliente el que establece el clock rate del enlace y por lo tanto el ancho de banda.
Nunca es el dispositivo en el extremo remoto de la conexión.
Una red Frame Relay utiliza circuitos de paquete conmutado para conectar dos dispositivos DTE: los routers de ambos extremos del PVC.

Pregunta 2

C y D – Los protocolos de capa de enlace de datos utilizados sobre interfaces seriales brindan las funciones básicas para asegurar la entrega de datos a través de un circuito de conexión WAN.
Los 2 protocolos de capa de enlace más populares son HDLC y PPP.
Si bien Ethernet puede ser utilizado para desarrollos WAN, no es una encapsulación que se aplica en puertos seriales.

Pregunta 3

D – Los puertos seriales de los routers generan siempre, en todos los casos, señales digitales. Esta señal digital generada por el puerto del router debe ser convertida al formato adecuado para el medio de transporte en la última milla.
Cuando se trata de una última milla digital (en este caso, una línea dedicada), el dispositivo que convierte la señal eléctrica generada por el puerto del router es un CSU/DSU.
Cuando la última milla es una línea telefónica (una línea analógica), el dispositivo de conversión es un módem telefónico.

Pregunta 4

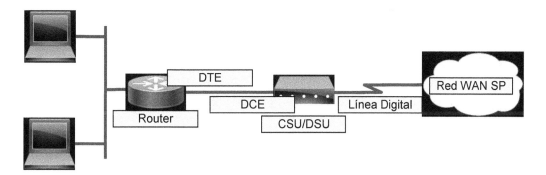

Dado que ente las opciones, la única definición disponibles para la nube es la de Red WAN SP, a partir de allí, la línea de comunicación con la red del cliente es una línea digital (además, no hay opción de línea analógica), consecuentemente el dispositivo de conversión de la señal es un CSU/DSU no un módem analógico.

A partir de allí, claramente, el extremo conectado a la CSU/DSU es el extremo DCE y el conectado al router es el extremo DTE.

Pregunta 5

A, D, E – Para sintetizar el tema:
Una última milla analógica, requiere ser terminada en un módem que convertirá la señal analógica en digital.
Una última milla digital, requiere de una CSU/DSU para la conexión al puerto serial del router.
En este esquema, el router del cliente siempre se comporta como DTE frente a un módem o CSU/DSU que se comporta como DCE.

Pregunta 6

C – Los comandos "show interfaces" permiten verificar el estado de la capa física de los enlaces, pero no el medio mismo conectado (el cable).
show controllers permite, más allá de la verificación del estado de la capa física, un análisis del estado de la electrónica del puerto y el cable a él conectado.

Tipos de conexión

Pregunta 7

A, D y E – Las consecuencias directas de la implementación de soluciones VPNs son, en primer lugar, el aumento de la seguridad al implementar un marco de referencia estándar en este sentido; adicionalmente y en la medida en que se despliegan utilizando accesos a Internet suman una sensible reducción de costos; y la escalabilidad en función de la amplitud de la disponibilidad del acceso a Internet.
El "costo" de esta solución es la reducción del throughput y el aumento de la latencia.

Líneas punto a punto

Pregunta 8

B – Dado que uno de los dispositivos no es Cisco se debe utilizar un protocolo de encapsulación estándar. En este caso, para un enlace punto a punto: PPP.
El Router_A está utilizando encapsulación HDLC que es la opción por defecto y es propietaria de Cisco; para que pueda conectarse con un dispositivo Nortel hay que cambiar la encapsulación a PPP.

Pregunta 9

D – Ambos extremos tienen configuradas encapsulaciones de capa 2 que son incompatiblesentre sí (PPP y HDLC). Es necesario que la configuración de ambos extremos del enlace utilice la misma encapsulación.
Tenga presente que la comunicación se establece entre pares en las

diferentes capas del modelo OSI. La encapculación HDLC en la capa de enlace de datos en un extremo requiere que el otro extremo lea la misma encapsulación.

PPP

Pregunta 10

A, B, y D – Los protocolos incluidos en la suite PPP son HDLC (para el transporte de los datos), LCP para la negociación de la subcapa MAC de la capa de enlace de datos, y NCP para la negociación de la subcapa LLC de la capa de enlace de datos.
A partir de las opciones establecidas por la negociación de LCP pueden activarse algunos protocolos adicionales tales como los protocolos de autenticación (PAP y CHAP).
El HDLC que se menciona aquí es el protocolo estándar diseñado por ISO, que es diferente del protocolo HDLC propietario de Cisco.

Pregunta 11

A, C y E – PPP puede ser utilizado tanto sobre enlaces sincrónicos como asincrónicos ya que ha sido diseñado para enlaces punto a punto de todo tipo.
Además, NCP tiene un protocolo de control diferente para cada protocolo enrutado (IPCP, IPXCP, etc.), lo que le permite operar simultáneamente con varios protocolos enrutados sobre el mismo enlace.
Por último, PPP brinda posibilidades de detección y corrección de errores en la capa de enlace de datos, aunque esta opción no está activada por defecto.

Pregunta 12

D – LCP es el protocolo de la suite PPP responsable de negociar la configuración y operación del enlace; entre las opciones a negociar se encuentra la posibilidad de implementar autenticación de los extremos del enlace utilizando PAP o CHAP.

Pregunta 13

C y D – PPP actualmente soporta 2 protocolos de autenticación: CHAP y PAP, cuya implementación o no se negocia durante la fase de establecimiento del enlace vía LCP.
Así mismo, LCP permite negociar la implementación de enlaces multilink.
Los demás servicios mencionados no corresponden a PPP, salvo IPCP que es uno de los paquetes NCP utilizados para negociar los enlaces IP. Pero en este caso es una opción de NCP y se pregunta por servicios de LCP.

Pregunta 14

B y C – CHAP es un mecanismo de autenticación más avanzado que PAP: la clave nunca se envía sobre el enlace, sino que utiliza un mecanismo de intercambio de triple vía con un texto desafío para verificar la coincidencia de

claves.
Adicionalmente, el enlace vuelve a autenticarse periódicamente cada períodos de tiempo definidos al azar.

Pregunta 15

B y E – Teniendo en cuenta la información de configuración (es la única con la que contamos), no hay motivo para que el enlace no esté operativo ya que la encapsulación coincide en ambos extremos, y la información de autenticación para CHAP es correcta. Esto se debe reflejar en la línea `Serial 0 is up, line protocol is up`.

Si la autenticación funciona adecuadamente, el estado del protocolo LCP es entonces OPEN. Esta información también es proporcionada por el comando `show interfaces`.

En este caso se está utilizando autenticación CHAP unidireccional. No es necesario que la autenticación se configure en ambos extremos del enlace.

Pregunta 16

B – Dado que es necesario establecer conexión entre 2 routers de diferentes fabricantes, se debe utilizar un protocolo estándar (no propietario).

Entre las opciones que se presentan, C y D son configuraciones incorrectas; A al no especificar un formato específico utiliza la encapsulación por defecto que es propietaria de Cisco (HDLC). Por lo tanto, la única opción posible es la B.

Pregunta 17

B – El comando para implementar autenticación sobre enlaces PPP admite la posibilidad de asignar un método de autenticación primario y uno de respaldo en caso de no poder autenticar utilizando el primero (porque p.e. no se ha configurado ese método en el otro extremo del enlace).

La sintaxis correcta de ese comando es la que presenta la opción B.

Pregunta 18

C – El resultado del `debug` permite observar que utiliza autenticación CHAP.

Las líneas de consola que muestra la pregunta reflejan el intercambio de información de autenticación de CHAP y muestra claramente el intercambio de 3 paquetes entre ambos dispositivos.

CHAP utiliza un intercambio de triple vía que se puede observar si se analiza con detenimiento el resultado del debug (challenge, response, success).

Pregunta 19

B – Al examinar la configuración de ambos routers se observa que la clave configurada en ambos es diferente. La implementación de CHAP bidireccional (como es la que se presenta en esta pregunta) requiere que la clave coincida entre los dispositivos que deben autenticarse recíprocamente.

En el proceso de autenticación de CHAP no participa ningún dispositivo externo a los extremos del enlace.

Pregunta 20

A y B – Dado que muestra que el estado de la interfaz es up, se puede asumir que todo lo que atañe a capa 1 y 2 funciona correctamente.
La interfaz está configurada con encapsulación PPP y "LCP Open" nos indica que el protocolo ha sido configurado y negociado exitosamente. Adicionalmente, informa "Open: IPCP, CDPCP". Esto indica que NDP ha negociado exitosamente entre ambos extremos IP y CDP.

 Cuando se trata de este tipo de preguntas tenga en cuenta leer completa la premisa y las respuestas antes de revisar la información que se tiene en pantalla.
En este caso, el modo más rápido es verificar si los protocolos que están propuestos son referidos en el comando show.
Una respuesta adecuada supone conocimientos de la operación del protocolo PPP.

Pregunta 21

C y D – Si bien se podría ser más preciso de tener mayor información lo que se presenta es suficiente para determinar que, de acuerdo al estado de la interfaz, la capa física está operativa (no se trata de un problema de señal eléctrica), tampoco de direccionamiento IP que no impacta en el estado de capa de enlace de datos.
El estado indica que no puede o no termina de negociar la capa de enlace de datos que, según el enunciado, utiliza PPP. Por lo tanto, una falla de autenticación es una causa posible, o que el otro extremo de la conexión esté utilizando HDLC que es la encapsulación por defecto.

GRE

Pregunta 22

C – El estado de la interfaz túnel depende de que sea accesible la dirección IP destino del túnel a fin de poder establecer la negociación entre ambos extremos.
Cuando el router detecta que la IP destino del túnel es accesible a partir de una búsqueda recursiva de la ruta a través de la misma interfaz túnel desactiva la interfaz de túnel por unos minutos en espera de que la situación se resuelva a partir de una reconvergencia del enrutamiento. Si no se soluciona entonces la interfaz ingresará en un ciclo de flapeo (activa/desactiva).

Pregunta 23

A - El modo por defecto de interfaces túnel en Cisco IOS es GRE IP, como consecuencia de esto no es necesario especificar en la configuración el modo de túnel a utilizar.
La respuesta B no es correcta porque GRE no tiene diferentes modos de

operación y por lo tanto no tiene un "modo túnel" u otro, sino que por el contrario es el protocolo por defecto para la operación de interfaces túnel.

Pregunta 24

A y D – GRE es un protocolo estándar de tunelizado que merced a la estructura de su encabezado permite transportar tráfico de diferentes protocolos de capa 3 (IPv4, IPv6, IPX, etc.) sobre redes IP.
GRE agrega un breve encabezado IP (4 bytes) y un encabezado IPv4 externo (20 bytes) para conformar el túnel. Un total de 24 bytes.
No incorpora prestaciones de seguridad (cifrado, control de integridad) más allá de la autenticación del origen de cada paquete.

Pregunta 25

B, C y D – Para que el túnel GRE negocie exitosamente es necesario que pueda alcanzar la dirección IP destino que se ha definido para ese túnel.
No es necesario que tenga a signada (la interfaz túnel) una dirección IP.
Los ISPs regularmente no bloquean tráfico de protocolos de tunelizado.

iWAN

Pregunta 26

A – La implementación de iWAN se basa en el despliegue de DMVPN de modo tal que los dispositivos de borde perciben toda la red WAN como un conjunto de túneles VPN, lo que hace independiente la operación del enrutamiento y la selección de rutas de las tecnologías de conectividad subyacentes.

Cuestionario de Repaso

Para completar la preparación en vistas al examen de certificación siempre es conveniente revisar nuestros conocimientos y conocer nuestras áreas de conocimiento más fuertes y más débiles.

Una herramienta adecuada para esto es un cuestionario que nos permita revisar el temario del examen para poner a prueba nuestros conocimientos. Ese es el sentido de este cuestionario: revisar conocimientos, conocer nuestras fortalezas y debilidades, repasar los puntos más débiles y familiarizarnos con la metodología de preguntas del examen.

Este cuestionario no conforma un examen como tal, ni tan siquiera una simulación del mismo. Sólo es una herramienta más de estudio. Al finalizar las preguntas encontrarás las respuestas correctas y la justificación de las mismas; la idea es que esto debe servirte como una nueva manera de revisar los mismos temas y retomar aquellos conocimientos que no quedaron suficientemente afirmados hasta aquí. Si una pregunta te hace dudar, es entonces oportuno volver al desarrollo del tema, estudiarlo, y responder ya con mayor conocimiento y seguridad.

Cuestionario

01. Dos routers se encuentran conectados a través de una línea punto a punto vinculada a sus puertos seriales. Es necesario realizar la configuración de las interfaces de ambos. En uno de ellos se realiza la siguiente configuración:

```
Router(config)#hostname RA
RA(config)#interface Serial0/0/0
RA(config-if)#encapsulation ppp
RA(config-if)#ppp authentication chap
```

¿Cuál de los comandos que se presentan a continuación es necesario para completar la configuración de RA de modo que CHAP opere correctamente?
Asuma que RB ha sido configurado correctamente utilizando la clave "Cisco".

    A. No requiere configuración adicional.

    B. `RA(config)#ppp chap`

    C. `RA(config)#username RA password Cisco`

    D. `RA(config-if)#username RA password Cisco`

    E. `RA(config)#username RB password Cisco`

    F. `RA(config-if)#ppp chap password Cisco`

GUÍA DE PREPARACIÓN PARA EL EXAMEN DE CERTIFICACIÓN CCNA R&S 200-125 v6.3   Vol 2. - Pag. 565

02. Usted se encuentra configurando OSPFv3 en un nuevo router y se ha encontrado con el siguiente mensaje en su consola.
¿Qué indica este mensaje?

```
*Jan 17 10:15:58:458: %OSPFv3-4-NORTRID: OSPFv3 process 99 could
not pick a router-id, please configure manually
```

A. El proceso 99 de OSPF no tiene un ID que se encuentre dentro del rango válido de 1 a 64.

B. No hay direcciones IPv4 configuradas en este router.

C. No hay interfaces de loopback configuradas en este router.

D. El enrutamiento IPv6 no se ha activado en este router.

03. ¿Cuáles de las siguientes son 2 bases de datos utilizadas por los protocolos de enrutamiento por estado de enlace? (Elija 2)

A: La base de datos de LSU.

B. La base de datos de vecinos.

C. La base de datos de estado de enlaces por interfaces.

D. La base de datos topológica.

E. La base de datos de próximos saltos.

F. La base de datos de hellos.

04. ¿Cuál de las siguientes metodologías permite a los protocolos de enrutamiento por estado de enlace limitar el alcance de los cambios en las rutas?

A. Incorporar soporte para direccionamiento classless.

B. Definir las rutas de destino utilizando prefijos IP.

C. Enviar actualizaciones exclusivamente cuando hay cambios de topología.

D. Segmentar la red utilizando un esquema de áreas jerárquicas.

05. Por defecto, ¿Cuál de los siguientes parámetros es considerado por EIGRP para el cómputo de la mejor ruta? (Elija 2)

    A. Mínimo ancho de banda de la ruta.

    B. Confiabilidad.

    C. Número de saltos.

    D. Delay.

    E. Carga.

    F. Costo.

    G. MTU.

06. ¿Cuál de las siguientes afirmaciones es verdadera respecto de las direcciones formato EUI-64 que implementa Cisco IOS para generar direcciones de nodo por el procedimiento de autoconfiguración stateless?

    A. Se agrega el identificador de sitio (site-level aggregator) a la dirección MAC.

    B. Se agrega el ISO OUI a la dirección MAC.

    C. Se expanden los 48 bits de la dirección MAC a 64 bits insertando 0xFFFE entre los primeros y segundos 16 bits.

    D. No sigue los estándares IEEE referidos a direcciones únicas.

    E. Es un mecanismo propietario de Cisco.

07. ¿Cuál de los siguientes comandos utilizaría Ud. para determinar si se registran errores entrantes o salientes en la interfaz GigabitEthernet0/0?

    A. `show ip route GigabitEthernet0/0`

    B. `show ip interfaces GigabitEthernet0/0`

    C. `show ip interfaces brief`

    D. `show interfaces GigabitEthernet0/0`

    E. `show mac-address-table`

    F. `show arp`

    G. `show interfaces GigabitEthernet0/0 errors`

08. ¿Cuál de los que se mencionan a continuación es un problema que podría ser resuelto por la implementación de PortFast?

      A. Pérdida de ancho de banda

      B. Timeout de DHCP

      C. Vulnerabilidad de seguridad

      D. Error de coincidencia de dúplex

      E. Error de coincidencia de VLAN nativa

09. Durante un diagnóstico de fallos, ¿Cuál de los siguientes comandos utilizaría para revisar la base de datos de información de RIP?

      A. `show ip rip topology`

      B. `show ip rip traffic`

      C. `show ip rip route`

      D. `show ip rip database`

10. ¿Cuál de las que se presentan a continuación es la dirección IPv6 multicast solicited-node correspondiente a 2001:db8:1001:f:2c0:10ff:fe17:fc0f?

      A. ff02:0000:0000:0000:0000:0001:ff17:fc0f

      B. 2001:0000:0000:0000:0000:0001:ff17:fc0f

      C. ff01:0000:0000:0000:0000:0001:fe17:fc0f

      D. ff02:0000:0000:0000:0000:0001:fe17:fc0f

      E. ff02:0000:0000:0000:0000:10ff:fe17:fc0f

11. Al revisar la tabla de enrutamiento de un dispositivo Cisco IOS, ¿Qué significa la letra D asociada a una de las entradas de la tabla?

      A. Se trata de una ruta estática.

      B. Se trata de una ruta aprendida a través de OSPF.

      C. Se trata de una ruta aprendida a través de EIGRP.

      D. Se trata de una ruta DMVPN.

      E. Se trata de una ruta por defecto.

12. Dos switches Catalyst están conectados entre sí utilizando 2 puertos de cada uno de los switches (Gi0/1 y Gi0/2 en cada uno de ellos).
¿Cuál de las siguientes combinaciones resultará en la conformación de un EtherChannel si ambos dispositivos utilizan PAgP?

        A. Switch A - Desirable | Switch B - Auto

        B. Switch A - Auto | Switch B - Auto

        C. Switch A - Active | Switch B - Passive

        D. Switch A - Active | Switch B – Active

13. ¿Cuál de las que se mencionan a continuación es una herramienta avanzada de clasificación de tráfico de aplicaciones de datos?

        A. NetFlow

        B. NBAR

        C. PDLM

        D. Wireshark

        E. ToS

        F. DSCP

14. ¿Cuál de las siguientes afirmaciones respecto de la operación de VLANs en switches Catalyst es verdadera?

        A. Cuando se recibe un paquete en un puerto troncal 802.1Q el VLAN ID se determina a partir de la dirección MAC de origen y la tabla de direcciones MAC.

        B. Las tramas de unicast con dirección MAC destino desconocida se reenvían solamente a los puertos que pertenecen a la misma VLAN.

        C. Las tramas de broadcast y multicast se reenvían a todos los puertos, aun los que pertenecen a diferentes VLANs.

        D. Los puertos que conectan switches entre sí se pueden configurar en modo acceso de modo que las diferentes VLANs pueden propagarse a través de ellos.

15. Dos switches Catalyst han sido conectados entre sí utilizando el puerto Gi0/1 de cada uno de ellos que ha sido configurado como troncal 802.1Q.
En el puerto Gi0/1 del switch Sw1 se ha definido como VLAN nativa la VLAN 199, mientras que en el puerto Gi0/1 del switch Sw2 no se especificó una VLAN nativa.
¿Qué ocurrirá?

> A. Los terminales conectados a puertos de acceso de la VLAN 199 de Sw1 comenzarán a recibir tramas 802.1Q gigantes.
>
> B. Se recibirá un mensaje de "native VLAN mismatch error" en la consola de ambos switches.
>
> C. Se recibirá un mensaje de "native VLAN mismatch error" solamente en la consola de Sw2.
>
> D. Los terminales conectados a puertos de acceso de Sw1 recibirán tramas marcadas con 802.1Q.
>
> E. Los terminales conectados a puertos de acceso de Sw2 recibirán tramas marcadas con 802.1Q.

16. Considere los siguientes mensajes de eventos:

```
*May 01, 01:45:17.747: %SYS-5-CONFIG_I: Configured from console by
console
%LINK-5-CHANGED: Interface FastEthernet0/1, changed state to
administratively down
%LINEPROTO-5-UPDOWN: Line protocol on Interface FastEthernet0/1,
changed state to down
%DUAL-5-NBRCHANGE: IP-EIGRP 1: Neighbor 10.10.11.6 (FastEthernet0/1)
is down: interface down
```

¿Cuál de las siguientes es la causa de estos mensajes de eventos?

> A. El vecino EIGRP de la interfaz Fa0/1 se cayó debido a un problema a nivel de capa de enlace en la interfaz.
>
> B. El vecino EIGRP conectado a la interfaz Fa0/1 participa de un AS diferente por lo que la relación se ha caído.
>
> C. Se desactivó manualmente (shutdown) la interfaz Fa0/1, como consecuencia de lo cual cayó la adyacencia EIGRP.
>
> D. La interfaz Fa0/1 ingresó en estado errdisabled, lo que ha causado la caída de la adyacencia EIGRP.

17. El Administrador de la red debe crear 7 segmentos de LAN.
    La red implementa solamente RIP versión 1 como protocolo de enrutamiento y en la
    configuración se ha incluido el comando subnet zero.
    ¿Cuál es la cantidad máxima de direcciones IP útiles que es posible soportar en cada
    segmento si la empresa utiliza un bloque de direcciones clase C?

        A. 8

        B. 6

        C. 16

        D. 14

        E. 32

        F. 30

        G. 64

        H. 60

18. ¿Cuál de las que se mencionan a continuación es una virtual MAC address HSRP válida?

        A. 0000.5E00.01A3

        B. 0007.B400.AE01

        C. 0000.0C07.AC15

        D. 0007.5E00.B301

19. ¿Cuáles de los niveles de severidad de mensajes de eventos serán registrados en un
    dispositivo en el que se ejecuta el siguiente comando? (Elija 4)

```
Router(config)#logging trap 4
```

        A. Emergency

        B. Notice

        C. Alert

        D. Error

        E. Informational

        F. Warning

        G. Notification

        H. Debugging

20. ¿Cuáles de las siguientes afirmaciones son verdaderas respecto de la traducción de NAT estático?
(Elija 2)

    A. Permite que la conexión sea iniciada desde la red outside.

    B. No requiere que se identifiquen interfaces inside u outside ya que las direcciones están estáticamente definidas.

    C. Están siempre presentes en la tabla NAT.

    D. Puede ser configurada utilizando ACLs para permitir que 2 o más conexiones se inicien desde la red outside.

21. ¿Cuáles son las 3 capas que componen la arquitectura SDN? (Elija 3)

    A. Datos

    B. Control

    C. Presentación

    D. Sesión

    E. Aplicación

    F. Transporte

22. ¿Cuántos bits componen el campo DSCP del encabezado IPv4, utilizado en los procesos de marcado de tráfico?

    A. 3 bits.

    B. 4 bits.

    C. 6 bits.

    D. 8 bits.

    E. 12 bits.

    F. 16 bits

23. Un túnel GRE está "flapping", es decir que se activa y desactiva intermitentemente, generando el siguiente mensaje de error:

```
%LINEPROTO-5-UPDOWN:
Line protocol on Interface Tunnel0, changed state to up
%TUN-5-RECURDOWN:
Tunnel0 temporarily disabled due to recursive routing
%LINEPROTO-5-UPDOWN:
Line protocol on Interface Tunnel0, changed state to down
%LINEPROTO-5-UPDOWN:
...
```

¿Cuál de las siguientes puede ser la razón de esta situación?

    A. No se ha activado el enrutamiento IP en la interfaz túnel.

    B. Hay problemas con el MTU de la interfaz.

    C. Hay una lista de acceso en la interfaz túnel bloqueando el tráfico.

    D. El router está intentando alcanzar la dirección de destino del túnel utilizando la misma interfaz túnel.

24. ¿Cuál de los que se mencionan a continuación es el protocolo y puerto (si corresponde) utilizado por eBGP en capa de transporte?

    A. TCP 441

    B. RTP

    C. TCP 179

    D. UDP 441

    E. UDP 179

    F. Es un protocolo de capa de red, no utiliza protocolo de capa de transporte.

25. En el contexto de una arquitectura SDN, ¿Entre qué dos planos se utilizan las interfaces soutbound? (Elija 2)

    A. Plano de control

    B. Plano de switching

    C. Plano de datos

    D. Plano de enrutamiento

    E. Plano de aplicaciones

    F. OpenFlow

    G. OpFlex

26. ¿Cuál es la función de un FHRP?

   A. FHRP es un protocolo de enrutamiento.

   B. Proporciona información de enrutamiento a dispositivos terminales.

   C. Administra la redundancia de gateways.

   D. Gestiona la redundancia de capa 2.

   E. Complementa la operación de PVSTP.

27. Considerando las afirmaciones que se presentan más abajo. ¿Cuáles (2) de ellas son verdaderas respecto del Router ID de OSPF? (Elija 2)

   A. El RID identifica el origen de los LSAs tipo 1.

   B. Debería ser el mismo en todos los routers que se encuentran en un dominio de enrutamiento OSPF.

   C. Por defecto, la dirección IP más baja del dispositivo será asumida como RID de OSPF.

   D. Cuando no hay un RID de OSPF configurado, el dispositivo automáticamente asume la dirección IP de la interfaz de loopback como tal.

   E. Se crea automáticamente utilizando la dirección MAC de la interfaz loopback.

   F. El RID identifica la interfaz a través de la cual se envían los LSAs tipo 1.

28. En una topología Spanning-Tree y considerando la configuración por defecto de los switches. ¿Qué valor es utilizado para determinar cuál será el puerto raíz en un switch no-raíz?

   A. Costo de la ruta al switch raíz.

   B. Dirección MAC de los puertos.

   C. Número de versión de VTP.

   D. Valor de prioridad del puerto.

   E. Prioridad del puerto y dirección MAC.

29. Un administrador de red se encuentra verificando la configuración de una terminal recientemente instalada estableciendo una conexión FTP a un servidor remoto. ¿Cuál es el nivel más alto del modelo OSI cuya operación se está verificando con este procedimiento?

        A. Aplicación

        B. Presentación

        C. Sesión

        D. Transporte

        E. Internet

        F. Enlace de datos

        G. Autenticación

30. ¿Cuál de las direcciones que se muestran a continuación identifica el grupo multicast all-router?

        A. FF02::1

        B. FF02::2

        C. FF02::3

        D. FF02::5

        E. FF02::9

        F. FF02::a

31. ¿Cuál de los parámetros que se mencionan a continuación puede ser diferente en los puertos que se han de integrar en un EtherChannel?

        A. speed.

        B. configuración de negociación DTP.

        C. encapsulación del troncal.

        D. dúplex.

        E. modo acceso/troncal

        F. dirección IP

32. ¿Cuál de los inconvenientes que se enumeran a continuación puede ser solucionado implementando PortFast?

   A. Estrangulamiento del ancho de banda disponible.

   B. Timeout de DHCP.

   C. Error de negociación de dúplex.

   D. Error de negociación de VLAN nativa.

   E. Error de negociación de DTP.

33. Al verificar una interfaz el técnico verifica que la misma está operando con collision detection y carrier sensing conectada a una red compartida de cable de par trenzado.
   A partir de esta información, ¿Qué es lo que sabemos respecto de esta interfaz de red?

   A. Se trata de un puerto de switch de 10 Mb/s.

   B. Se trata de un puerto de switch de 100 Mb/s.

   C. Se trata de un puerto Ethernet en modo half dúplex.

   D. Se trata de un puerto Ethernet en modo full dúplex.

   E. Se trata de una placa de red de una terminal.

34. ¿Cuáles de los que se presentan a continuación son 2 comandos que pueden utilizarse en una interfaz de un switch Cisco Catalyst para verificar el estado de configuración de un enlace troncal? (elija 2)

   A. `show interface trunk`

   B. `show interface status`

   C. `show ip interface brief`

   D. `show interface vlan`

   E. `show interface switchport`

35. Antes de instalar una nueva versión de IOS en un router Cisco, ¿Qué debe chequearse en el router y con cuál de los comandos que se proponen se puede obtener esa información? (Elija 2)

A. La cantidad de ROM disponible.

B. La cantidad de memoria flash disponible.

C. La versión de bootstrap utilizada por el router.

D. show version

E. show flash

F. show processes

G. show running-config

36. ¿Cuáles de lo que se mencionan a continuación son 3 componentes de la arquitectura SNMP? (seleccione 3)

A. MIB

B. Agente SNMP

C. Set

D. AES

E. SNMP Supervisor

F. SNMP Manager

G. SNMP Collector

H. Trap

37. ¿Cuál de las que se presenta a continuación es una dirección IPv6 válida?

A. 2001:0db8:0000:130F:0000:0000:08GC:140B

B. 2001:0db8:0:130H::87C:140B

C. 2031::130F::9C0:876A:130B

D. 2031:0:130F::9C0:876A:130B

E. 2001:db8:0:130F::08GC:140B

38. ¿Cuál es la función del comando `switchport trunk native vlan 777` en un switch Catalyst?

    A. Crea la interfaz VLAN 777.

    B. Define la VLAN 777 para tráfico no etiquetado a nivel global.

    C. Bloquea el tráfico de la VLAN 777 en un troncal.

    D. Designa la VLAN 777 como vlan nativa en un troncal.

    E. Define la VLAN 777 como vlan por defecto para todo el tráfico de destino desconocido.

39. Un técnico acaba de instalar un switch Catalyst (llamado SwitchB) y necesita configurarlo de modo que sea posible acceder a su CLI remotamente.
¿Cuál de las siguientes secuencias de comandos debería utilizar?

```
A. SwitchB(config)#interface FastEthernet 0/1
   SwitchB(config-if)#ip address 192.168.8.252 255.255.255.0
   SwitchB(config-if)#no shutdown
B. SwitchB(config)#interface vlan 1
   SwitchB(config-if)#ip address 192.168.8.252 255.255.255.0
   SwitchB(config-if)#ip default-gatew 192.168.8.254 255.255.255.0
   SwitchB(config-if)#no shutdown
C. SwitchB(config)#ip default-gateway 192.168.8.254
   SwitchB(config)#interface vlan 1
   SwitchB(config-if)#ip address 192.168.8.252 255.255.255.0
   SwitchB(config-if)#no shutdown
D. SwitchB(config)#ip default-network 192.168.8.254
   SwitchB(config)#interface vlan 1
   SwitchB(config-if)#ip address 192.168.8.252 255.255.255.0
   SwitchB(config-if)#no shutdown
E. SwitchB(config)#ip route 192.168.8.254 255.255.255.0
   SwitchB(config)#interface FastEthernet 0/1
   SwitchB(config-if)#ip address 192.168.8.252 255.255.255.0
   SwitchB(config-if)#no shutdown
```

40. El Administrador de la red necesita configurar un enlace serial que conecta la casa central y una oficina remota. El router en la oficina remota no es Cisco.
¿Cuál de las siguientes sería una configuración adecuada para la interfaz serial del router de la casa central, de manera que logre establecer la conexión?

```
A. Main(config)# interface serial 0/0
   Main(config-if)# ip address 172.16.1.1 255.255.255.252
   Main(config-if)# no shut
B. Main(config)# interface serial 0/0
   Main(config-if)# ip address 172.16.1.1 255.255.255.252
   Main(config-if)# encapsulation ppp
   Main(config-if)# no shut
C. Main(config)# interface serial 0/0
   Main(config-if)# ip address 172.16.1.1 255.255.255.252
   Main(config-if)# encapsulation frame-relay
   Main(config-if)# authentication chap
   Main(config-if)# no shut
D. Main(config)# interface serial 0/0
   Main(config-if)# ip address 172.16.1.1 255.255.255.252
   Main(config-if)# encapsulation ietf
   Main(config-if)# no shut
```

41. ¿Cuál de las siguientes afirmaciones describe un feasible succesor en EIGRP?

A. Un elemento de una ruta de respaldo (backup) almacenada en la tabla de enrutamiento.

B. Un elemento de una ruta primaria almacenada en la tabla de enrutamiento.

C. Una ruta de respaldo almacenada en la tabla topológica.

D. Un elemento de una ruta primaria almacenada en la tabla topológica.

42. Se acaba de encender un router Cisco y acaba de completar la ejecución del POST. Debe ahora encontrar y cargar una imagen de IOS.
¿Cuál de las siguientes es la operación que el router deberá realizar a continuación?

A. Verifica el registro de configuración.

B. Intenta continuar cargando la imagen de un servidor TFTP.

C. Cargará directamente la primera imagen de IOS que encuentre en la memoria Flash.

D. Analiza el archivo de configuración en la NVRAM en búsqueda de instrucciones de arranque.

E. Ejecuta los comandos boot config.

43. ¿Cuál de los parámetros que se mencionan a continuación deberá ajustar para influir en la selección de una ruta estática como ruta de backup (respaldo) cuando se está utilizando un protocolo de enrutamiento para el descubrimiento de rutas?

A. La cuenta de Saltos.

B. La distancia administrativa.

C. El ancho de banda del enlace

D. El delay del enlace

E. El costo del enlace

F. La métrica

44. ¿Cuál de los siguientes elementos encontrará en una tabla de enrutamiento? (Elija 3).

A. Dirección de red destino.

B. Métrica de enrutamiento.

C. Distancia en milisegundos a la red de destino.

D. Interfaz de salida para los paquetes.

E. RID del dispositivo que origina la ruta.

D. Interfaz de entrada.

45. Considere la siguiente información:

```
line vty 0 4
 password 7 0307752685200
 login
 transport input ssh
```

¿Cuál de los que se mencionan a continuación es resultado de esta configuración?

A. Implementa SSH globalmente para todo acceso.

B. Le indica al dispositivo que en primer lugar debe intentar establecer una conexión SSH y si falla, utilizar Telnet.

C. Configura la clave 0307752685200 como clave para el acceso por terminal virtual.

D. Configura SSH como protocolo para las conexiones entrantes a través de los puertos de terminal virtual.

E. Permite hasta 7 intentos de acceso fallidos antes de que los puertos de terminal virtual se bloqueen temporalmente.

46. El Administrador de la red acaba de crear un EtherChannel capa 3 que incluye 4 interfaces GigabitEthernet en el Channel Group 1.
¿En qué interfaz deberá configurar la/s dirección/es IP/s?

    A. En la interfaz port-channel 1.

    B. En la interfaz física parte del Channel Group con ID más alto.

    C. En cada una de las interfaces físicas parte del Channel Group.

    D. En la interfaz física parte del Channel Group con ID más bajo.

    E. En la interfaz física parte del Channel Group con ID más bajo antes de crear el Channel Group.

    F. En la interfaz channel-group 1.

47. Respecto de la operación de STP, ¿cuál de las siguientes afirmaciones es verdadera?

    A. Ninguno de los switches de la red es root bridge hasta que se completa el proceso de elección.

    B. Todos los switches de la red operan como root bridge en el momento en que arrancan.

    C. El root bridge es el switch con BID más alto.

    D. El root bridge es el switch que tiene prioridad 65535.

48. Se acaban de configurar 2 EtherChannels entre 2 switches, cada uno de esos EtherChannels incluye 4 enlaces físicos.
¿Cuál de las siguientes opciones describe cómo operará STP entre estos 2 switches?

    A. Se bloqueará un enlace físico de cada uno de los 2 EtherChannels.

    B. Se bloqueará un EtherChannel y el otro permanecerá operativo.

    C. Se bloquearán 2 enlaces físicos de cada uno de los 2 EtherChannels.

    D. En la implementación de EtherChannel no se bloquean puertos en cualquiera de los 2 canales.

49. ¿Cuáles de las que se mencionan a continuación son 2 características de los túneles GRE?

A. El encabezado GRE incluye un campo tipo de protocolo, lo que le permite encapsular cualquier protocolo de capa 3 del modelo OSI.

B. El protocolo GRE es stateful y por defecto incluye mecanismos de control de flujo.

C. GRE incluye mecanismos de seguridad robustos para proteger la carga del paquete.

D. El encabezado GRE junto con el encabezado IP del túnel crea una carga adicional de 24 bytes por cada paquete.

E. GRE permite implementar autenticación MD5 y cifrado AES-128.

50. ¿Qué dirección de multicast utilizan las actualizaciones EIGRP en redes IPv6?

A. FF01::2

B. FF01::10

C. FF02::5

D. FF02::A

E. En redes IPv6 EIGRP utiliza direccionamiento anycast.

51. ¿Cuál de las siguientes afirmaciones es verdadera respecto a una conexión confiable orientada a la transferencia de datos? (elija 2).

A. Se recibe una notificación de la recepción de los datos.

B. Cuando los buffers de memoria completan su capacidad, los datagramas son descartados y no se retransmiten.

C. Se utilizan "ventanas" para controlar la cantidad de información que se envía antes de recibir una confirmación de recepción.

D. Si expira el temporizador del segmento entre recepciones de confirmaciones, el nodo origen interrumpe la conexión.

E. El dispositivo destino espera por la confirmación desde el dispositivo origen antes de aceptar más datos.

52. ¿Cuál es la función de un FHRP?

        A. FHRP proporciona información de enrutamiento a los terminales.

        B. FHRP es un protocolo de enrutamiento.

        C. FHRP gestiona la redundancia de gateways.

        D. FHRP es un protocolo basado en estándares.

        E. FHRP proporciona información de configuración IP a los terminales.

53. La red corporativa está constituida por 2 routers conectados a través de una conexión serial punto a punto.
La situación de esas interfaces es la siguiente:

```
Router1#show interfaces serial 0/0/0
Serial0/0/0 is up, line protocol is up
 Hardware is HD64570
 Internet address is 192.168.10.1/30
 MTU 1500 bytes, BW 1544 Kbit, rely 255/255
 Encapsulation HDLC, loopback not set, keepalive set (10 sec)

Router2#show interfaces serial 0/0/1
 Serial0/0/1 is up, line protocol is up
 Hardware is HD64570
 Internet address is 192.168.11.2/30
 MTU 1500 bytes, BW 56000 Kbit, rely 255/255, load 1/255
 Encapsulation HDLC, loopback not set, keepalive set (10 sec)
```

Los usuarios conectados a la LAN del Router1 No pueden comunicarse con los conectados a la LAN del Router2. Basados en la información disponible, ¿Cuál puede ser la causa de este inconveniente?

        A. La Unidad Máxima de Transmisión es excesivamente larga.

        B. No se ha configurado loopback.

        C. La máscara de subred es incorrecta.

        D. No coincide la encapsulación en ambos extremos.

        E. Hay una dirección IP incorrecta.

        F. Hay una declaración de ancho de banda incompatible entre ambos routers.

54. ¿En qué capa del modelo OSI tiene lugar la segmentación de un flujo de datos?

    A. Física.

    B. Enlace de datos.

    C. Red.

    D. Transporte.

    E. Distribución.

    F. Acceso.

55. ¿Cuáles de los siguientes son los rangos de ID numéricos que identifican una lista de acceso IP extendida? (Elija 2)

    A. 1-99.

    B. 200-299.

    C. 1000-1999.

    D. 100-199.

    E. 1300 – 1999.

    F. 2000 – 2699.

56. A continuación se presenta una serie de BID de diferentes switches LAN ¿Cuál de los siguientes switches será seleccionado como root bridge en el proceso de selección de STP? (se consignan los BID)

    A. 32768:1122.3344.5566

    B. 32768:2233.4455.6677

    C. 35769:1122.3344.5565

    D. 32769:2233.4455.6678

57. Un router ha aprendido 3 posibles rutas que pueden ser utilizadas para alcanzar una red destino.
Una ruta ha sido aprendida por EIGRP y tiene una métrica compuesta de 20515567; otra ruta ha sido aprendida por OSPF con una métrica de 782. La última de las rutas ha sido aprendida por RIPv2 y tiene una métrica de 4.
¿Qué ruta o rutas instalará el router en su tabla de enrutamiento si los protocolos de enrutamiento se encuentran definidos con sus valores por defecto?

A. La ruta OSPF.

B. La ruta EIGRP.

C. La ruta RIPv2.

D. Las tres rutas.

E. Las rutas OSPF y RIPv2.

58. ¿Qué comando permitirá verificar si el cable que se encuentra conectado a la interfaz serial0/0/0 del Router es DTE o DCE?

A. `Router#show interfaces serial0/0/0`

B. `Router(config)#show interfaces serial 0/0/0`

C. `Router#show controllers serial 0/0/0`

D. `Router(config)#show controllers serial 0/0/0`

E. `Router#show interfaces status`

F. `Router#show ip interfaces brief`

59. ¿En qué circunstancias es probable que múltiples copias de la misma trama de unicast sean reenviadas por un switch LAN?

A. Durante períodos de alto tráfico.

B. Después de restablecer un enlace que se ha roto.

C. Cuando los protocolos de capa superior requieren alta disponibilidad.

D. En una topología redundante inadecuadamente implementada.

E. Cuando se utiliza una topología redundante en anillo.

60. ¿Cuál de los siguientes comandos encriptará todas las claves que se han guardado en texto plano del archivo de configuración?

A. `Router#service password-encryption`

B. `Router(config)#password-encryption`

C. `Router(config)#service password-encryption`

D. `Router#password-encryption`

E. `Router(config-global)#password-encryption`

F. `Router(config-global)#service password-encryption`

61. En el comando que se muestra a continuación, el número de sistema autónomo 65200 ¿A qué dispositivo corresponde?

`R1(config-router)#neighbor 201.10.200.1 remote-as 65200`

A. El router local (R1).

B. El router BGP peer que tiene la dirección IP 201.10.200.1

C. Todos los routers vecinos BGP de R1.

D. La relación entre R1 y el router vecino.

E. Ninguna de estas opciones.

Respuestas

Pregunta 01

La respuesta correcta es la E.

La implementación de CHAP en enlaces PPP requiere la conformación de una base local de credenciales de autenticación que está compuesta por el hostname del dispositivo vecino como username, acompañado de la clave compartida por ambos dispositivos.

Esto se define en configuración global.

Pregunta 02

La respuesta correcta es la B.

OSPF utiliza un router ID de 32 bits de longitud.

El mensaje de error denota que el enrutamiento IPv6 ha sido activado y se ha configurado OSPFv3. Sin embargo, el sistema operativo no puede definir un RID para el proceso de OSPFv3.

En entornos dual-stack, donde hay interfaces IPv4 activas, OSPFv3 selecciona una dirección IPv4 como RID. Pero en entornos IPv6 puros es necesario configurar uno manualmente.

Pregunta 03

Las respuestas correctas son B y D.

La operación de los protocolos de enrutamiento por estado de enlace supone el mantenimiento de 2 bases de datos.

La tabla de vecinos o adyacencias, en la que se mantiene la información de cada vecino descubierto con el que se intercambia información. La tabla topológica en la que se mantiene la información correspondiente a cada uno de los enlaces descubiertos por la operación del protocolo.

Pregunta 04

La respuesta correcta es la D.

El objetivo y la consecuencia de la segmentación en áreas de un dominio de enrutamiento OSPF es limitar la propagación de los LSAs.
La limitación de la propagación de LSAs no sólo contribuye a la estabilidad de las tablas topológicas (y consecuentemente las de enrutamiento) reduciendo de esta forma los requerimientos de memoria y de CPU.

Es cierto que los protocolos de estado de enlace realizan actualizaciones por eventos, pero incluyen también el envío periódico de la tabla topológica con propósitos de sincronía. Pero al margen de este tema de periodicidad o no, el limitar las actualizaciones a los cambios no impacta en el alcance (cantidad de dispositivos comprendidos) que tiene una actualización.

Pregunta 05

Las respuestas correctas son A y D.

EIGRP es un protocolo de métrica mixta que utiliza para la elaboración de la misma 4 parámetros: ancho de banda, delay, confiabilidad y carga de las rutas. Pero por defecto utiliza únicamente ancho de banda y delay considerando como ancho de banda el menor ancho de banda de los enlaces que componen la ruta.

Pregunta 06

La respuesta correcta es la C.

EUI-64 es un procedimiento estándar que permite definir un identificador de host IPv6 de 64 bits de longitud a partir de la dirección MAC de la interfaz.

Para esto toma como base la dirección MAC del puerto e inserta entre los 24 bits menos significativos y los 24 más significativos 16 bits: 0xFFFE.

Pregunta 07

La respuesta correcta es la D.

El comando show interfaces [interfaz] permite verificar la operación de una interfaz del dispositivo. Entre la información aportada por este comando se encuentran los contadores de tráfico de la interfaz los que incluyen los contadores de paquetes con errores.

Suele confundirse con el comando show ip interfaces [interfaz] que muestra la configuración de la misma.

Pregunta 08

La respuesta correcta es la B.

PortFast es una herramienta para la optimización de STP que modifica la operación regular de STP en un puerto de acceso haciendo que transicione inmediatamente al estado de forwarding sin pasar por los estados intermedios. De esta manera acelera la disponibilidad de conectividad para que la terminal conectada a ese puerto pueda comenzar a operar inmediatamente, p.e. haciendo su requerimiento de DHCP.

Pregunta 09

La respuesta correcta es la D.

RIP tiene, como otros protocolos, una base de datos en la que se conserva toda la información de enrutamiento que intercambia con otros dispositivos. Esa información puede accederse con el comando show ip rip database.

Pregunta 10

La respuesta correcta es la A.

En IPv6 el procedimiento de descubrimiento de vecinos utiliza direcciones IPv6 multicast solicited node. Estas direcciones están conformadas a partir de un prefijo reservado para este propósito y los últimos 24 bits de la dirección IPv6 buscada.

El prefijo es FF02::1:FF/104 y en este caso hay que agregarle los últimos 24 bits: 17:fc0f

Puede causar confusión la opción E que presenta los bytes 0xFF:FE que en realidad corresponden a direcciones EUI-64.

Pregunta 11

La respuesta correcta es la C.

Cisco IOS utiliza un código de letras para identificar el origen de la información que ha dado lugar a cada ruta que muestra en la tabla de enrutamiento.

Las rutas estáticas se identifican como S, las aprendidas a través de OSPF como O.

En este caso, D, identifica a las rutas aprendidas utilizando EIGRP.

Pregunta 12

La respuesta correcta es la A.

PAgP es el protocolo propietario de Cisco para la negociación de enlaces EtherChannel. Los puertos pueden operar en 3 modos diferentes, de los cuales Auto es un modo de negociación pasiva mientras que Desirable es el modo de negociación activa. Esto implica que la combinación Auto-Auto no conforma el canal, sino que es necesaria al menos la combinación Desirable - Auto.

Los modos Active y Passive no son propios de PAgP.

Pregunta 13

La respuesta correcta es la B.

La pregunta es por una "herramienta avanzada de clasificación".

La clasificación es una de las etapas de la implementación de QoS en la que se agrupa tráfico de acuerdo a diferentes criterios, el más habitual, en función de aplicaciones.

NetFlow no es una herramienta que detecte aplicaciones sino comunicaciones, flujos (flows) y por lo tanto no es de uso en procesos de calidad de servicio.

NBAR es una herramienta incluida en IOS que permite detectar y clasificar aplicaciones.

Pregunta 14

La respuesta correcta es la B.

Cuando un switch recibe una trama con dirección MAC destino desconocida, esa trama se inunda por todos los puertos salvo el puerto de origen. Este proceso recibe el nombre de flooding o broadcast de unicast.

Pero las VLANs dividen el switch en múltiples dominios de broadcast diferentes, por lo tanto se inundan solamente los puertos pertenecientes a esa VLAN.

Pregunta 15

La respuesta correcta es la B.

El protocolo 802.1Q opera de modo exclusivamente local en cada uno de los puertos que componen un enlace troncal, por lo tanto, al no suponer intercambio de información sobre el enlace no incluye ningún mecanismo de verificación de la configuración de los puertos adyacentes.

Sin embargo, en switches Catalyst, CDP se encuentra activo por defecto e intercambia información sobre la configuración de los dispositivos, por lo que puede detectarse a través de CDP una diferente definición de VLAN nativa en los puertos adyacentes dando de esta forma lugar el mensaje "native VLAN mismatch error" en ambos dispositivos.

Pregunta 16

La respuesta correcta es la C.

Observando la secuencia de mensajes que se menciona:

1. Se acaba de salir del modo configuración.

2. La interfaz Fa0/1 ha sido desactivada manualmente utilizando el comando shutdown.

3. Consecuentemente, a continuación la adyacencia EIGRP establecida a través la interfaz Fa0/1 con 10.10.11.6 se cae.

Esto no requiere más que una lectura atenta de los mensajes.

Pregunta 17

La respuesta correcta es la F.

En el planteo se indica que se está implementando subnet zero, lo que significa que se ha habilitado el uso de la primera (todos ceros) y la última (todos unos) subredes posibles. Por ese motivo, para tener 7 subredes útiles es suficiente crear 8 subredes.

Para crear 8 subredes se requiere un ID de subred de 3 bits.

En una red clase C, hay 8 bits disponibles para identificar el host, si se toman 3 bits para ID de subred quedan finalmente 5 para el host.

Con 5 bits se tienen 32 bits por cada subred, de las cuales 30 son útiles.

Pregunta 18

La respuesta correcta es la C.

Cuando se implementa HSRP se genera un gateway virtual que utiliza la dirección IP asignada para ese propósito y una dirección MAC virtual.

La MAC virtual del gateway se genera a partir de un rango reservado con el siguiente formato: 0000.0C07.ACxx donde xx es el ID de grupo, en formato hexadecimal, por supuesto.

Pregunta 19

Las respuestas correctas son A, C, D y F.

Hay 8 niveles de severidad de los eventos reportados por el sistema de logging, numerados de 0 a 7.

Cuando se define el nivel de severidad de los mensajes a reportar se define el nivel máximo. Esto significa que al definir nivel 4 se está indicando "hasta nivel 4", es decir, de 0 a 4.

En IOS los niveles de severidad se pueden identificar por el número de ID o por el nombre de modo indistinto.

Pregunta 20

Las respuestas correctas son A y C.

La configuración de NAT estático permite poblar manualmente la tabla de traducciones de NAT, de modo tal que el dispositivo cuenta con la información necesaria para traducir tanto tráfico entrante como saliente sin importar dónde se origina ese tráfico.

Por este motivo, permite que conexiones iniciadas en la red outside sean traducidas y puedan acceder a dispositivos alojados en la red inside, como p.e. un servidor.

Pregunta 21

Las respuestas correctas son A, B y E.

La arquitectura SDN define 3 capas: la capa de datos que permanece vinculada a los dispositivos o infraestructura de la red, y las capas de control y aplicaciones que se desacoplan de la capa de datos para centralizarse a partir de en un controlador.

Pregunta 22

La respuesta correcta es la C.

En la estructura del encabezado IPv4, el campo ToS puede ser utilizado para el marcado de tráfico a nivel de encabezado IP cuando se implementa calidad de servicio u otra técnica que requiera el etiquetado de tráfico en capa 3.

De ese campo de 8 bits, 6 reciben el nombre de DSCP permitiendo sistemas más complejos de marcado.

Pregunta 23

La respuesta correcta es la D

El mensaje de error presentado indica que la interfaz túnel se desactiva debido a un problema de enrutamiento. Entre las posibilidades que se proponen como posible respuesta, la única posible es la D. Las interfaces túnel no requieren que se active el enrutamiento IPv4 en ellas.

Pregunta 24

La respuesta correcta es la C.

BGP negocia circuitos TCP entre dispositivos vecinos, para sobre esos circuitos intercambiar información de enrutamiento.

Estos circuitos TCP utilizan el puerto 179.

Pregunta 25

Las respuestas correctas son A y C.

En arquitecturas SDN las interfaces southbound son las que permiten la comunicación entre la capa o plano de control y la capa de datos de la arquitectura.

Pregunta 26

La respuesta correcta es la C.

Los First Hop Redundancy Protocol están diseñados para gestionar la redundancia de gateways de una red LAN, de modo transparente para las terminales.

Pregunta 27

Las respuestas correctas son A y D.

El RID es un identificador que relaciona un dispositivo OSPF con la información de enrutamiento generada por él. Se incluye en todos los LSAs generados por ese dispositivo. Debe ser único dentro del dominio de enrutamiento.

Se genera en el momento en que se inicia el proceso OSPF. Se asume el RID configurado, si no se ha configurado uno, se asume la dirección IP más alta de las interfaces de loopback, si no hay interfaces de loopback, la IP más alta de las interfaces físicas en estado up/up en ese momento.

Identifica un dispositivo, no sus interfaces.

Pregunta 28

La respuesta correcta es la A.

Elegido el switch raíz o root de la red, cada switch no-raíz elige un puerto raíz.

El puerto raíz es el que conecta con el switch raíz a través de la ruta de menor costo, siendo el costo de la ruta el resultado de la suma de los costos de cada uno de los enlaces que se deben atravesar para llegar al switch raíz.

Pregunta 29

La respuesta correcta es la A.

Al establecer una conexión utilizando un protocolo como FTP se verifica la operación de la integridad del software y hardware de esa terminal: instalación del stack TCP/IP, configuración IP, operación de la placa de red y conexión física.

Por lo tanto, el nivel más alto del modelo OSI verificado es la capa de Aplicación.

Pregunta 30

La respuesta correcta es la B.

En IPv6 las direcciones multicast FF02:: identifican paquetes que tienen alcance exclusivamente local (no se rutean).

FF02::1 refiere a todos los nodos IPv6 de un segmento de red.

FF02::2 identifica todos los router de un segmento de red.

Pregunta 31

La respuesta correcta es la B.

La condición para incluir diferentes puertos en un único channel-group (interfaz virtual sobre la que opera un EtherChannel o Link Aggregation) es que esos puertos operen de modo semejante.

Si se tratara de puertos ruteados (que operan en capa 3), no deben tener asignada dirección IP; la dirección IP se configura en el channel-group.

DTP es un protocolo de negociación de enlaces troncales y una diferente configuración de este protocolo no afecta de modo directo la inclusión del puerto en el channel-group; aunque si como consecuencia de la operación de DTP un puerto negociara de modo diferente que los otros, no sería incluido.

Pregunta 32

La respuesta correcta es la B.

PortFast modifica la operación por defecto de un puerto STP haciendo que encienda en forwarding, no en blocking. Es por esto que impacta en los tiempos de negociación de los puertos eliminando el tiempo de espera que impone STP para transicionar de blocking a forwarding.

Consecuentemente soluciona un posible timeout de DHCP, pero no impacta en la capacidad del puerto, ni en la negociación de dúplex, menos aún en la negociación de VLANs.

Pregunta 33

La respuesta correcta es la C.

De la información que se brinda no se puede deducir si se trata de un puerto de switch o de terminal, ni tampoco la velocidad.

Sí lo que podemos decir es que se trata de una red Ethernet (implementa CSMA/CD), de par trenzado (no fibra óptica), operando en modo half dúplex (si estuviera en full dúplex CSMA/CD estaría desactivado).

Pregunta 34

Las respuestas correctas son A y E.

Lo que requiere la consigna es "verificar el estado de configuración" del enlace troncal.

De los 5 comandos que se enuncian, solamente los 2 mencionados son los que permiten visualizar la configuración y estado de operación de los enlaces troncales.

Pregunta 35

Las respuestas correctas son B y E.

Las opciones presentan 3 elementos a verificar y 4 comandos para hacerlo.

De los elementos a verificar, el determinante para una actualización de IOS es la cantidad de memoria flash disponible para asegurar que es posible copiar una nueva imagen de IOS en esa memoria.

El comando que permite verificar la cantidad de memoria flash DISPONIBLE es show flash. show version permite verificar la cantidad de memoria flash instalada en el router, pero no la que aún está disponible.

Pregunta 36

Las respuestas correctas son A, B y F.

Las arquitecturas SNMP están compuestas de 3 elementos:

Las MIBs que son bases de datos estructuradas en las que se almacena información de cada dispositivo.

El agente SNMP que es la implementación del protocolo activa en cada dispositivo que se desea gestionar.

El SNMP manager, o consola de gestión, que es la terminal en la que se corre la aplicación utilizada para consultar la información en los dispositivos y visualizarla.

Get, set y trap son los diferentes tipos de mensajes que utiliza SNMP para la comunicación entre el agente y el SNMP manager.

Pregunta 37

La respuesta correcta es la D.

Las respuestas A, B y E contienen caracteres inválidos (G y H). La representación de direcciones IPv6 se realiza con caracteres hexadecimales.

La respuesta C reemplaza 2 veces los campos en cero por :: Esto viola la convención para la representación de estas direcciones que establece que :: puede utilizarse una sola vez en una dirección.

Pregunta 38

La respuesta correcta es la D.

En switches Catalyst la VLAN 1 es la VLAN nativa por defecto en enlaces troncales 802.1Q. El comando cambia la VLAN nativa del puerto.

Es una definición que se hace en cada puerto troncal, no a nivel de configuración global.

Gracias a quienes ya pusieron una referencia bibliográfica.

Pregunta 39

La respuesta correcta es la C.

Para poder acceder remotamente a la gestión de un switch es necesario configurar la VLAN de management, que en el caso de los switches Catalyst es la VLAN 1 por defecto.

Esto requiere configurar direccionamiento IP en la interfaz VLAN 1; y activar esa interfaz que por defecto no está activa.

Adicionalmente, para poder acceder desde otro segmento de red, es necesario configurar un default-gateway (no default-network), lo que se hace en configuración global (no en la interfaz).

Pregunta 40

La respuesta correcta es la B

En el caso de interfaces seriales IOS, si no se especifica un formato de encapsulación se asume la encapsulación por defecto que es HDLC, propietaria de Cisco, que por lo tanto no podrá levantar con un router no Cisco.

CHAP es una opción de seguridad de PPP, no de Frame Relay. IETF no es una encapsulación en sí misma sino la variante estándar de la encapsulación Frame Relay (encapsulation frame-relay ietf).

Consecuentemente la única opción posible es la B.

Pregunta 41

La respuesta correcta es la C

Un feasible successor en la tabla topológica de EIGRP es una ruta de respaldo seleccionada por el algoritmo DUAL y almacenada en la tabla topológica (no en la tabla de enrutamiento).

Pregunta 42

La respuesta correcta es la A.

Una vez ejecutado el POST el router carga y ejecuta el Bootstrap, y a continuación carga el Monitor de ROM.

Cargado el Monitor de ROM revisa el registro de configuración para obtener información sobre dónde debe buscar la imagen del sistema operativo para cargarlo. A continuación busca una imagen de IOS y la carga.

Pregunta 43

La respuesta correcta es la B.

Se trata de definir una ruta estática como ruta de respaldo en caso de que caiga la ruta descubierta por un protocolo de enrutamiento. Lo que también se llama "ruta flotante".

Se trata de rutas de diferente origen: una ruta definida por un protocolo, y una ruta estática.

Por defecto en la tabla de enrutamiento se impone la ruta estática pues su distancia administrativa por defecto es 1. Si se configura una ruta estática con una distancia administrativa de 130 o mayor, entonces el sistema operativo seleccionará la ruta definida por el protocolo como mejor ruta, y cuando por algún motivo esa ruta deje de estar presente, entonces la ruta estática ingresará en la tabla de enrutamiento.

Las diferentes métricas no entran en esta consideración pues se comparan métricas solamente cuando hay rutas de igual distancia administrativa.

Pregunta 44

Las respuestas correctas son A, B y D

La tabla de enrutamiento es una base de datos de información de rutas, en la que cada registro contiene diferentes campos:

Origen de la información | Prefijo IP que identifica la red destino | Distancia administrativa | Métrica | Dirección IP del próximo salto (cuando corresponde) | Interfaz de salida a la cual se deben reenviar los paquetes.

Pregunta 45

La respuesta correcta es la D.

La configuración que se muestra corresponde al acceso a través de terminales virtuales.

Para ese acceso define una clave que no se muestra pues ha sido encriptada utilizando el servicio de cifrado de claves (eso indica el número 7). Lo que se muestra no es la clave sino el resultado del hash.

A continuación indica que ha de requerirse la clave antes de permitir el acceso a la CLI, y que ese acceso debe realizarse utilizando el protocolo SSH.

Pregunta 46

La respuesta correcta es la A

Al generar un channel-group compuesto por 2 o más enlaces físicos (sea EtherChannel o Link Aggregation) se genera una interfaz virtual denominada port-channel [ID], no channel group.

Es en esa interfaz donde se deben configurar los parámetros que afectan al channel-group, como es en este caso la dirección IP de un enlace capa 3.

Pregunta 47

La respuesta correcta es la B

Cuando se inicia el proceso de STP el dispositivo envía un BPDU a través de todos sus puertos activos. En esa BPDU se incluye el BID del dispositivo y se coloca a sí mismo como Root Bridge.

En consecuencia, en el inicio el switch opera como Root Bridge. Cuando recibe a través de cualquiera de sus puertos una BPDU con un BID de origen menor que el propio, reconoce al otro dispositivo como Root Bridge y pasa a elegir Root Port.

Pregunta 48

La respuesta correcta es el B.

Cuando se implementa EtherChannel la operación de STP no considera los puertos individuales (puertos físicos), sino el port channel o EtherChannel (puerto virtual) para el cálculo de las topologías activas.

Por lo tanto, cuando hay redundancia de capa 2 entre 2 switches, basada en 2 EtherChannel como plantea la pregunta, STP considerará que hay 2 enlaces redundantes entre ambos switches y por lo tanto bloqueará uno de ellos para dejar solo uno activo (forwarding).

Pregunta 49

Las respuestas correctas son A y D.

GRE es un protocolo estándar de tunelizado que merced a la estructura de su encabezado permite transportar tráfico de diferentes protocolos de capa 3 (IPv4, IPv6, IPX, etc.) sobre redes IP.

GRE agrega un breve encabezado IP (4 bytes) y un encabezado IPv4 externo (20 bytes) para conformar el túnel. Un total de 24 bytes.

No incorpora prestaciones de seguridad (cifrado, control de integridad) más allá de la autenticación del origen de cada paquete.

Pregunta 50

La respuesta correcta es la D

EIGRP utiliza paquetes multicast o unicast para la comunicación con sus vecinos, dependiendo de la actualización de que se trate.

En redes IPv4 se utiliza la dirección multicast 224.0.0.10 y en redes IPv6 la dirección multicast FF02::A (obsérvese que el valor 10, en hexadecimal se representa como A).

Pregunta 51

Las respuestas correctas son A y C.

Un protocolo orientado a la conexión esencialmente requiere confirmación de la recepción del envío. El que confirma es el destino la recepción de la información (no a la inversa como indica la opción E).

Complementariamente el concepto de ventana deslizante ofrece un mecanismo de control de flujo.

No incluye en sí mismo un temporizador, si bien es cierto que muchas aplicaciones incluyen el temporizador para evitar inconveniente que generan sesiones abiertas que no están activas; pero esto es un agregado a nivel de aplicación.

Pregunta 52

La respuesta correcta es la C.

FHRP (First Hop Redundancy Protocol) es la denominación genérica de diferentes protocolos que permiten gestionar la redundancia de gateways.

Son FHRP los protocolos HSRP, VRRP y GLBP.

Pregunta 53

La respuesta correcta es la E.

El inconveniente que se reporta es falta de conectividad, ambas interfaces están up/up y por lo tanto operativas en capa 1 y 2; pero las direcciones IP asignadas a cada interfaz corresponden a diferentes subredes. Ese es el inconveniente.

Aquí no hay direcciones MAC (no son interfaces Ethernet), sino direcciones de hardware, que no van en los encabezados HDLC, eso no produce conflicto entonces.

El parámetro bandwidth es un parámetro informativo de carácter estrictamente local. No se utiliza en la negociación del enlace y sólo impacta en los cálculos de algunos elementos como los protocolos de enrutamiento o los algoritmos de QoS. Bandwidth no es un parámetro operativo sino solamente informativo.

Pregunta 54

La respuesta correcta es la D.

La segmentación del flujo de datos generado en las capas superiores es realizada en la capa de transporte.

Pregunta 55

Las respuestas correctas son D y F.

En el caso de las listas de acceso numeradas el ID determina el tipo de ACL de que se trata.

Inicialmente los IDs 100 a 199 identificaban listas de acceso IP extendidas. Este rango de identificadores fue ampliado a partir de IOS 12.0.1 agregando el rango 2000 a 2699.

Pregunta 56

La respuesta correcta es la A.

STP selecciona un root bridge por dominio de broadcast en base al valor del BID (Bridge ID) que cada dispositivo envía en sus BPDUs.

El criterio es que se elige como root bridge el switch con menor BID del dominio de broadcast.

Pregunta 57

La respuesta correcta es la B.

En IOS, cuando el dispositivo cuenta con información de diferente fuente para una misma red destino, lo primero que evalúa es la confiabilidad de esa información para optar por la más confiable.

Esa confiabilidad se manifiesta como un valor entero entre 1 y 255 llamado Distancia Administrativa, donde 0 marca la máxima confiabilidad y 255 es información que nunca se utilizará.

Como se indica que todos los protocolos están con sus valores por defecto y no se indica que haya redistribución de ruta, el protocolo con menor distancia administrativa por defecto de los mencionados es EIGRP.

Pregunta 58

La respuesta correcta es la C.

Los comandos "show interfaces" permiten verificar el estado de la capa física de los enlaces, pero no verificar el medio mismo conectado (el cable).

Show controllers permite, más allá de la verificación del estado de la capa física, un análisis del estado de la electrónica del puerto y el cable a él conectado.

Pregunta 59

La respuesta correcta es D.

Cuando una topología redundante a nivel de capa 2 se encuentra mal implementada, es decir, con una implementación deficiente de STP, entonces las tramas de unicast pueden ser reenviadas por múltiples enlaces al mismo tiempo.

Pregunta 60

La respuesta correcta es C.

IOS incluye un servicio de cifrado de aquellas claves que permanecen en texto plano en el archivo de configuración.

Este algoritmo de cifrado es un algoritmo débil, por lo que en la actualidad la mayoría de las claves pueden ser cifradas con MD5 directamente utilizando el keyword "secret".

Pregunta 61

La respuesta correcta es B.

Al configurar BGP es preciso indicar la dirección IP del BGP Peer con el cual se establecerá el intercambio de información de enrutamiento y el sistema autónomo al que pertenece ese dispositivo.

Índice

www.ingramcontent.com/pod-product-compliance
Lightning Source LLC
LaVergne TN
LVHW060119070326
832902LV00019B/3035